教科書ガイド　数研出版版
高等学校　古典探究　【古文分野】
古典探究　古文編［古探／711・709］

本書は、数研出版版「高等学校　古典探究」ならびに「古典探究　古文編」に沿った参考書として、教科書の予習・復習を効果的に進められること、教科書の内容をよりよく理解できることをめざして編集されました。

本書に対応する教科書は、高マークが「高等学校　古典探究」を、古マークが「古典探究　古文編」を表します。ページ数や問題番号は□色が「高等学校　古典探究」に、■色が「古典探究　古文編」に対応します。

本書の構成

① **作品紹介**　作品や作者について解説しています。

② **品詞分解**　教科書本文を単語単位に分け、品詞分解を下の略号で示しています。

③ **現代語訳**　上段の品詞分解に対応するよう、番号をつけ、現代語訳を示しています。

④ **重要語句**　教科書で＊がついている語句の意味を説明しています。

⑤ **発問　脚注問題**　教科書下段の発問についての解答です。解説や注意点は〈ポイント〉としてまとめました。

⑥ **教材末の問題**　教科書の各題材末にある「学習」「言語活動」「ことばと表現」の解答です。解説や注意点は〈ポイント〉としてまとめました。

＊本書で示しているページ数・行数は、「この教科書ガイドの○頁《ページ》」としている場合を除き、教科書のページ数・行数を表しています。

品詞分解略号

1　**品詞名**
無表示＝名詞　副＝副詞　連体＝連体詞　接続＝接続詞　感動＝感動詞

2　**活用の種類（動詞・形容詞・形容動詞）**
四＝四段活用　上一＝上一段活用　上二＝上二段活用
下一＝下一段活用　下二＝下二段活用　カ変＝カ行変格活用
サ変＝サ行変格活用　ナ変＝ナ行変格活用　ラ変＝ラ行変格活用
ク＝ク活用　シク＝シク活用　ナリ＝ナリ活用　タリ＝タリ活用

3　**活用形**
未＝未然形　用＝連用形　終＝終止形　体＝連体形　已＝已然形　命＝命令形

4　**助動詞の意味**
過＝過去　詠＝詠嘆　完＝完了　強＝強意　存＝存続　並＝並列
推＝推量　意＝意志　仮＝仮定　婉＝婉曲　可＝可能　当＝当然
義＝義務　適＝適当　命＝命令　勧＝勧誘　受＝受身　尊＝尊敬
自＝自発　打＝打消　使＝使役　断＝断定　所＝所在　存在＝存在
打推＝打消推量　打意＝打消意志　打当＝打消当然　不適＝不適当
禁＝禁止　不可＝不可能　反仮＝反実仮想　ため意＝ためらいの意志
不可希＝実現不可能な希望　希＝希望　伝＝伝聞　推定＝推定
現推＝現在推量　現原推＝現在の原因推量　過推＝過去推量
過原推＝過去の原因推量　過伝＝過去の伝聞　過婉＝過去の
比＝比況　例＝例示　継＝継続

5　**助詞の種類**
格助＝格助詞　接助＝接続助詞　係助＝係助詞　終助＝終助
副助＝副助詞　間助＝間投助詞

6　**音便**
イ＝イ音便　ウ＝ウ音便　撥＝撥音便　促＝

7　**敬語**
尊＝尊敬語　謙＝謙譲語　丁＝丁寧語

8　**その他**
補＝補助動詞（敬語のみ表示）　語幹＝語幹　連語＝連語
枕＝枕詞　ク語法＝「いはく」など、活用語に「く」が付いて名

目次

◆第一章◆

◆第二章◆

説話　十訓抄《じっきんせう》

高「高等学校　古典探究」44~45ページ
古「古典探究　古文編」26~27ページ

作品紹介

十訓抄　じっきんしょう　六波羅《ろくはら》二﨟《じろう》左衛門《ざえもん》入道《にゅうどう》が編者との説があるが、詳細は不明。鎌倉時代中期（一二五二年）成立の説話集。十の教訓を示し、それぞれの教訓ごとに、説話を収録している。本文は「人倫を侮《あなづ》らざる事（人を侮ってはいけないこと）」の教訓内の例話。同内容の説話が『古今著聞集』にも収録されている。

大江山

品詞分解・現代語訳

①和泉式部《いづみしきぶ》、	保昌《やすまさ》	が	妻《め》	にて	丹後《たんご》	に	下《くだ》り	ける	ほど	に、	京《きやう》	に
		格助		格助		格助	ラ四・用	過・体		格助		格助

歌合《うたあはせ》	あり	ける	に、	小式部内侍《こしきぶのないし》、	歌詠《うたよ》み	に	とら	れ	て	詠《よ》み	ける	を、
	ラ変・用	過・体	格助			格助	ラ四・未	受・用	接助	マ四・用	過・体	接助

②定頼中納言《さだよりのちゅうなごん》	たはぶれ	て、	小式部内侍《こしきぶのないし》	あり	ける	に、	「丹後《たんご》	へ	遣《つか》はし
	ラ下二・用	接助		ラ変・用	過・体	格助		格助	サ四・用・尊

ける	人《ひと》	は	参《まゐ》り	たり	や。	いかに	心《こころ》もとなく	思《おぼ》す	らむ。」	と	言《い》ひ
過・体		係助	ラ四・用・謙	完・終	係助	副	ク・用	サ四・終・尊	現推・体	格助	ハ四・用

て、	局《つぼね》	の	前《まへ》	を	過《す》ぎ	られ	ける	を、	③御簾《みす》	より	なから	ばかり
接助		格助		格助	ガ上二・未	尊・用	過・体	接助		格助		副助

①和泉式部が、（藤原《ふじわらの》）保昌の妻として丹後の国に下っていた頃に、都で歌合《うたあわせ》があった際に、（和泉式部の娘の）小式部内侍が、歌人として選ばれて（歌を）詠んだのだが、②（藤原）定頼中納言がふざけて、小式部内侍がいたときに、「丹後（の母君のもと）へ遣わした人は帰参しましたか。どれほど待ち遠しくお思いになっているでし

出《い》で て、わづかに 直衣《なほし》 の 袖《そで》 を ひかへ て、
ダ下二・用 接助 ナリ・用 格助 格助 ハ下二・用 接助

　大江山《おほえやま》 いくの の 道《みち》 の 遠《とほ》けれ ば まだ ふみ も 見《み》 ず
　格助 格助 ク・已 接助 副 係助 マ上一・未 打・終

　　天《あま》の橋立《はしだて》

と 詠《よ》みかけ けり。④思《おも》はずに、あさましく て、「こ は いかに。かかる やう
格助 カ下二・用 過・終 ナリ・用 シク・用 接助 係助 副 連体

やは ある。」と ばかり 言《い》ひ て、返歌《へんか》 に も 及《およ》ば ず、袖《そで》 を 引《ひ》き放《はな》ち
係助 ラ変・体 格助 副助 ハ四・用 接助 格助 係助 バ四・未 打・用 格助 タ四・用

て、逃《に》げ られ けり。⑤小式部《こしきぶ》、これ より 歌詠《うたよ》み の 世《よ》 に おぼえ
接助 ガ下二・未 尊・用 過・終 格助 格助 格助

出《い》で来《き》 に けり。
カ変・用 完・用 過・終

　⑥これ は うちまかせて の 理運《りうん》 の こと なれ ども、かの 卿《きやう》 の 心《こころ》
　係助 副 格助 格助 断・已 接助 格助 格助

に は、これ ほど の 歌《うた》、ただいま 詠《よ》み出《い》だす べし と は 知《し》ら れ
格助 係助 格助 副 サ四・終 可・終 格助 係助 ラ四・未 尊・未

ざり ける に や。
打・用 過・体 断・用 係助

よう。」と言って、（小式部内侍の）居室の前を通り過ぎなさったところ、③（小式部内侍は）御簾から半身ほど乗り出して、わずかに（定頼中納言の）直衣の袖を引き止めて、

（母のいる丹後の国へ）大江山を越えて行く生野の道は遠いので、まだ（天の橋立を）踏み渡ってみていませんし、（私は、母からの）手紙も読んでいません。

と詠みかけた。④（定頼中納言は）思いがけず、驚きあきれて、「これはなんということだ。このようなことがあるだろうか（いや、あるはずない）。」とだけ言って、返歌することもかなわず、（引き止められていた直衣の）袖を引き放して、お逃げになった。⑤小式部内侍は、この出来事から歌人としての世間の（高い）評価が生じたそうだ。

⑥この話は総じて当然の結果であるが、あの（定頼）卿の心持ちには、これほどの（すばらしい）歌を、（小式部内侍が）今すぐに詠むことができるとはお考えにならなかったのであろうか。

重要語句

高 45 ／ 46　古 26 ／ 27

参る ①「行く」「来」「す」「与ふ」の謙譲語。参上する。さし上げる。してさし上げる。②「食ふ」「飲む」「す」の尊敬語。召し上がる。なさる。ここでは、①の意味。

心もとなし ①気がかりだ。不安だ。②待ち遠しい。じれったい。③ぼんやりしている。ここでは、②の意味。

思す 「思ふ」の尊敬語。お思いになる。

御簾 「簾《すだれ》」の敬称。日よけや室外との隔て、室内のしきりなどにした。

直衣 高貴な男性の常用服。冠や烏帽子《えぼし》、指貫《さしぬき》とともに着用。

思はずなり ①意外だ。思いがけない。②心外だ。気に入らない。ここでは、①の意味。

あさまし ①意外なことに驚くほどだ。驚きあきれるほどだ。②ひどい。とんでもない。③情けない。興ざめである。ここでは、①の意味。

おぼえ ①世の評判。評価。②（多く「御おぼえ」の形で用い、高貴な人からの）寵愛《ちょうあい》。ここでは、①の意味。

うちまかせて 一般に。概して。総じて。

ただいま ①たった今。今すぐ。②今。現在。ここは①。

発問 脚注問題 高 古

1 高 44ページ 古 26ページ
「かかる」は、どのようなことを指しているか。

小式部内侍が、即座にすばらしい和歌を詠んだこと。

〈ポイント〉後に「やはある」の反語表現があり、定頼中納言が想定していなかった内容を指している。

教材末の問題 高 45ページ 古 27ページ

学習

1 「丹後へ遣はしける人は参りたりや」（高 四四・3）（古 二六・3）とは、どのようなことを言おうとしたのか。説明してみよう。

小式部内侍が、母である和泉式部に和歌を詠む手助けをしてもらっているのではないかということ。

〈ポイント〉小式部内侍の母、和泉式部は、有名な歌人であった。その母が丹後にいる頃の、京での歌合であることから、小式部内侍が助言や代作を求めるべく、丹後にいる母のもとに使者を送ったのでは、と揶揄《やゆ》しているのである。

2 「大江山……」の歌で、小式部内侍が伝えようとしたことを説明してみよう。

歌を詠む際に、母の力を借りていないということ。

〈ポイント〉定頼中納言のからかいに対し、当意即妙の機知で、内容を否定するすばらしい和歌を披露したのである。

3　「返歌にも及ばず、袖を引き放ちて、逃げられけり」（高四四・8）（古二六・8）とは、誰がなぜそのようにしたのか。説明してみよう。

定頼中納言が、即座に詠まれた小式部内侍の和歌の予期せぬすばらしさに驚き、相手を侮ったことが恥ずかしく、またそのすばらしさに匹敵する返歌を詠む自信がなかったから。

〈ポイント〉和歌を受けた場合、和歌で返すこと（返歌）が礼儀であったが、それをせずに逃げ出した定頼中納言の行動の理由をまとめたい。「誰が」「なぜ」の二点を明確にすること。

言語活動

1　『十訓抄』は教訓を示すための説話を集めた作品である。この「大江山」はどのような教訓を示すために収録されていると考えられるか。話し合ってみよう。

むやみに人を侮ってはならないという教訓。

〈ポイント〉『十訓抄』は、十の教訓ごとに説話がまとめられている。この説話を通してどのような戒めを伝えたかったのか、考えたい。参考までに、十の教訓は、次のとおり。

・「人に恵《めぐみ》を施すべき事（人に恩恵を施さなければならないこと）」
・「憍慢《けうまん》を離るべき事（驕《おご》りを避けなければならないこと）」
・「人倫を侮らざる事」
・「人の上を誡《いまし》むべき事（人のことについて留意すべきこと）」
・「朋友《ほういう》を撰《えら》ぶべき事（友達は選ぶべきであること）」
・「忠直を存ずべき事（忠実・実直であらねばならないこと）」
・「思慮を専らにすべき事（思慮深くあらねばならないこと）」
・「諸事を堪忍すべき事（すべてを耐え忍ぶべきであること）」
・「懇望を停《とど》むべき事（願望を抑えるべきであること）」
・「才芸を庶幾《しょき》すべき事（才能や家芸を願うべきであること）」

ことばと表現

1　「大江山……」の歌に使われている表現技法を説明してみよう。

・「いく（の）」は「行く」と地名の「生野」との掛詞《かけことば》。
・「ふみ」は「（天の橋立を）踏み」と「文」との掛詞。
・「大江山」と「生野」と「天の橋立」は歌枕。
・第四句と第五句は倒置法で、四句切れとなっている。

2　「知られざりけるにや」（高四五・3）（古二七・3）を文法的に説明し、この後に省略されている言葉を補って現代語訳してみよう。

・文法的説明…ラ行四段活用動詞「知る」の未然形＋尊敬の助動詞「る」の未然形＋打消の助動詞「ず」の連用形＋過去の助動詞「けり」の連体形＋断定の助動詞「なり」の連用形＋係助詞「や」で、後に「あらむ」などが省略されている。
・現代語訳…お考えにならなかったのであろうか。

〈ポイント〉まず品詞分解を確認し、それぞれの語を忠実に訳出したい。省略されている「あらむ」の「む」は推量の助動詞「む」の連体形で、疑問の係助詞「や」の結びにあたる。

高「高等学校 古典探究」46～47ページ
古「古典探究 古文編」28～29ページ

説話 沙石集《しゃせきしふ》

作品紹介

沙石集 しゃせきしゅう 編者は無住。十三世紀後半頃に成立した仏教説話集。笑話など日常的な話題と、教理を説く思索的部分とが併存しているのが特徴である。

無住 むじゅう 一二二六～一三一二。僧侶。鎌倉に生まれ、梶原《かじわら》氏の出身ともいわれる。他に『雑談集《ぞうたんしゅう》』などの著書がある。

――兼盛《かねもり》と忠見《ただみ》――

品詞分解・現代語訳

①天徳《てんとく》	の	御歌合《おんうたあはせ》	の	とき、	兼盛《かねもり》、	忠見《ただみ》、	とも	に	御随身《みずいじん》	にて	左右《さう》	に
	格助		格助					格助		格助		格助

つい	て	けり。	②初恋《はつこひ》	と	いふ	題《だい》	を	給《たま》はり	て、	忠見《ただみ》、	名歌《めいか》
カ四・用・イ	完・用	過・終		格助	ハ四・体		格助	ラ四・用・謙	接助		

詠《よ》み出《い》だし	たり	と	思《おも》ひ	て、	兼盛《かねもり》	も	いかで	これ	ほど	の	歌《うた》	詠《よ》む
サ四・用	完・終	格助	ハ四・用	接助		係助	副			格助		マ四・終

べき	と	ぞ	思《おも》ひ	ける。
可・体	格助	係助	ハ四・用	過・体

③恋《こひ》す	てふ	わ	が	名《な》	は	まだき	立《た》ち	に	けり	人	知れ	ず
サ変・終	連語		格助		係助	副	タ四・用	完・用	詠・終		ラ下二・未	打・用

①(村上天皇が催した)天徳の御歌合のとき、(平)兼盛、(壬生《みぶ》)忠見は、共に御随身として(歌合の)左側、右側についていた。②「初恋」という題をいただいて、忠見は、名歌を詠み出したと思って、兼盛もどうしてこれほどの歌を詠むことができようか(いや、できない)と思った。③恋をしているという私の噂《うわさ》がもう立ってしまったことだな

こそ 思《おも》ひそめ しか
係助 マ下二・用 過・已

④さて、すでに 御前《ごぜん》 にて 講《かう》じ て、判《はん》ぜ られ ける に、兼盛《かねもり》 が 歌《うた》 に、
接続 副 格助 サ変・用 接助 サ変・未 受・用 過・体 格助 格助 格助

⑤つつめ ども 色《いろ》 に 出《い》で に けり わ が 恋《こひ》 は もの や 思《おも》ふ
マ四・已 接助 格助 ダ下二・用 完・用 詠・終 格助 係助 係助 ハ四・終

と 人《ひと》 の 問《と》ふ まで
格助 格助 ハ四・体 副助

⑥判者《はんじや》ども、名歌《めいか》 なり けれ ば 判《はん》じ煩《わづら》ひ て、天気《てんき》 を 伺《うかが》ひ ける に、
断・用 過・已 接助 ハ四・用 接助 格助 ハ四・用・謙 過・体 接助

帝《みかど》、忠見《ただみ》 が 歌《うた》 を ば 両三度《りやうさんど》 御詠《ぎよえい》 あり けり。⑦兼盛《かねもり》 が 歌《うた》 を ば
格助 格助 係助 ラ変・用 過・終 格助 格助 係助

多反《たへん》 御詠《ぎよえい》 あり ける とき、天気《てんき》 左《ひだり》 に あり と て、兼盛《かねもり》 勝《か》ち に
ラ変・用 過・体 格助 ラ変・終 格助 接助 タ四・用 完・用

けり。
過・終

⑧忠見《ただみ》、心憂《こころう》く おぼえ て 心《こころ》 ふさがり て、不食《ふしよく》 の 病《やまひ》 つき て けり。
ク・用 ヤ下二・用 接助 ラ四・用 接助 格助 カ四・用 完・用 過・終

⑨頼《たの》み なき 由《よし》 聞《き》き て、兼盛《かねもり》、とぶらひ けれ ば、「別《べち》 の 病《やまひ》 に あら
ク・体 カ四・用 接助 ハ四・用 過・已 接助 格助 断・用 ラ変・未

ず。⑩御歌合《おんうたあはせ》 の とき、名歌《めいか》 詠《よ》み出《い》だし て おぼえ 侍《はべ》り し に、殿《との》
打・終 格助 サ四・用 接助 ヤ下二・用 ラ変・用・丁・補 過・体 接助

あ。人に知られないように（密《ひそ》かに）思い始めたのに。

④さて、もうすでに御前で披講して、（和歌の優劣が）判定された時に、兼盛の歌に、

⑤隠していたが（とうとう）顔色に出てしまったのだなあ、私の恋は。「もの思いをしているのか」と人が尋ねるほどに。

（とあった。）

⑥判者たちは、（どちらも）名歌であったので判定に迷って、天皇のご意向を伺ったところ、帝は、忠見の歌を二、三回ご詠吟なさった。⑦兼盛の歌を何度も繰り返しご詠吟になったとき、ご意向は左側（の兼盛）にあるとして、兼盛が勝った。

⑧忠見は、つらく思われて胸が詰まって、食欲不振の病が生じた。⑨（快復の）見込みがない次第を聞いて、兼盛が、訪ねたところ、「特別な病ではない。⑩御歌合のとき、名歌を詠み出したと思われましたのに、殿（兼盛）の『もの思いを

の『もの や 思ふ《おも》 と 人《ひと》 の 問ふ《と》 まで』に、あは と 思ひ《おも》 て、
格助　係助　ハ四・体　格助　格助　ハ四・体　副助　格助　感動　格助　ハ四・用　接助

あさましく おぼえ し より、胸《むね》 ふさがり て、かく 重り《おも》 侍り《はべ》 ぬ。」
シク・用　ヤ下二・用　過・体　格助　ラ四・用　接助　副　ラ四・用　ラ変・用・丁・補　完・終

と、つひに みまかり に けり。⑪執心《しふしん》 こそ 由《よし》なけれ ども、道《みち》 を 執する《しふ》
格助　副　ラ四・用　完・用　過・終　係助　ク・已　接助　格助　サ変・体

習《なら》ひ、あはれに こそ。⑫とも に 名歌《めいか》 にて 『拾遺《しふゐ》』 に 入《い》り て 侍る《はべ》
ナリ・用　係助　格助　格助　格助　ラ四・用　接助　ラ変・体・丁・補

に や。
断・用　係助

しているのかと人が尋ねるほどに』（と吟じられるの）に、あっと思って、肝がつぶれるように思われてから、胸が詰まって、このように病が悪化してしまうのです。」と（言って）、とうとう亡くなってしまった。⑪執着心はよくないけれども、専門の分野に執着する習いは、しみじみと心ひかれる。⑫（こうしたわけで、この二首は）共に名歌として『拾遺和歌集』に入っているのでしょうか。

重要語句

高 46　古 28

随身　貴人の警護などを行う近衛《このえ》府の官人。

給はる　「受く」の謙譲語。いただく。ちょうだいする。

いかで　ここでは、「どうして…か、いや…でない」という反語を表す。

まだき　もう。

つつむ　隠す。

色　①顔色。②情趣。③恋愛。ここでは、①の意味。

47　29

心憂し　①つらい。②不愉快だ。ここでは、①の意味。

47　29

おぼゆ　①思われる。②思い出される。③似る。ここでは、①の意味。

侍り　丁寧の補助動詞。…です。

重る　病気が悪化する。悩みが重くなる。

みまかる　亡くなる。死ぬ。

由なし　①理由がない。②方法がない。③無駄である。よくない。ここでは、③の意味。

あはれなり　①しみじみと心ひかれる。②しみじみと悲しい。ここでは、①の意味。

発問　脚注問題　高 古

1 「天気を伺ひけるに」を現代語訳せよ。　高46ページ　古28ページ

天皇のご意向を伺ったところ

〈ポイント〉古語の「天気」には「天皇のご意向・天皇のご機嫌」という意味があることに注意する。ここでは、すぐ後の「帝、……」に、天皇の意向（意向が表す行動）が書かれている。

2 忠見が「不食の病」になったのはなぜか。　高47ページ　古29ページ

御歌合で、忠見自身は、名歌を詠んだと自信があったが、帝が兼盛の歌を気に入られたのに驚いてしまい、胸が詰まってしまったから。

〈ポイント〉「別の病……かく重り侍りぬ。」（高四七・2）（古二九・2）は忠見の言葉であり、自分が食欲不振の病になってしまった理由を説明している。

教材末の問題　高47ページ　古29ページ

学習

1 『沙石集』の編者は、忠見のあり方をどのように評価しているか。説明してみよう。

執着心そのものは否定しつつも、忠見の専門の分野を深く心にかけるあり方に心を動かされ、一つの生き方として評価している。

〈ポイント〉「執心こそ由なけれども、道を執する習ひ、あはれにこそ。」（高四七・5）（古二九・5）の一文に、編者の考えが述べられている。

言語活動

1 忠見のあり方をどのように評価するか、話し合ってみよう。

〈ポイント〉編者は忠見に対して、和歌の道にそれほどまで熱心に取り組む姿勢を評価している。しかし、物事に執着しすぎるのはよいことだけではないだろう。また、この歌合にどのような意味があったのかも考えてみよう。

ことばと表現

1 それぞれ現代語訳してみよう。

(1) いかでこれほどの歌詠むべき（高四六・2）（古二八・2）

どうしてこれほどの歌を詠むことができようか（いや、できない）

(2) 人知れずこそ思ひそめしか（高四六・4）（古二八・4）

人に知られないように（密かに）思い始めたのに

〈ポイント〉この歌の上の句と下の句は倒置法になっている。そのため、「こそ…しか」は、係り結びの逆接的用法として、「…けれども・…のに」などと訳す。

説話 古今著聞集《ここんちょもんじふ》

高「高等学校 古典探究」48〜49ページ
古「古典探究 古文編」30〜31ページ

作品紹介

古今著聞集 ここんちょもんじゅう 橘成季編。説話集。鎌倉時代中期（一二五四年）に成立。二十巻三十編に七百話以上を収録し、年代順に配列する。

橘成季 たちばなのなりすえ 生没年未詳。鎌倉時代初期の人物。文学や、琵琶をはじめとする音楽、絵画にも優れていたとされる。

―用枝《もちえだ》の篳篥《ひちりき》―

品詞分解・現代語訳

①志賀僧正明尊《しがのそうじやうみやうそん》、もとより 篳篥《ひちりき》 を 憎《にく》む 人《ひと》 なり けり。②ある 時《とき》、明月《めいげつ》
副 格助 マ四・体 断・用 過・終 連体

の 夜《よ》、湖上《こじやう》 に 三船《さんせん》 を 浮《う》かべ て、管弦《かんげん》・和歌《わか》・頌物《しようぶつ》 の 人《ひと》 を 乗《の》せ
格助 格助 格助 バ下二・用 接助 格助 格助 サ下二・用

て 宴遊《えんいう》し ける に、伶人《れいじん》ら その 舟《ふね》 に 乗《の》ら ん と する 時《とき》
接助 サ変・用 過・体 接助 格助 格助 ラ四・未 意・終 格助 サ変・体

いはく、③「この 僧正《そうじやう》 は 篳篥《ひちりき》 憎《にく》み 給《たま》ふ 人《ひと》 なり。しか
ハ四・未・ク語法 格助 係助 マ四・用 ハ四・体・尊・補 断・終 副

あれ ば 用枝《もちえだ》 は 乗《の》る べから ず。事《こと》 にがり な んず。」と て、乗《の》せ
ラ変・已 接助 係助 ラ四・終 適・未 打・終 ラ四・用 強・未 推・終 格助 接助 サ下二・未

---

①志賀の園城寺《おんじょうじ》の僧侶である明尊は、昔から篳篥を嫌う人であった。②あるとき、月が澄み渡る夜、湖上に三隻の船を浮かべて、音楽・和歌・漢詩文に長《た》けた人を乗せて宴遊したが、雅楽を演奏する人たちがその船に乗ろうとするときに言うことには、③「この僧正は篳篥がお嫌いな方だ。だから用枝は乗らないほうがよい。（乗ったら）きっと不快なことになるだろう。」ということで、乗せな

ざり けれ ば、④用枝《もちえだ》、「さらば 打物《うちもの》 を も こそ 仕《つかまつ》ら め。」と て、
打・用 過・已 接助 接続 格助 係助 係助 ラ四・未・謙 意・已 格助 接助

しひて 乗《の》り て けり。
副 ラ四・用 完・用 過・終

⑤やうやう 深更《しんかう》 に 及《およ》ぶ ほど に、用枝《もちえだ》 ひそかに 篳篥《ひちりき》 を 抜《ぬ》き出《い》だし
副 格助 バ四・体 格助 ナリ・用 格助 サ四・用

て、湖水《こすい》 に 浸《ひた》し て 潤《うるほ》し けり。⑥人々《ひとびと》 見《み》 て、「篳篥《ひちりき》 か。」と 問《と》ひ
接助 格助 サ四・用 接助 サ四・用 過・終 マ上一・用 接助 係助 格助 ハ四・用

けれ ば、「さ に は あら ず。手《て》 洗《あら》ふ なり。」と 答《こた》へ て、何《なに》
過・已 接助 副 断・用 係助 ラ変・未 打・終 ハ四・体 断・終 格助 ハ下二・用 接助

と なき 体《てい》 にて ゐ たり。⑦しばらく あり て、つひに 音取《ねとり》 出《い》だし
格助 ク・体 格助 ワ上一・用 存・終 副 ラ変・用 接助 副 サ四・用

たり けれ ば、かたへ の 楽人《がくにん》ども、「されば こそ 言《い》ひ つれ。由《よし》なき もの
完・用 過・已 接助 格助 接続 係助 ハ四・用 完・已 ク・体

を 乗《の》せ て、興《きよう》 さめ な んず。」と、色《いろ》 を 失《うしな》ひ て 嘆《なげ》きあへ る
格助 サ下二・用 接助 マ下二・用 強・未 推・終 格助 格助 ハ四・用 接助 ハ四・已 存・体

ほど に、その 曲《きよく》 めでたく 妙《たへ》に して しみ たり。⑧聞《き》く 人《ひと》 みな 涙《なみだ》
格助 格助 ク・用 ナリ・用 接助 マ四・用 完・終 カ四・体

落《お》ち ぬ。⑨年《とし》ごろ これ を いとは るる 僧正《そうじやう》、人《ひと》 より ことに 泣《な》き
タ上二・用 完・終 格助 ハ四・未 尊・体 格助 副 カ四・用

て 言《い》は れ ける は、「正教《しやうげう》 に、篳篥《ひちりき》 は 迦陵頻《かりようびん》 の 声《こえ》 を 学《まな》ぶ と
接助 ハ四・未 尊・用 過・体 係助 格助 係助 格助 格助 バ四・終 格助

かったので、④用枝は、「それならば打楽器を演奏し申し上げよう。」と言って、無理に乗ってしまった。

⑤次第に深夜になっていくうちに、用枝はこっそり篳篥を取り出して、湖水に浸して（吹き口を）潤した。⑥人々は（それを）見て、「篳篥か。」と尋ねたところ、「そうではない。手を洗うのだ。」と答えて、何でもない様子で座っている。⑦しばらくして、ついに音取の曲を演奏し始めたので、傍らの楽人たちは、「だから言ったのだ。よくない人を乗せて、興が醒《さ》めてしまうに違いない。」と、青くなって嘆き合っている時分に、（聞こえてきた）その曲がすばらしく上手で心にしみたのだった。⑧聞く人はみな涙を落とした。⑨長年篳篥を嫌っていらっしゃる僧正が、他の人よりも一層泣いておっしゃることには、「仏教の経典に、篳篥は（極楽浄土に住む美しい鳥である）迦《か》陵頻《りょうびん》伽《が》の声をまねたものだと述べているところがある。この言葉を信

言《い》へ　る　こと　あり。こ　の　言《こと》　を　信《しん》ぜ　ざり　ける、口惜《くちを》しき　こと
（ハ四・已　存・体　ラ変・終　格助　格助　サ変・未　打・用　詠・体　シク・体）

なり。今　こそ　思《おも》ひ知《し》り　ぬれ。今夜《こんや》　の　纏頭《てんとう》　は　他人《たにん》　に　及《およ》ぶ　べから
（断・終　係助　ラ四・用　完・已　格助　係助　格助　バ四・終　命・未）

ず。用枝《もちえだ》　一人《ひとり》　に　ある　べし。」と　ぞ　言《い》は　れ　ける。⑩こ　の　こと
（打・終　格助　ラ変・体　命・終　格助　係助　ハ四・未　尊・用　過・体　格助）

を　後々《のちのち》　まで　言《い》ひ出《い》だし　て、泣《な》か　れ　ける　と　ぞ。
（格助　副助　サ四・用　接助　カ四・未　尊・用　過・体　格助　係助）

じなかったのは、残念なことだ。今に至ってはじめてよくわかった。今夜の褒美は他の人に授けてはならない。用枝一人に授けよ。」とおっしゃった。⑩(僧正は)このことを後々まで話しては、お泣きになったということだ。

重要語句

高　古

48 ／ 30

給ふ　ここでは尊敬の補助動詞。「憎み給ふ」で憎みなさる、の意味。

にがる　「苦る」と書き、苦々しく思う、の意味。ここでは「事にがる」で、苦々しいことになる、不快なことになる、の意味。

仕る　「す」「なす」などの動詞に謙譲の意味を持たせた語。ここでは打楽器を「演奏し申し上げる」の意味。

やうやう　「漸う」と書き、①だんだん、次第に。②かろうじて。やっと。ここでは、①の意味。

49 ／ 31

めでたし　①すばらしい。立派だ。みごとだ。②祝うべきだ。ここでは、①の意味。

年ごろ　①長年の間。②ここ数年来。ここでは、①の意味。

49 ／ 31

いとふ　「厭ふ」と書き、嫌う、の意味。

ことに　①とりわけ。格別に。②なお。その上に。ここでは、①の意味。

口惜し　①残念だ。②物足りない。③つまらない。ここでは、①の意味。

発問　脚注問題

高　古

1　高 48ページ　古 30ページ

「乗せざりければ」とあるが、それはなぜか。

明尊僧正が篳篥という楽器を長年嫌っていたため、篳篥の名手である用枝を乗船させ船の上で演奏されたら面倒なことになると思われたから。

〈ポイント〉冒頭に「志賀僧正明尊、もとより篳篥を憎む人なりけり」とあり、この僧正に配慮して「しかあれば用枝は乗

るべからず。事にがりなんず。」と伶人が述べていることから答えを導く。

2 高49ページ 古31ページ
「聞く人」がみな涙を落としたのはなぜか。

用枝の篳篥の音色がすばらしく心にしみたから。

〈ポイント〉「聞く人みな涙落ちぬ。」の直前に「その曲めでたく妙にしてしみたり」とあることから答えを導く。

教材末の問題 高49ページ 古31ページ

学習

1 明尊が「今夜の纏頭は他人に及ぶべからず。用枝一人にあるべし」（高四九・5）（古三一・5）と言った理由を説明してみよう。

用枝の篳篥の音色を聞いて初めて感動し、経典の言葉に納得したから。

〈ポイント〉明尊はそれまで長年にわたって篳篥を嫌ってきたが、この宴遊の際に用枝の篳篥の音色に人一倍心を動かされ、仏典に篳篥の音色が極楽浄土の鳥の声をまねたものだとされていることに思い至って、自分のこれまでを恥じることとなった。そうした感動と反省の念を込めて、用枝を専らにほめるべきだと考えたのである。

言語活動

1 編者は、この話をおもしろく読ませるため、話の展開にどのような工夫をしているか。話し合ってみよう。

〈ポイント〉篳篥嫌いの明尊僧正が、用枝の篳篥の音にすっかり感動し、自らの認識を改めるという大転換がこの話のおもしろさの核となっている。これを効果的に表現するために、用枝を排除しようとする者たちと、用枝がそれらをさらりとかわして演奏にこぎ着けるという密かな攻防が描かれる。

・周囲の者たちが明尊の篳篥嫌いに配慮して、用枝を乗船者から外そうとする。
・しかし、用枝は篳篥を隠したまま、打楽器の演奏をすると言って、無理に船に乗り込んでしまう。
・用枝は真夜中になってこっそり篳篥を取り出し演奏の準備をしているところを見とがめられるが、ごまかして知らん顔をする。
・用枝がいよいよ篳篥を演奏し始めると、周囲の者たちが「だから言っただろう、こんな者を乗せるのではなかった」と嘆く。

そしてその後に、僧正をはじめ周囲の人々がその音色に魅了される場面が描かれ、その転換がより強調される、という展開となっている。

ことばと表現

1 「事にがりなんず」（高四八・4）（古三〇・4）から助動詞を抜き出し、文法的に説明してみよう。

「な」…強意の助動詞「ぬ」の未然形。
「んず」…推量の助動詞「んず（むず）」の終止形。

歌物語

伊勢物語《いせものがたり》

高「高等学校 古典探究」54〜59ページ
古「古典探究 古文編」36〜41ページ

作品紹介

伊勢物語　いせものがたり　作者未詳。平安時代前期（十世紀頃）に段階的に成立したと考えられている。歌物語。在原業平《ありわらのなりひら》と思われる「男」の一代記風の構成で、多くの段が「昔、男ありけり」で始まる。男女間の愛情にまつわる話が多い。

――初冠《うひかうぶり》――

品詞分解・現代語訳

①昔《むかし》、男《をとこ》、初冠《うひかうぶり》し て、平城《なら》の京《きやう》、春日《かすが》の里《さと》 に しる よし して、狩《か》り に

サ変・用　接助　格助　ラ四・体　格助　格助

往《い》に けり。②そ の 里《さと》 に、いと なまめい たる 女《をんな》はらから 住《す》み けり。

ナ変・用　過・終　格助　格助　副　カ四・用・イ　存・体　マ四・用　過・終

③こ の 男《をとこ》、垣間見《かいまみ》 て けり。④思《おも》ほえ ず、古里《ふるさと》 に いと はしたなく て

格助　マ上一・用　完・用　過・終　ヤ下二・未　打・用　格助　副　ク・用　接助

あり けれ ば、心地《ここち》 惑《まど》ひ に けり。⑤男《をとこ》 の 着《き》 たり ける 狩衣《かりぎぬ》

ラ変・用　過・已　接助　ハ四・用　完・用　過・終　格助　カ上一・用　存・用　過・体

の 裾《すそ》 を 切《き》り て、歌《うた》 を 書《か》き て やる。⑥そ の 男《をとこ》、しのぶずり の

格助　格助　ラ四・用　接助　格助　カ四・用　接助　ラ四・終　格助　格助　格助

①昔、ある男が、元服して、奈良の都、春日の里に（そこを）領有している縁で、狩りに出かけた。②その里に、とても若々しくて美しい姉妹が住んでいた。③この男は、（その姉妹を）のぞき見してしまった。④思いがけず、（さびれた）昔の都にはとても不似合いな感じでいたので、（男は）心が乱れてしまった。⑤（そこで）男は（自分が）着ていた狩衣の裾を切って、（その裾に）

狩衣《かりぎぬ》をなむ着《き》たりける。
格助　係助　カ上一・用　存・用　過・体

⑦春日野《かすがの》の若紫《わかむらさき》のすり衣《ごろも》しのぶの乱《みだ》れ限《かぎ》り知《し》られず
格助　格助　ラ四・未　可・未　打・終

⑧となむ追《お》ひつきて言《い》ひやりける。⑨ついでおもしろきことども
格助　係助　カ四・用　接助　ラ四・用　過・体　ク・体　格助　係助

や思《おも》ひけむ。
係助　ハ四・用　過推・体

⑩みちのくのしのぶもぢずり誰《たれ》ゆゑに乱《みだ》れそめにし我《われ》なら
格助　格助　マ下二・用　完・用　過・体　断・未

なくに
打・未・ク語法　接助

⑪といふ歌《うた》の心《こころ》ばへなり。⑫昔人《むかしびと》は、かくいちはやきみやびを
格助　ハ四・体　格助　断・終　係助　副　ク・体　格助

なむしける。
係助　サ変・用　詠・体

（第一段）

和歌を書いて贈る。⑥その男は、しのぶずりの狩衣を着ていた。

⑦春日野の若々しい紫草のようなあなた方を見て、この紫色のしのぶずりの狩衣の乱れ模様のように、あなた方を恋いしのぶ心の乱れは限りも知られないほどです。

⑧とすぐに（和歌）を詠んで贈った。⑨（こんなことをしたのは、男が折に合った）事の次第が風流なこととでも思ったのであろうか。

⑩陸奥《むつ》の国のしのぶずりの乱れ模様のように、（他の）誰かのせいで心が乱れ始めた私ではないのに（このように心が乱れて恋い焦がれるのはあなたのせいなのですよ）。

⑪という（古い）和歌の趣向（を踏まえたもの）である。⑫昔の人は、このようにいちずな風流事をしたよ。

重要語句

高 54 古 36

しる ①統治する。②領有する。ここでは、②の意味。
なまめく 若々しくて美しい。優美である。
はらから 兄弟姉妹。
垣間見る 物の隙間からこっそりとのぞき見る。
古里 ①古都。旧跡。昔、都などがあったが今はさびれた場所。②生まれ故郷。③古くからのなじみの土地。ここでは①の意味。
はしたなし ①中途半端だ。不似合いだ。②きまりが悪い。体裁が悪い。ここでは、①の意味。
惑ふ ①迷う。②思い乱れる。③うろたえる。ここでは、②の意味。
やる 人や物を自分側から先方に移動させることをいう語。①（人などを）行かせる。派遣する。②（物などを）送る。届ける。与える。ここでは、②の意味。
ついで 物事の順番。次第。機会。折。場合。①の意味。
おもしろし ①美しい。風流である。②楽しい。ここでは、①の意味。
心ばへ ①心の様子。気だて。②趣向。風情。③考え。ここでは、②の意味。
みやび 都会風であること。上品で優美なこと。風流。

発問 脚注問題

高 古

1 「心地惑ひにけり」となったのはなぜか。 高 54ページ 古 36ページ

のぞき見た姉妹が、古い里には不似合いなほど若々しく美しかったから。

2 「若紫」は何をたとえているか。

いとなまめいたる女はらから（とても若々しくて美しい姉妹）。

教材末の問題

高 55ページ 古 37ページ

学習

1 それぞれの歌について修辞法を確認してみよう。

○「春日野の……」の歌

・「春日野」は歌枕。また、「若紫」は「女はらから」の比喩で、この「春日野の若紫のすり衣」は「しのぶの乱れ」を導き出す序詞《じょことば》。
・「しのぶの乱れ」は「しのぶ（ずり）の乱れ（模様）」と「（恋い）しのぶ（心）の乱れ」との掛詞《かけことば》。

○「みちのくの……」の歌

・「みちのくのしのぶもぢずり」は「乱れ」を導き出す序詞。
・「そめ」は「染め」と「初め」との掛詞。
・「乱れ」「そめ」は「しのぶもぢずり」の縁語。

2 「男」が着ていた「狩衣の裾」（高五四・4）（古三六・4）を切り取って歌を書いたのはなぜか、考えてみよう。

狩衣の「しのぶずり」の模様の乱れたさまを示してこんなふうに私の心も乱れているのですということを示すため。

3 「かくいちはやきみやび」（高五四・9）（古三六・9）とは「男」のどのような言動を指して言ったものか、説明してみよう。

すぐに恋に落ち、その場にふさわしい、技巧をこらした和歌を、気のきいた手段で、すぐに贈ったこと。

〈ポイント〉男の言動の中で「みやび（風流）」と考えられることを探す。まずは、すぐに恋に落ちたこと。また、「昔人は」とことわっているので、物語中の「今」の人はやらないようなことというニュアンスが感じられる言動を探す。つまり、「狩衣の裾を切」ってそこに「歌を書」いて和歌を贈ったこと、その場ですぐに（追いついて）和歌を贈ったこと、その場にふさわしい和歌であったこと。

言語活動

1 「春日野の……」の歌は「みちのくの……」の歌を踏まえているとされる。両歌の類似点・相違点を考えてみよう。

○類似点

・「しのぶずり」の模様によって「しのぶ」、「乱れ」の語を引き出し、恋に心が乱れた心情を詠む点。

○相違点

・地名。「春日野」と「みちのく」。

・心の乱れ具合。「しのぶの乱れ限り知られず」と「乱れそめ」。

ことばと表現

1 傍線部を文法的に説明してみよう。

(1) 昔、男、初冠して、（高五四・1）（古三六・1）

サ行変格活用動詞「初冠す」の連用形の活用語尾＋接続助詞「て」。

〈ポイント〉「し」には動作を「する」という意味がある。

(2) 春日の里にしるよしして、（高五四・1）（古三六・1）

格助詞。

〈ポイント〉格助詞「して」は体言、連体形に接続し、手段・方法、一緒に動作する相手、使役の対象（…に命じて）を表す。ここでは手段・方法の意。

(3) 狩りに往にけり。（高五四・1）（古三六・1）

ナ行変格活用動詞「往ぬ」の連用形の活用語尾。

(4) 心地惑ひにけり。（高五四・3）（古三六・3）

完了の助動詞「ぬ」の連用形。

〈ポイント〉「にき」「にけり」の「に」は完了の助動詞「ぬ」の連用形。

―通ひ路の関守《せきもり》―

品詞分解・現代語訳

①昔《むかし》、男《をとこ》 あり けり。②東《ひむがし》 の 五条《ごでう》 わたり に いと 忍《しの》び て 行《い》き
ラ変・用 過・終 格助 格助 副 バ上二・用 接助 カ四・用

けり。③みそかなる 所《ところ》 なれ ば、門《かど》 より も え 入《い》ら で、童《わらは》べ の
過・終 ナリ・体 断・已 接助 格助 係助 副 ラ四・未 接助 格助

踏《ふ》みあけ たる 築地《ついひぢ》 の 崩《くづ》れ より 通《かよ》ひ けり。④人《ひと》 しげく も あら ね
カ下二・用 完・体 格助 格助 ハ四・用 過・終 ク・用 係助 ラ変・未 打・已

ど、たび重《かさ》なり けれ ば、あるじ 聞《き》きつけ て、その 通《かよ》ひ路《ぢ》 に 夜《よ》ごと に
接助 ラ四・用 過・已 接助 カ下二・用 接助 格助 格助 格助

人《ひと》 を 据《す》ゑ て 守《まも》ら せ けれ ば、行《い》け ども え あは で 帰《かへ》り けり。
格助 ワ下二・用 接助 ラ四・未 使・用 過・已 接助 カ四・已 接助 副 ハ四・未 接助 ラ四・用 過・終

⑤さて 詠《よ》め る。
接助 マ四・已 完・体

⑥人《ひと》 知《し》れ ぬ わ が 通《かよ》ひ路《ぢ》 の 関守《せきもり》 は 宵々《よひよひ》ごと に うちも寝《ね》
ラ下二・未 打・体 格助 格助 係助 格助 ナ下二・用

な なむ
完・未 終助

と 詠《よ》め り けれ ば、いと いたう 心病《こころや》み けり。⑦あるじ 許《ゆる》し て
格助 マ四・已 完・用 過・已 接助 副 ク・用・ウ マ四・用 過・終 サ四・用 完・用

①昔、（ある）男がいた。②東の五条（の）あたり（に住む女のところ）にたいそう人目を避けて（通って）行った。③こっそり通う所なので、門からも入ることができないで、子供が踏み破った土塀の崩れた所をとおって通って行った。④人（目）が多いのでもないが、（訪問が）度重なったので、主人が聞きつけて、その通う道に毎晩番人を置いて見張らせたので、（その屋敷まで）行くけれども会うことができないで帰った。⑤それで詠んだ（歌）。

⑥人に知られていない、私の（恋の）通い路にいる番人は、毎晩毎晩少しの間でも眠ってほしい。

と（男が）詠んだので、（女は）たいそうひどく心を痛めた。⑦主人は（男が通ってくるのを）許した。

けり。
過・終

⑧二条《にでう》の后《きさき》に忍《しの》びて参《まゐ》りけるを、世《よ》の聞《き》こえありけれ
格助　バ上二・用　接助　ラ四・用・謙　過・体　格助　格助　ラ変・用　過・已

ば、兄人《せうと》たちの守《まも》らせ給《たま》ひけるとぞ。（第五段）
接助　格助　ラ四・未使・用　ハ四・用・尊・補　過・体　格助　係助

⑧（これは実は）二条の后（藤原高子《たかいこ》のもと）に（男が）人目を避けて参上したのを、世間の評判が立ったので、（二条の后の）兄たち（藤原国経《くにつね》・基経《もとつね》）が（番人に）守らせなさったということである。

重要語句

高 55　古 37

わたり　①あたり。②（直接指すのをはばかって婉曲《えんきょく》的に）人。ここでは、①の意味。

忍ぶ　①耐える。我慢する。②隠す。人目を避ける。ここでは、②の意味。

みそかなり　こっそり。

え…（打消）　…することができない。不可能を表す。

築地　土を築いて固めた塀。

しげし　①草木が生い茂っている。②多い。ここでは、②の意味。

高 56　古 38

聞こえ　評判。

兄人　①女から男の兄弟を呼ぶ語。②男の兄弟。ここは①。

給ふ　尊敬の補助動詞。…なさる。お…になる。

発問　脚注問題　高　古

1　高 56ページ　古 38ページ

「心病みけり」の主語は誰か。

男が通っていたところの女（二条の后・藤原高子）。

教材末の問題 高56ページ 古38ページ

学習

1 「人知れぬ……」の歌に込められた男の気持ちを説明してみよう。

恋する女に会えない哀《かな》しさを強く訴える気持ち。

2 「あるじ許してけり」（高五六・4）（古三八・4）とあるが、何を、なぜ許したのか、説明してみよう。

・何を…男が女（二条の后・藤原高子）のもとに通ってくること。

・なぜ…男が、女に会えない哀しさを歌で強く訴え、女も心を痛めていたから。

3 第一段落と第二段落はどのような関係にあるか、考えてみよう。

第一段落にはある男と女の恋物語が、第二段落には、そこに登場した女の素性や当時の状況が述べられている。第二段落によって、第一段落の恋物語が在原業平《ありわらのなりひら》と藤原高子との実話であることを示すという関係にある。

ことばと表現

1 傍線部に注意して現代語訳してみよう。（高五六・1）（古三八・1）

行けどもえあはで帰りけり。

行くけれども会うことができないで帰った。

2 傍線部を文法的に説明してみよう。（高五六・3）（古三八・3）

人知れぬわが通ひ路の関守は宵々ごとにうちも寝ななむ

・「知れぬ」…ラ行下二段活用動詞「知る」の未然形＋打消の助動詞「ず」の連体形。

・「うちも寝ななむ」…ナ行下二段活用動詞「うちも寝《ぬ》」の連用形＋完了の助動詞「ぬ」の未然形＋終助詞「なむ」。

〈ポイント〉「うちも寝」は、接頭語「うち」と係助詞「も」とナ行下二段活用動詞「寝」が合わさって一語となったもの。終助詞「なむ」は他への願望を表し、「…してほしい」などと訳す。

渚《なぎさ》の院

品詞分解・現代語訳

①昔《むかし》、惟喬《これたか》の親王《みこ》と申《まう》す親王《みこ》おはしましけり。②山崎《やまざき》のあなたに、
格助　サ四・体・謙　サ四・用・尊　過・終　格助　格助

水無瀬《みなせ》といふ所《ところ》に宮《みや》ありけり。③年《とし》ごとの桜《さくら》の花《はな》ざかりには、
格助　ハ四・体　格助　ラ変・用　過・終　格助　格助　格助　係助

その宮《みや》へなむおはしましける。④その時《とき》、右《みぎ》の馬《うま》の頭《かみ》なりける人《ひと》を、
格助　格助　係助　サ四・用・尊　過・体　格助　断・用　過・体　格助

常《つね》にゐておはしましけり。⑤時世《ときよ》経《へ》て久《ひさ》しくなりにけれ
副　ワ上一・用　接助　サ四・用・尊　過・終　ハ下二・用　接助　シク・用　ラ四・用　完・用　過・已

ば、その人《ひと》の名《な》忘《わす》れにけり。⑥狩《か》りはねむごろにもせで、
接助　格助　格助　ラ下二・用　完・用　過・終　係助　ナリ・用　係助　サ変・未　接助

酒《さけ》をのみ飲《の》みつつ、やまと歌《うた》にかかれりけり。⑦いま狩《か》りする
格助　副助　マ四・用　接助　格助　ラ四・已　存・用　過・終　サ変・体

交野《かたの》の渚《なぎさ》の家《いへ》、その院《ゐん》の桜《さくら》ことにおもしろし。⑧その木《き》のもと
格助　格助　格助　格助　副　ク・終　格助　格助

におりゐて、枝《えだ》を折《を》りてかざしに挿《さ》して、上中下《かみなかしも》みな歌《うた》詠《よ》み
格助　ワ上一・用　接助　格助　ラ四・用　接助　格助　サ四・用　接助　マ四・用

けり。⑨馬《うま》の頭《かみ》なりける人《ひと》の詠《よ》める。
過・終　断・用　過・体　格助　マ四・已　完・体

---

①昔、惟喬親王と申し上げる親王がいらっしゃった。②山崎の向こうの方に、水無瀬という所に離宮があった。③毎年の桜の花盛りには、その離宮にお出かけになった。④そのときには、右の馬の頭（右馬寮《うまりょう》の長官）であった人を、いつも連れてお出かけになった。⑤年月がたって長くなってしまったので、その人の名を忘れてしまった。⑥鷹《たか》狩りは熱心にもしないで、酒ばかりを飲みながら、和歌に熱中していた。⑦今鷹狩りをしている交野の渚の家、その院の桜は特に趣がある。⑧その（桜の）木の下に（馬から）下りて座って、枝を折って髪飾りとして（髪に）挿して、身分の高位、中位、下位の人々皆が歌を詠んだ。⑨馬の頭であった人が詠んだ（歌）。

⑩世《よ》の中《なか》 に たえて 桜《さくら》 の なかり せ ば 春《はる》 の 心《こころ》 は のどけから まし
格助 副 格助 ク・用 過・未 接助 格助 係助 ク・未 反仮・終

と なむ 詠《よ》み たり ける。 ⑪また人《ひと》 の 歌《うた》、
格助 係助 マ四・用 完・用 過・体 格助

散《ち》れ ば こそ いとど 桜《さくら》 は めでたけれ 憂《う》き 世《よ》 に 何《なに》 か 久《ひさ》しかる べき
ラ四・已 接助 係助 副 係助 ク・已 ク・体 格助 係助 シク・体 推・体

と て、そ の 木《き》 の もと は 立《た》ち て 帰《かへ》る に、日暮《ひぐ》れ に なり ぬ。
格助 接助 格助 格助 係助 タ四・用 接助 ラ四・体 格助 格助 ラ四・用 完・終

⑫御供《おほんとも》 なる 人《ひと》、酒《さけ》 を 持《も》た せ て 野《の》 より 出《い》で来《き》 たり。 ⑬こ の 酒《さけ》 を
断・体 格助 タ四・未 使・用 接助 格助 カ変・用 完・終 格助 格助

飲《の》み て む とて、よき 所《ところ》 を 求《もと》めゆく に、天《あま》の河《がは》 と いふ 所《ところ》 に
マ四・用 強・未 意・終 格助 接助 ク・体 格助 カ四・体 接助 格助 ハ四・体 格助

至《いた》り ぬ。 ⑭親王《みこ》 に 馬《うま》の頭《かみ》、大御酒《おほみき》 参《まゐ》る。 ⑮親王《みこ》 の のたまひ ける、
ラ四・用 完・終 格助 ラ四・終・謙 格助 ハ四・用・尊 過・体

「交野《かたの》 を 狩《か》り て、天《あま》の河《がは》 の ほとり に 至《いた》る を 題《だい》 にて、歌《うた》 詠《よ》み て
格助 ラ四・用 接助 格助 格助 ラ四・体 格助 格助 マ四・用 接助

杯《さかづき》 は させ。」と のたまう けれ ば、かの 馬《うま》の頭《かみ》 詠《よ》み て 奉《たてまつ》り ける。
係助 サ四・命 格助 ハ四・用・ウ・尊 過・已 接助 格助 マ四・用 接助 ラ四・用・謙 過・体

⑯狩《か》り暮《く》らし たなばたつめ に 宿《やど》 から む 天《あま》の河原《かはら》 に 我《われ》 は 来《き》
サ四・用 格助 ラ四・未 意・終 格助 係助 カ変・用

に けり
完・用 詠・終

---

⑩もしもこの世の中にまったく桜がなかったとしたら、春の人の心はのんびりしていることだろうに。
と詠んだ。⑪別の人の歌、
散るからこそよりいっそう桜はすばらしいのだ。つらい世の中に何が長くとどまっているだろうか(いや、そんなものはない)。
と詠んで、その(桜の)木の下から去って(水無瀬の離宮に)帰るうちに、日暮れになってしまった。
⑫お供の人が、(使用人に)酒を持たせて野の方から現れた。⑬この酒を飲んでしまおうといって、適当な場所を探して行くと、天の河という所に行き着いた。⑭親王に馬の頭が、お酒をさし上げる。⑮(そのとき)親王がおっしゃった、「交野を鷹狩りして、天の河の近くに着いたのを題として、歌を詠んで杯を勧めよ。」とおっしゃったので、あの馬の頭は歌を詠んでさし上げた。
⑯一日中日が暮れるまで鷹狩り

⑰親王《みこ》、歌《うた》を 返《かへ》す返《がへ》す 誦《ず》じ 給《たま》う て、返《かへ》しえし 給《たま》は
格助 副 サ変・用 ハ四・用・ウ・尊・補 接助 副 サ変・用 ハ四・未・尊・補

ず。 ⑱紀有常《きのありつね》 御供《おほんとも》 に 仕《つか》うまつれ り。 ⑲それ が 返《かへ》し、
打・終 格助 ラ四・已・謙 存・終 格助

一年《ひととせ》 に ひとたび 来《き》 ます 君《きみ》 待《ま》て ば 宿《やど》 かす 人《ひと》 も あら
格助 カ変・用 サ四・体・尊・補 タ四・已 接助 サ四・体 係助 ラ変・未

じ と ぞ 思《おも》ふ
打推・終 格助 係助 ハ四・体

⑳帰《かへ》り て 宮《みや》 に 入《い》ら せ 給《たま》ひ ぬ。 ㉑夜《よ》 ふくる まで 酒《さけ》 飲《の》み
ラ四・用 接助 格助 ラ四・未 尊・用 ハ四・用・尊・補 完・終 カ下二・体 副助 マ四・用

物語《ものがたり》し て、あるじ の 親王《みこ》、酔《ゑ》ひ て 入《い》り 給《たま》ひ な む と す。
サ変・用 接助 格助 ハ四・用 接助 ラ四・用 ハ四・用・尊・補 強・未 意・終 格助 サ変・終

㉒十一日《じふいちにち》 の 月《つき》 も 隠《かく》れ な む と すれ ば、かの 馬《うま》の頭《かみ》 の 詠《よ》め
格助 係助 ラ下二・用 強・未 推・終 格助 サ変・已 接助 格助 格助 マ四・已

る。
完・体

㉓飽《あ》か なく に まだき も 月《つき》 の 隠《かく》るる か 山《やま》の端《は》 逃《に》げ て
カ四・未 打・未・ク語法 接助 副 係助 格助 ラ下二・体 終助 ガ下二・用 接助

入《い》れ ず も あら なむ
ラ下二・未 打・用 係助 ラ変・未 終助

㉔親王《みこ》 に かはり 奉《たてまつ》り て、紀有常《きのありつね》、
格助 ラ四・用 ラ四・用・謙・補 接助

をして、(今夜は)織女《おりひめ》に宿を借りよう。(せっかく)天の河原に私はやって来た(のだから)。

⑰親王は、歌を繰り返し繰り返し朗詠なさって、(あまりのうまさに)返しの歌がおできにならない。⑱紀有常がお供にお仕え申し上げていた。

⑲その(有常の、親王にかわる)返歌、

(織女は)一年に一度やって来られるお方(彦星《ひこぼし》)を待っているので宿を貸す人もあるまいと思う。

⑳(親王は水無瀬に)戻って離宮にお入りになられた。㉑夜が更けるまで酒を飲み話をして、(そのうち)主人の親王が、酔って(ご寝所に)お入りになろうとする。㉒十一日の月も隠れようとするので、あの馬の頭が詠んだ(歌)。

㉓まだ満足していないのに(もっと眺めていたいのに)、早くも月が隠れてしまうのか。山の端よ、逃げて(月を)入れない

おしなべて｜峰《みね》｜も｜平《たひ》らに｜なり｜な｜なむ｜山《やま》の端《は》｜なく｜は｜月《つき》｜も｜入《い》ら｜じ｜を

副｜係助｜ナリ・用｜ラ四・用｜強・未｜終助｜ク・用｜係助｜係助｜ラ四・未｜打推・体｜間助

（第八十二段）

でほしい。

㉔親王にかわり申し上げて、紀有常（が返歌した）、

一様に（どの山の）峰も平らになってほしい。山の端がなかったら月も（隠れ）入ることがないであろうになあ。

重要語句

高 55 古 39

おはします いらっしゃる。おいでになる。

ゐる ①連れて行く。②携帯する。ここでは、①の意味。漢字表記は「率る」。

ねむごろなり ①熱心である。②親しい様子。ここは①。

ことに ①特別に。とりわけ。②なお。ここでは、①の意味。

ゐる 座る。腰をおろす。漢字表記は「居る」。

上中下 身分の高い者、中位の者、下位の者すべて。

たえて ①まったく。②すっかり。ここでは、①の意味。

いとど いっそう。ますます。

めでたし すばらしい。優れている。

憂し ①つらい。憂鬱だ。②煩わしい。ここでは、①の意味。

参る ①参上する。②さし上げる。ここでは、②の意味。

高 56 古 40

のたまふ 「言ふ」の尊敬語。おっしゃる。

奉る さし上げる。

暮らす （動詞の連用形について）日が暮れるまで…する。

誦ず 朗詠する。吟ずる。唱える。口ずさむ。

返し ①返歌。②手紙への返事。ここでは、①の意味。

仕うまつる お仕え申し上げる。

ます 尊敬の補助動詞。…なさる。お…になる。

飽く ①満足する。②飽きる。ここでは、①の意味。

山の端 山の稜線《りょうせん》。山と空とが接して見える山側。

発問 脚注問題

高 古

高 57ページ 古 39ページ

1 和歌で「…せば…まし」という表現を用いて本当に伝えたいのはどういう気持ちか。

桜の花に愛着する気持ち。

高 58ページ 古 40ページ

2 「君」とは誰のことを指しているか。
牽牛星《けんぎゅうせい》（彦星）。

3 「月」は何をたとえているか。
惟喬親王。

教材末の問題　高 59ページ 古 41ページ

学習

1 物語中の歌について、誰がどこで詠んだ歌であるかを確認し、主題を考えてみよう。また、三組の歌がどのようにやりとりされているのか、それぞれの関係を考えてみよう。

A「世の中に……」（高 五七・8）（古 三九・8）の歌
B「散ればこそ……」（高 五七・10）（古 三九・10）の歌
・誰…A馬の頭。B馬の頭とは別の人。
・どこ…交野の渚の院の桜の木の下。
・主題…「桜」のすばらしさ。
・関係…Aの歌で否定的に捉えた花が散ることを、Bの歌では肯定的に捉えた。

C「狩り暮らし……」（高 五八・3）（古 四〇・3）の歌
D「一年に……」（高 五八・6）（古 四〇・6）の歌
・誰…C馬の頭。D紀有常。　・どこ…「天の河」の近く。
・主題…「天の河」という地名から連想した七夕伝説。
・関係…Cの歌は「天の河」という地名と「天の川」を掛け、「織女のような人に宿を借りよう」と詠んだのに対し、Dの歌で「彦星を待っているだろうから、宿なんて貸してくれるような人はいない」と揚げ足をとるように返した歌。

E「飽かなくに……」（高 五八・10）（古 四〇・10）の歌
F「おしなべて……」（高 五八・12）（古 四〇・12）の歌
・誰…E馬の頭。F紀有常。　・どこ…水無瀬の離宮。
・主題…酔って寝所に入ろうとする親王を「月」にたとえて引き止めること。
・関係…Eの歌もFの歌も寝所に入ろうとする親王を月にたとえ、Eは「山の端が逃げて月を入れないようにしてほしい」、Fは「山の端がみな平らになってしまえば月も隠れてしまわないのに」と、それぞれ親王を引き止めている。

言語活動

1 惟喬親王と馬の頭、紀有常の交流についてどのように思うか、話し合ってみよう。
〈例〉和歌を理解する心があり、信頼し合っている。

ことばと表現

1 傍線部の違いを文法的に説明してみよう。
(1) その宮へなむおはしましける。（高 五七・2）（古 三九・2）
強意を表す係助詞。
(2) 酔ひて入り給ひなむとす。（高 五八・8）（古 四〇・8）
強意の助動詞「ぬ」の未然形＋意志の助動詞「む」の終止形。
(3) 山の端逃げて入れずもあらなむ（高 五八・10）（古 四〇・10）
他への願望を表す終助詞。

歌物語

大和物語《やまとものがたり》

高「高等学校 古典探究」60〜63ページ
古「古典探究 古文編」42〜45ページ

作品紹介

大和物語 やまとものがたり 作者未詳。十世紀中頃に成立し、その後増補されたと考えられている歌物語。百七十余の章段からなり、『後撰《ごせん》和歌集』の歌人たちにまつわる話や、民間伝説などの「歌語り」を集めたものである。

——をばすて山——

品詞分解・現代語訳

①信濃《しなの》の国《くに》に更級《さらしな》といふ所《ところ》に、男《をとこ》住《す》みけり。②若《わか》き時《とき》に
格助 格助 格助 ハ四・体 格助 マ四・用 過・終 ク・体 格助

親《おや》は死《し》にければ、をばなむ親《おや》のごとくに、若《わか》くより添《そ》ひて
係助 ナ変・用 過・已 接助 係助 格助 比・用 ク・用 格助 ハ四・用 接助

あるに、③この妻《め》の心《こころ》憂《う》きこと多《おほ》くて、この姑《しうとめ》の
ラ変・体・補 接助 格助 格助 ク・体 ク・用 接助 格助 格助

老《お》いかがまりてゐたるを常《つね》に憎《にく》みつつ、④男《をとこ》にもこの
ラ四・用 接助 ワ上一・用 存・体 格助 副 マ四・用 接助 格助 係助 格助

をばの御心《みこころ》のさがなく悪《あ》しきことを言《い》ひ聞《き》かせければ、昔《むかし》の
格助 格助 ク・用 シク・体 格助 サ下二・用 過・已 接助 格助

①信濃の国に更級という所に、男が住んでいた。②（男が）若いときに親が死んだので、おばが親のように、若いときから付き添って（男の世話をして）いたが、③この（男の）妻の心は嫌な感じのところが多くて、この姑（おば）が年老いて腰が曲がっているのをいつも憎んでは、④男にもこのおばのお心が意地悪くろくでもないということを言って聞かせたので、（男は）

ごとくにもあらず、⑤おろかなること多《おほ》く、このをばのために
比・用 係助 ラ変・未 打・用 ナリ・体 ク・用 格助 格助 格助
なりゆきけり。⑥このをば、いといたう老《お》いて、二重《ふたへ》にてゐ
カ四・用 過・終 格助 副 ク・用・ウ ヤ上二・用 接助 格助 ワ上一・用
たり。⑦これをなほ、この嫁《よめ》、ところせがりて、今《いま》まで死《し》なぬ
存・終 格助 副 格助 ラ四・用 接助 副助 ナ変・未 打・体
ことと思《おも》ひて、よからぬことを言《い》ひつつ、⑧「持《も》ていまして、
格助 ハ四・用 接助 ク・未 打・体 格助 ハ四・用 接助 サ四・用・尊 接助
深《ふか》き山《やま》に捨《す》てたうびてよ。」とのみ責《せ》めければ、⑨責《せ》め
ク・体 格助 タ下二・用 バ四・用・尊・補 完・命 格助 副助 マ下二・用 過・已 接助 マ下二・未
られわびて、さしてむと思《おも》ひなりぬ。⑩月《つき》のいと
受・用 バ上二・用 接助 副 サ変・用 強・未 意・終 格助 ラ四・用 完・終 格助 副
明《あ》かき夜《よ》、⑪「嫗《おうな》ども、いざ給《たま》へ。寺《てら》に尊《たふと》きわざすなる、見《み》せ
ク・体 感動 ハ四・命・尊 格助 ク・体 サ変・終 伝・体 サ下二・用
奉《たてまつ》らむ。」と言《い》ひければ、⑫限《かぎ》りなく喜《よろこ》びて負《お》はれに
ラ四・未・謙・補 意・終 格助 ハ四・用 過・已 接助 ク・用 バ四・用 接助 ハ四・未 受・用 完・用
けり。⑬高《たか》き山《やま》の麓《ふもと》に住《す》みければ、その山《やま》にはるばると入《い》り
過・終 ク・体 格助 格助 マ四・用 過・已 接助 格助 格助 副 ラ四・用
て、⑭高《たか》き山《やま》の峰《みね》の下《お》り来《く》べくもあらぬに置《お》き
接助 ク・体 格助 格助 ラ四・用 カ変・終 可・用 係助 ラ変・未 打・体 格助 カ四・用
て逃《に》げて来《き》ぬ。⑮「やや。」と言《い》へど、いらへもせで、
接助 ガ下二・用 接助 カ変・用 完・終 感動 格助 ハ四・已 接助 係助 サ変・未 接助

昔のようでもなく、⑤おろそかに扱うことが多く、このおばに関してなっていった。⑥このおばは、たいそうひどく年老いて、腰が曲がり折れたようになっていた。⑦このことをいっそう、この嫁は、煩わしがって、（よくもまあ）今まで死なないことと思って、よくないことを（男に）言っては、⑧「連れていらっしゃって、深い山にお捨てになってください。」とばかり責めたてたので、⑨責められるのに困惑して、そうしてしまおうと思うようになった。⑩月がたいそう明るい夜、⑪「おばあさんや、さあいらっしゃい。寺でありがたい法会をするそうなのを、お見せ申し上げましょう。」と（男が）言ったので、⑫（おばは）このうえなく喜んで背負われた。⑬（男たちは）高い山の麓に住んでいたので、その山にはるばると入って、⑭高い山の峰で下りて来られそうもないところに（おばを）置いて逃げて

逃《に》げ て 家《いへ》 に 来《き》 て 思《おも》ひをる に、⑯言《い》ひ腹立《はらだ》て ける 折《をり》 は、腹立《はらだ》ち
ガ下二・用 接助 格助 カ変・用 接助 ラ変・体 接助 タ下二・用 過・体 係助 タ四・用

て かくし つれ ど、⑰年《とし》ごろ 親《おや》 の ごと 養《やしな》ひ つつ あひ添《そ》ひ に
接助 副 サ変・用 完・已 接助 格助 比・語幹 ハ四・用 接助 ハ四・用 完・用

けれ ば、いと かなしく おぼえ けり。⑱こ の 山《やま》 の 上《かみ》 より、月《つき》 も
過・已 接助 副 シク・用 ヤ下二・用 過・終 格助 格助 格助 係助

いと 限《かぎ》りなく 明《あ》かく 出《い》で たる を ながめ て、⑲夜一夜《よひとよ》、い も 寝《ね》
副 ク・用 ク・用 ダ下二・用 存・体 格助 マ下二・用 接助 副 係助 ナ下二・未

られ ず、かなしう おぼえ けれ ば、かく 詠《よ》み たり ける。
可・未 打・用 シク・用・ウ ヤ下二・用 過・已 接助 副 マ四・用 完・用 過・体

⑳わ が 心《こころ》 慰《なぐさ》めかね つ 更級《さらしな》 や をばすて山《やま》 に 照《て》る 月《つき》 を
格助 ナ下二・用 完・終 間助 格助 ラ四・体 格助

見《み》 て
マ上一・用 接助

㉑と 詠《よ》み て なむ、また 行《ゆ》き て 迎《むか》へ 持《も》て来《き》 に ける。㉒それ
格助 マ四・用 接助 係助 副 カ四・用 接助 ハ下二・用 カ変・用 完・用 過・体

より 後《のち》 なむ、をばすて山《やま》 と 言《い》ひ ける。㉓慰《なぐさ》めがたし と は、これ が
格助 係助 格助 ハ四・用 過・体 ク・終 格助 係助 格助

よし に なむ あり ける。
断・用 係助 ラ変・用 過・体

（第百五十六段）

来てしまった。⑮（おばは）「これこれ。」と言うけれども、（男は）返事もしないで、逃げて家に帰ってきて（あれこれと）考えていると、⑯（妻が自分に）告げ口をして腹を立てさせたときは、腹を立ててこのようにしたけれど、⑰長年親のように養い続けて一緒にいたので、たいそう悲しく思われた。⑱この山の頂上から、月もたいそうこのうえなく明るく出ているのをもの思いにふけりながらぼんやりと見やり、⑲一晩中、眠ることもできず、悲しく思われたので、このように（歌を）詠んだ。

⑳私の心は（慰めようとしても）慰めることはできない。更級の姨捨山《おばすてやま》（冠着山《かむりきやま》）に照る月を見て。

㉑と詠んで、また（山に）行って（おばを）迎えて連れてきた。㉒それから後、（この山を）姨捨山といった。㉓（姨捨山といえば）「慰めがたい」というのには、このようないわれがあるのだった。

重要語句

高 60 古 42

さがなし　意地が悪い。

悪し　①悪い。②身分が低い。ここでは、①の意味。

おろかなり　①おろそかである。いい加減である。②(「言ふもおろかなり」などの形で)言うまでもない。③疎遠である。ここでは、①の意味。

いたし　程度がはなはだしい。

ところせがる(ところせし)　窮屈がる。煩わしく思う。「ところせし」は「窮屈だ。煩わしい」の意味。

います　①「あり」「居《を》り」「行く」「来」の尊敬語。いらっしゃる。お出かけになる。②(連用形、助詞「て」について)…ていらっしゃる。ここでは、②の意味。

たうぶ　①「与ふ」「授く」の尊敬語。お与えになる。②(動詞の連用形について)お…になる。ここでは、②の意味。

わぶ　①思い悩む。困惑する。②落ちぶれる。③(動詞の連用形について)…しかねる。ここでは、①の意味。

いざ給へ　さあ、いらっしゃい。

高 61 古 43

いらへ　返事。

年ごろ　①長年。②ここ数年の間。ここでは、①の意味。

かなし　①いとしい。かわいい。②悲しい。ここは②。

ながむ　もの思いにふける。ぼんやりと何を見るともなく見る。

いも寝られず　眠ることもできない。

かぬ　(動詞の連用形について)…できない。

発問　脚注問題

高 古

1 高 60ページ 古 42ページ

「おろかなること多く…なりゆきけり」とは、誰が、どうなったということか。

「男」が、「をば」をおろそかに扱うことが多くなってきたということ。

2 高 61ページ 古 43ページ

「言ひ腹立てける」「腹立ちて」の主語を答えよ。

・「言ひ腹立てける」の主語…「妻」。

・「腹立ちて」の主語…「男」。

〈ポイント〉「言ひ腹立てける」の「言ひ腹立て」は夕行下二段活用の他動詞の連用形で、「言って腹を立てさせる」の意。男の腹を立てさせたのは、妻。「腹立ちて」の「腹立ち」は夕行四段活用の自動詞の連用形。

教材末の問題　[高]61ページ　[古]43ページ

学習

1　「男」が「をば」を捨てるに至った経過を整理しよう。

①　若いときに親を亡くした「男」に「をば」は親のように付き添った。

②　「男」の「妻」は「をば」が年老いて腰が曲がっているのを嫌悪していた。

③　「妻」は「男」に「をば」の心が意地悪であるなどと言い聞かせた。

④　「男」は次第に「をば」をおろそかに扱うようになった。

⑤　「妻」は「をば」の存在が煩わしくて、「男」に「をば」を山に捨ててくれと責め立てた。

⑥　「男」は責め立てられるのに困惑して、そうしよう（「をば」を山に捨てよう）と思うようになった。

〈ポイント〉主語を確認しながら読み進めよう。

言語活動

1　「をば」を捨てた後再び迎えに行くまでの「男」の心情はどのようなものだったか、話し合ってみよう。

〈例〉「妻」の告げ口に腹を立てて「をば」を捨てたが、長年母親同然だったので悲しく、月を見ても心が晴れなかった。

〈ポイント〉「いとかなしくおぼえけり」（[高]六一・5）（[古]四三・5）、「かなしうおぼえければ」（[高]六一・7）（[古]四三・7）、「わが心慰めかねつ」（[高]六一・8）（[古]四三・8）などの心情を表す語に注目しよう。

ことばと表現

1　本文中から助動詞「つ」を抜き出し、それぞれの意味と活用形を確認しよう。

・「捨てたうびてよ」（[高]六〇・8）（[古]四二・8）…完了・命令形。

・「さしてむ」（[高]六〇・8）（[古]四二・8）…強意・未然形。

・「かくしつれど」（[高]六一・4）（[古]四三・4）…完了・已然形。

・「慰めかねつ」（[高]六一・8）（[古]四三・8）…完了・終止形。

〈ポイント〉「つ」は連用形に接続し、「て・て・つ・つる・つれ・てよ」と下二段型の活用をする。強意を表す場合は、下に推量の助動詞を伴って「てむ」「つべし」「つらむ」「てまし」などの形になることが多い。

―鳥飼《とりかひ》の院《ゐん》―

品詞分解・現代語訳

①亭子《ていじ》の帝《みかど》、鳥飼《とりかひ》の院《ゐん》におはしましにけり。②例《れい》のごと、
格助 格助 格助 サ四・用・尊 完・用 過・終 格助 比・語幹

御遊《おほんあそ》びあり。③「このわたりのうかれめども、あまた参《まゐ》りて
ラ変・終 格助 格助 副 ラ四・用・謙 接助

候《さぶら》ふなかに、声《こゑ》おもしろく、よしあるものは侍《はべ》りや。」と
ハ四・体・謙 格助 ク・用 ラ変・体 係助 ラ変・終・謙 係助 格助

問《と》はせ給《たま》ふに、④うかれめばらの申《まう》すやう、「大江玉淵《おほえのたまぶち》が
ハ四・未 尊・用 ハ四・体・尊・補 接助 格助 サ四・体・謙 格助

むすめと申《まう》す者《もの》、めづらしう参《まゐ》りて侍《はべ》り。」と申《まう》し
格助 サ四・体・謙（丁） シク・用・ウ ラ四・用・謙 接助 ラ変・終・謙 格助 サ四・用・謙

ければ、⑤見《み》させ給《たま》ふに、さまかたちも清《きよ》げなりければ、
過・已 接助 マ上一・用 尊・用 ハ四・体・尊・補 接助 係助 ナリ・用 過・已 接助

あはれがり給《たま》うて、上《うへ》に召《め》しあげ給《たま》ふ。⑥「そもそも
ラ四・用 ハ四・用・尊・ウ・補 接助 格助 ガ下二・用・尊 ハ四・終・尊・補 接続

まことか。」など問《と》はせ給《たま》ふに、鳥飼《とりかひ》といふ題《だい》を、
係助 副助 ハ四・未 尊・用 ハ四・体・尊・補 格助 格助 ハ四・体 格助

みなみな人々《ひとびと》に詠《よ》ませ給《たま》ひにけり。⑦仰《おほ》せ給《たま》ふ
格助 マ四・未 使・用 ハ四・用・尊・補 完・用 過・終 サ下二・用・尊 ハ四・体・尊・補

---

①亭子の帝（宇多天皇《うだてんのう》）は、鳥飼の院にお出かけになった。②いつものように、管弦のお遊びがある。③（帝が）「このあたりの遊女たちが、たくさん参上してお控え申し上げる（者の）なかに、声が素晴らしく、由緒がある者は仕えているか。」とお尋ねになったところ、④遊女らが申し上げることには、「大江玉淵の娘と申します者が、めずらしく参上して控えております。」と申し上げたので、⑤（帝が）ご覧になると、身なりや容貌も清らかで美しかったので、しみじみ感心なさって、御前に召し上げなさる。⑥（帝は）「さて（遊女が言ったことは）本当か。」などとお尋ねになる、その時に鳥飼という（和歌の）題を、（そこにいた）人々すべてに命じて詠ませなさった。

やう、「玉淵《たまぶち》 は いと らうあり て、 歌《うた》 など よく 詠《よ》み き。 ⑧こ の
係助 副 ラ変・用 接助 副助 ク・用 マ四・用 過・終 格助

鳥飼《とりかひ》 と いふ 題《だい》 を よく つかうまつり たら む に したがひ て、
格助 ハ四・体 格助 ク・用 ラ四・用・謙 完・未 仮・体 格助 ハ四・用 接助

まこと の 子《こ》 と は 思《おも》ほさ む。」 と 仰《おほ》せ 給《たま》ひ けり。
格助 格助 係助 サ四・未・尊 意・終 格助 サ下二・用・尊 ハ四・用・尊・補 過・終

⑨承《うけたまは》り て、 すなはち、
ラ四・用・謙 接助 副

　あさみどり かひ ある 春《はる》 に あひ ぬれ ば かすみ なら ね ど
ラ変・体 格助 ハ四・用 完・已 接助 断・未 打・已 接助

　たちのぼり けり
ラ四・用 詠・終

と 詠《よ》む 時《とき》 に、 帝《みかど》、 ののしり あはれがり 給《たま》ひ て、 御《おほん》しほたれ
格助 マ四・体 格助 ラ四・用 ラ四・用 ハ四・用・尊・補 接助 ラ下二・用

給《たま》ふ。 ⑩人々《ひとびと》 も よく 酔《ゑ》ひ たる ほど にて、 酔《ゑ》ひ泣《な》き いと になく
ハ四・終・尊・補 係助 ク・用 ハ四・用 存・体 格助 副 ク・用

す。 ⑪帝《みかど》、 御袿《おほんうちき》 一重《ひとかさ》ね、 袴《はかま》 給《たま》ふ。 ⑫「ありとある 上達部《かんだちめ》、 皇子《みこ》たち、
サ変・終 ハ四・終・尊 連語

四位《しゐ》 五位《ごゐ》、 これ に 物《もの》 脱《ぬ》ぎ て 取《と》らせ ざら む 者《もの》 は、 座《ざ》 より
格助 ガ四・用 接助 サ下二・未 打・未 婉・体 係助 格助

立《た》ち ね。」 と のたまひ けれ ば、 ⑬片端《かたはし》 より、 上下《かみしも》 みな かづけ たれ ば、
タ四・用 完・命 格助 ハ四・用・尊 過・已 接助 格助 カ下二・用 完・已 接助

---

⑦（帝が）おっしゃることには、「玉淵はたいそう経験を積んでいて、歌なども上手に詠んだ。⑧この鳥飼という題を上手に詠んだならばそのことによって、（あなたを玉淵の）本当の子どもだと認めよう。」とおっしゃった。⑨（娘は）承って、たちまち、

　浅緑色で生き甲斐《がい》を感じるような美しい春に出会ったので、霞《かすみ》ではないけれど、春の霞が立ちのぼるのと同じように、私はこの御殿に上がったのだなあ。

と詠む、その時、帝は、大声を上げて感激なさって、涙をお流しになる。⑩人々もよく酔っている時であったので、酔って泣くことがまたとない。⑪帝は、御袿（着物）一重ねと、袴を（娘に）授けなさる。⑫「この場にいるあらゆる上達部、皇子たち、四位五位の者で、これ（娘）に着ている物を脱いで取らせないような者は、座席より立ち去れ（この場を去れ）。」とおっしゃったので、⑬

かづきあまり て、二間《ふたま》 ばかり 積《つ》み て ぞ おき たり ける。

ラ四・用　接助　副助　マ四・用　接助　係助　カ四・用　完・用　過・体

（第百四十六段）

片端から、身分が高い者も低い者もみな（着物を娘の）肩にかけて与えたので、（娘は）肩にかけていただききれず、二間ほど（着物を）積んで置いたそうだ。

重要語句

高 62 古 44

遊び 管弦の遊び。詩歌や狩り、歌舞なども指す。
あまた たくさん。多数。
候ふ ①「あり」「をり」「仕ふ」の謙譲語。伺候する。お仕えする。②「あり」「をり」の丁寧語。あります。おります。③丁寧の補助動詞…です・ます・ございます。
ここでは、①の意味。
よしあり ①由緒がある。②風情や趣がある。ここでは、①の意味。
かたち ①物の外形。かたち。②容貌。目鼻立ち。ここでは、②の意味。
仰す 「言ふ」の尊敬語。おっしゃる。
らうあり 経験を積んでいる。物慣れている。
かひ 値打ち。効果。
ののしる ①大声で騒ぎ立てる。②有名だ。評判である。
ここでは、①の意味。
しほたる ①涙を流す。②ぬれる。ここでは、①の意味。
になし 比べられないほど素晴らしい。またとない。
かづく ①頭にかぶせる。②褒美を授ける。褒美の着物を肩にかける。ここでは、②の意味。

高 63 古 45

発問 脚注問題

高 古

1 どういうことに対して「まことか」と尋ねたのか。 高 62ページ 古 44ページ
めずらしく参上して控えている美しい遊女が、大江玉淵の娘だということ。

2 「御しほたれ給ふ」とはどういうことか。
娘の和歌に感激して、天皇が涙をお流しになるということ。

教材末の問題

高 63ページ 古 45ページ

学習

1 「あさみどり……」の歌について考えてみよう。

(1) 「たちのぼりけり」の主語を補って、一首を現代語訳してみよう。

浅緑色で生き甲斐を感じるような美しい春に出会ったので、霞ではないけれど、春の霞が立ちのぼるのと同じように、私はこの殿上に上がったのだなあ。

〈ポイント〉「たちのぼりけり」には主語が二つ考えられる。和歌の現代語訳でこのように二重の意味をもつものがある場合、それが分かるように訳出する。

(2) この歌が「鳥飼」という題の歌であると言えるのはどうしてか、説明してみよう。

「あさみどりかひある春に」に「とりかひ」という文字が

入っているから。

2 「二間ばかり積みてぞおきたりける」（高六三・2）（古四五・2）とは、何がどのような様子であるというのか、説明してみよう。

貴族たちが大江玉淵の娘に与えた着物が多すぎて娘がその着物を二間に渡って積み置いた様子を指している。

ことばと表現

1 傍線部の敬語動詞について、敬語の種類を答え、敬意を含まない動詞に置き換えてみよう。

(1) 亭子の帝、鳥飼の院におはしましにけり。（高六二・1）（古四四・1）
・敬語の種類…尊敬語
・敬意を含まない動詞…「行き」

(2) うかれめども、あまた参りて候ふなかに、（高六二・2）（古四四・2）
・敬語の種類…謙譲語
・敬意を含まない動詞…「をる」

(3) 「まことの子とは思ほさむ。」と仰せ給ひけり。（高六二・8）（古四四・8）
・思ほさ…敬語の種類…尊敬語
　敬意を含まない動詞…「思は」
・仰せ…敬語の種類…尊敬語
　敬意を含まない動詞…「言ひ」

(4) 承りて、すなはち、（高六二・9）（古四四・9）
・敬語の種類…謙譲語
・敬意を含まない動詞…「受け」

(5) 帝、御袿一重ね、袴給ふ。（高六二・12）（古四四・12）
・敬語の種類…尊敬語
・敬意を含まない動詞…「与ふ」

2 傍線部の助動詞を文法的に説明してみよう。

(1) 「そもそもまことか。」など問はせ給ふに、（高六二・5）（古四四・5）
尊敬の助動詞「す」の連用形。

(2) みなみな人々に詠ませ給ひにけり。（高六二・6）（古四四・6）
使役の助動詞「す」の連用形。

随筆㈠

枕《まくらの》草《さう》子《し》

高「高等学校　古典探究」68〜75ページ
古「古典探究　古文編」50〜57ページ

作品紹介

枕草子　まくらのそうし　作者は清少《せいしょう》納言《なごん》。十一世紀初め（平安時代中期）に成立。三百余りの章段からなる。類聚《るいじゅう》的章段・日記的章段・随想的章段と、大きく三つに分けられる。宮仕えの経験や見聞をもとに、人事や自然などについて書かれ、観察力や美意識がうかがえる。「をかし」の文学といわれる。

清少納言　せいしょうなごん　九六六?〜一〇二五?。学者・歌人の清原元輔《きよはらのもとすけ》の娘で、一条天皇の中宮定子に女房として仕えた。

——【参考】春はあけぼの——

品詞分解・現代語訳

①春《はる》　は　あけぼの。②やうやう　白《しろ》く　なりゆく、山《やま》ぎは　すこし　あかり　て、

係助　副　ク・用　カ四・体　副　ラ四・用　接助

紫《むらさき》だち　たる　雲《くも》　の　ほそく　たなびき　たる。

タ四・用　存・体　格助　ク・用　カ四・用　存・体

③夏《なつ》　は　夜《よる》。④月《つき》　の　ころ　は　さらなり、闇《やみ》　も　なほ、蛍《ほたる》　の　多《おほ》く　飛《と》びちがひ

係助　格助　係助　ナリ・用　係助　副　格助　ク・用　ハ四・用

たる。⑤また、ただ　一《ひと》つ　二《ふた》つ　など、ほのかに　うち光《ひか》り　て　ゆく　も　をかし。

存・体　接続　副　副助　ナリ・用　ラ四・用　接助　カ四・体　係助　シク・終

①春は夜明け（がよい）。②だんだん白くなっていく、空の山と接する部分が少し明るくなって、紫がかっている雲が細くたなびいている（のがよい）。

③夏は夜（がよい）。④満月のころは言うまでもなく、闇夜でもやはり、蛍が多く飛び交っている（のがよい）。⑤また、ほんの一つ二つなど、

⑥雨《あめ》など降《ふ》るもをかし。
副助 ラ四・体 係助 シク・終

⑦秋《あき》は夕暮《ゆふぐ》れ。⑧夕日《ゆふひ》のさして山《やま》の端《は》いと近《ちか》うなりたるに、
係助 格助 サ四・用 接助 副 ク・用・ウ ラ四・用 完・体 格助

烏《からす》の寝所《ねどころ》へ行《ゆ》くとて、三《み》つ四《よ》つ、二《ふた》つ三《み》つなど飛《と》び急《いそ》ぐさへ
格助 格助 カ四・終 格助 接助 副助 ガ四・体 副助

あはれなり。⑨まいて雁《かり》などの連《つら》ねたるが、いと小《ちひ》さく見《み》ゆるは、
ナリ・終 副 副助 格助 ナ下二・用 存・体 格助 副 ク・用 ヤ下二・体 係助

いとをかし。⑩日《ひ》入《い》り果《は》てて、風《かぜ》の音《おと》、虫《むし》の音《ね》など、はたいふべき
副 シク・終 タ下二・用 接助 格助 格助 副助 副 ハ四・終 当・体

にあらず。
断・用 ラ変・未 打・終

⑪冬《ふゆ》はつとめて。⑫雪《ゆき》の降《ふ》りたるはいふべきにもあらず、
係助 格助 ラ四・用 存・体 係助 ハ四・終 当・体 断・用 係助 ラ変・未 打・用

霜《しも》のいと白《しろ》きも、またさらでも、いと寒《さむ》きに、火《ひ》など急《いそ》ぎおこし
格助 副 ク・体 係助 接続 ラ変・未 接助 係助 副 ク・体 格助 副助 ガ四・用 サ四・用

て、炭《すみ》もて渡《わた》るもいとつきづきし。⑬昼《ひる》になりて、ぬるくゆるび
接助 ラ四・体 係助 副 シク・終 格助 ラ四・用 接助 ク・用 バ四・用

もていけば、火桶《ひをけ》の火《ひ》も白《しろ》き灰《はひ》がちになりてわろし。（第一段）
カ四・已 接助 格助 係助 ク・体 ナリ・用 ラ四・用 接助 ク・終

かすかに光って行くのも趣がある。
⑥雨など降るのも趣がある。

⑦秋は夕暮れ（がよい）。⑧夕日が射して山の空と接する部分にとても近づいた頃に、烏が寝所へ行こうとして、三つ四つ、二つ三つというふうに急いで飛んでいく様子までしみじみと心打たれる。⑨まして雁などが列をなしているのが、たいそう小さく見えるのは、とても趣がある。⑩夕日がすっかり沈んで、風の音、虫の声など、これもまた言うまでもない。

⑪冬は早朝（がよい）。⑫雪が降っているのは言うまでもなく、霜がとても白いのも（よく）、またそうでなくても、とても寒い朝に、火などを急いでおこして、炭を持って行くのもとても似つかわしい。⑬昼になって、（次第に）暖かくなって寒さがゆるんでいくと、丸火鉢の火も白い灰が多くなってよくない。

―すさまじきもの―

品詞分解・現代語訳

①すさまじき　もの、昼《ひる》　ほゆる　犬《いぬ》。②春《はる》　の　網代《あじろ》。③三《さん》、四月《しぐわつ》　の　紅梅《こうばい》　の
シク・体　ヤ下二・体　格助　格助　格助

衣《きぬ》。④牛《うし》　死《し》に　たる　牛飼《うしか》ひ。⑤乳児《ちご》　亡《な》くなり　たる　産屋《うぶや》。⑥火《ひ》　おこさ　ぬ
ナ変・用　完・体　ラ四・用　完・体　サ四・未　打・体

炭櫃《すびつ》、地火炉《ぢくわろ》。⑦博士《はかせ》　の　うち続《つづ》き　女児《をんなご》　生《む》ま　せ　たる。⑧方違《かたたが》へ　に　行《ゆ》き
格助　カ四・用　マ四・未　使・用　存・体　格助　カ四・用

たる　に、あるじせ　ぬ　所《ところ》。⑨まいて　節分《せちぶん》　など　は、いと　すさまじ。
完・体　接助　サ変・未　打・体　副　副助　係助　副　シク・終

⑩人《ひと》の国《くに》　より　おこせ　たる　文《ふみ》　の　物《もの》　なき。⑪京《きやう》　の　を　も　さ　こそ
格助　サ下二・用　完・体　格助　ク・体　格助　格助　係助　副　係助

思《おも》ふ　らめ、されど　それ　は、ゆかしき　ことども　を　も　書《か》き集《あつ》め、世《よ》
ハ四・終　現推・已　接続　係助　シク・体　格助　係助　マ下二・用

に　ある　こと　など　を　も　聞《き》け　ば、いと　よし。⑫人《ひと》　の　もと　に
格助　ラ変・体　副助　格助　係助　カ四・已　接助　副　ク・終　格助　格助

わざと　清《きよ》げに　書《か》き　て　やり　つる　文《ふみ》　の　返《かへ》りごと、今《いま》　は　持《も》て来《き》　ぬ
副　ナリ・用　カ四・用　接助　ラ四・用　完・体　格助　副　係助　カ変・用　強・終

らむ　かし、あやしう　遅《おそ》き　と　待つ　ほど　に、⑬ありつる　文《ふみ》、立《た》て文《ぶみ》　を
現推・終　終助　シク・用・ウ　ク・体　格助　タ四・体　格助　連体　格助

---

①興ざめなもの、昼にほえる犬。②春の網代。③三月、四月の紅梅襲《がさね》の着物。④牛が死んでしまった牛飼い。⑤赤ん坊が亡くなった産屋。⑥火をおこさない角火鉢や囲炉裏。⑦文章《もんじょう》博士が続けて女の子ばかりを生ませていること。⑧方違えに行ったのに、もてなしをしないところ。⑨まして四季の変わり目(の節分違え)などは、たいそう興ざめだ。⑩地方から送ってきた手紙で贈り物がないもの(も興ざめだ)。⑪都からの(手紙)をもそう思うだろうが、しかしそれは、(田舎の人が)知りたい多くのことを書き集め、(都の)世間で起こっていることなどを聞くので、(贈り物などなくても)非常によい。⑫人のもとにわざわざきれいに書いて送った手紙の返事を、

も 結《むす》び たる を も いと 汚《きたな》げに 取りなし、ふくだめ て、上《うへ》 に 引《ひ》き
係助 バ四・用 存・体 格助 係助 副 ナリ・用 サ四・用 マ下二・用 接助 格助 カ四・用

たり つる 墨《すみ》 など 消《き》え て、「おはしまさ ざり けり。」もしは、「御物忌《おほんものい》み
存・用 完・体 副助 ヤ下二・用 接助 サ四・未・尊 打・用 過・終 接続

と て 取《と》り入《い》れ ず。」と 言《い》ひ て、持《も》て帰《かへ》り たる、いと わびしく すさまじ。
格助 接助 ラ下二・未 打・終 格助 ハ四・用 接助 ラ四・用 完・体 副 シク・用 シク・終

⑭験者《げんざ》 の、物《もの》の怪《け》 調《てう》ず と て、いみじう したり顔《かほ》に 独鈷《とこ》 や 数珠《ずず》
格助 サ変・終 格助 接助 シク・用・ウ ナリ・用 間助

など 持《も》た せ、蝉《せみ》 の 声《こゑ》 しぼり出《い》だし て よみ居《ゐ》 たれ ど、いささか
副助 タ四・未 使・用 格助 サ四・用 接助 ワ上一・用 存・已 接助 副

さりげもなく、護法《ごほふ》 も つか ね ば、集《あつ》まり居《ゐ》 念《ねん》じ たる に、男《をとこ》 も 女《をんな》
ク・用 係助 カ四・未 打・已 接助 ワ上一・用 サ変・用 存・体 接助 係助

も あやし と 思《おも》ふ に、⑮時《じ》 の 変《か》はる まで よみ 困《こう》じ て、
係助 シク・終 格助 ハ四・体 格助 格助 ラ四・体 副助 マ四・用 サ変・用 接助

「さらに つか ず。 立《た》ち ね。」と て、数珠《ずず》 取《と》り返《かへ》し て、「あな、いと 験《げん》
副 カ四・未 打・終 タ四・用 完・命 格助 接助 サ四・用 接助 感動 副

なし や。」と うち言《い》ひ て、額《ひたひ》 より 上《かみ》ざま に さくり上《あ》げ、あくび おのれ
ク・終 間助 格助 ハ四・用 接助 格助 格助 ガ下二・用

より うちし て、寄《よ》りふし ぬる。⑯いみじう ねぶたし と 思《おも》ふ に、いと
格助 サ変・用 接助 サ四・用 完・体 シク・用・ウ ク・終 格助 ハ四・体 格助 副

今頃はもう持ってきているだろうよ、妙に遅いことだと待っているときに、⑬さっきの手紙を、立て文をも結び文をもたいそう汚らしく扱い、ごわごわにして、（結び目の）上に引いた墨なども消えて、「（先様は）いらっしゃいませんでした。」もしくは、「御物忌みということで受け取らないのです。」と言って、（使者が）持ち帰ったのは、ひどく残念で興ざめなことだ。

⑭修験者が、物の怪を調伏するということで、たいそう自信ありげな顔つきで独鈷《とっこ》や数珠《じゅず》などを（よりましに）持たせ、蝉の（ような）声をしぼり出して座って読経したけれど、まったくその（効き目があらわれる）気配もなく、（よりましに）護法童子もつかないので、（病人の家族が）集まって座り祈念しているのに、（一家の）男も女も変だと思ううちに、⑮（修験者は）刻限の変わるまで読経してくたびれて、「まったく（よりましに護法童子が）つかない。立

しもおぼえぬ人《ひと》の押《お》し起《お》こして、せめてもの言《い》ふこそ
副助 係助 ヤ下二・未 打・体 格助 サ四・用 接助 副 ハ四・体 係助

いみじうすさまじけれ。
シク・用・ウ シク・已

⑰除目《ぢもく》に司《つかさ》得《え》ぬ人《ひと》の家《いへ》。⑱今年《ことし》は必《かなら》ずと聞《き》きて、
格助 ア下二・未 打・体 格助 係助 副 格助 カ四・用 接助

はやうありし者《もの》どもの、ほかほかなりつる、田舎《いなか》だちたる所《ところ》に
副・ウ ラ変・用 過・体 格助 ナリ・用 完・体 タ四・用 存・体 格助

住《す》む者《もの》どもなど、みな集《あつ》まり来《き》て、出《い》で入《い》る車《くるま》の轅《ながえ》もひまなく
マ四・体 副助 カ変・用 接助 ラ四・体 格助 係助 ク・用

見《み》え、物詣《ものまう》でする供《とも》に、我《われ》も我《われ》もと参《まゐ》り仕《つか》うまつり、もの
ヤ下二・用 サ変・体 格助 係助 係助 格助 ラ四・用・謙

食《く》ひ、酒《さけ》飲《の》み、ののしりあへるに、果《は》つる暁《あかつき》まで門《かど》たたく音《おと》も
ハ四・用 マ四・用 ハ四・已 存・体 接助 タ下二・体 副助 カ四・体 係助

せず。⑲あやしうなど耳立《みみた》てて聞《き》けば、前駆追《さきお》ふ声々《こゑごゑ》など
サ変・未 打・終 シク・用・ウ 副助 タ下二・用 接助 カ四・已 接助 ハ四・体 副助

して、上達部《かんだちめ》などみな出《い》で給《たま》ひぬ。⑳もの聞《ぎ》きに夜《よる》
サ変・用 接助 副助 ダ下二・用 ハ四・用・尊・補 完・終 格助

より寒《さむ》がりわななきをりける下衆男《げすをとこ》、いともの憂《う》げに歩《あゆ》み来《く》るを
格助 ラ四・用 カ四・用 ラ変・用 過・体 副 ナリ・用 カ変・体 格助

見《み》る者《もの》どもは、え問《と》ひだにも問《と》はず。㉑ほかより来《き》たる
マ上一・体 係助 副 ハ四・用 副助 係助 ハ四・未 打・終 格助 カ変・用 完・体

ってしまえ。」と言って、数珠を（よりましから）取り返して、「ああ、まったく効き目がないなあ。」と言って、額から上の方に（手で）なで上げて、あくびを自分から先にして、（何かに）寄りかかって寝てしまった（のは興ざめなことだ）。⑯ひどく眠たいと思うときに、それほど（親しい）とは思われない人が揺すり起こして、無理にものを言うのはたいそう興ざめだ。⑰（県《あがた》召しの）除目に官職を得ない人の家（も興ざめだ）。⑱（主人が）今年は絶対（任官する）と聞いて、以前仕えていた者たちで、他の家に行っていた者や、田舎めいている所に住む者たちなどが、皆集まってきて、出入りする（訪問客の）牛車の轅も隙間なく（立て込んで）見え、（主人が任官祈願の）寺社参りをするお供に、我も我もと参上してお仕えし、ものを食い酒を飲み、大騒ぎし合っているのに、（除目が）終わる明け方まで（吉報を知らせる）門をたたく音もしない。⑲お

者《もの》など ぞ、「殿《との》は 何《なに》に か なら せ 給《たま》ひ たる。」など 問《と》ふ

副助 係助 係助 格助 係助 ラ四・未 尊・用 ハ四・用・尊・補 完・体 副助 ハ四・体

に、いらへ に は、「何《なに》の 前司《ぜんじ》 に こそ は。」など ぞ 必《かなら》ず いらふる。

接助 格助 係助 格助 格助 係助 係助 副助 係助 副 ハ下二・体

㉒まことに 頼《たの》み ける 者《もの》 は、いと 嘆《なげ》かし と 思《おも》へ り。㉓つとめて に

副 マ四・用 過・体 係助 副 シク・終 格助 ハ四・已 存・終 格助

なり て、ひまなく をり つる 者《もの》ども、一人二人《ひとりふたり》 すべり出《い》で て 去《い》ぬ。

ラ四・用 接助 ク・用 ラ変・用 完・体 ダ下二・用 接助 ナ変・終

㉔古《ふる》き 者《もの》ども の さ も え 行《ゆ》き離《はな》る まじき は、来年《らいねん》 の 国々《くにぐに》、手《て》 を

ク・体 格助 副 係助 副 ラ下二・終 不可・体 係助 格助 格助

折《を》り て うち数《かぞ》へ など し て、ゆるぎありき たる も、いと をかし。

ラ四・用 接助 ハ下二・用 副助 サ変・用 接助 カ四・用 存・体 係助 副 シク・終

㉕すさまじげなり。

ナリ・終

（第二十三段）

かしいと耳をそばだてて聞いていると、先払いの声々などがして、上達部などが皆（宮中から）退出なさってしまった。⑳（除目の）様子を探り聞く者として（前）夜から寒がってぶるぶるふるえていた下男が、ひどく憂鬱そうに歩いてくるのを見る者たちは、（除目の結果を）尋ねることさえもできない。㉑（事情を知らない）他の所からやって来た者などが、「ご主人は何になられましたか。」と尋ねると、（そのときの）返事には、「どこそこの前の国司に（なられました）。」などと必ず答える。㉒（主人の任官を）本心から頼りにしていた者は、たいそう嘆かわしいと思っている。㉓翌朝になって、隙間のないほどいた者たちが、一人二人とそっと抜け出して帰ってゆく。㉔古くから仕えていた者たちでそう（気軽に）離れてゆけない者は、来年の（国司が交替しそうな）国々を、指折り数えなどして、（家の中を）体を揺すって歩いているのも、ひどく滑稽である。㉕興ざめである。

重要語句

高 古

69 / 51

すさまじ　①興ざめである。つまらない。②殺風景である。もの寂しい。③とんでもない。ここでは、①の意味。

あるじす　主人として客をもてなす。饗応《きょうおう》する。

ゆかし　興味関心をひかれる。見たい。知りたい。聞きたい。

わざと　わざわざ。ことさらに。

清げなり　すっきりと美しい。きれいだ。

あやし　①神秘的だ。②普通とは違っている。③不都合だ。④身分が低い。⑤粗末だ。ここでは、②の意味。

70 / 52

わびし　①やるせない。悲しい。②つらい。やりきれない。③がっかりだ。④困った。⑤貧しい。ここでは、③の意味。

いみじ　①（程度が）はなはだしい。②優れている。③ひどい。ここでは、①の意味。

念ず　①祈願する。祈る。②我慢する。ここでは、①の意味。

困ず　（肉体的・精神的に）つらいと感じる。疲れる。

さらに…（打消）　まったく…ない。

あな　喜怒哀楽の感情の高まりから発する語。ああ。

験　仏道修行や加持・祈祷《きとう》などの効果。霊験。

せめて　強いて。無理に。

ひまなし　①隙間がない。②絶え間がない。③油断がない。ここでは、①の意味。

71 / 53

わななく　（恐怖や寒さなどのために）ぶるぶるとふるえる。

つとめて　①早朝。②翌朝。ここでは、②の意味。

をかし　①興味深い。②風情がある。③滑稽だ。ここでは、③の意味。

発問　脚注問題

高 古

1　高 69ページ　古 51ページ

「京のをもさこそ思ふらめ」を「さ」の指し示す内容を明らかにして現代語訳せよ。

都から送ってきた手紙も贈り物が添えられていなければ興ざめだと思うだろうが

〈ポイント〉「さ」とは、「（文の）物なき」を興ざめだとすること。

2　高 70ページ　古 52ページ

「いとしもおぼえぬ人」とはどのような人か。

それほど親しいとは思われない人。

3　**何が「果つる」のか。**

除目。

4　高 71ページ　古 53ページ

「何の前司にこそは」という言い方をしたのはなぜか。

今回の除目で主人が国司に任命されなかったので、前任の国名をあげて主人の面子《めんつ》を保とうとしたから。

教材末の問題

高 71ページ　古 53ページ

学習

1　第二段落（高六九・6～七〇・2）（古五一・6～五二・2）では、何が「すさまじきもの」とされているか。まとめてみよう。

・地方から寄こしてきた手紙に贈り物がないもの。
・きれいに書いて送った手紙なのに、ぞんざいに扱われたうえ、相手が不在あるいは物忌みということで持ち帰られること。

〈ポイント〉「すさまじ」とは、本来あるべきありようではないものに対する不快感をいう。この場合は期待感が裏切られることに対する嫌悪の感情を表している。

2　「ゆるぎありきたるも、いとをかし。すさまじげなり」（高七一・7）（古五三・7）とはどういうことか。説明してみよう。

主人が官職に任命されなかったことを知って、関わりの薄い者はさっさと帰ってゆくのに、古参の者などはすぐには帰れずうろうろしているのだが、そのしらけた場の雰囲気が、滑稽な感じがして不快感を誘うということ。

〈ポイント〉この場合の「すさまじ」は不調和な感じから受ける不快感を表している。「ゆるぎありく」は、先の「すべり出づ」と対となる表現。これらの主体となる人物の行動を比較して何が「すさまじ」なのかを考えるとよい。

言語活動

1　現代語「すさまじい」の意味を調べ、古語「すさまじ」からの意味変遷の歴史をまとめてみよう。

現代語「すさまじい」…①恐ろしくなるほどすごい。②勢いや程度がはなはだしい。古語「すさまじ」…①興ざめである。つまらない。②殺風景である。もの寂しい。③とんでもない。

もともとは、古語①の意味で、不調和によって受ける不快感を表していたが、自然を指す表現として古語②が派生した。その後、古語③が近世に生まれたと考えられる。現在多く使用されている現代語①の意味は中世にすでにあったと考えられる。

〈ポイント〉もとは「すさむ（荒む）」が形容詞化して「すさまし」となり、さらに「すさまじ」と変化した。

ことばと表現

1　傍線部を文法的に説明してみよう。

(1)　数珠など持たせ、（高七〇・3）（古五二・3）

使役の助動詞「す」の連用形。

〈ポイント〉タ行四段活用動詞「持つ」の未然形に接続しているので、使役・尊敬の助動詞「す」である。前後に尊敬語がなく、単独で用いられる助動詞「す」は使役である。

(2)　門たたく音もせず。（高七〇・13）（古五二・13）

サ行変格活用動詞「す」の未然形。

〈ポイント〉「する」という意味を持ち、文節の初めにあるので、サ行変格活用動詞。

(3)　「殿は何にかならせ給ひたる。」（高七一・3）（古五三・3）

尊敬の助動詞「す」の連用形。

〈ポイント〉ラ行四段活用動詞「なる」の未然形に接続しているので、使役・尊敬の助動詞「す」である。ここでは、「ほかより来たる者」から「殿（主人）」への敬意を表しているので尊敬の意味となる。

――御前《おまへ》にて人々とも――

品詞分解・現代語訳

①御前《おまへ》 にて 人々《ひとびと》 と も、また、もの 仰《おほ》せ らるる ついで など に
格助 格助 係助 接続 サ下二・未・尊 尊・体 副助 格助

も、「世《よ》の中《なか》 の 腹立《はらだ》たしう、むつかしう、片時《かたとき》 ある べき 心地《ここち》 も せ
係助 格助 シク・用・ウ シク・用・ウ ラ変・体 可・体 係助 サ変・未

で、ただ、いづち も いづち も 行《い》き も し な ばや と 思《おも》ふ に、
接助 副 係助 係助 カ四・用 係助 サ変・用 完・未 終助 格助 ハ四・体 格助

ただ の 紙《かみ》 の いと 白《しろ》う 清《きよ》げなる に、よき 筆《ふで》、白《しろ》き 色紙《しきし》、陸奥紙《みちのくにがみ》
ナリ・語幹 格助 格助 副 ク・用・ウ ナリ・体 格助 ク・体 ク・体

など 得《え》 つれ ば、こよなう なぐさみ て、さはれ、かくて しばし も
副助 ア下二・用 完・已 接助 ク・用・ウ マ四・用 接助 感動 副 副 係助

生《い》き て あり ぬ べかん めり と なむ おぼゆる。②また、高麗端《かうらいばし》 の
カ上二・用 接助 ラ変・用 強・終 可・体・撥 婉・終 格助 係助 ヤ下二・体 接続 格助

莚《むしろ》、青《あを》う こまやかに 厚《あつ》き が、縁《へり》 の 紋《もん》 いと あざやかに 黒《くろ》う 白《しろ》う
ク・用・ウ ナリ・用 ク・体 格助 格助 副 ナリ・用 ク・用・ウ ク・用・ウ

見《み》え たる を、ひき広《ひろ》げ て 見《み》れ ば、何《なに》か、なほ この世《よ》 は さらに
ヤ下二・用 存・体 格助 ガ下二・用 接助 マ上一・已 接助 感動 副 係助 副

さらに え 思《おも》ひ捨《す》つ まじ と、命《いのち》 さへ 惜《を》しく なむ なる。」と 申《まう》せ
副 副 タ下二・終 不可・終 格助 副助 シク・用 係助 ラ四・体 格助 サ四・已・謙

---

①（中宮定子様の）御前で女房たちと（話をし）、また、（中宮様が）お話しなさるついでなどにも、（私が）「世の中が腹立たしく、煩わしく、わずかな時間でも生きていられる気持ちもしないで、ひたすら、どこへでもどこへでも行ってしまいたいと思うときに、普通の紙のたいへん白くきれいなものに、上質の筆、白い色紙、陸奥紙などを手に入れてしまうと、格段に気分が晴れて、ええ、ままよ、このようにしてしばらく（の間）も生きていてもよいようだと思われます。②また、高麗端の敷物で、青く細かに厚い（編みの）ものが、縁の紋がたいへん鮮やかに黒く白く見えているのを、引き広げてみると、どうして、やはりこの世はけっしてけっして思い捨てることができそうもな

ば、「いみじくはかなきことにもなぐさむなるかな。③姨捨山《をばすてやま》の月《つき》
接助 シク・用 ク・体 格助 係助 マ四・終 推定・体 終助 格助

は、いかなる人《ひと》の見《み》けるにか。」など笑《わら》はせ給《たま》ふ。
係助 ナリ・体 格助 マ上一・用 過・体 断・用 係助 副助 ハ四・未 尊・用 ハ四・終・尊・補

④候《さぶら》ふ人《ひと》も、「いみじうやすき息災《そくさい》の祈《いの》りなり。」など言《い》ふ。
ハ四・体・謙 係助 シク・用・ウ ク・体 格助 断・体・撥 推定・終 副助 ハ四・終

⑤さて後《のち》、ほど経《へ》て、心《こころ》から思《おも》ひ乱《みだ》るることありて、里《さと》に
接続 ハ下二・用 接助 格助 ラ下二・体 ラ変・用 接助 格助

あるころ、めでたき紙《かみ》二十《はたち》を包《つつ》みて賜《たま》はせたり。⑥仰《おほ》せ言《ごと》に
ラ変・体 ク・体 格助 マ四・用 接助 サ下二・用・尊 完・終 格助

は、「とく参《まゐ》れ。」などのたまはせて、「これは聞《き》こし召《め》しおきたる
係助 ク・用 ラ四・命・謙 副助 サ下二・用・尊 接助 係助 カ四・用・尊 存・体

ことのありしかばなむ。⑦わろかめれば、寿命経《ずみやうきやう》も、え書《か》く
格助 ラ変・用 過・已 接助 係助 ク・体・撥 推定・已 接助 係助 副 カ四・終

まじげにこそ。」と仰《おほ》せられたる、いみじうをかし。⑧思《おも》ひ忘《わす》れ
ナリ・用 係助 格助 サ下二・未・尊 尊・用 完・体 シク・用・ウ シク・終 ラ下二・用

たりつることを、思《おぼ》しおかせ給《たま》へりけるは、なほただ人《びと》にて
存・用 完・体 格助 カ四・未・尊尊・用 ハ四・已・尊・補 完・用 過・体 係助 副 断・用 接助

だに、をかしかべし。⑨まいて、おろかなるべきことにぞあらぬや。
副助 シク・体・撥 推・終 副 ナリ・体 当・体 断・用 係助 ラ変・未 打・体 間助

⑩心《こころ》も乱《みだ》れて、啓《けい》すべきかたもなければ、ただ、
係助 ラ下二・用 接助 サ変・終・謙 適・体 係助 ク・已 接助 副

いと、命まで惜しくなる。」と申し上げると、「ひどくちょっとしたことにも心が和やかになるようね。③姨捨山の月は、どのような人が見たのか。」などとお笑いになる。④伺候する女房も、「ひどく手軽な息災の祈りのようだ。」などと言う。

⑤そしてその後、しばらくして、心の底から思案にくれることがあって、里にいるとき、すばらしい紙二十枚を包んで（中宮様が）お与えくださった。⑥仰せ言には、「早く参上なさい。」などおっしゃって、「これはお聞きになりお心にとめておられることがあったので。⑦（品質は）よくないようなので、寿命経も、書けそうもないようだが。」と仰せになったのは、たいへんおもしろい。⑧（私が）忘れてしまっていたことを、（中宮様が）覚えておいでいらっしゃったのは、やはり普通の人でさえ、おもしろいはずだろう。⑨まして、並みひととおりであるはずがないなあ。⑩（うれしくて）心も乱れて、

「かけ	カ下二・未
まく	意・未・ク語法
も	係助
かしこき	ク・体
かみ	
の	格助
しるし	
に	格助
は	係助
鶴《つる》	
の	格助
齢《よはひ》	
と	格助

なり	ラ四・用
ぬ	強・終
べき	推・体
かな	終助

⑪あまりに	ナリ・用
や	係助
と	格助
啓《けい》せ	サ変・未・謙
させ	使・用
給《たま》へ。」	ハ四・命・尊・補
と	格助
て	接助
参《まゐ》らせ	サ下二・用・謙
つ。	完・終

（第二百五十九段）

どう申し上げてよいのかわからないので、ただ、「口に出して言うのも恐れ多いほどの神のような紙の霊験で、鶴のように千年の年齢（まで生きること）となるにちがいないよ。⑪あまりに（大げさにすぎる）でしょうかと（中宮様に）申し上げさせてください。」としてさし上げた。

重要語句

高 72 古 54

むつかし ①煩わしい。②不快だ。③恐ろしい。ここは①。
こよなし 格段である。違いがはなはだしいことをいう。
さはれ ①ええ、ままよ。②しかし。ここでは、①の意味。
こまやかなり ①きめがこまかい。②綿密だ。③親密だ。④色が濃い。ここでは、①の意味。
なほ ①やはり。②いっそう。ここでは、①の意味。
申す 「言ふ」の謙譲語。申し上げる。
はかなし ①はかない。②無益だ。③ちょっとしたことである。ここでは、③の意味。
やすし ①たやすい。②安らかだ。③手軽だ。ここは③。
賜はす 「与ふ」「授く」の尊敬語。高い敬意を表す。お与えになる。下賜なさる。

72 54

のたまはす 「言ふ」の尊敬語。高い敬意を表す。おっしゃる。
聞こし召す 「聞く」の尊敬語。高い敬意を表す。お聞きになる。
わろし よくない。他と比較して劣る意を表す。

73 55

ただ人 普通の人。
啓す 「言ふ」の謙譲語。申し上げる。皇后などに対して使う。
かしこし 〔畏し・恐し〕①こわい。②恐れ多い。〔賢し〕③利口である。ここでは、②の意味。
しるし ①前兆。②霊験。③目印。ここでは、②の意味。
参らす ①さし上げる。②言上する。申し上げる。ここは①。

発問 脚注問題

高 古

高 72ページ　古 54ページ

1 「人々」とはどのような人々か。

中宮定子に伺候する女房たち。

2 「片時あるべき心地もせで」を現代語訳せよ。

わずかな時間でも生きていられる気持ちもしないで

高 73ページ　古 55ページ

3 「思ひ忘れたりつることを、思しおかせ給へりけるは」を、主語を補って現代語訳せよ。

私（清少納言）が忘れてしまっていたことを、中宮定子様が覚えておいでていらっしゃったのは

教材末の問題　高 73ページ　古 55ページ

学習

1 「姨捨山の月は、いかなる人の見けるにか。」（高 七二・9）（古 五四・9）という表現で伝えていることは何か、清少納言の発言との関わりで説明してみよう。

紙などを見て心慰んだという清少納言の発言を聞くと、人生の悩みは小さなものに思われ、和歌にある姨捨山の月を見ても心慰められない人の深い嘆きとはどれ程のものか、不思議に思う気持ちを伝えている。

2 「わろかめれば、寿命経も、え書くまじげにこそ」（高 七二・13）（古 五四・13）とは何を清少納言に伝えようとしているのか、説明してみよう。

命長らえるお経は書けないと少しからかいながらも、清少納言が心慰むという紙を贈り、元気を出すよう励まし、また出仕してほしいという気持ちを伝えている。

3 「かけまくも……」の歌について、掛詞《かけことば》を指摘して、歌を訳してみよう。

・「かみ」が「神」と「紙」との掛詞。
・現代語訳…口に出して言うのも恐れ多いほどの神のような紙の霊験で、鶴のように千年の年齢（まで生きること）となるにちがいないよ。

ことばと表現

1 傍線部について、敬語の種類と誰から誰への敬意を表すかを考えてみよう。

(1) 候ふ人も、（高 七二・9）（古 五四・9）
謙譲の本動詞。作者から中宮定子へ。

(2) めでたき紙二十を包みて賜はせたり。（高 七二・11）（古 五四・11）
尊敬の本動詞。作者から中宮定子へ。

(3) 「啓せさせ給へ。」とて参らせつ。（高 七三・6）（古 五五・6）
・「啓せ」…謙譲の本動詞。作者から中宮定子へ。

2 傍線部の「に」を文法的に説明してみよう。

(1) 縁の紋いとあざやかに黒う白う見えたるを、（高 七二・6）（古 五四・6）
ナリ活用形容動詞「あざやかなり」の連用形の活用語尾。

(2) 「いかなる人の見けるにか。」（高 七二・9）（古 五四・9）
断定の助動詞「なり」の連用形。

――大納言殿参り給ひて――

品詞分解・現代語訳

①大納言殿《だいなごんどの》 参《まゐ》り 給《たま》ひ て、文《ふみ》 の こと など 奏《そう》し
ラ四・用・謙　ハ四・用・尊・補　接助　格助　副助　サ変・用・謙

給《たま》ふ に、例《れい》 の、夜《よ》 いたく 更《ふ》け ぬれ ば、御前《おまへ》 なる 人々《ひとびと》、
ハ四・体・尊・補　接助　格助　副　カ下二・用　完・已　接助　所・体

一人二人《ひとりふたり》づつ うせ て、御屛風《みびやうぶ》、御几帳《みきちやう》 の 後《うし》ろ など に、皆《みな》 隠《かく》れ臥《ふ》し
サ下二・用　接助　格助　副助　格助　サ四・用

ぬれ ば、ただ 一人《ひとり》、ねぶたき を 念《ねん》じ て 候《さぶら》ふ に、「丑四《うしよ》つ。」と
完・已　接助　副　ク・体　格助　サ変・用　接助　ハ四・体・謙　接助　格助

奏《そう》す なり。②「明《あ》け 侍《はべ》り ぬ なり。」と 独《ひと》りごつ を、
サ変・終・謙　推定・終　カ下二・用　ラ変・用・丁・補　完・終　推定・終　格助　タ四・体　接助

大納言殿《だいなごんどの》、「いまさらに、な 大殿籠《おほとのご》もり おはしまし そ。」と て、寝《ぬ》 べき
ナリ・用　副　ラ四・用・尊　サ四・用・尊・補　終助　格助　接助　ナ下二・終　当・体

もの と も おぼい たら ぬ を、うたて、何《なに》しに さ 申《まう》し つ
格助　係助　サ四・用・イ・尊　存・未　打・体　接助　ク・語幹　副　副　サ四・用・謙　完・終

らむ と 思《おも》へ ど、また 人《ひと》 の あら ば こそ は 紛《まぎ》れ も 臥《ふ》さ
現原推・終　格助　ハ四・已　接助　副　格助　ラ変・未　接助　係助　係助　ラ下二・用　係助　サ四・未

め。③上《うへ》の御前《おまへ》 の、柱《はしら》 に 寄《よ》りかから せ 給《たま》ひ て、少《すこ》し ねぶら せ
意・已　格助　格助　ラ四・未　尊・用　ハ四・用・尊・補　接助　副　ラ四・未　尊・用

---

①大納言様が参上なさって、漢詩のことなどを（帝《みかど》に）申し上げなさるのに、いつもの（ように）、夜が非常にふけてしまったので、御前にいる女房たちは、一人二人ずついなくなって、御屛風、御几帳の後ろなどに、皆隠れて横になってしまったので、（私）ただ一人が、眠たいのを我慢しておそばに控えていると、（警護の役人が）「丑四つ。」と（時刻を）申し上げるようだ。②（私が）「明けてしまったようです。」と独り言を言うと、大納言様は、「今更に、お眠りあそばしますな。」と言って、寝るのが当然のものともお思いになっていらっしゃらないので、ああ困った、なんでそのように申してしまったのだろうと思うが、他に（起きている）人があるならばまぎれて横にもなろう（と

給《たま》ふ　を、「かれ、見《み》　奉《たてまつ》ら　せ　給《たま》へ。　今《いま》は　明《あ》け
ハ四・体・尊・補　格助　マ上一・用　ラ四・未・謙・補　尊・用　ハ四・命・尊・補　係助　カ下二・用

ぬる　に、かう　大殿籠《おほとのご》もる　べき　かは。」と　申《まう》させ　給《たま》へ　ば、「げに。」
完・体　接助　副・ウ　ラ四・終・尊　適・体　係助　格助　サ下二・用・謙　ハ四・已・尊・補　接助　副

など、宮《みや》の御前《おまへ》　に　も　笑《わら》ひ　聞《き》こえ　させ　給《たま》ふ　も　知《し》ら　せ
副助　格助　係助　ハ四・用　ヤ下二・未・謙・補　尊・用　ハ四・体・尊・補　係助　ラ四・未　尊・用

給《たま》は　ぬ　ほど　に、長女《をさめ》が　童《わらは》の、鶏《にはとり》を　捕《と》らへ　持《も》て来《き》て、「朝《あした》
ハ四・未・尊・補　打・体　格助　格助　格助　格助　ハ下二・用　カ変・用　接助

に　里《さと》へ　持《も》て行《い》か　む。」と　言《い》ひ　て　隠《かく》しおき　たり　ける、いかが　し
格助　格助　カ四・未　意・終　格助　ハ四・用　接助　カ四・用　存・用　過・体　副　サ変・用

けむ、犬《いぬ》　見《み》つけ　て　追《お》ひ　けれ　ば、廊《らう》の　間木《まぎ》に　逃《に》げ入《い》り　て、
過推・体　カ下二・用　接助　ハ四・用　過・已　接助　格助　格助　ラ四・用　接助

恐《おそ》ろしう　鳴《な》きののしる　に、皆人《みなひと》　起《お》き　など　し　ぬ　なり。④上《うへ》も
シク・用・ウ　ラ四・体　接助　カ上二・用　副助　サ変・用　完・終　推定・終　係助

うちおどろか　せ　給《たま》ひ　て、「いかで　あり　つる　鶏《とり》ぞ。」など
カ四・未　尊・用　ハ四・用・尊・補　接助　副　ラ変・用　完・体　係助　副助

尋《たづ》ね　させ　給《たま》ふ　に、大納言殿《だいなごんどの》の、「声《こゑ》、明王《めいわう》の　ねぶり　を
ナ下二・未　尊・用　ハ四・体・尊・補　接助　格助　格助　格助

おどろかす。」と　いふ　言《こと》を、高《たか》う　うち出《い》だし　給《たま》へ　る、めでたう
サ四・終　格助　ハ四・体　格助　ク・用・ウ　サ四・用　ハ四・已・尊・補　存・体　ク・用・ウ

をかしき　に、ただ人《びと》の　ねぶたかり　つる　目《め》も　いと　大《おほ》きに　なり　ぬ。
シク・体　接助　格助　ク・用　完・体　係助　副　ナリ・用　ラ四・用　完・終

思う）が（起きているのは私だけなので横になれない）。③帝（一条天皇）が、柱に寄りかかりなさって、少しお眠りになっていらっしゃるのを、（大納言様は中宮様に）「あれ、見申し上げなさい。今は夜が明けてしまったのに、こうもお眠りになっていてよいのでしょうか（いや、よくない）。」と申し上げなさると、「ほんとうに。」など、中宮（定子）様もお笑い申し上げなさるのをも（帝は）ご存じあそばさないうちに、長女《おさめ》（下級女官）が使う女児が、鶏を捕まえ持ってきて、「翌朝に里へ持っていこう。」と言って隠しておいた鶏が、どうしたのだろうか、犬が見つけて追ったので、廊の間木に逃げ入って、恐ろしく鳴いて大騒ぎするので、人は皆起きるなどしてしまったようだ。④帝も目をお覚ましになって、「どうして（ここに）鶏がいるのか。」などとお尋ねなさると、大納言様が、「声が、明王のねぶりをおどろかす（鶏鳴が、聡明な天子の眠りを目覚めさ

⑤「いみじき	折《をり》	の	言《こと》	かな。」	と	上《うへ》	も	宮《みや》	も	興《きよう》ぜ	させ	給《たま》ふ。
シク・体		格助		終助	格助		係助		係助	サ変・未	尊・用	ハ四・終・尊・補

⑥なほ、	かかる	こと	こそ	めでたけれ。
副	連体		係助	ク・已

(第二百九十三段)

せる)」という詩を、声高らかに口に出してうたわれるのは、立派でおもしろいので、(私のような)臣下の眠たかった目もたいへん大きくなった。⑤「すばらしい(時を得た)折のことだなあ。」と帝も中宮様もご興じなさる。⑥やはり、このようなことがすばらしいよ。

重要語句

高 74
古 56

文《ふみ》 ①文章。②手紙。③漢詩文。ここでは、③の意味。

奏す 「言ふ」の謙譲語。申し上げる。天皇や上皇に対して用いる。

念ず 我慢する。

大殿籠もる 「寝《ぬ》」「寝《い》ぬ」の尊敬語。おやすみになる。

うたてし 嫌だ。気に入らない。つらい。

げに ①現実に。②ほんとうに。ここでは、②の意味。

聞こゆ ①聞こえる。②「言ふ」の謙譲語。申し上げる。③謙譲の補助動詞。お…申し上げる。ここでは、③の意味。

朝《あした》 ①あさ。②翌朝。ここでは、②の意味。

おどろく ①びっくりする。②はっとして気づく。③目が覚める。ここでは、③の意味。

発問 脚注問題

高 古

高 74ページ 古 56ページ

1 「また人のあらばこそは紛れも臥さめ」を、それに続く省略部分を補って現代語訳せよ。

他に(起きている)人があるならばまぎれて横にもなろう(と思う)が、起きているのは私だけなので横になれない

2 「知らせ給はぬ」の主語は誰か。

一条天皇(帝)。

教材末の問題　高75ページ　古57ページ

学習

1 「うたて、何しにさ申しつらむ」（高七四・5）（古五六・5）とは、誰のどのような気持ちを表しているか、説明してみよう。

作者（清少納言）の、眠くて横になりたいが、夜が明けたと言ってしまったために、大納言に、いまさら寝るな、と言われて困る気持ち。

2 作者以外の女房たちが、その時々の状況に応じてどのような行動をとったか、順にまとめてみよう。

・帝のおそばに伺候していたが、夜が更けてくると少しずつ姿を隠し、屏風や几帳の奥で寝てしまった。
・夜が明けて、犬と鶏の騒ぎで起きてきた。

3 「ただ人のねぶたかりつる目もいと大きになりぬ」（高七五・2）（古五七・2）とあるが、どういうことか、説明してみよう。

鶏の声が聡明な天子の目を覚まさせたという詩を、大納言が朗詠しているが、臣下にすぎない自分（清少納言）の眠い目も大きく開くほど、その時を得た朗詠はすばらしかったということ。

ことばと表現

1 傍線部を文法的に説明してみよう。

(1) 「明け侍りぬなり。」と独りごつを、（高七四・4）（古五六・4）
完了の助動詞「ぬ」の終止形。

(2) 寝べきものともおぼいたらぬを、（高七四・5）（古五六・5）
・「寝」…ナ行下二段活用動詞「寝《ぬ》」の終止形。
・「ぬ」…打消の助動詞「ず」の連体形。

(3) 犬見つけて追ひければ、（高七四・11）（古五六・11）
過去の助動詞「けり」の已然形。

(4) なほ、かかることこそめでたけれ。（高七五・3）（古五七・3）
ク活用形容詞「めでたし」の已然形の活用語尾。

日記文学㈠

更級日記《さらしなにっき》

高「高等学校　古典探究」80～84ページ
古「古典探究　古文編」62～66ページ

作品紹介

更級日記　さらしなにっき　作者は菅原孝標女《すがわらのたかすえのむすめ》。平安時代後期（一〇六〇年頃）に成立した日記文学。物語に憧れた少女期から、信仰に目覚めた晩年までの約四十年間の回想記。

菅原孝標女　すがわらのたかすえのむすめ　一〇〇八～？。父方は菅原道真《みちざね》の血筋で、母方の伯母にあたる藤原道綱母《みちつなのはは》は『蜻蛉日記《かげろうにっき》』の作者である。『夜の寝覚《ねざめ》』『浜松中納言物語』の作者ともいわれている。

―東路《あづまぢ》の道の果て―

品詞分解・現代語訳

①東路《あづまぢ》	の	道《みち》	の	果《は》て	より	も	なほ	奥《おく》	つ	かた	に	生《お》ひ出《い》で	たる
	格助		格助		格助	係助	副		格助		格助	ダ下二・用	完・体

人《ひと》、	いかばかり	かは	あやしかり	けむ	を、	②いかに	思《おも》ひ始《はじ》め	ける	こと
	副	係助	シク・用	過推・体	接助	副	マ下二・用	過・体	

に	か、	世《よ》の中《なか》	に	物語《ものがたり》	と	いふ	もの	の	あん	なる	を	いかで
断・用	係助		格助		格助	ハ四・体		格助	ラ変・体・撥	伝・体	格助	副

見《み》	ばや	と	思《おも》ひ	つつ、	③つれづれなる	昼間《ひるま》、	宵居《よひゐ》	など	に、	姉《あね》、	継母《ままはは》
マ上一・未	終助	格助	ハ四・用	接助	ナリ・体			副助	格助		

①東路の道の果て（常陸《ひたち》の国）よりもさらに奥の方に生まれ育った人（私）は、どんなにか見苦しかったであろうに、②どういうわけで思い始めたことであろうか、世の中に物語というものがあるというその物語をなんとかして見たいと思いながら、③することがなく退屈な昼間、夜遅くまで寝ないでい

などやうの人々《ひとびと》の、その物語《ものがたり》、かの物語《ものがたり》、光源氏《ひかるげんじ》のあるやう
副助　格助　格助　格助　格助　格助
など、ところどころ語《かた》るを聞《き》くに、いとどゆかしさまされど、わが
副助　ラ四・体　格助　カ四・体　接助　副　ラ四・已　接助　格助
思《おも》ふままに、そらにいかでかおぼえ語《かた》らむ。④いみじく心《こころ》もとなき
ハ四・体　格助　ナリ・用　副　係助　ラ四・未　推・体　シク・用　ク・体
ままに、等身《とうしん》に薬師仏《やくしぼとけ》を造《つく》りて、手洗《てあら》ひなどして、人《ひと》まに
格助　格助　格助　ラ四・用　接助　副助　サ変・用　接助　格助
みそかに入《い》りつつ、⑤「京《きやう》にとく上《あ》げ給《たま》ひて、物語《ものがたり》の多《おほ》く
ナリ・用　ラ四・用　接助　格助　ク・用　ガ下二・用　ハ四・用・尊・補　接助　格助　ク・用
候《さぶら》ふなる、ある限《かぎ》り見《み》せ給《たま》へ。」と、⑥身《み》を捨《す》てて額《ぬか》
ハ四・終・丁　伝・体　ラ変・体　サ下二・用　ハ四・命・尊・補　格助　格助　タ下二・用　接助
をつき、祈《いの》り申《まう》すほどに、十三《じふさん》になる年《とし》、上《のぼ》らむと
格助　カ四・用　ラ四・用　サ四・体・謙・補　格助　格助　ラ四・体　ラ四・未　意・終　格助
て、九月三日《ながつきみか》門出《かどで》して、いまたちといふ所《ところ》に移《うつ》る。
接助　サ変・用　接助　格助　ハ四・体　格助　ラ四・終
⑦年《とし》ごろ遊《あそ》び慣《な》れつる所《ところ》をあらはにこほち散《ち》らして、立《た》ち騒《さわ》ぎ
バ四・用　ラ下二・用　完・体　格助　ナリ・用　サ四・用　接助　ガ四・用
て、日《ひ》の入《い》り際《ぎは》のいとすごく霧《き》りわたりたるに、車《くるま》に乗《の》る
接助　格助　格助　副　ク・用　ラ四・用　存・体　格助　格助　ラ四・終
とてうち見《み》やりたれば、⑧人《ひと》まには参《まゐ》りつつ額《ぬか》をつき
格助　接助　ラ四・用　完・已　接助　格助　係助　ラ四・用・謙　接助　格助　カ四・用

るときなどに、姉、継母などのような人々が、その物語、あの物語、（『源氏物語』の主人公である）光源氏のありさまなどを、ところどころ語るのを聞くと、ますます（物語を）読みたい気持ちが強くなるけれど、私の思う通りに、どうして（人々が）覚えていて語（ってくれ）るだろうか（いや、語ってくれない）。④たいそうじれったいので、等身大に薬師仏を造って、手を洗って清めなどして、人のいない間にひそかに（薬師仏のある部屋に）入っては、⑤「都に早く（私を）上らせなさって、物語が数多くあるそうですが、（それらを）あるだけすべてお見せください。」と、⑥（床に）身を投げ出して額をつき、お祈り申し上げるうちに、十三歳になる年に、（父孝標が）上総介《かずさのすけ》の任期を終えて一家で）上京しようとして、九月三日に旅立って、いまたちという所に移る。

⑦長年の間遊び慣れた所をまる見えになるほど簾《すだれ》や几帳《きちょう》などを乱雑

し　薬師仏《やくしぼとけ》　の　立《た》ち　給《たま》へ　る　を、見捨《みす》て　奉《たてまつ》る、かなしく
過・体　格助　タ四・用　ハ四・已・尊・補　存・体　格助　タ下二・用　ラ四・体・謙・補　シク・用

て、人《ひと》　知《し》れ　ず　うち泣《な》か　れ　ぬ。
接助　ラ下二・未　打・用　カ四・未　自・用　完・終

に取り外して、(人々は準備に)大騒ぎして、日の入り間際でたいそう寂しげに一面に霧がかかっているときに、牛車《ぎっしゃ》に乗ろうとして(家の方に)ふと目を向けたところ、⑧人がいない間にお参りしては額をついた薬師仏がお立ちになっているそれを、お見捨て申し上げることが、悲しくて、人知れず自然と泣けてしまった。

重要語句

高 80　古 62

いかで…ばや　なんとかして…たい。

つれづれなり　することがなくて退屈である。手持ち無沙汰である。

人ま　人がいない間。

とし　①(時期が)早い。②(速度が)速い。ここでは、①の意味。

高 81　古 63

すごし　ぞっとするような感じを表す。①(ぞっとするほど)恐ろしい。②(ぞっとするほど)すばらしい。③(ぞっとするように)寂しい。ここでは、③の意味。

わたる　(動詞の連用形について)①(時間的に)ずっと…し続ける。②(空間的に)一面に…する。ここは②。

発問　脚注問題　高 古

1　**「あんなるを」の「なる」を文法的に説明せよ。**
高 80ページ　古 62ページ

伝聞の助動詞「なり」の連体形。

〈ポイント〉伝聞・推定の助動詞「なり」のすぐ上のラ変型活用の語は、撥音便(「ん」は表記されないこともある)になることが多い。

2　**どういうことに対して「心もとなき」と思ったのか。**

姉や継母などが、いろいろな物語をところどころしか語ってくれなかったこと。

教材末の問題　高 81ページ　古 63ページ

学習

1　物語を読みたいと思う気持ちが表れている表現を順に抜き出してみよう。

・「いかで見ばや」（高 八〇・3）（古 六二・3）
・「いとどゆかしさまされど、」（高 八〇・5）（古 六二・5）
・「いみじく心もとなきままに、」（高 八〇・6）（古 六二・6）
・「『京にとく上げ給ひて、物語の多く候ふなる、ある限り見せ給へ。』と、身を捨てて額をつき、祈り申すほどに、」（高 八〇・7）（古 六二・7）

2　「人知れずうち泣かれぬ」（高 八一・5）（古 六三・5）という作者の気持ちを説明してみよう。

思い出深い薬師仏を見捨てて去ることを心苦しく思い、長年過ごした上総の地や遊び慣れた家を離れることを悲しく思うとともに、当時の自分に愛情を感じている。

〈ポイント〉物語に触れる機会を得るために上京することを願っていた作者は、うれしく思う一方で、思い出深い場所や物と別れることを名残惜しく、悲しく感じていたのであり、そのような当時を振り返っている。

ことばと表現

1　傍線部に注意して現代語訳してみよう。

(1) いかばかりかはあやしかりけむを、（高 八〇・1）（古 六二・1）

どんなにか見苦しかったであろうに、

〈ポイント〉「いかばかりかは」は、副詞「いかばかり」に係助詞「かは」がついて意味が強まった形で、「どんなにか・さぞかし」という意味。また、「かは」は、これを受ける過去推量の助動詞「けむ」で文が終わっていないので、結びの流れ（消滅）となっている。

(2) いかに思ひ始めけることにか、（高 八〇・2）（古 六二・2）

どういうわけで思い始めたことであろうか、

〈ポイント〉「いかに」は、ここでは「どういうわけで」と原因・理由を問う副詞。また、「ことにか」の後に「あらむ」「ありけむ」などの結びが省略されている。

(3) いかで見ばやと（高 八〇・3）（古 六二・3）

なんとかして見たいと

〈ポイント〉副詞「いかで」は願望・意志を表す語（ここでは自己の希望を表す終助詞「ばや」）と呼応して、「なんとかして（…たい）」という意味を表す。

(4) そらにいかでかおぼえ語らむ。（高 八〇・6）（古 六二・6）

どうして（人々が）覚えていて語（ってくれ）るだろうか（いや語ってくれない）。

〈ポイント〉「いかでか」は副詞「いかで」に係助詞「か」がついた形。ここでは「どうして…か、いや…ない」という反語の意味を表す。結びにあたる推量の助動詞「む」は連体形。

——物語——

品詞分解・現代語訳

①かく　のみ　思《おも》ひくんじ　たる　を、　心《こころ》　も　慰《なぐさ》め　む　と　心苦《こころぐる》しがり　て、
副　副助　サ変・用　存・体　接助　係助　マ下二・未　意・終　格助　ラ四・用　接助

母《はは》、　物語《ものがたり》　など　求《もと》め　て　見《み》せ　給《たま》ふ　に、　げに　おのづから　慰《なぐさ》み
副助　マ下二・用　接助　サ下二・用　ハ四・体・尊・補　接助　副　副　マ四・用

ゆく。②紫《むらさき》のゆかり　を　見《み》　て、　続《つづ》き　の　見《み》　まほしく　おぼゆれ　ど、
カ四・終　格助　マ上一・用　接助　格助　マ上一・未　希・用　ヤ下二・已　接助

人語《ひとかた》らひ　など　も　え　せ　ず。③誰《たれ》　も　いまだ　都《みやこ》　慣《な》れ　ぬ　ほど　に
副助　係助　副　サ変・未　打・終　係助　副　ラ下二・未　打・体　断・用

て、　え　見《み》つけ　ず。④いみじく　心《こころ》もとなく、　ゆかしく　おぼゆる　まま　に、「こ
接助　副　カ下二・未　打・終　シク・用　ク・用　シク・用　ヤ下二・体　格助

の　源氏《げんじ》の物語《ものがたり》、　一《いち》の巻《まき》　より　し　て、　みな　見《み》せ　給《たま》へ。」　と　心《こころ》　の
格助　格助　サ変・用　接助　サ下二・用　ハ四・命・尊・補　格助　格助

内《うち》　に　祈《いの》る。⑤親《おや》　の　太秦《うづまさ》　に　籠《こ》もり　給《たま》へ　る　に　も、　異事《ことごと》　なく
格助　ラ四・終　格助　格助　ラ四・用　ハ四・已・尊・補　完・体　格助　係助　ク・用

こ　の　こと　を　申《まう》し　て、　出《い》で　む　まま　に　こ　の　物語《ものがたり》　見果《みは》て
格助　格助　サ四・用・謙　接助　ダ下二・未　仮・体　格助　格助　タ下二・未

む　と　思《おも》へ　ど、　見《み》え　ず。⑥いと　口惜《くちを》しく、　思《おも》ひ嘆《なげ》か　るる　に、
意・終　格助　ハ四・已　接助　ヤ下二・未　打・終　副　シク・用　カ四・未　自・体　接助

---

①（私が）このようにふさぎこんでばかりいるのを、（私の）心を慰めようと心を砕いて、母が、物語などを探し求めて見せてくださると、本当に（母の思う通り）自然と（私の心は）慰められていく。②（『源氏物語』の）「若紫」の巻を見て、続きが見たいと思われるが、人に頼むこともできない。③（家の者が）誰もまだ都に慣れていないときで、（『源氏物語』を）見つけることができない。④ひどくはがゆく、（続きを）見たいと思われるので、「この『源氏物語』を、一の巻から、全部見せてください。」と心の中で祈る。⑤親が太秦（の広隆寺《こうりゅうじ》）に参籠しなさったときにも、（共に籠もり）、他のことではなくこのことを申し上げて、（寺から）出たらすぐにこの物

をば なる 人《ひと》 の 田舎《ゐなか》 より 上《のぼ》り たる 所《ところ》 に 渡《わた》い たれ ば、
断・体 格助 格助 ラ四・用 存・体 格助 サ四・用・イ 完・已 接助

⑦「いと うつくしう 生《お》ひなり に けり。」など、あはれがり、めづらしがり
副 シク・用・ウ ラ四・用 完・用 詠・終 副助 ラ四・用 ラ四・用

て、帰《かへ》る に、⑧「何《なに》 を か 奉《たてまつ》ら む。まめまめしき もの は
接助 ラ四・体 格助 格助 係助 ラ四・未・謙 意・体 シク・体 係助

まさなかり な む。ゆかしく し 給《たま》ふ なる もの を 奉《たてまつ》ら
ク・用 強・未 推・終 シク・用 サ変・用 ハ四・終・尊・補 伝・体 格助 ラ四・未・謙

む。」と て、⑨源氏《げんじ》 の 五十余巻《ごじふよまき》、櫃《ひつ》 に 入《い》り ながら、ざい中将《ちゆうじやう》、とほぎみ、
意・終 格助 接助 格助 格助 ラ四・用 接助

せり河《かは》、しらら、あさうづ など いふ 物語《ものがたり》ども、一袋《ひとふくろ》 取《と》り入《い》れ て、得《え》 て
副助 ハ四・体 ラ下二・用 接助 ア下二・用 接助

帰《かへ》る 心地《ここち》 の うれしさ ぞ いみじき や。
ラ四・体 格助 係助 シク・体 間助

⑩はしるはしる、わづかに 見《み》 つつ、心《こころ》 も 得《え》 ず 心《こころ》もとなく
副 ナリ・用 マ上一・用 接助 係助 ア下二・未 打・用 ク・用

思《おも》ふ 源氏《げんじ》 を、一《いち》の巻《まき》 より し て、人《ひと》 も 交《ま》じら ず、几帳《きちやう》 の 内《うち》 に
ハ四・体 格助 格助 サ変・用 接助 係助 ラ四・未 打・用 格助 格助

うち臥《ふ》し て、引《ひ》き出《い》で つつ 見《み》る 心地《ここち》、后《きさき》 の 位《くらゐ》 も 何《なに》 に かは せ
サ四・用 接助 ダ下二・用 接助 マ上一・体 格助 係助 格助 係助 サ変・未

む。⑪昼《ひる》 は 日《ひ》ぐらし、夜《よる》 は 目《め》 の 覚《さ》め たる 限《かぎ》り、灯《ひ》 を 近《ちか》く
意・体 係助 副 係助 格助 マ下二・用 存・体 格助 ク・用

語を見終えようと思うが、見ることはできない。⑥とても残念で、嘆かわしく思わずにいられないでいると、（母が私を）おばである人が田舎から上京している所に行かせたところ、⑦「たいへんかわいらしく育ったのね。」などと（言って）、いとおしみ、珍しがって、（私が）帰るときに、⑧「何をさし上げようか。実用的なものはきっとつまらないであろう。（あなたが）欲しがっていらっしゃると聞くものをさし上げよう。」と言って、⑨『源氏物語』の五十余巻を、木箱に入ったままと、『在中将（伊勢物語）』、『とほぎみ』、『せり河』、『しらら』、『あさうづ』などという物語を、一袋にいっぱいに入れて（くれ）、（それを）得て帰る気持ちのうれしさはたいそうなものだよ。

⑩胸をわくわくさせて、（今までは）わずかに見ては、（話の展開も）わからずじれったく思った『源氏物語』を、一の巻から見始めて、誰にも邪魔されず、几帳の奥にちょっと

ともし て、これ を 見《み》る より ほか の こと なけれ ば、おのづから
サ四・用 接助 格助 マ上一・体 格助 格助 ク・已 接助 副

など は、そらに おぼえ 浮《う》かぶ を、いみじき こと に 思《おも》ふ に、⑫夢《ゆめ》 に、
副助 係助 ナリ・用 ヤ下二・用 バ四・体 格助 シク・体 格助 ハ四・体 接助 格助

いと 清《きよ》げなる 僧《そう》 の 黄《き》なる 地《ぢ》 の 袈裟《けさ》 着《き》 たる が 来《き》 て、
副 ナリ・体 格助 ナリ・体 格助 カ上一・用 存・体 係助 カ変・用 接助

⑬「法華経《ほけきやう》 五《ご》の巻《まき》 を とく 習《なら》へ。」と 言《い》ふ と 見《み》れ ど、⑭人《ひと》 に も
格助 ク・用 ハ四・命 格助 ハ四・終 格助 マ上一・已 接助 格助 係助

語《かた》ら ず、習《なら》は む と も 思《おも》ひかけ ず、物語《ものがたり》 の こと を のみ 心《こころ》
ラ四・未 打・用 ハ四・未 意・終 格助 係助 カ下二・未 打・用 格助 格助 副助

に しめ て、⑮我《われ》 は この ごろ わろき ぞ かし、さかり に なら ば、
格助 マ下二・用 接助 係助 格助 ク・体 係助 終助 格助 ラ四・未 接助

かたち も 限《かぎ》りなく よく、髪《かみ》 も いみじく 長《なが》く なり な む、⑯光《ひかる》の源氏《げんじ》
係助 ク・用 ク・用 係助 シク・用 ク・用 ラ四・用 強・未 推・終

の 夕顔《ゆふがほ》、宇治《うぢ》の大将《だいしやう》 の 浮舟《うきふね》の女君《をんなぎみ》 の やうに こそ あら め と 思《おも》ひ
格助 格助 格助 比・用 係助 ラ変・未 推・已 格助 ハ四・用

ける 心《こころ》、まづ いと はかなく、あさまし。
過・体 副 副 ク・用 シク・終

横になって、（櫃から）引き出しては見る気持ちは、后の位も何になるだろうか（いやなんの意味もない）。⑪昼は一日中、夜は目が覚めているかぎり、灯火を近くにともして、これを見るより他のことはないので、自然とというように、（文章が）空で思い浮かぶのを、うれしいことと思っていると、⑫夢に、たいそうけがれなく美しい僧で黄色の地の袈裟を着ている人が現れて、⑬「法華経の五の巻を早く習え。」と言うと見るが、⑭人にも語らず、習おうとも思いもよらず、物語のことだけを心に思い込んで、⑮私は今のところ（器量が）よくないことよ、年頃になったら、容貌もこの上なくよく、髪もたいへん長くなるにちがいない、⑯光源氏の（寵愛《ちょうあい》した）夕顔、宇治の（薫《かおる》）大将の（寵愛した）浮舟の女君のようになるだろうと思っていた（あの頃の私の）心は、なんといってもたいそうたわいなく、驚きあきれるほどである。

重要語句

高 82–83　古 64–65

かく　このように。こう。こんなに。

思ひくんず　ふさぎこむ。「思《おも》ひ屈《くつ》す」ともいう。

おのづから　①自然と。②偶然。ここでは、①の意味。

果つ　…し終わる。

口惜し　①残念である。②つまらない。③地位が低い。ここでは、①の意味。

うつくし　①かわいらしい。②立派である。ここでは、①の意味。

めづらしがる（めづらし）　珍しく思う。

まめまめし　①実直である。②実用的である。ここでは、②の意味。

まさなし　①よくない。②予想外である。思いがけない。ここでは、①の意味。

日ぐらし　一日中。終日。

発問　脚注問題　高 古

高 82ページ　古 64ページ

1 「この物語見果てむ」と思ったのはなぜか。

『源氏物語』を見せてくださいと以前から心の中で祈っていたし、太秦に参籠したときもこのことだけを一心に祈ったので、願いがかなうと思ったから。

高 83ページ　古 65ページ

2 「はしるはしる」はどこにかかるか。

引き出でつつ見る

3 「后の位も何にかはせむ」とはどういうことか。

『源氏物語』を読めることは、后の位が取るに足りないものに思われるくらい、嬉しいことだということ。

高 84ページ　古 66ページ

4 「…と思ひける心」の「と」が受ける部分はどこからか。

我はこのごろわろきぞかし

教材末の問題　高84ページ　古66ページ

学習

1 作者が『源氏物語』を読むことに没頭していることがわかる表現を抜き出し、そのときの気持ちを考えてみよう。

・「はしるはしる、……引き出でつつ見る」
・「一の巻よりして」
・「人も交じらず」
・「几帳の内にうち臥して」
・「昼は日ぐらし、夜は目の覚めたる限り、灯を近くともして、これを見るよりほかのことなければ」

→以前から切望していた物語を読むことができて、満ち足りて幸せな気持ち。

2 「いとはかなく、あさまし」（高八四・3）（古六六・3）というのは、いつの時点のどのような気持ちを表現したのか、考えてみよう。

日記を書いている時点での、若さゆえの自分のたわいない思い込みにあきれて、後悔しながらも懐かしむ気持ち。

言語活動

1 『源氏物語』に登場する「夕顔」や「浮舟」がどのような女性なのか調べ、作者がこの二人を取り上げた理由を考えてみよう。

・夕顔…頭《とうの》中将に愛され女子を産むが、頭中将の正妻に知られたため密《ひそ》かに身を隠してしまう。その後、光源氏（十七歳）が乳母を見舞った折に夕顔を知り、通うようになるが、光源氏に連れ出された先で、物《もの》の怪《け》に取り憑かれ頓死する。

・浮舟…宇治の八の宮（光源氏の異腹の弟宮）の子で、常陸《ひたち》で育つ。薫大将に愛され宇治に住む。しかし一方で匂宮《におうみや》にも愛され、苦悩して入水《じゅすい》するが、横川《よかわ》の僧都《そうず》に救われ出家する。

・二人を取り上げた理由…作者と共通点が多く、感情移入できる人物だから。

ことばと表現

1 傍線部の違いを意識して、現代語訳してみよう。

(1) いみじく心もとなく、ゆかしくおぼゆるままに、（高八二・4）（古六四・4）
ひどくはがゆく、（続きを）見たいと思われるので、

(2) 出でむままにこの物語見果てむと思へど、（高八二・6）（古六四・6）
（寺から）出たらすぐにこの物語を見終えようと思うが、

(3) わが思ふままに、そらにいかでかおぼえ語らむ。（高八〇・5）（古六二・5）
私の思う通りに、どうして（人々が）覚えていて語（ってくれ）るだろうか（いや語ってくれない）。

(4) いみじく心もとなきままに、（高八〇・6）（古六二・6）
たいそうじれったいので、

物語

源氏物語《げんじものがたり》

高「高等学校　古典探究」86〜97ページ
古「古典探究　古文編」68〜79ページ

作品紹介

源氏物語　げんじものがたり　作者は紫式部《むらさきしきぶ》。平安時代中期成立の物語。十一世紀初頭には書かれていたとされる。五十四巻からなる長編。物語は、主人公光源氏《ひかるげんじ》が栄華を極めていく第一部、光源氏の栄華に影がさす第二部、光源氏の子である薫《かおる》を主人公とした第三部に分けて捉えられる。古典文学の最高傑作と評され、以後の文学に大きな影響を及ぼした。

紫式部　むらさきしきぶ　生没年未詳。平安中期の女流文学者。漢学者藤原為時《ためとき》の娘で、藤原宣孝《のぶたか》と結婚する。夫の死後、一条天皇の中宮彰子《しょうし》に仕えた。他に『紫式部日記』、私家集『紫式部集』の作品がある。

―光源氏《ひかるげんじ》誕生―

品詞分解・現代語訳

①いづれ　の　御時《おほんとき》　に　か、　女御《にょうご》、　更衣《かうい》　あまた　候《さぶら》ひ　給《たま》ひ　ける　中《なか》　に、
格助　断・用　係助　副　ハ四・用・謙　ハ四・用・尊・補　過・体　格助

いと　やむごとなき　際《きは》　に　は　あら　ぬ　が、　すぐれて　時めき　給《たま》ふ
副　ク・体　断・用　係助　ラ変・未　打・体　格助　副　カ四・用　ハ四・体・尊・補

あり　けり。②初《はじ》め　より　我《われ》　は　と　思《おも》ひ上《あ》がり　給《たま》へ　る　御方々《おほんかたがた》、
ラ変・用　過・終　格助　係助　格助　ラ四・用　ハ四・已・尊・補　存・体

めざましき　もの　に　おとしめ　そねみ　給《たま》ふ。③同《おな》じ　ほど、　それ　より　下臈《げらふ》
シク・体　格助　マ下二・用　マ四・用　ハ四・終・尊・補　シク・体　格助

①どの帝《みかど》の御代《みよ》であったろうか、女御や、更衣が大勢お仕えになっていた中に、それほど高貴な身分ではない方で、特に寵愛《ちょうあい》を受けていらっしゃる方がいた。②初めから自分こそは（寵愛を受ける）と自負していらっしゃる御方々は、目に余るものと軽蔑しねたみなさる。③同じ程

の 更衣《かうい》たち は、まして 安《やす》から ず。④朝夕《あさゆふ》の 宮仕《みやづか》へ に つけ て も、人《ひと》
格助 係助 副 ク・未 打・終 格助 格助 カ下二・用 接助 係助

の 心《こころ》を のみ 動《うご》かし、恨《うら》み を 負《お》ふ つもり に や あり けむ、いと
格助 格助 副助 サ四・用 格助 ハ四・体 断・用 係助 ラ変・用 過原推・体 副

あつしく なりゆき、もの心細《こころぼそ》げに 里《さと》がちなる を、いよいよ 飽《あ》か ず
シク・用 カ四・用 ナリ・用 ナリ・体 格助 副 カ四・未 打・用

あはれなる もの に 思《おも》ほし て、人《ひと》の そしり を も え はばから せ
ナリ・体 格助 サ四・用・尊 接助 格助 格助 係助 副 ラ四・未 尊・用

給《たま》は ず、世《よ》の 例《ためし》に も なり ぬ べき 御《おほん》もてなし なり。⑤上達部《かんだちめ》、
ハ四・未・尊・補 打・用 格助 格助 係助 ラ四・用 強・終 当・体 断・終

上人《うへびと》 など も あいなく 目《め》を そばめ つつ、いと まばゆき 人《ひと》の 御《おほん》おぼえ
副助 係助 ク・用 格助 マ下二・用 接助 副 ク・体 格助

なり。⑥唐土《もろこし》に も かかる 事《こと》の 起《お》こり に こそ 世《よ》も 乱《みだ》れ 悪《あ》しかり
断・終 格助 係助 連体 格助 格助 係助 係助 ラ下二・用 シク・用

けれ と、やうやう 天《あめ》の下《した》に も あぢきなう、人《ひと》の もて悩《なや》みぐさ に なり
過・已 格助 副 格助 係助 ク・用・ウ 格助 格助 ラ四・用

て、楊貴妃《やうきひ》の 例《ためし》も 引《ひ》き出《い》で つ べく なりゆく に、いと はしたなき こと
接助 格助 係助 ダ下二・用 強・終 推・用 カ四・体 接助 副 ク・体

多《おほ》かれ ど、かたじけなき 御心《みこころ》ばへ の たぐひなき を 頼《たの》み にて 交《ま》じらひ
ク・已 接助 ク・体 格助 ク・体 格助 格助 ハ四・用

給《たま》ふ。
ハ四・終・尊・補

度、それより低い身分の更衣たちは、まして心穏やかではない。④朝夕の宮仕えにつけても、人の心を動揺させてばかりいて、恨みを身に受けることが重なった結果であったろうか、たいへん病気がちになっていき、なんとなく不安げで実家に帰っていることが多いのを、（帝は）いっそう限りなく（桐壺《きりつぼ》の更衣を）いたわしいものにお思いになって、人の非難をも気兼ねなさることがおできにならず、世間の話の種にもなってしまうはずのご待遇である。⑤公卿《くぎょう》や、殿上人《てんじょうびと》なども（皆）わけもなく何度も目をそらして、ほんとうに正視できないような（帝の）更衣へのご寵愛である。⑥唐の国でもこのようなことが始まりで世の中も乱れ具合が悪かったと、だんだん世間でも苦々しいことだと、人々の悩みの種になって、楊貴妃の例も引き合いに出してしまいそうになっていくので、たいへんきまりの悪いことも多いが、（帝の）ありがたいご寵愛の比べる

⑦父《ちち》の大納言《だいなごん》は亡《な》くなりて、母北《ははきた》の方《かた》なむいにしへの人《ひと》のよし
格助 係助 ラ四・用 接助 係助 格助
あるにて、親《おや》うち具《ぐ》し、さしあたりて世《よ》のおぼえ華《はな》やかなる御方々《おほんかたがた》
ラ変・体 断・用 接助 サ変・用 ラ四・用 接助 格助 ナリ・体
にもいたう劣《おと》らず、何事《なにごと》の儀式《ぎしき》をももてなし給《たま》ひけれ
格助 係助 ク・用・ウ ラ四・未 打・用 格助 格助 係助 サ四・用 ハ四・用・尊・補 過・已
ど、とりたててはかばかしき後見《うしろみ》しなければ、事《こと》あるときは、なほ
接助 タ下二・用 接助 シク・体 副助 ク・已 接助 ラ変・体 係助 副
よりどころなく心細《こころぼそ》げなり。
ク・用 ナリ・終

⑧前《さき》の世《よ》にも御契《おほんちぎ》りや深《ふか》かりけむ、世になくきよらなる玉《たま》の
格助 格助 係助 係助 ク・用 過原推・体 格助 ク・用 ナリ・体 格助
男皇子《をのこみこ》さへ生《う》まれ給《たま》ひぬ。⑨いつしかと心《こころ》もとながらせ
副助 ラ下二・用 ハ四・用・尊・補 完・終 副 格助 ラ四・未 尊・用
給《たま》ひて、急《いそ》ぎ参《まゐ》らせて御覧《ごらん》ずるに、めづらかなる児《ちご》の
ハ四・用・尊・補 接助 ガ四・用 ラ四・未・謙 使・用 接助 サ変・体・尊 接助 ナリ・体 格助
御容貌《おほんかたち》なり。⑩一《いち》の皇子《みこ》は、右大臣《うだいじん》の女御《にようご》の御腹《おほんはら》にて寄《よ》せ重《おも》く、
断・終 係助 格助 格助 断・用 接助 ク・用
疑《うたが》ひなきまうけの君《きみ》と世《よ》にもてかしづき聞《き》こゆれど、この御《おほん》にほひ
ク・体 格助 格助 カ四・用 ヤ下二・已・謙・補 接助 格助
には並《なら》び給《たま》ふべくもあらざりければ、おほかたの
格助 係助 バ四・用 ハ四・終・尊・補 当・用 係助 ラ変・未 打・用 過・已 接助 格助

ものがないほどなのを頼みにして宮仕えをなさる。

⑦（桐壺の更衣の）父の大納言は亡くなって、母の北の方は旧家の生まれの人で教養のある人で、両親がそろっていて、当面世間の評判がはなやかな御方々にもたいして引けを取らず、どのような儀式をもとりはからいなさったが、格別に頼もしい後ろだてがないので、何か事あるときは、やはり頼りどころがなく心細そうである。

⑧前世にもご宿縁が深かったからだろうか、（帝と更衣の間には）世に比類なく美しい玉のような皇子まで生まれなさった。⑨（帝は）早く（皇子に会いたい）と待ち遠しくお思いになって、急ぎ参内させてご覧になると、めったにない（すぐれた）赤ん坊のご容貌である。⑩第一皇子は、右大臣の（娘である）女御のお生みになった方で後ろだてがしっかりしていて、疑いのない皇太子と世間で大切にお扱い申し上げているが、この（弟皇子の）

やむごとなき 御思《おほんおも》ひ に て、この 君《きみ》を ば 私物《わたくしもの》に 思《おも》ほし かしづき
ク・体 断・用 接助 格助 格助 係助 格助 サ四・用・尊 カ四・用
給《たま》ふ こと 限《かぎ》りなし。
ハ四・体・尊・補 ク・終

⑪初《はじ》め より おしなべて の 上宮仕《うへみやづか》へ し 給《たま》ふ べき 際《きは》に は
格助 副 格助 サ変・用 ハ四・終・尊・補 当・体 断・用 係助
あら ざり き。⑫おぼえ いと やむごとなく、上衆《じやうず》めかしけれ ど、わりなく
ラ変・未 打・用 過・終 副 ク・用 シク・已 接助 ク・用
まつはさ せ 給《たま》ふ あまり に、さる べき 御遊《おほんあそ》び の 折々《をりをり》、何事《なにごと》に も
サ四・未 尊・用 ハ四・体・尊・補 格助 ラ変・体 当・体 格助 格助 係助
ゆゑ ある こと の 節々《ふしぶし》に は、まづ 参上《まうのぼ》ら せ 給《たま》ふ。⑬ある とき に
ラ変・体 格助 格助 係助 副 ラ四・未・謙 使・用 ハ四・終・尊・補 連体 格助
は、大殿籠《おほとのご》もり 過《す》ぐし て、やがて 候《さぶら》は せ 給《たま》ひ など、あながちに
係助 ラ四・用・尊 サ四・用 接助 副 ハ四・未・謙 使・用 ハ四・用・尊・補 副助 ナリ・用
御前《おまへ》 去《さ》ら ず もてなさ せ 給《たま》ひ し ほど に、おのづから 軽《かろ》き 方《かた》に
ラ四・未 打・用 サ四・未 尊・用 ハ四・用・尊・補 過・体 格助 副 ク・体 格助
も 見《み》え し を、この 皇子《みこ》 生《う》まれ 給《たま》ひ て 後《のち》は、いと 心《こころ》ことに
係助 ヤ下二・用 過・体 接助 格助 ラ下二・用 ハ四・用・尊・補 接助 係助 副 ナリ・用
思《おも》ほしおきて たれ ば、坊《ばう》に も、よう せ ず は、この 皇子《みこ》の
タ下二・用・尊 完・已 接助 格助 係助 ク・用・ウ サ変・未 打・用 係助 格助 格助
ゐ 給《たま》ふ べき な めり と 一《いち》の 皇子《みこ》の 女御《にようご》は 思《おぼ》し疑《うたが》へ り。
ワ上一・用 ハ四・終・尊・補 当・体 断・体・撥 推定・終 格助 格助 係助 ハ四・已・尊 存・終

お美しさには並びなさるはずもなかったので、（帝は、第一皇子には）ひととおりの大切になさるご愛情で、この（弟）皇子を個人的に大切なものとお思いになり愛育なさることはこの上もない。

⑪（更衣は）初めから普通のそば仕えをしなさるはずの（低い）身分ではなかった。⑫評判もたいへんよく、いかにも高貴な人のようであったが、（帝が更衣を）無理におそばに置きなさるあまりに、しかるべき管弦の遊びの折々や、何事につけても大事な催しの折々には、まず最初に参上させなさる。⑬あるときには、寝過ごしなさって、そのままおそばに留めさせなさるなど、強引に御前から去らせず扱いなさっていたうちに、自然と軽い（身分の）方にも見えたが、この皇子が生まれなさって後は、たいへん格別にお思いになりとりはかりなさったので、皇太子にも、悪くすると、この皇子が座りなさるはずであるようだと第一皇子の

⑭人《ひと》より先《さき》に参《まゐ》り給《たま》ひて、やむごとなき御思《おほんおも》ひなべてならず、
格助 格助 ラ四・用・謙 ハ四・用・尊・補 接助 ク・体 副 断・未 打・用

皇女《みこ》たちなどもおはしませば、この御方《おほんかた》の御《おほん》いさめをのみぞなほ
副助 係助 サ四・已・尊 接助 格助 格助 格助 副助 係助 副

煩《わづら》はしう、心苦《こころぐる》しう思《おも》ひ聞《き》こえさせ給《たま》ひける。⑮かしこき
シク・用・ウ シク・用・ウ ハ四・用 ヤ下二・未・謙・補 尊・用 ハ四・用・尊・補 過・体 ク・体

御《み》かげをば頼《たの》み聞《き》こえながら、おとしめ疵《きず》を求《もと》め
格助 係助 マ四・用 ヤ下二・用・謙・補 接助 マ下二・用 格助 マ下二・用

給《たま》ふ人《ひと》は多《おほ》く、わが身《み》はか弱《よわ》くものはかなきありさまにて、
ハ四・体・尊・補 係助 ク・用 格助 係助 ク・用 ク・体 断・用 接助

なかなかなるもの思《おも》ひをぞし給《たま》ふ。⑯御局《みつぼね》は桐壺《きりつぼ》なり。（桐壺）
ナリ・体 格助 係助 サ変・用 ハ四・終・尊・補 係助 断・終

（母の）女御は疑いなさっている。⑭（女御は他の）人々より早くに入内なさって、（帝が）大切にお思いになるお気持ちは並みひととおりではなく、皇女たちなどもいらっしゃるので、この御方のご忠告だけはやはり面倒であると、つらく思い申し上げなさった。⑮（更衣は帝の）もったいないご庇護《ひご》を頼み申し上げてはいるが、軽蔑しあらさがしをなさる人は多く、自身は病弱でなんとなく頼りないありさまで、かえってもの思いをなさる。⑯お部屋は桐壺である。

重要語句

高 86　古 68

やむごとなし　①格別だ。並一通りでない。②高貴だ。尊い。ここでは、②の意味。
際　①端。②境目。③辺り。④身分。ここでは、④の意味。
時めく　寵愛を受ける。
めざまし　①気に入らない。②立派である。ここは①。
下﨟　低い身分。
あつし　病気がちである。

86　68

飽かず　（副詞のように用いて）限りなく。この上なく。
あいなし　「あいなく」で、「関係もないのに」の意味。

87　69

あぢきなし　①かいがない。②苦々しい。ここは②。
はしたなし　①中途半端である。②きまりの悪い。③みっともない。ここでは、②の意味。
かたじけなし　①恥ずかしい。②恐れ多い。ありがたい。ここでは、②の意味。
はかばかし　①はきはきしている。②頼もしい。ここは②。
寄せ　①人望。②後ろだて。ここでは、②の意味。
(もて)かしづく　①愛育する。②後見する。ここでは、①

の意味。「もてかしづく」の「もて」は接頭語で、動詞に付いて意味を強めたり語調を整えたりする。

87 / 69

にほひ ①美しさ。②かおり。③栄華。ここでは、①の意味。

わりなし ①無理である。②はなはだしい。ここは①。

88 / 70

やがて ①そのまま。②さっそく。③ほかでもなく。ここでは、①の意味。

あながちなり 強引である。

なべてならず 並みひととおりではない。

なかなかなり なまじっかだ。かえって…しないほうがよい。

発問 脚注問題 高 古

高86ページ 古68ページ

1 なぜ「まして安からず」なのか。

身分の高い女御は身分相応に重んじられるが、桐壺更衣と同じ程度かそれ以下の身分の更衣は帝の寵愛が薄れる一方だったから。

高87ページ 古69ページ

2 「玉の男皇子さへ」とあるが、どのようなことに加えて、「さへ」なのか。

高88ページ 古70ページ

帝の寵愛を一身に受けていること。

3 どういうことを「思し疑」っているのか。

第二皇子が皇太子に立つはずなのではないかということ。

4 「この御方」とは誰か。

一の皇子の母で、右大臣の娘である女御。

教材末の問題 高89ページ 古71ページ

学習

1 帝が「桐壺の更衣」を寵愛することに対し、まわりの人々はどう思ったか、説明してみよう。

自分こそ寵愛を受けるはずだと思い上がっている妃《きさき》たちは、桐壺の更衣を軽蔑しねたみ、同程度以下の身分の更衣たちも心穏やかではなかった。公卿や殿上人は困ったことだと思い、世間の人々は苦々しいことだと思った。

2 「一の皇子」と「玉の男皇子」とに対する帝の接し方の違いを説明してみよう。

「一の皇子」に対しては、ひととおりの大切にする愛情で接し、「玉の男皇子」に対しては、個人的に大切なものとして接した。

言語活動

1 以下の(1)~(3)の事柄について話し合ってみよう。また、そこから浮かび上がってくる、帝・桐壺の更衣・弘徽殿の女御の人物像について考えてみよう。

(1) 桐壺の更衣を格別に寵愛する帝の心情。

(2)　自分の置かれた状況に対する桐壺の更衣の心情。

(3)　弘徽殿の女御に対する帝の心情。

〈ポイント〉「女御」と「更衣」の身分の違いを念頭に置く。天皇の正妻は「皇后」であり、以下「中宮」「女御」「更衣」と下がっていく。弘徽殿の女御は桐壺の更衣より身分が上であり、右大臣の娘なので後ろだても強い。さらに桐壺より先に入内して第一皇子を産んでいる。そのような明確な違いにもかかわらず、帝はあからさまに桐壺の更衣を寵愛しているのである。

ことばと表現

1　傍線部の「が」の働きを文法的に説明してみよう。

いとやむごとなき際にはあらぬが、すぐれて時めき給ふありけり。（高 八六・1）（古 六八・1）

同格の格助詞。

2　傍線部を文法的に説明してみよう。

(1)　世の例にもなりぬべき御もてなしなり。（高 八六・7）（古 六八・7）

強意の助動詞「ぬ」の終止形＋当然（推量）の助動詞「べし」の連体形。

(2)　引き出でつべくなりゆくに、（高 八七・2）（古 六九・2）

強意の助動詞「つ」の終止形＋推量の助動詞「べし」の連用形。

―藤壺《ふぢつぼ》の入内《じゆだい》―

品詞分解・現代語訳

①藤壺《ふぢつぼ》 と 聞《き》こゆ。 ②げに、 御容貌《おほんかたち》、 ありさま、 あやしき まで ぞ おぼえ
格助 ヤ下二・終・謙 副 シク・体 副助 係助 ヤ下二・用

給《たま》へ る。 ③これ は、 人《ひと》 の 御際《おほんきは》 まさり て、 思《おも》ひなし めでたく、 人《ひと》 も
ハ四・已・尊・補 存・体 係助 格助 ラ四・用 接助 ク・用 係助

え おとしめ 聞《き》こえ 給《たま》は ね ば、 受《う》けばり て 飽《あ》か ぬ こと
副 マ下二・用 ヤ下二・用・謙・補 ハ四・未・尊・補 打・已 接助 ラ四・用 接助 カ四・未 打・体

なし。 ④かれ は、 人《ひと》 の 許《ゆる》し 聞《き》こえ ざり し に、 御心《みこころ》ざし
ク・終 係助 格助 サ四・用 ヤ下二・未・謙・補 打・用 過・体 接助

あやにくなり し ぞ かし。 ⑤思《おぼ》しまぎる と は なけれ ど、 おのづから 御心《みこころ》
ナリ・用 過・体 係助 終助 ラ下二・終・尊 格助 係助 ク・已 接助 副

移《うつ》ろひ て、 こよなう 思《おぼ》し慰《なぐさ》む やうなる も、 あはれなる わざ なり けり。
ハ四・用 接助 ク・用・ウ マ四・体・尊 比・体 係助 ナリ・体 断・用 詠・終

⑥源氏《げんじ》の君《きみ》 は 御《おほん》あたり 去《さ》り 給《たま》は ぬ を、 まして しげく 渡《わた》ら
係助 ラ四・用 ハ四・未・尊・補 打・体 接助 副 ク・用 ラ四・未

せ 給《たま》ふ 御方《おほんかた》 は、 え 恥《は》ぢあへ 給《たま》は ず。 ⑦いづれ の 御方《おほんかた》 も、
尊・用 ハ四・体・尊・補 係助 副 ハ下二・用 ハ四・未・尊・補 打・終 格助 係助

我《われ》、 人《ひと》 に 劣《おと》ら む と 思《おぼ》い たる や は ある、 とりどりに いと
格助 ラ四・未 推・終 格助 サ四・用・イ・尊 存・体 係助 ラ変・体 ナリ・用 副

---

①藤壺と申し上げる。②本当に、お顔つき、容姿が、不思議なほど似ていらっしゃる。③この方（藤壺の宮）は、ご身分が（桐壺《きりつぼ》の更衣より）まさって、（皇女と）思うためかすばらしく、（他の）人（女御・更衣たち）も軽蔑申し上げなさることはできないので、他にはばかることなくて何の不満もない。④あの方（桐壺の更衣）は、人がお認め申し上げなかったのに、ご寵愛《ちょうあい》があまりに深すぎたのだよ。⑤（帝は、桐壺の更衣への）お思いが紛れるというのではないが、自然とお心が（藤壺の宮に）移って、格段にお気持ちが休まるようであるのも、しみじみと感じられることだったよ。

⑥源氏の君は桐壺帝のおそば近くを離れなさらないので、（帝がとき

めでたけれ ど、うち大人《おとな》び 給《たま》へ る に、いと 若《わか》う うつくしげに て、
ク・已 接助 バ上二・用 ハ四・已・尊・補 存・体 接助 副 ク・用・ウ ナリ・用 接助

切《せち》に 隠《かく》れ 給《たま》へ ど、おのづから 漏《も》り見《み》 奉《たてまつ》る。⑧母御息所《ははみやすんどころ》 も
ナリ・用 ラ下二・用 ハ四・已・尊・補 接助 副 マ上一・用 ラ四・終・謙・補 係助

影《かげ》 だに おぼえ 給《たま》は ぬ を、「いと よう 似《に》 給《たま》へ り。」
副助 ヤ下二・用 ハ四・未・尊・補 打・体 接助 副 ク・用・ウ ナ上一・用 ハ四・已・尊・補 存・終

と 典侍《ないしのすけ》 の 聞《き》こえ ける を、若《わか》き 御心地《おほんここち》 に いと あはれ と 思《おも》ひ
格助 格助 ヤ下二・用・謙 過・体 接助 ク・体 格助 副 ナリ・語幹 格助 ハ四・用

聞《き》こえ 給《たま》ひ て、常《つね》に 参《まゐ》ら まほしく、なづさひ 見《み》
ヤ下二・用・謙・補 ハ四・用・尊・補 接助 ナリ・用 ラ四・未・謙 希・用 ハ四・用 マ上一・用

奉《たてまつ》ら ばや と おぼえ 給《たま》ふ。
ラ四・未・謙・補 終助 格助 ヤ下二・用 ハ四・終・尊・補

⑨上《うへ》 も、限《かぎ》りなき 御思《おほんおも》ひどち に て、「な 疎《うと》み 給《たま》ひ そ。あやしく
係助 ク・体 断・用 接助 副 マ四・用 ハ四・用・尊・補 終助 シク・用

よそへ 聞《き》こえ つ べき 心地《ここち》 なむ する。なめし と 思《おぼ》さ で、
ハ下二・用 ヤ下二・用・謙・補 強・終 適・体 係助 サ変・体 ク・終 格助 サ四・未・尊 接助

らうたく し 給《たま》へ。⑩面《つら》つき、まみ など は いと よう 似《に》 たり
ク・用 サ変・用 ハ四・命・尊・補 副助 係助 副 ク・用・ウ ナ上一・用 存・用

し ゆゑ、通《かよ》ひ て 見《み》え 給《たま》ふ も 似《に》げなから ず なむ。」など
過・体 ハ四・用 接助 ヤ下二・用 ハ四・体・尊・補 係助 ク・未 打・用 係助 副助

聞《き》こえつけ 給《たま》へ れ ば、幼心地《をさなごこち》 に も、はかなき 花紅葉《はなもみぢ》 に つけ て
カ下二・用・謙 ハ四・已・尊・補 完・已 接助 格助 係助 ク・体 格助 カ下二・用 接助

どきお渡りなさる御方もそうだが）ましてしばしばお渡りなさる御方々は、（光源氏に対して）恥ずかしがってばかりいらっしゃれない。⑦どの御方も、自分が、人に劣っているだろうとお思いになっている方があるだろうか（いや、ない）、それぞれにたいへんすばらしいが、（その方々が）少し年配になられているので、（藤壺の宮が）たいへん若くかわいらしい様子であって、ひたすら隠れなさるが、（光源氏は）自然と隙間からほんの少し見申し上げる。⑧母御息所のことも面影さえ覚えていらっしゃらないが、「たいへんよく似ていらっしゃる。」と典侍が申し上げたので、幼いお心持ちにもたいそう懐かしくお思い申し上げなさって、いつもお伺いしたく、なれ親しみ（お姿を）見申し上げたいよとお思いなさる。

⑨桐壺帝も、（このお二方は）限りなくご寵愛なさる方々であって、（藤壺の宮に）「（源氏の君を）そっ

も心《こころ》ざしを見《み》え奉《たてまつ》る。⑪こよなう心寄《こころよ》せ聞《き》こえ
係助　格助　ヤ下二・用　ラ四・終・謙・補　ク・用・ウ　サ下二・用　ヤ下二・用・謙・補

給《たま》へれば、弘徽殿《こきでん》の女御《にょうご》、また、この宮《みや》とも御仲《おほんなか》そばそばしき
ハ四・已・尊・補　存・已　接助　副　格助　格助　係助　シク・体

ゆゑ、うち添《そ》へて、もとよりの憎《にく》さも立《た》ち出《い》でて、ものしと思《おぼ》し
ハ下二・用　接助　格助　格助　係助　ダ下二・用　接助　シク・終　格助　サ四・用・尊

たり。⑫世《よ》にたぐひなしと見《み》奉《たてまつ》り給《たま》ひ、名高《なだか》うおはする
存・終　格助　ク・終　格助　マ上一・用　ラ四・用・謙・補　ハ四・用・尊・補　ク・用・ウ　サ変・体・尊・補

宮《みや》の御容貌《おほんかたち》にも、なほ匂《にほ》はしさはたとへむ方《かた》なく、うつくしげなる
格助　格助　係助　副　係助　ハ下二・未　婉・体　ク・用　ナリ・体

を、世《よ》の人《ひと》、光る君《ひかるきみ》と聞《き》こゆ。⑬藤壺《ふぢつぼ》、並《なら》び給《たま》ひて、御《おほん》おぼえ
格助　格助　格助　ヤ下二・終・謙　バ四・用　ハ四・用・尊・補　接助

もとりどりなれば、かかやく日《ひ》の宮《みや》と聞《き》こゆ。（桐壺）
係助　ナリ・已　接助　格助　ヤ下二・終・謙

けなくなさるな。不思議と（あなたを母に）見立て申し上げてもよさそうな気持ちがする。無礼だとお思いにならないで、かわいがっておやりなさい。⑩（桐壺の更衣と源氏の君は）顔つき、まなざしなどはたいへんよく似ていたので、（あなたが母に）似通って見えなさるのも不似合いではない。」などとお頼み申し上げなさったので、（光源氏は）幼心にも、ちょっとした花や紅葉につけても慕う気持ちをお見せ申し上げる。⑪この上なく好意をお寄せ申し上げなさっているので、弘徽殿の女御は、また、この宮（藤壺の宮）ともお仲が親しくないので、（藤壺の宮と光源氏が親しくしている憎しみに）加えて、前々（桐壺の更衣在世中）からの憎しみもよみがえって、不快だとお思いになっている。⑫（この女御が）この世で並ぶものがないと見申し上げなさり、評判高くていらっしゃる皇太子のお顔立ちに比べても、やはり（光源氏の）つややかな美し

さはたとえようもなく、愛らしいのを、世間の人々は、光る君と申し上げる。⑬藤壺の宮は、並びなさって、ご寵愛もそれぞれ（に優劣のない様子）なので、輝く日の宮と申し上げる。

重要語句

高 古

90 72

おぼゆ　①思われる。②思い出される。③似る。ここでは、③の意味。

許す　①ゆるめる。②許可する。③認める。ここでは、③の意味。

あやにくなり　①意地悪である。憎らしい。②不都合である。あいにくである。ここでは、②の意味で、文脈から「あまりに深すぎる」などと訳す。

あへず　（動詞の連用形について）…しようとしてできない。…しきれない。

切《せち》なり　①ひたすらである。②すばらしい。ここでは、①の意味。

91 73

なづさふ　①水に浮き漂う。②なれ親しむ。ここでは、②の意味。

な…そ　禁止を表す。…するな。

疎む　そっけなくする。

91 73

よそふ　見立てる。

なめし　無礼である。

面つき　顔つき。

そばそばし　親しくない。

ものし　不快である。

おはす　尊敬の補助動詞。…でいらっしゃる。

とりどりなり　それぞれである。

発問　脚注問題　高　古

1 高 90ページ　古 72ページ

誰が誰に「まさ」っているのか。

藤壺が桐壺の更衣や他の後宮の女性たちより（身分が）まさっている。

2 「え恥ぢあへ給はず」とは、誰のどのような様子を表しているか。

藤壺の恥ずかしがってばかりはいられない様子。

高 91ページ　古 73ページ

3 「な疎み給ひそ…」は、誰の誰に対する発言か。

桐壺帝の藤壺に対する発言。

4 誰に対する「憎さ」なのか。

桐壺の更衣と源氏の君。

教材末の問題　高 92ページ　古 74ページ

学習

1 藤壺が入内したことで、桐壺帝はどのように変わったか、説明してみよう。

亡き桐壺の更衣への思いが紛れるということではないが、自然と心が藤壺に移り、格段に気持ちが休まるようになった。

2 藤壺はまわりの女御・更衣からどのように見られていたか、説明してみよう。

藤壺は皇女なので、低く軽んじられることなく見られていた。

3 藤壺に対する光源氏の心情を説明してみよう。

母の面影を藤壺の宮に求めて懐かしく思うような心情。

ことばと表現

1 傍線部と敬語に注意して、現代語訳してみよう。

(1) えおとしめ聞こえ給はねば、（高 九〇・5）（古 七二・5）

軽蔑申し上げなさることはできないので、

(2) 人に劣らむと思いたるやはある、（高 九〇・10）（古 七二・10）

人に劣っているだろうとお思いになっている方があるだろうか（いや、ない）、

(3) な疎み給ひそ。（高 九一・3）（古 七三・3）

そっけなくなさるな。

―小柴垣《こしばがき》のもと―

品詞分解・現代語訳

①日《ひ》も いと 長《なが》きに、つれづれなれば、夕暮《ゆふぐ》れの いたう 霞《かす》み たるに
係助 副 ク・体 格助 ナリ・已 接助 格助 ク・用・ウ マ四・用 存・体 格助

紛《まぎ》れ て、かの 小柴垣《こしばがき》の もとに 立《た》ち出《い》で 給《たま》ふ。②人々《ひとびと》は 帰《かへ》し
ラ下二・用 接助 格助 格助 格助 ダ下二・用 ハ四・終・尊・補 係助 サ四・用

給《たま》ひ て、惟光《これみつ》の朝臣《あそん》と のぞき 給《たま》へ ば、ただ この 西面《にしおもて》に し
ハ四・用・尊・補 接助 格助 カ四・用 ハ四・已・尊・補 接助 副 格助 格助 副助

も、持仏《ぢぶつ》 据《す》ゑ 奉《たてまつ》り て 行《おこな》ふ、尼《あま》なり けり。③簾《すだれ》 少《すこ》し 上《あ》げ て、花《はな》
係助 ワ下二・用 ラ四・用・謙・補 接助 ハ四・体 断・用 詠・終 副 ガ下二・用 接助

奉《たてまつ》る めり。④中《なか》の柱《はしら》に 寄《よ》りゐ て、脇息《けふそく》の 上《うへ》に 経《きやう》を 置《お》き て、
ラ四・終・謙 推定・終 格助 ワ上一・用 接助 格助 格助 格助 カ四・用 接助

いと なやましげに 読《よ》み ゐ たる 尼君《あまぎみ》、ただ人《びと》と 見《み》え ず。⑤四十余《よそぢよ》
副 ナリ・用 マ四・用 ワ上一・用 存・体 格助 ヤ下二・未 打・終

ばかり に て、いと 白《しろ》う あてに、痩《や》せ たれ ど、つらつき ふくらかに、
副助 断・用 接助 副 ク・用・ウ ナリ・用 サ下二・用 存・已 接助 ナリ・用

まみ の ほど、髪《かみ》の うつくしげに そが れ たる 末《すゑ》も、なかなか 長《なが》き より
格助 格助 ナリ・用 ガ四・未 受・用 存・体 係助 副 ク・体 格助

も こよなう 今《いま》めかしき もの かな と あはれに 見《み》 給《たま》ふ。
係助 ク・用・ウ シク・体 終助 格助 ナリ・用 マ上一・用 ハ四・終・尊・補

---

①日もたいへん長いし、手持ちぶさたなので、夕暮れでたいそう霞んでいるのに紛れて、例の小柴垣の辺りに外出なさる。②（供の）人々は帰しなさって、惟光の朝臣とのぞきなさると、（目に入ったのは）すぐ近くのこの西向きの部屋に、持仏をお据え申し上げて勤行をする尼なのであった。③簾を少し巻き上げて、花をお供え申し上げているようだ。④（部屋の）中央の柱に寄りかかって座って、脇息の上に経を置いて、たいへん大儀そうに読んでいる尼君は、普通の人とは見えない。⑤四十歳過ぎぐらいで、たいへん（色が）白く上品で、痩せているが、顔つきがふっくらとして、目元の辺り、髪がきれいに切りそろえられている先も、かえって長いよりもこの上なく

⑥きよげなる　大人《おとな》　二人《ふたり》　ばかり、さては　童《わらは》べ　ぞ　出《い》で入《い》り　遊《あそ》ぶ。⑦中《なか》に、十《とを》
ナリ・体　副助　接続　係助　ラ四・用　バ四・体　格助
ばかり　に　や　あら　む　と　見《み》え　て、白《しろ》き　衣《きぬ》、山吹《やまぶき》　など　の　萎《な》え　たる
副助　断・用　係助　ラ変・未　推・体　格助　ヤ下二・用　接助　ク・体　副助　格助　ヤ下二・用　存・体
着《き》　て　走《はし》り来《き》　たる　女子《をんなご》、あまた　見《み》え　つる　子ども　に　似る　べう
カ上一・用　接助　カ変・用　完・体　副　ヤ下二・用　完・体　格助　ナ上一・終　当・用・ウ
も　あら　ず、いみじく　生《お》ひ先《さき》　見《み》え　て　うつくしげなる　容貌《かたち》　なり。⑧髪《かみ》　は、
係助　ラ変・未　打・用　シク・用　ヤ下二・用　接助　ナリ・体　断・終　係助
扇《あふぎ》　を　広《ひろ》げ　たる　やうに　ゆらゆらと　し　て、顔《かほ》　は、いと　赤《あか》く　すりなし　て
格助　ガ下二・用　完・体　比・用　副　サ変・用　接助　係助　副　ク・用　サ四・用　接助
立《た》て　り。⑨「何事《なにごと》　ぞ　や。童《わらは》べ　と　腹立《はらだ》ち　給《たま》へ　る　か。」と　て
タ四・已　存・終　係助　係助　格助　タ四・用　ハ四・已・尊・補　完・体　係助　格助　接助
尼君《あまぎみ》　の　見上《みあ》げ　たる　に、少《すこ》し　おぼえ　たる　ところ　あれ　ば、子《こ》　な　めり
格助　ガ下二・用　存・体　格助　副　ヤ下二・用　存・体　ラ変・已　接助　断・体・撥　推定・終
と　見《み》　給《たま》ふ。⑩「雀《すずめ》　の　子《こ》　を　犬君《いぬき》　が　逃《に》がし　つる。伏籠《ふせご》　の　内《うち》
格助　マ上一・用　ハ四・終・尊・補　格助　格助　格助　サ四・用　完・体　格助
に　こめ　たり　つる　ものを。」と　て、いと　口惜《くちを》し　と　思《おも》へ　り。⑪この
格助　マ下二・用　存・用　完・体　接助　格助　接助　副　シク・終　格助　ハ四・已　存・終　格助
ゐ　たる　大人《おとな》、「例《れい》　の、心《こころ》なし　の　かかる　わざ　を　し　て　さいなま　るる
ワ上一・用　存・体　格助　格助　連体　格助　サ変・用　接助　マ四・未　受・体
こそ、いと　心《こころ》づきなけれ。⑫いづ方《かた》　へ　か　まかり　ぬる。いと　をかしう　やうやう
係助　副　ク・已　格助　係助　ラ四・用・謙　完・体　副　シク・用・ウ　副

現代風であるものだなと（源氏は）しみじみと感じ入ってご覧になる。

⑥こぎれいな年配の女房が二人ほどと、そのほかに子供たちが出たり入ったりして遊ぶ。⑦中に、十歳くらいであろうかと見えて、白い下着に、山吹（襲《がさね》）などの着慣れたものを着て走って来た女の子は、たくさん目に入った子供たちと同じようであるはずもなく、たいへん将来（の美貌）が（目に）見えてかわいらしい器量である。⑧髪は、扇を広げたように（裾が）ゆらゆらとして、顔はことさら手でこすってたいそう赤くして立っている。⑨「何事か。子供たちといさかいをなさったのか。」と言って尼君が見上げている顔に、少し似ているところがあるので、（尼君の）子であろうと（源氏は）ご覧になる。⑩「雀の子を犬君が逃がしてしまったの。伏籠の中に閉じ込めておいたのに。」と言って、たいへん残念に思っている。⑪ここに座っている女房が、「いつものように、

なりつるものを。烏《からす》なども こそ見つくれ。」とて立《た》ちて行《ゆ》く。⑬髪《かみ》
ラ四・用　完・体　接助　副助　係助　係助　カ下二・已　格助　接助　タ四・用　接助　カ四・終

ゆるるかにいと長《なが》く、めやすき人《ひと》なめり。⑭少納言《せうなごん》の乳母《めのと》とぞ人《ひと》言《い》ふ
ナリ・用　副　ク・用　ク・体　断・体・撥　推定・終　格助　係助　ハ四・終

めるは、この子《こ》の後見《うしろみ》なるべし。
推定・体　係助　格助　格助　断・体　推・終

⑮尼君《あまぎみ》、「いで、あな幼《をさな》や。言《い》ふかひなうものし給《たま》ふかな。⑯おの
感動　感動　ク・語幹　間助　ク・用・ウ　サ変・用　ハ四・体・尊・補　終助

がかく今日明日《けふあす》におぼゆる命《いのち》をば何《なに》とも思《おぼ》したらで、雀《すずめ》慕《した》ひ
格助　副　格助　ヤ下二・体　格助　係助　格助　係助　サ四・用・尊　存・未　接助　ハ四・用

給《たま》ふほどよ。⑰罪《つみ》得《う》ることぞと常《つね》に聞《き》こゆるを、心憂《こころう》く。」と
ハ四・体・尊・補　間助　ア下二・体　係助　格助　副　ヤ下二・体・謙　接助　ク・用　格助

て、「こちや。」と言《い》へば、ついゐたり。⑱つらつきいとらうたげにて、眉《まゆ》
接助　間助　格助　ハ四・已　接助　ワ上一・用　完・終　副　ナリ・用　接助

のわたりうちけぶり、いはけなくかいやりたる額《ひたひ》つき、髪《かん》ざし、いみじう
格助　ラ四・用　ク・用　ラ四・用　存・体　シク・用・ウ

うつくし。⑲ねびゆかむさまゆかしき人《ひと》かなと目《め》とまり給《たま》ふ。
シク・終　カ四・未　婉・体　シク・体　終助　格助　ラ四・用　ハ四・終・尊・補

⑳さるは、限《かぎ》りなう心《こころ》を尽《つ》くし聞《き》こゆる人《ひと》にいとよう似《に》
接続　ク・用・ウ　格助　サ四・用　ヤ下二・体・謙・補　格助　副　ク・用・ウ　ナ上一・用

奉《たてまつ》れるが、まもらるるなりけりと思《おも》ふにも涙《なみだ》ぞ落《お》つる。
ラ四・已・謙・補　存・体　格助　ラ四・未　自・体　断・用　詠・終　格助　ハ四・体　格助　係助　係助　タ上二・体

不注意者がこうした（不始末な）ことをして叱られるのは、本当に困りますね。⑫どこへ（雀は）去り申してしまいましたか。たいへんかわいらしくだんだんなっていたのに。烏などが（雀を）見つけたら大変です。」と言って立って行く。⑬髪はゆったりとても長く、感じがよい人であるようだ。⑭少納言の乳母と人が言うらしい（この）人は、この（女の）子の日常的な世話役であろう。⑮尼君は、「本当に、なんてまあ子供っぽいこと。たわいなくていなさることよ。⑯私がこのように今日明日にもと思われる命を何ともお思いにならないで、雀の後を追いなさるありさまとは。⑰（生き物を捕らえるのは）罪を得ることだといつも申し上げているのに、嘆かわしい。」と言って、「ここへ。」と言うと、（女の子はそこに）膝をつき座った。⑱顔つきはたいへんかわいらしいさまで、眉の辺りは（生えたままで）ほんのりと美しく、あどけなくかき

㉑尼君《あまぎみ》、髪《かみ》を かきなで つつ、「けづる ことを うるさがり 給《たま》へ ど、
格助　ダ下二・用　接助　ラ四・体　格助　ラ四・用　ハ四・已・尊・補　接助

をかし の 御髪《みぐし》や。㉒いと はかなう ものし 給《たま》ふ こそ、あはれに
シク・終　格助　間助　副　ク・用・ウ　サ変・用　ハ四・体・尊・補　係助　ナリ・用

うしろめたけれ。㉓かばかり に なれ ば、いと かから ぬ 人《ひと》も ある ものを。
ク・已　副　格助　ラ四・已　接助　副　ラ変・未　打・体　係助　ラ変・体　接助

㉔故姫君《こひめぎみ》は、十《とを》 ばかり にて 殿《との》に おくれ 給《たま》ひ し ほど、いみじう
係助　副助　格助　格助　ラ下二・用　ハ四・用・尊・補　過・体　シク・用・ウ

もの は 思《おも》ひ知《し》り 給《たま》へ り し ぞ かし。㉕ただ今《いま》 おのれ 見捨《みす》て
係助　ラ四・用　ハ四・已・尊・補　存・用　過・体　係助　終助　副　タ下二・用

奉《たてまつ》ら ば、いかで 世《よ》に おはせ む と す らむ。」と て いみじく
ラ四・未・謙・補　接助　副　格助　サ変・未・尊　意・終　格助　サ変・終　現推・体　格助　接助　シク・用

泣《な》く を 見《み》 給《たま》ふ も、すずろに かなし。㉖幼心地《をさなごこち》に も、さすがに
カ四・体　格助　マ上一・用　ハ四・体・尊・補　係助　ナリ・用　シク・終　格助　係助　副

うちまもり て、伏《ふ》し目《め》に なり て うつぶし たる に、こぼれかかり たる 髪《かみ》、
ラ四・用　接助　格助　ラ四・用　接助　サ四・用　存・体　格助　ラ四・用　存・体

つやつやと めでたう 見《み》ゆ。
副　ク・用・ウ　ヤ下二・終

㉗生《お》ひ立《た》た む ありか も 知《し》ら ぬ 若草《わかくさ》を おくらす 露《つゆ》ぞ 消《き》え
タ四・未　婉・体　係助　ラ四・未　打・体　格助　サ四・体　係助　ヤ下二・未

む そら なき
婉・体　ク・体

あげた額の様子や、髪の生え具合が、たいへんかわいらしい。⑲成長していくさまを見たい人だなと（源氏は）目が注がれなさる。⑳そうであるのは、この上もなく心をお寄せ申し上げる人（藤壺《ふじつぼ》の宮）にたいへんよく似申しているのが、見つめてしまう（わけな）のだなあと思うにつけても涙が落ちる。

㉑尼君は、（女の子の）髪をなでながら、「とかすことをいやがりなさるが、美しいお髪《ぐし》ね。㉒たいへんたわいなくていらっしゃるのが、いたわしく心配なのです。㉓これぐらいになれば、本当にこのようではない人もいるのに。㉔亡くなった姫君（尼君の娘で女の子の母）は、十歳ぐらいで殿（尼君の夫の按察使《あぜち》の大納言）に先立たれなさったとき、たいへんよく物事はわきまえ知っていらっしゃったのよ。㉕今私が（先立ってあなたを）お見捨て申し上げたら、どうやって生活していかれようとするのでしょうか。」と言ってたいそ

㉘また ゐ たる 大人《おとな》、「げに。」と うち泣《な》き て、
副 ワ上一・用 存・体 副 格助 カ四・用 接助

㉙初草《はつくさ》の 生《お》ひゆく 末《すゑ》も 知《し》ら ぬ 間《ま》に いかで か 露《つゆ》の 消《き》え
格助 カ四・体 係助 ラ四・未 打・体 格助 副 係助 格助 ヤ下二・未

む と す らむ
意・終 格助 サ変・終 現推・体

㉚と 聞《き》こゆる ほど に、僧都《そうづ》 あなた より 来《き》 て、㉛「こなた は あらはに
格助 ヤ下二・体・謙 格助 格助 カ変・用 接助 係助 ナリ・用

や 侍《はべ》ら む。今日《けふ》 し も 端《はし》に おはしまし ける かな。㉜この 上《かみ》の
係助 ラ変・未・丁・補 推・体 副助 係助 格助 サ四・用・尊 詠・体 終助 格助 格助

聖《ひじり》の 方《かた》に、源氏《げんじ》の中将《ちゆうじやう》の、わらは病《や》み まじなひ に ものし 給《たま》ひ ける
格助 格助 格助 ハ四・用 格助 サ変・用 ハ四・用・尊・補 過・体

を、ただ今《いま》 なむ 聞《き》きつけ 侍《はべ》る。㉝いみじう 忍《しの》び 給《たま》ひ けれ ば
格助 副 係助 カ下二・用 ラ変・体・丁・補 シク・用・ウ バ上二・用 ハ四・用・尊・補 過・已 接助

知《し》り 侍《はべ》ら で、ここ に 侍《はべ》り ながら、御《おほん》とぶらひ に も まうで
ラ四・用 ラ変・未・丁・補 接助 格助 ラ変・用・丁 接助 格助 係助 ダ下二・未・謙

ざり ける。」と のたまへ ば、㉞「あな いみじ や。いと あやしき さま を 人《ひと》 や
打・用 詠・体 格助 ハ四・已・尊 接助 感動 シク・終 間助 副 シク・体 格助 係助

見《み》 つ らむ。」と て 簾《すだれ》 下《お》ろし つ。㉟「この 世《よ》に ののしり 給《たま》ふ
マ上一・用 強・終 現推・体 格助 接助 サ四・用 完・終 格助 格助 ラ四・用 ハ四・体・尊・補

光源氏《ひかるげんじ》、かかる ついで に 見《み》 奉《たてまつ》り 給《たま》は む や。㊱世《よ》を
連体 格助 マ上一・用 ラ四・用・謙・補 ハ四・未・尊・補 勧・終 係助 格助

う泣くのを（源氏が）見なさるにつけても、無性に悲しい。㉖（女の子は）子供心にも、やはり（悲しく、尼君を）じっと見つめて、伏し目になってうつむいたところに、垂れかかっている髪が、つやつやと美しく見える。（尼君は）

㉗大きくなっていく場所もわからない若草（のような女の子）を置き去りにして露（の命の私）が消えよう空もないことよ。

㉘また（その場に）座っている女房は、「本当に。」と泣いて、

㉙初草（のような女の子）が生い立つ将来もわからないうちにどうして露（尼君）が消えようとするのだろうか。

㉚と申し上げるうちに、僧都があちらから来て、㉛「ここは丸見えでしょう。今日に限って端にいらっしゃったのだなあ。㉜この上の上人のところに、源氏の中将が、わらわ病みのまじないにいらっしゃったのを、今聞きつけました。㉝たいそうお忍

捨《す》て たる 法師《ほふし》 の 心地《ここち》 に も、いみじう 世《よ》 の 愁《うれ》へ 忘《わす》れ、齢《よはひ》 延《の》ぶる 人《ひと》
タ下二・用 完・体 格助 格助 係助 シク・用・ウ 格助 ラ下二・用 バ上二・体

の 御《おほん》ありさま なり。㊲いで 御消息《おほんせうそこ》 聞《き》こえ む。」と て 立《た》つ 音《おと》 すれ ば、
格助 断・終 感動 ヤ下二・未・謙 意・終 格助 接助 タ四・体 サ変・已 接助

帰《かへ》り 給《たま》ひ ぬ。
ラ四・用 ハ四・用・尊・補 完・終

（若紫）

びでいらっしゃったので知りませんで、ここにおりますのに、お見舞いにも参らなかった。」とおっしゃるので、㉞「ああ大変よ。たいそう見苦しいさまを人が見ているだろうか。」と言って簾を下ろした。㉟「世間で評判の高くていらっしゃる光源氏を、このような折に拝見なさってはいかがですか。㊱世を捨てた法師の心にも、すっかり世の悩みも忘れ、寿命が延びる（ほどの）君のお姿だ。㊲どれ（訪問の）取り次ぎを頼み申し上げよう。」と言って立ち上がる音がするので、（源氏は）お帰りなさった。

重要語句

高 93
古 75

行ふ ①勤行をする。②（行事を）執り行う。ここは①。

なやましげなり（なやまし） 大儀そうである。

あてなり ①高貴である。②上品である。ここでは、②の意味。

なかなか ①なまじっか。②かえって。ここでは、②の意味。

94
76

93
75

今めかし ①現代風である。②わざとらしい。ここは①。

心づきなし ①心がひかれない。②気にくわない。ここでは、②の意味。

まかる ①「出《い》づ」「去る」の謙譲語。退出する。②（都から地方に）おもむく。③死ぬ。④「行く」の丁寧語。行きます。ここでは、①の意味。

やうやう ①だんだん。②かろうじて。ここでは、①の意味。

めやすし 感じがよい。

94 / 76

言ふかひなし ①どうにもならない。②たわいない。ここでは、②の意味。

ものす ①いる。②行く。来る。③生まれる。ここは①。

いはけなし あどけない。

ねぶ ①成長する。年を重ねる。②ませる。ここは①。

95 / 77

まもる ①見つめる。②見定める。③大切にする。ここでは、①の意味。

うしろめたし ①心配である。不安である。②やましい。ここでは、①の意味。

96 / 78

おくる ①遅れる。②あとに残る。③先立たれる。ここでは、③の意味。

すずろなり ①なんとなく…だ。②思いがけない。③何の関係もない。④むやみやたらである。ここでは、④の意味。

まうづ ①参る。②参詣する。ここでは、①の意味。

97 / 79

消息 ①手紙。②取り次ぎを頼むこと。ここでは、②の意味。

発問　脚注問題　高　古

1 高 93ページ 古 75ページ
「あはれに見給ふ」の主語は誰か。
光源氏。

2 高 94ページ 古 76ページ
「かかるわざ」とは、具体的にどういうことを指すか。
伏籠に閉じ込めていた雀を、犬君が逃がしてしまったこと。

3 **「ねびゆかむさまゆかしき人かな」とあるが、誰が誰のことをこのように思ったのか。**
光源氏が、女の子のことを。

4 高 96ページ 古 78ページ
「すずろにかなし」と思っているのは誰か。
光源氏。

教材末の問題　高 97ページ 古 79ページ

学習

1 **「生ひ立たむ……」と「初草の……」の歌について、「若草」「露」「初草」が何をたとえているか、説明してみよう。また、それぞれの歌は何を訴えようとしているか、説明してみよう。**

○何をたとえているか
・「若草」「初草」…女の子。
・「露」…尼君。

○何を訴えようとしているか
・「生ひ立たむ……」…将来の不安な女の子を残して死ねないという（尼君の）思い。
・「初草の……」…尼君が長生きして、女の子の将来を見届けてほしいということ。

2 **光源氏は「女子」のどこに興味をひかれているのか、説明し**

てみよう。

　成長していく様子を見たいと思うほどかわいらしい顔つきをしていて、それが、光源氏が慕う藤壺に似ているところ。また、幼いときに母を亡くしているという境遇が光源氏と同じであるところ。

ことばと表現

1　傍線部について、敬語の種類と誰から誰への敬意を表しているかを説明してみよう。また、各文を現代語訳してみよう。

(1)　惟光の朝臣とのぞき給へば、（高九二・7）（古七四・7）
・敬語の種類…尊敬の補助動詞。
・敬意…作者から光源氏へ。
・現代語訳…惟光の朝臣とのぞきなさると、

(2)　花奉るめり。（高九三・2）（古七五・2）
・敬語の種類…謙譲の本動詞。
・敬意…作者から仏へ。
・現代語訳…花をお供え申し上げているようだ。

(3)　童べと腹立ち給へるか。（高九四・2）（古七六・2）
・敬語の種類…尊敬の補助動詞。
・敬意…尼君から女の子へ。
・現代語訳…子供たちといさかいをなさったのか。

(4)　罪得ることぞと常に聞こゆるを、心憂く。（高九四・11）（古七六・11）
・敬語の種類…謙譲の本動詞。
・敬意…尼君から女の子へ。
・現代語訳…（生き物を捕らえるのは）罪を得ることだといつも申し上げているのに、嘆かわしい。

(5)　限りなう心を尽くし聞こゆる人に（高九四・15）（古七六・15）
・敬語の種類…謙譲の補助動詞。
・敬意…光源氏から藤壺へ。
・現代語訳…この上もなく心をお寄せ申し上げる人（藤壺の宮）に

(6)　「いみじう忍び給ひければ知り侍らで、ここに侍りながら、御とぶらひにもまうでざりける。」とのたまへば、（高九六・11）（古七八・11）
「給ひ」　・敬語の種類…尊敬の補助動詞。
　・敬意…僧都から光源氏へ。
「侍ら」　・敬語の種類…丁寧の補助動詞。
　・敬意…僧都から尼君へ。
「侍り」　・敬語の種類…丁寧の本動詞。
　・敬意…僧都から尼君へ。
「まうで」　・敬語の種類…謙譲の本動詞。
　・敬意…僧都から光源氏へ。
「のたまへ」　・敬語の種類…尊敬の本動詞。
　・敬意…作者から僧都へ。
・現代語訳…「たいそうお忍びでいらっしゃったので知りませんで、ここにおりますのに、お見舞いにも参らなかった。」とおっしゃるので、

随筆㈡

方《はう》丈《ぢやう》記《き》

高 「高等学校 古典探究」 102〜109ページ
古 「古典探究 古文編」 84〜91ページ

作品紹介

方丈記 ほうじょうき 作者は鴨長明《かものちょうめい》。鎌倉時代前期、一二一二年に成立した随筆。文体は和漢混淆《こんこう》文。前半は自分の経験した厄災を、後半は日野山における草庵《そうあん》生活を記す。作品の根本には仏教的無常観がある。

鴨長明 かものちょうめい 一一五五?〜一二一六。京都の下鴨《しもがも》神社の神官の家に生まれる。五十歳頃に出家して、日野山に隠棲《いんせい》し、『方丈記』を著した。歌人としても著名で、歌論『無名抄《むみょうしょう》』、家集『鴨長明集』、また仏教説話集『発心集《ほっしんしゅう》』などの作品がある。

—ゆく河の流れ—

品詞分解・現代語訳

①ゆく	河《かは》	の	流《なが》れ	は	絶《た》え	ず	して、	しかも	もと	の	水《みづ》	に
カ四・体		格助		係助	ヤ下二・未	打・用	接助	接続		格助		断・用

あら	ず。	②よどみ	に	浮《う》かぶ	うたかた	は、	かつ	消《き》え、	かつ	結《むす》び	て、
ラ変・未	打・終		格助	バ四・体		係助	副	ヤ下二・用	副	バ四・用	接助

久《ひさ》しく	とどまり	たる	ためし	なし。	③世《よ》の中《なか》	に	ある	人《ひと》	と	栖《すみか》	と、
シク・用	ラ四・用	存・体		ク・終		格助	ラ変・体		格助		格助

また	かく	の	ごとし。
副	副	格助	比・終

①流れゆく川の流れは絶えないで、それでいて（その水は）もとの水ではない。②（流れの）よどんだ所に浮かぶ（水の）泡は、一方では消え、他方ではできて、長く（その泡が）そのままになっている例はない。③この世に存在する人と住居とは、またこの（川の流れや水の泡の）ようである。

④たましき　の　都《みやこ》　の　うち　に　棟《むね》　を　並《なら》べ、甍《いらか》　を　争《あらそ》へ　る、高《たか》き
格助　格助　格助　格助　バ下二・用　格助　ハ四・已　存・体　ク・体
いやしき　人《ひと》　の　住《す》まひ　は、世々《よよ》　を　経《へ》　て　尽《つ》きせ　ぬ　もの　なれ
シク・体　格助　係助　格助　ハ下二・用　接助　サ変・未　打・体　断・已
ど、これ　を　まこと　か　と　尋《たづ》ぬれ　ば、昔《むかし》　あり　し　家《いへ》　は　まれなり。
接助　格助　係助　格助　ナ下二・已　接助　ラ変・用　過・体　係助　ナリ・終
⑤あるいは　去年《こぞ》　焼《や》け　て　今年《ことし》　作《つく》れ　り。⑥あるいは　大家《おほいへ》　ほろび　て
連語　カ下二・用　接助　ラ四・已　完・終　連語　バ上二・用　接助
小家《こいへ》　と　なる。⑦住《す》む　人《ひと》　も　これ　に　同《おな》じ。⑧所《ところ》　も　変《か》はら　ず　人《ひと》
格助　ラ四・終　マ四・体　係助　格助　シク・終　係助　ラ四・未　打・用
も　多《おほ》かれ　ど、いにしへ　見《み》　し　人《ひと》　は、二三十人《にさんじふにん》　が　うち　に、
係助　ク・已　接助　マ上一・用　過・体　係助　格助　格助
わづかに　一人《ひとり》　二人《ふたり》　なり。⑨朝《あした》　に　死《し》に、夕《ゆふ》べ　に　生《う》まるる　ならひ、ただ
ナリ・用　断・終　格助　ナ変・用　格助　ラ下二・体　副
水《みづ》　の　泡《あは》　に　ぞ　似《に》　たり　ける。⑩知《し》ら　ず、生《う》まれ　死《し》ぬる　人《ひと》、
格助　格助　係助　ナ上一・用　存・用　詠・体　ラ四・未　打・終　ラ下二・用　ナ変・体
いづ方《かた》　より　来《きた》り　て、いづ方《かた》　へ　か　去《さ》る。⑪また　知《し》ら　ず、仮《かり》　の
格助　ラ四・用　接助　格助　係助　ラ四・体　接続　ラ四・未　打・終　格助
宿《やど》り、誰《た》　が　ため　に　か　心《こころ》　を　悩《なや》まし、何《なに》　に　より　て　か　目《め》　を
格助　格助　係助　格助　サ四・用　格助　ラ四・用　接助　係助　格助
喜《よろこ》ば　しむる。⑫その　主《あるじ》　と　栖《すみか》　と　無常《むじやう》　を　争《あらそ》ふ　さま、いはば
バ四・未　使・体　格助　格助　格助　格助　ハ四・体　ハ四・未　接助

---

④玉を敷いたように美しい都の中に棟を並べ、瓦葺《ぶ》きの屋根を競い合って（建って）いる、身分の高い（また）低い人の住居は、何世代も続いてなくなることがない（ように見える）ものであるが、これを本当かと調べると、昔あった家はほとんどない。⑤あるものは去年焼失して今年（新しく）建てた。⑥あるものは大きな家が没落し小さな家になっている。⑦（そこに）住む人もこれ（家のありさま）と同じである。⑧場所も（昔と）変わらず人も多いが、昔会った人は、二、三十人の中に、わずかに一人か二人である。⑨朝に（人が）死に、夕方に子が生まれる（というようなこの世の）さだめは、まるで水の泡（のありさま）に似ていることよ。⑩（私には）わからない、（この世に）生まれ（そして）死ぬ人は、どこから来て、どこへ去るのか。⑪また（私には）わからない、仮の住まい（であるこの世の住居）を、誰のために心を悩ませ（て作り）、

朝顔《あさがほ》の露《つゆ》に異《こと》ならず。⑬あるいは露《つゆ》落《お》ちて花《はな》残《のこ》れり。
格助　格助　ナリ・未　打・終　連語　タ上二・用　接助　ラ四・已　存・終

⑭残《のこ》るといへども朝日《あさひ》に枯《か》れぬ。⑮あるいは花《はな》しぼみて
ラ四・終　格助　ハ四・已　接助　格助　ラ下二・用　完・終　連語　マ四・用　接助

露《つゆ》なほ消《き》えず。⑯消《き》えずといへども夕《ゆふ》べを待《ま》つこと
副　ヤ下二・未　打・終　ヤ下二・未　打・終　格助　ハ四・已　接助　格助　タ四・体

なし。
ク・終

どのような理由で目を喜ばせる（ために飾り立てる）のか。⑫その（家の）主人と住居とが無常を争う（ように変化し消えていく）様子は、言うならば朝顔（の花）と（その上に置く）露と変わらない。⑬あるものは露が（先に）落ちて花が残っている。⑭残っているといっても朝日に（照らされて）枯れてしまう。⑮あるものは花が（先に）しぼんで露がまだ消えない。⑯消えないといっても（その露は）夕方まで残っていることはない。

重要語句

高 102　古 84

うたかた　水面に浮く泡。

かつ　二つの動作や二つのことが同時に並行して行われることを表す。一方では…し、他方では…する。

結ぶ　（露や霜、泡などが）できる。形になる。まとまる。

いやし　身分が低い。

あるいは　あるものは。あるときは。

ならひ　①習慣。②さだめ。世の常。③由緒。ここは、②。

高 103　古 85

無常　すべてのものは生滅変化し、いつまでもそのままの状態ではないということ。仏教語。対義語は「常住」。

発問　脚注問題　高　古

1　高 103ページ　古 85ページ

「朝顔の露に異ならず」とあるが、どのように「異ならず」なのか。

ともに先を争うように姿が消えていく、はかないものとして、「朝顔」と「露」の関係と同じであるということ。

〈ポイント〉「朝顔（の花）」は「栖」に、「露」は「（栖の）主」に対応している。

教材末の問題　高103ページ　古85ページ

学習

1 「世の中にある人と栖と、またかくのごとし」（高一〇二・2）（古八四・2）とあるが、「人と栖」が何とどのように同じなのか、説明してみよう。

「人と栖」は、「ゆく河の流れ」や「うたかた」と、一見変わらないように見えるのに実は無常である、という点で同じである。

〈ポイント〉「ゆく河の流れ」は、一瞬前に見たときのままの水ではなく、そこに浮かぶ「うたかた」も生滅を繰り返している。同じように、「栖」やそこに住む「人」も常に変化している、ということである。

2 「無常」に対する作者の考えについて、説明してみよう。

作者は、「ゆく河」などの自然現象を常に変化する無常なものであると考え、競うように消えていく「人と栖」などの人事も、自然のありさまに重ね、無常なものであると考えている。

ことばと表現

1 本文中に用いられている修辞法を確認してみよう。

○対句

「ゆく河の流れは絶えずして、しかももとの水にあらず。」（高一〇二・1）（古八四・1）

「よどみに浮かぶうたかたは、かつ消え、かつ結びて、久しくとどまりたるためしなし。」（高一〇二・1）（古八四・1）

「人と　栖と、」（高一〇二・3）（古八四・3）

「棟を並べ、甍を争へる、」（高一〇二・4）（古八四・4）

「高き　いやしき」（高一〇二・4）（古八四・4）

「あるいは去年焼けて　今年作れり。」（高一〇二・6）（古八四・6）

「あるいは大家ほろびて　小家となる。」（高一〇二・6）（古八四・6）

「所も変はらず　人も多かれど、」（高一〇二・7）（古八四・7）

「朝に死に、夕べに生まるる」
（高一〇二・8）（古八四・8）

「知らず、生まれ　死ぬる人、いづ方より来りて、いづ方へか去る。」（高一〇二・9）（古八四・9）

「また知らず、仮の宿り、誰がためにか心を悩まし、何によりてか目を喜ばしむる。」（高一〇三・1）（古八五・1）

「主と　栖と」（高一〇三・2）（古八五・2）

「あるいは露落ちて　花残れり。残るといへども朝日に枯れぬ。」（高一〇三・3）（古八五・3）

「あるいは花しぼみて　露なほ消えず。消えずといへども夕べを待つことなし。」（高一〇三・4）（古八五・4）

○枕詞《まくらことば》的修飾

・「たましきの」→「都」（高一〇二・4）（古八四・4）

○漢文的倒置

・「知らず、生まれ死ぬる人、……いづ方へか去る。」
（高一〇二・9）（古八四・9）

・「また知らず、仮の宿り、……喜ばしむる。」
（高一〇三・1）（古八五・1）

○比喩（擬人法を含む）

・「ゆく河の流れ」と「うたかた」―「人と栖」
（高一〇二・1／2／3）（古八四・1／2／3）

・「朝に死に、夕べに生まるるならひ」―「水の泡」
（高一〇二・8／9）（古八四・8／9）

・「主と栖」―「露」と「朝顔（の花）」
（高一〇三・2／3）（古八五・2／3）

○漸層的表現（関連する語を重ねて文の調子を強め盛り上げる）

・「ゆく河の流れは絶えずして、……あらず。よどみに浮かぶうたかたは…ためしなし。世の中に……またかくのごとし。」
（高一〇二・1）（古八四・1）

・「あるいは去年焼けて今年作れり。あるいは大家ほろびて小家となる。住む人もこれに同じ。」
（高一〇二・6）（古八四・6）

・「知らず、……いづ方へか去る。また知らず、……喜ばしむる。その主と栖と無常を争ふさま、いはば朝顔の露に異ならず。」（高一〇二・9）（古八四・9）

――養和《やうわ》の飢饉《ききん》――

品詞分解・現代語訳

①前《まへ》の 年《とし》、かく の ごとく からうして 暮《く》れ ぬ。②あくる 年《とし》は
格助 副 格助 比・用 副 ラ下二・用 完・終 カ下二・体 係助

立《た》ち直《なほ》る べき か と 思《おも》ふ ほど に、あまりさへ 疫癘《えきれい》うち添《そ》ひ て、まさざまに
ラ四・終 推・体 係助 格助 ハ四・体 格助 副 ハ四・用 接助 ナリ・用

あとかたなし。③世《よ》の 人《ひと》みな けいし ぬれ ば、日《ひ》を 経《へ》 つつ 窮《きは》まりゆく
ク・終 格助 副 サ変・用 完・已 接助 格助 ハ下二・用 接助 カ四・体

さま、少水《せうすい》の 魚《いを》の たとへ に かなへ り。④果《は》て に は、笠《かさ》うち着《き》、足《あし》
格助 格助 格助 ハ四・已 存・終 格助 係助 カ上一・用

引《ひ》き包《つつ》み、よろしき 姿《すがた》し たる 者《もの》、ひたすらに 家《いへ》ごと に 乞《こ》ひありく。⑤かく
マ四・用 シク・体 サ変・用 存・体 ナリ・用 格助 カ四・終 副

わびしれ たる 者《もの》ども の、ありく か と 見《み》れ ば、すなはち 倒《たふ》れ伏《ふ》し ぬ。
ラ下二・用 完・体 格助 カ四・体 係助 格助 マ上一・已 接助 副 サ四・用 完・終

⑥築地《ついぢ》の つら、道《みち》の ほとり に 飢《う》ゑ 死《し》ぬる 者《もの》の たぐひ、数《かず》も 知《し》ら
格助 格助 格助 ワ下二・用 ナ変・体 格助 係助 ラ四・未

ず。⑦取《と》り捨《す》つる わざ も 知《し》ら ね ば、くさき 香《か》、世界《せかい》に 満《み》ち満《み》ち て、
打・終 タ下二・体 係助 ラ四・未 打・已 接助 ク・体 格助 タ四・用 接助

変《か》はりゆく かたち、ありさま、目《め》も 当《あ》て られ ぬ こと 多《おほ》かり。
カ四・体 係助 タ下二・未 可・未 打・体 ク・終

①前の年（養和元年）は、このようにやっとのことで終わった。②次の年はよくなるだろうかと思ううちに、それ（飢饉）ばかりではなく伝染病が加わって、いっそうひどく（よくなる）形跡はない。③世間の人はみんな家の中に閉じこもってしまったので、日が経つにつれて行き詰まっていく様子は、「少水の魚」の例にあてはまっている。④しまいには、笠をかぶり、（脚絆《きゃはん》で）足を覆い、（それほど）悪くはない身なりをしている者が、ただもう一軒一軒（食料を）求めて歩き回る。⑤このように困って気が抜けた者たちが、歩き回るかと見ると、たちまち倒れ伏してしまう。⑥土塀のわきや、道端で飢え死にする者のたぐいは、（その）数もわからない。⑦（その死骸を）取り

⑧いはんや、河原《かはら》などには、馬《うま》、車《くるま》の行《ゆ》き交《か》ふ道《みち》だになし。⑨あやしき賤《しづ》、山《やま》がつも力《ちから》尽《つ》きて、薪《たきぎ》さへ乏《とも》しくなりゆけば、頼《たの》むかたなき人《ひと》は、自《みづか》らが家《いへ》をこぼちて、市《いち》に出《い》でて売《う》る。⑩一人《いちにん》が持《も》ちて出《い》でたる価《あたひ》、一日《ひとひ》が命《いのち》にだに及《およ》ばずとぞ。⑪あやしきことは、薪《たきぎ》の中《なか》に、赤《あか》き丹《に》付《つ》き、箔《はく》など所々《ところどころ》に見《み》ゆる木《き》、あひまじはりけるを、尋《たづ》ぬれば、すべきかたなき者《もの》、古寺《ふるでら》に至《いた》りて仏《ほとけ》を盗《ぬす》み、堂《だう》の物《もの》の具《ぐ》を破《やぶ》り取《と》りて、割《わ》り砕《くだ》けるなりけり。⑫濁悪世《ぢよくあくせ》にしも生《む》まれ合《あ》ひて、かかる心憂《こころう》きわざをなん見《み》侍《はべ》りし。

⑬いとあはれなることも侍《はべ》りき。⑭去《さ》りがたき妻《め》、夫《をとこ》持《も》ちたる者《もの》は、その思《おも》ひまさりて深《ふか》き者《もの》、必《かなら》ず先立《さきだ》ちて死《し》ぬ。⑮その故《ゆゑ》は、わが身《み》は次《つぎ》にして人《ひと》をいたはしく思《おも》ふあひだに、まれまれ

片付ける方法もわからないので、(死体の)くさい臭いが、あたり中に充満して、(死体が腐って)変わっていく顔立ちや、様子は、目も向けられないことが多い。⑧まして、(鴨川《かもがわ》の)河原などには、(死体でいっぱいで)馬、車が行き来する道さえない。⑨身分の低い者、木こりも力尽きて、(彼らが持ってくるはずの)薪までも少なくなっていくので、頼るものがない人は、自分の家を壊して、(薪にしたものを)市に出て売る。⑩一人が持ち出す(薪の)値段は、一日の命(を支える分)にさえ達しないということだ。⑪不思議なことには、薪の中に、赤い丹が付き、箔などが所々に見える木が、交じっているので、(なぜかと)尋ねてみると、どうしようもない者が、古寺に行き着いて仏を盗み、堂の(中の)仏具を壊し取って、割って砕いたのであるということだ。⑫五濁《ごじょく》と十《じゅう》悪《あく》が満ちている世に生まれ合わせて、このような嫌なことを見たのでした。⑬たいへんかわいそうなこともあ

得《え》たる食《く》ひ物《もの》をも彼《かれ》に譲《ゆづ》るによりてなり。⑯されば、親子《おやこ》
ア下二・用　完・体　格助　係助　格助　ラ四・体　格助　ラ四・用　接助　断・終　接続
ある者《もの》は、定《さだ》まれることにて、親《おや》ぞ先立《さきだ》ちける。⑰また、母《はは》の命《いのち》
ラ変・体　係助　ラ四・已　存・体　断・用　接助　係助　タ四・用　過・体　接続　格助
尽《つ》きたるを知《し》らずして、いとけなき子《こ》の、なほ乳《ち》を吸《す》ひつつ
カ上二・用　完・体　格助　ラ四・未　打・用　接助　ク・体　格助　副　格助　ハ四・用　接助
伏《ふ》せるなどもありけり。⑱仁和寺《にんなじ》に隆暁法印《りゆうげうほふいん》といふ人《ひと》、かく
サ四・已　存・体　副助　係助　ラ変・用　過・終　格助　格助　ハ四・体　副
しつつ数《かず》も知《し》らず死《し》ぬることを悲《かな》しみて、その首《かうべ》の見《み》ゆる
サ変・用　接助　係助　ラ四・未　打・用　ナ変・体　格助　マ四・用　接助　格助　ヤ下二・体
ごとに、額《ひたひ》に阿字《あじ》を書《か》きて、縁《えん》を結《むす》ばしむるわざをなんせ
格助　格助　格助　カ四・用　接助　格助　バ四・未　使・体　格助　係助　サ変・未
られける。⑲人数《ひとかず》を知《し》らんとて、四《し》、五《ご》両月《りやうげつ》を数《かぞ》へたりけれ
尊・用　過・体　格助　ラ四・未　意・終　格助　接助　格助　ハ下二・用　完・用　過・已
ば、京《きやう》のうち、一条《いちでう》よりは南《みなみ》、九条《くでう》より北《きた》、京極《きやうごく》よりは西《にし》、朱雀《すざく》より
接助　格助　格助　係助　格助　格助　係助　格助
は東《ひんがし》の、路《みち》のほとりなる頭《かしら》、すべて四万二千三百余《しまんにせんさんびやくあま》りなんありける。
係助　格助　格助　存在・体　副　係助　ラ変・用　過・体
⑳いはんや、その前後《ぜんご》に死《し》ぬる者《もの》多《おほ》く、また河原《かはら》、白河《しらかは》、西《にし》の京《きやう》、もろもろ
副　格助　格助　ナ変・体　ク・用　接続
の辺地《へんち》などを加《くは》へて言《い》はば、際限《さいげん》もあるべからず。
格助　副助　格助　ハ下二・用　接助　ハ四・未　接助　係助　ラ変・体　推・未　打・終

りました。⑭別れがたい妻、夫を持っている者は、その（相手を）思う気持ちがまさって深い者が、必ず先立って死ぬ。⑮そのわけは、わが身は二の次にして相手をふびんに思うので、時たま得た食べ物を相手に譲ることによってである。⑯だから、親子でいる者は、決まっていることで、親が先立った。⑰また、母親の命が尽きたのを知らないで、幼い子が、まだ乳を吸いながら横たわっていることなどもあった。⑱仁和寺の隆暁法印という人が、こうして数もわからないくらい死んでしまうことを悲しんで、その顔に対面するごとに、額に「阿」の字を書いて、往生成仏するための仏縁を結ばせることをなさった。⑲（死者の）人数を知ろうとして、四、五月の二ヶ月に数えたところ、京の中で、一条からは南、九条から北、京極からは西、朱雀よりは東の、大路の近くにある（死体の）頭は、全部で四万二千三百余りあった。⑳まして、その前後（の

㉑いかに いはんや 七道諸国《しちだうしよこく》 を や。
副 副 間助 間助

㉒崇徳院《すとくゐん》 の 御位《みくらゐ》 の 時《とき》、 長承《ちやうじよう》 の ころ と か、 かかる ためし あり けり
格助 格助 格助 格助 係助 連体 ラ変・用 過・終

と 聞け《き》 ど、 その 世《よ》 の ありさま は 知ら《し》 ず。 ㉓目《ま》のあたり
格助 カ四・已 接助 格助 格助 係助 ラ四・未 打・終 副

めづらかなり し こと なり。
ナリ・用 過・体 断・終

時）に死ぬ者は多く、また（賀茂《かも》川の）河原、白河、右京、多くの都から離れた土地などを加えて言うならば、際限もないだろう。㉑まして七道の諸国では言うまでもない。㉒崇徳院の御治世の時、長承の頃とかいうが、このような例があったと聞くが、その時期の様子はわからない。㉓（養和の飢饉は）実際にめったにない体験だったことである。

重要語句

高 古

(高 104 / 古 86)

まさざまなり ①まさっている。②いっそうひどい。ここでは、②の意味。

よろし 悪くはない。まあよい。対義語は「わろし」。

すなはち たちまち。すぐに。

いはんや まして。言うまでもなく。

こぼつ 壊す。くずす。

(高 105 / 古 87)

破る 壊す。砕く。

いたはし ①苦しい。②気の毒だ。ふびんだ。③大切に思う。ここでは、②の意味。

いとけなし 幼い。あどけない。

発問 脚注問題

高 古

1 高 104ページ 古 86ページ

「少水の魚」とは、どのような状態をたとえているのか。

飢饉と伝染病で、人々が家に閉じこもり、日一日と困窮して食料も少なく、死を目前にしている状態。

2 高 105ページ 古 87ページ

「いとあはれなること」とは、どういうことを指しているか。

妻と夫では、相手への思いの深いほうが先立ち、親子では親が子を思うゆえに先に死んでいくこと。また、息絶えた母親の乳を、幼い子が吸っていること。

3 高 106ページ 古 88ページ

「かかるためし」とは、どのようなことを指しているか。

飢饉の上に伝染病が起こり、多くの人が苦しんで死ぬこと。

教材末の問題　高106ページ　古88ページ

学習

1　本文を五段に分け、それぞれに小見出しをつけてみよう。

・第一段「前の年……道だになし。」（高初め〜一〇四・9）（古初め〜八六・9）
　二年連続の飢饉に苦しんで死ぬ都の人々

・第二段「あやしき賤、……見侍りし。」（高一〇四・9〜一〇五・2）（古八六・9〜八七・2）
　飢餓の中で生きるために荒れる人々の心

・第三段「いとあはれなる……ありけり。」（高一〇五・3〜一〇五・8）（古八七・3〜八七・8）
　極限の飢餓状態での人間の愛情と悲哀

・第四段「仁和寺に……七道諸国をや。」（高一〇五・8〜一〇五・15）（古八七・8〜八七・15）
　隆暁法印の善行と都でのおびただしい死者数

・第五段「崇徳院の……ことなり。」（高一〇六・1〜終わり）（古八八・1〜終わり）
　養和の飢饉を体験しての作者の思い

言語活動

1　『方丈記』には、飢饉の他にも、作者が経験したさまざまな災害のありさまが描かれている。それらを読んで、現代に通じる『方丈記』の価値について考えてみよう。

〈ポイント〉『方丈記』には平安時代末期に起こった京都の大地震の様子が詳細に描かれている。飢饉や地震の被害を記録した歴史的記録として、また教訓とするうえでも貴重な資料である。

ことばと表現

1　傍線部を文法的に説明してみよう。

(1) からうして暮れぬ。（高一〇四・1）（古八六・1）
　完了の助動詞「ぬ」の終止形。

(2) 目も当てられぬこと多かり。（高一〇四・8）（古八六・8）
　打消の助動詞「ず」の連体形。

(3) 先立ちて死ぬ。（高一〇五・4）（古八七・4）
　ナ行変格活用動詞「死ぬ」の終止形の活用語尾。

(4) 濁悪世にしも生まれ合ひて、（高一〇五・1）（古八七・1）
　強意を表す副助詞「し」。

(5) わざをなん見侍りし。（高一〇五・2）（古八七・2）
　過去の助動詞「き」の連体形。

2　それぞれ現代語訳してみよう。

(1) いはんや、河原などには、馬、車の行き交ふ道だになし。（高一〇四・8）（古八六・8）
　まして、（鴨川の）河原などには、（死体でいっぱいで）馬、車が行き来する道さえない。

(2) 薪さへ乏しくなりゆけば、（高一〇四・10）（古八六・10）
　薪までも少なくなっていくので、

――閑居の気味――

品詞分解・現代語訳

①ここに 六十《むそぢ》 の 露《つゆ》 消《き》えがた に 及《およ》び て、さらに 末葉《すゑば》 の 宿《やど》り を
接続　格助　格助　バ四・用　接助　副　格助　格助

結《むす》べ る こと あり。②言《い》は ば、旅人《たびびと》 の 一夜《ひとよ》 の 宿《やど》り を 造《つく》り、老《お》い
バ四・已　完・体　ラ変・終　ハ四・未　接助　格助　格助　格助　ラ四・用　ヤ上二・用

たる 蚕《かひこ》 の 繭《まゆ》 を 営《いとな》む が ごとし。③これ を なかごろ の 栖《すみか》 に
完・体　格助　格助　マ四・体　格助　比・終　格助　格助　格助

ならぶれ ば、また 百分《ひやくぶん》 が 一《いち》 に 及《およ》ば ず。④とかく 言《い》ふ ほど に、齢《よはひ》
バ下二・已　接助　副　格助　格助　バ四・未　打・終　副　ハ四・体　格助

は 歳々《としどし》 に 高《たか》く、栖《すみか》 は 折々《をりをり》 に 狭《せば》し。⑤その 家《いへ》 の ありさま、世《よ》 の
係助　格助　ク・用　係助　格助　ク・終　格助　格助　格助

常《つね》 に も 似《に》 ず。⑥広《ひろ》さ は わづかに 方丈《はうぢやう》、高《たか》さ は 七尺《しちしやく》 が うち
格助　係助　ナ上一・未　打・終　係助　ナリ・用　係助　格助

なり。⑦所《ところ》 を 思《おも》ひ定《さだ》め ざる が 故《ゆゑ》 に、地《ち》 を 占《し》め て 造《つく》ら ず。
断・終　格助　マ下二・未　打・体　格助　格助　格助　マ下二・用　接助　ラ四・未　打・終

⑧土居《つちゐ》 を 組《く》み、打覆《うちおほひ》 を 葺《ふ》き て、継《つ》ぎ目《め》ごと に 掛金《かけがね》 を 掛《か》け たり。
格助　マ四・用　格助　カ四・用　接助　格助　格助　カ下二・用　存・終

⑨もし 心《こころ》 に かなは ぬ こと あら ば、やすく 他《ほか》 へ 移《うつ》さ ん が
副　格助　ハ四・未　打・体　ラ変・未　接助　ク・用　格助　サ四・未　意・体　格助

---

①さて六十歳の露（のようにはかない命）が消えそうになって、新たに晩年の住居を造ることになった。②言うならば、旅人が一夜の宿を造り、老いた蚕が繭を作るようなものだ。③これを（生涯の）中頃の住まいと比べると、やはり百分の一にもならない。④いろいろ言ううちに、年齢は年々高くなり、住まいはそのつど狭くなる。⑤その家の様子は、世間なみにも似ていない。⑥広さはかろうじて一丈四方、高さは七尺以内だ。⑦（生涯を過ごす）場所をどこと決めていないので、土地を所有して造らない。⑧土台を組み、打覆いで（屋根を）葺いて、つなぎ目ごとに掛け金を掛けてある。⑨もし気に入らないことがあれば、たやすく他へ（家を）移そうというためだ。

ためなり。⑩その改《あらた》め造《つく》ること、いくばくの煩《わづら》ひかある。⑪積《つ》むところ、わづかに二両《にりやう》、車《くるま》の力《ちから》を報《むく》ふ他《ほか》には、さらに他《ほか》の用途《ようどう》いらず。

⑫今《いま》、日野山《ひのやま》の奥《おく》に跡《あと》を隠《かく》してのち、東《ひんがし》に三尺余《さんじやくあま》りの庇《ひさし》をさして、柴《しば》折《を》りくぶるよすがとす。⑬南《みなみ》、竹《たけ》の簀子《すのこ》を敷《し》き、その西《にし》に閼伽棚《あかだな》を造《つく》り、北《きた》に寄《よ》せて障子《しやうじ》をへだてて阿弥陀《あみだ》の絵像《ゑざう》を安置《あんぢ》し、そばに普賢《ふげん》を画《か》き、前《まへ》に法華経《ほけきやう》を置《お》けり。⑭東《ひんがし》のきはに蕨《わらび》のほとろを敷《し》きて、夜《よる》の床《ゆか》とす。⑮西南《にしみなみ》に竹《たけ》の吊棚《つりだな》を構《かま》へて、黒《くろ》き皮籠《かはご》三合《さんがふ》を置《お》けり。⑯すなはち、和歌《わか》、管弦《くわんげん》、往生要集《わうじやうえうしふ》ごときの抄物《せうもつ》を入《い》れたり。⑰かたはらに琴《こと》、琵琶《びは》、おのおの一張《いつちやう》を立《た》つ。⑱いはゆる折琴《をりごと》、継琵琶《つぎびは》、

---

⑩その（家を）造りかえることに、どれだけの面倒があるだろうか（いや、ない）。⑪積むものは、たった二台分、車の運び代金を払う他には、まったく他の費用はいらない。

⑫今、日野山の奥に行方を隠してから、東に三尺くらいの庇を差し出して、（その下を）小枝を折り燃やすよりどころとする。⑬南には、竹の簀子を敷き、その西に閼伽棚を作り、北に片寄せて衝立障子で仕切って阿弥陀如来の絵像を安置し、かたわらに普賢菩薩を描き（掛け）、前に法華経を置いてある。⑭東の端に蕨が成長して伸びたものを敷いて、夜の寝床とする。⑮西南に竹の吊り棚を作って、黒い皮籠三箱を置いてある。⑯そこで、和歌の本や、管弦の本、『往生要集』のような抄物を入れてある。⑰そばに琴、琵琶、それぞれ一つずつを立てる。⑱いわゆる折り琴、継ぎ琵琶が、これである。

⑲仮の庵の様子は、このようである。

⑳その（方丈の庵のある）所の様

これ なり。⑲仮《かり》 の 庵《いほり》 の ありやう、かく の ごとし。
断・終　格助　格助　副　格助　比・終

⑳その 所《ところ》 の さま を 言《い》は ば、南《みなみ》 に 懸樋《かけひ》 あり。㉑岩《いは》 を 立《た》て
格助　格助　格助　ハ四・未　接助　格助　ラ変・終　格助　タ下二・用

て 水《みづ》 を ため たり。㉒林《はやし》 の 木《き》 近《ちか》けれ ば、爪木《つまぎ》 を 拾《ひろ》ふ に
接助　格助　マ下二・用　存・終　格助　ク・已　接助　格助　ハ四・体　格助

乏《とも》しから ず。㉓名《な》 を 音羽山《おとはやま》 と いふ。㉔まさきのかづら、跡《あと》 埋《うづ》め り。
シク・未　打・終　格助　格助　ハ四・終　マ四・已　存・終

㉕谷《たに》 茂《しげ》けれ ど、西《にし》 晴《は》れ たり。㉖観念《くわんねん》 の たより、なき に しも
ク・已　接助　ラ下二・用　存・終　格助　ク・体　断・用　副助　係助

あら ず。㉗春《はる》 は 藤波《ふぢなみ》 を 見《み》る。㉘紫雲《しうん》 の ごとく して 西方《さいはう》 に 匂《にほ》ふ。
ラ変・未　打・終　係助　格助　マ上一・終　格助　比・用　接助　格助　ハ四・終

㉙夏《なつ》 は 郭公《ほととぎす》 を 聞《き》く。㉚語《かた》らふ ごと に 死出《しで》 の 山路《やまぢ》 を 契《ちぎ》る。㉛秋《あき》
係助　格助　カ四・終　ハ四・体　格助　格助　格助　ラ四・終

は、蜩《ひぐらし》 の 声《こゑ》、耳《みみ》 に 満《み》て り。㉜空蟬《うつせみ》 の 世《よ》 を かなしむ 楽《がく》 と
係助　格助　格助　タ四・已　存・終　格助　格助　マ四・体　格助

聞《き》こゆ。㉝冬《ふゆ》 は 雪《ゆき》 を あはれぶ。㉞積《つ》もり 消《き》ゆる さま、罪障《ざいしやう》 に たとへ
ヤ下二・終　係助　格助　バ四・終　ラ四・用　ヤ下二・体　格助　ハ下二・用

つ べし。㉟もし、念仏《ねんぶつ》 もの憂《う》く、読経《どきやう》 まめなら ぬ とき は、自《みづか》ら 休《やす》み、
強・終　可・終　副　ク・用　ナリ・未　打・体　係助　副　マ四・用

自《みづか》ら 怠《おこた》る。㊱さまたぐる 人《ひと》 も なく、また、恥《は》づ べき 人《ひと》 も なし。
副　ラ四・終　ガ下二・体　係助　ク・用　接続　ダ上二・終　当・体　係助　ク・終

子を言うならば、南に懸樋がある。㉑岩を置いて水をためている。㉒林の木が近いので、薪用の木の小枝を拾うのに不自由しない。㉓名を音羽山と言う。㉔まさきのかずら（テイカカズラ）が、人の通った足跡を埋めている。㉕谷は（木が）茂っているが、西は開けている。㉖西方浄土を思い浮かべる便宜は、ないわけではない。㉗春は藤の花が波のように咲くのを見る。㉘（それは）紫色の雲のようであって西の方で照り輝く。㉙夏はホトトギスの鳴き声を聞く。㉚（冥土への案内をするというホトトギスと）語り合うたびに死出の旅路（の案内）を（してくれと）約束する。㉛秋は、ヒグラシの声が、耳いっぱいに聞こえる。㉜はかなくむなしい世を悲しむ音楽と聞こえる。㉝冬は雪を趣深いと感じる。㉞積もっては消えるさまは、往生の妨げになる罪業にたとえることができる。㉟もし、念仏がおっくうで、読経を熱心でないときは、自分から休み、自分から怠ける。㊱妨げる人もなく、

㊲ことさらに無言《むごん》をせざれども、独《ひと》り居《を》れば、口業《くごふ》を修《をさ》め
ナリ・用　格助　サ変・未　打・已　接助　副　ラ変・已　接助　格助　マ下二・用

つべし。㊳必《かなら》ず禁戒《きんかい》を守《まも》るとしもなくとも、境界《きやうがい》なければ、
強・終　可・終　副　格助　ラ四・終　格助　副助　係助　ク・用　接助　ク・已　接助

何《なに》につけてか破《やぶ》らん。
格助　カ下二・用　接助　係助　ラ四・未　推・体

また、恥じなければならない人もない。㊲わざわざ一定期間無言でいる修行をしないけれども、独りでいるから、言葉による罪を犯さないようにできるにちがいない。㊳必ず仏教で禁じられている戒めを守るということをしなくても、（戒めを破る）環境がないので、どうして破るだろうか（いや、破らない）。

重要語句

高 107　古 89

よすが　①手段。②よりどころ。③縁者。ここでは、②の意味。

すなはち　①その時。②即座に。②つまり。③そこで。ここでは、③の意味。

高 108　古 90

たより　①よりどころ。②縁。③ついで。④便宜。⑤知らせ。手紙。ここでは、④の意味。

匂ふ　①染まる。②照り輝く。③栄える。④香る。ここでは、②の意味。

発問　脚注問題　高　古

1　高 107ページ　古 89ページ　**「地を占めて造らず」とは、どのような造り方をしたということか。**

土地を所有してそこにずっと住むためのしっかりした造り方でなく、簡素で動かしやすく造りかえやすい造り方。

2　高 108ページ　古 90ページ　**四季の風景をどのように捉えているか。**

仏教的な観念のもとに四季の風景を捉えている。

〈ポイント〉春の藤の花を来迎の紫色の雲と感じ、夏のホトトギスの鳴き声を死後の案内として、秋のヒグラシの声を世をはかなく思う悲しさとして聞き、冬の雪を罪業の積もるさまと感じている。仏教的な観念による捉え方といえる。

教材末の問題

高 109ページ　古 91ページ

学習

1　作者の家の様子や周囲の環境と、そこにおける生活の様子をまとめよう。

・作者の家…小さく質素で必要な物だけで満たされている。
・周囲の環境…人気のない奥深い自然の中で、水も薪もある。
・生活の様子…他者から心を乱されることなく、仏道修行を生活の中心とし、感興のままに和歌や音楽を楽しんでいる。

2　作者はなぜこの作品を『方丈記』と名付けたのか、考えてみよう。

世俗を捨てた閑居生活の住居の広さが方丈であり、理想的な生活ができるその場所でつづった作品だから。

随筆㈡ 徒然草《つれづれぐさ》

高「高等学校 古典探究」110〜115ページ
古「古典探究 古文編」92〜97ページ

作品紹介

徒然草 つれづれぐさ 作者は兼好法師《けんこうほうし》。鎌倉時代末期に成立したと考えられている随筆。「つれづれなるままに……」という書き出しの序段と二百四十三の章段からなる。人生論・自然観・美意識・趣味についてなど多岐にわたる内容が、無常観に基づいて述べられている。

兼好法師 けんこうほうし 生没年未詳。歌人。俗名は、卜部兼好《うらべかねよし》。二条為世《ためよ》に和歌を学び、二条派の和歌四天王とも称される。能書家・故実家としても著名。

――あだし野の露――

品詞分解・現代語訳

①あだし野《の》 の 露《つゆ》 消《き》ゆる 時《とき》 なく、鳥部山《とりべやま》 の 煙《けぶり》 立《た》ち去《さ》ら で のみ
格助 ヤ下二・体 ク・用 格助 ラ四・未 接助 副助

住《す》み果《は》つる 習《なら》ひ なら ば、いかに もののあはれ も なからん。②世《よ》 は 定《さだ》めなき
タ下二・体 断・未 接助 副 係助 ク・未 推・体 係助 ク・体

こそ、いみじけれ。
係助 シク・已

③命《いのち》 ある もの を 見《み》る に、人《ひと》 ばかり 久《ひさ》しき は なし。④かげろふ の
ラ変・体 格助 マ上一・体 接助 副助 シク・体 係助 ク・終 格助

①（葬送の地である）あだし野の露は（消えやすいがそのように急に）消えるときがなく、（同じく葬送の地である）鳥部山（に立ち昇る荼毘《だび》）の煙は（すぐに紛れてしまうがそのようにたちまち）立ち去らないでのみ（この世に）住み通す習わしならば、どんなに物事の情趣もない

夕《ゆふ》べを待《ま》ち、夏《なつ》の蟬《せみ》の春秋《はるあき》を知《し》らぬもあるぞかし。
格助　タ四・用　格助　格助　格助　ラ四・未　打・体　係助　ラ変・体　係助　終助

⑤つくづくと一年《ひととせ》を暮《く》らすほどだにも、こよなうのどけしや。⑥飽《あ》かず
副　格助　サ四・体　副助　係助　ク・用・ウ　ク・終　間助　カ四・未　打・用

惜《を》しと思《おも》はば、千年《ちとせ》を過《す》ぐすとも、一夜《ひとよ》の夢《ゆめ》の心地《ここち》こそせ
シク・終　格助　ハ四・未　接助　格助　サ四・終　接助　格助　格助　係助　サ変・未

め。⑦住《す》み果《は》てぬ世《よ》に、醜《みにく》き姿《すがた》を待《ま》ちえて何《なに》かはせん。⑧命《いのち》
推・已　タ下二・未　打・体　格助　ク・体　格助　ア下二・用　接助　係助　サ変・未　推・体

長《なが》ければ恥《はぢ》多《おほ》し。⑨長《なが》くとも、四十《よそぢ》に足《た》らぬほどにて死《し》なん
ク・已　接助　ク・終　ク・用　接助　格助　ラ四・未　打・体　格助　ナ変・未　婉・体

こそ、めやすかるべけれ。⑩そのほど過《す》ぎぬれば、かたちを恥《は》づる心《こころ》
係助　ク・体　推・已　格助　ガ上二・用　完・已　接助　格助　ダ上二・体

もなく、人《ひと》に出《い》で交《ま》じらはんことを思《おも》ひ、夕《ゆふ》べの陽《ひ》に子孫《しそん》
係助　ク・用　格助　ハ四・未　婉・体　格助　ハ四・用　格助　格助

を愛《あい》して、栄《さか》ゆく末《すゑ》を見《み》んまでの命《いのち》をあらまし、ひたすら
格助　サ変・用　接助　カ四・体　格助　マ上一・未　婉・体　副助　格助　格助　サ四・用　副

世《よ》を貪《むさぼ》る心《こころ》のみ深《ふか》く、もののあはれも知《し》らずなりゆくなん、
格助　ラ四・体　副助　ク・用　係助　ラ四・未　打・用　カ四・体　係助

あさましき。
シク・体

（第七段）

だろう。②この世は定まっていないからこそ、すばらしいのだ。

③命あるものを見ると、人ほど長く生きるものはない。④かげろうが夕方を待って（死に）、夏の蟬が春や秋を知らない（ほど命が短い）という例もあるのだよ。⑤することもなくぼんやりと一年を暮らす間さえも、このうえなくのんびりしていることよ。⑥満足することなく（命を）惜しいと思うならば、千年を過ごすとしても、（短い）一夜の夢のような気持ちがするだろう。⑦住み通すことのないこの世に、（老いて）見苦しい姿を待ち迎えてなんになるだろうか（いや、なんにもならない）。⑧命が長いと必ず恥も多い。⑨長くても、四十歳に足りないくらいで死ぬようなことこそ、見苦しくないだろう。⑩その（年）頃を過ぎてしまうと、（老いた）容貌を恥ずかしいと思う気持ちもなく、人中に出て交際するようなことを思い、夕日（のような人生の晩年）に子や孫を愛し

重要語句　高　古

高 110　古 92

もののあはれ　物事の情趣。

久し　長く生きる状態である。長く続く状態である。

つくづくと　①しみじみと。②することがなくぼんやりと。③よくよく。ここでは、②の意味。

のどけし　のんびりしている。

高 111　古 93

交じらふ　①まじり合う。まざる。②交際する。ここでは、②の意味。

発問　脚注問題　高　古

高 110ページ　古 92ページ

1 **「ぬ」が打ち消している内容は何か。**

かげろうが夕方を待つことと、夏の蟬が春や秋を知ること。

て、栄えていく将来を見届けるようなときまでの命を期待して、ただもうこの世を貪る気持ちだけが深く、物事の情趣もわからなくなっていくのは、情けないことである。

教材末の問題　高 111ページ　古 93ページ

学習

1 **「長くとも、四十に足らぬほどにて死なんこそ、めやすかるべけれ」（高 一一一・2）（古 九三・2）と作者が言う根拠について、整理してみよう。**

四十歳くらいを過ぎると、

・老いた容貌を恥じる気持ちもなく、人と交際しようと思う。
・晩年なのに子や孫に愛着してその将来を見届けるまで生きるつもりになる。
・現世の利益を求める気持ちが高まる。
・物事の情趣がわからなくなっていく。

2 **この文章の主題を表している一文を抜き出してみよう。**

世は定めなきこそ、いみじけれ。（高 一一〇・3）（古 九二・3）

言語活動

1 **命が永遠ならば「いかにもののあはれもなからん」（高 一一〇・2）（古 九二・2）と作者は述べているが、この考え方に**

賛成の意見・反対の意見をそれぞれ出し合い、話し合ってみよう。

〈ポイント〉「いかにもののあはれもなからん」とは、「どんなに物事の情趣もないだろう」の意味。命が永遠ならば情趣がないとは、命が永遠ではないからこそすばらしいのだと解釈できる。

ことばと表現

1　傍線部を文法的に説明してみよう。

(1) **住み果つる習ひならば、**（高一一〇・2）（古九二・2）

順接の仮定条件を表す接続助詞。

〈ポイント〉接続している「なら」は断定の助動詞「なり」の未然形なので、順接の仮定条件（…ナラバ）を表す。

(2) **命長ければ恥多し。**（高一一一・2）（古九三・2）

順接の確定条件〈恒時条件〉を表す接続助詞。

〈ポイント〉接続している「長けれ」はク活用形容詞「長し」の已然形なので、順接の確定条件を表す。ここは恒時条件で、「…と必ず」などと訳す。

(3) **そのほど過ぎぬれば、**（高一一一・3）（古九三・3）

順接の確定条件〈恒時条件〉を表す接続助詞。

〈ポイント〉接続している「ぬれ」は完了の助動詞「ぬ」の已然形なので、順接の確定条件を表す。ここは恒時条件。

(4) **いかにもののあはれもなからん。**（高一一〇・2）（古九二・2）

推量の助動詞「む〈ん〉」の連体形。

〈ポイント〉前の副詞「いかに」と呼応して連体形となっている。「…だろう」と訳す。

(5) **四十に足らぬほどにて死なん**（高一一一・2）（古九三・2）

婉曲《えんきょく》の助動詞「む〈ん〉」の連体形。

〈ポイント〉「（死な）ん」の後に「こと」などの体言が省略されていると考えられるので、連体形。体言（省略も含む）の前の「む〈ん〉」は婉曲が多く、「…ような」などと訳す。

(6) **人に出で交じらはんことを思ひ、**（高一一一・3）（古九三・3）

婉曲の助動詞「む〈ん〉」の連体形。

〈ポイント〉内容的にはなくても文意が通じる。

2　この文章で言いたいことを強調するのに、作者はどのような方法を用いているか、文法的観点から考えてみよう。

① 係り結びを用いる。

・「定めなきこそ、いみじけれ。」（高一一〇・3）（古九二・3）
・「一夜の夢の心地こそせめ。」（高一一一・1）（古九三・1）
・「死なんこそ、めやすかるべけれ。」（高一一一・2）（古九三・2）
・「知らずなりゆくなん、あさましき。」（高一一一・5）（古九三・5）

② 反語を用いる。

・「何かはせん。」（高一一一・1）（古九三・1）

③ 強調につながる助詞を用いる。

・「立ち去らでのみ」（高一一〇・2）（古九二・2）…限定の副助詞。

・「知らぬもあるぞかし。」（高一一〇・7）（古九二・7）
　「ぞ」…強意の係助詞。「かし」…強意の終助詞。

・「一年を暮らすほどだにも、」（高一一〇・7）（古九二・7）
…類推の副助詞。

・「こよなうのどけしや。」（高一一〇・8）（古九二・8）
…詠嘆の間投助詞。

・「世を貪る心のみ深く、」（高一一一・5）（古九三・5）
…限定の副助詞。

―九月二十日《ながつきはつか》のころ―

品詞分解・現代語訳

①九月二十日《ながつきはつか》の　ころ、ある　人《ひと》に　誘《さそ》は　れ　奉《たてまつ》り　て、明《あ》くる
格助　連体　格助　ハ四・未　受・用　ラ四・用・謙・補　接助　カ下二・体

まで　月《つき》　見《み》ありく　こと　侍《はべ》り　し　に、思《おぼ》し出《い》づる　所《ところ》　あり　て、案内《あない》せ　させ
副助　カ四・体　ラ変・用・丁　過・体　接助　ダ下二・体・尊　ラ変・用　接助　サ変・未　使・用

て　入《い》り　給《たま》ひ　ぬ。②荒《あ》れ　たる　庭《には》の　露《つゆ》しげき　に、わざと　なら
接助　ラ四・用　ハ四・用・尊・補　完・終　ラ下二・用　存・体　格助　ク・体　格助　副　断・未

ぬ　匂《にほ》ひ、しめやかに　うち薫《かほ》り　て、忍《しの》び　たる　けはひ、いと　ものあはれなり。
打・体　ナリ・用　ラ四・用　接助　バ上二・用　存・体　副　ナリ・終

③よき　ほど　にて　出《い》で　給《たま》ひ　ぬれ　ど、なほ　ことざま　の　優《いう》に
ク・体　格助　ダ下二・用　ハ四・用・尊・補　完・已　接助　副　格助　ナリ・用

おぼえ　て、もの　の　隠《かく》れ　より　しばし　見《み》ゐ　たる　に、妻戸《つまど》を　今《いま》　すこし
ヤ下二・用　接助　格助　格助　副　ワ上一・用　存・体　接助　格助　副　副

押《お》し開《あ》け　て、月《つき》　見《み》る　けしき　なり。④やがて　かけこもら　ましか　ば、口惜《くちを》しから
カ下二・用　接助　マ上一・体　断・終　副　ラ四・未　反仮・未　接助　シク・未

まし。⑤あと　まで　見《み》る　人《ひと》　あり　と　は、いかで　か　知《し》ら　ん。⑥かやう
反仮・終　副助　マ上一・体　ラ変・終　格助　係助　副　係助　ラ四・未　推・体　ナリ・語幹

の　こと　は、ただ　朝夕《あさゆふ》の　心《こころ》づかひ　に　よる　べし。⑦その　人《ひと》、ほどなく
格助　係助　副　格助　格助　ラ四・終　推・終　格助　ク・用

---

①九月二十日の頃、ある人に誘われ申し上げて、夜が明けるまで月を見て歩き回ることがありましたが、(その人は)思い出しなさる家があって、(その家に仕えている者に)取り次ぎを求めさせて(家の中に)お入りになった。②荒れている庭の(草の)露がたくさんあるところに、わざわざ(たいたもの)ではない(香の)匂いが、しっとりと薫って、人目を忍んで(暮らして)いる様子が、たいへんしみじみとして趣がある。

③(ある人は)よい頃合いにお出になられたが、(私は)それでもやはり(この家の女性の)物事の様子が優雅に思われて、物陰からしばらく見ていたところ、(この家の女性は)妻戸をもう少し押し開けて、月を見ているありさまである。④(客

失せ《う》	に	けり	と	聞き《き》	侍り《はべ》	し。
サ下二・用	完・用	過・終	格助	カ四・用	ラ変・用・丁・補	過・体

（第三十二段） 高 古

が帰った後）すぐに掛け金を掛けて室内に入ったとしたら、残念であっただろうに。⑤（客が帰った）後まで見る人がいると、どうして知るだろうか（いや、知らない）。⑥このようなことは、もっぱら普段の心配りによるものだろう。⑦その女性は、間もなく亡くなってしまったと聞きました。

重要語句

高 112
古 94

案内す 取り次ぎを求める。

しめやかなり ①もの静かである。②しんみりとしている。しっとりとしている。ここでは、②の意味。

優なり ①すばらしい。②優雅である。ここでは、②の意味。

けしき ①（自然の）様子。②（人の）ありさま。風情。③（物事の）兆候。④機嫌。ここでは、②の意味。

失す ①消える。②亡くなる。ここでは、②の意味。

発問 脚注問題

高 112ページ 古 94ページ

1 誰が誰に「案内せさせ」たのか。

「ある人」が、訪ねた家に仕えている者に。

2 作者はこの一文にどのような思いを込めているのか。

作者が理想とするような、心配りのある優雅な暮らし方をしていた人が、見かけてからすぐに亡くなってしまったことを惜しみ、そうした風流も失われてしまうということに無常を感じる思い。

教材末の問題　高 113ページ　古 95ページ

学習

1　登場人物とそれぞれの性別を確認してみよう。

・作者…男性。
・「ある人」…男性。
・「ある人」を「案内」した人…女性。
・「思し出づる所」の住人…女性。

2　作者はどのようなことに心ひかれているのか考えてみよう。

・荒れている庭は露に湿り、自然な香の匂いがしっとりと薫ってくるような、人目を忍ぶ、優雅で趣のある暮らしぶり。
・客が帰った後も、すぐに鍵をかけて室内に入ってしまうのではなく月を眺めているような奥ゆかしさや、普段の心配りが感じられる振る舞い。

ことばと表現

1　傍線部を文法的に説明してみよう。

(1)　月見ありくこと侍りしに、（高 一一二・1）（古 九四・1）
単純な接続を表す接続助詞。
〈ポイント〉「…が・…と・…ところ」と訳す。

(2)　しめやかにうち薫りて、（高 一一二・3）（古 九四・3）
ナリ活用形容動詞「しめやかなり」の連用形の活用語尾。

(3)　心づかひによるべし。（高 一一二・11）（古 九四・11）
原因・理由を表す格助詞。
〈ポイント〉「…に・…によって・…のために」と訳す。

(4)　ほどなく失せにけりと（高 一一二・12）（古 九四・12）
完了の助動詞「ぬ」の連用形。
〈ポイント〉「…てしまう」と訳す。

2　傍線部に注意して現代語訳してみよう。

(1)　誘はれ奉りて、（高 一一二・1）（古 九四・1）
誘われ申し上げて、

(2)　案内せさせて入り給ひぬ。（高 一一二・2）（古 九四・2）
（訪ねた家に仕えている者に）取り次ぎを求めさせて（家の中に）お入りになった。

(3)　やがてかけこもらましかば、口惜しからまし。（高 一一二・8）（古 九四・8）
（客が帰った後）すぐに掛け金を掛けて室内に入ったとしたら、残念であっただろうに。

——花は盛りに——

品詞分解・現代語訳

①花《はな》は盛《さか》りに、月《つき》は隈《くま》なきをのみ見《み》るものかは。②雨《あめ》に向《む》かひて
係助　ナリ・用　係助　ク・体　格助　副助　マ上一・体　係助　格助　ハ四・用　接助

月《つき》を恋《こ》ひ、垂《た》れこめて春《はる》の行方《ゆくへ》知《し》らぬも、なほあはれに情《なさ》け深《ふか》し。
格助　ハ上二・用　マ下二・用　接助　格助　ラ四・未　打・体　係助　副　ナリ・用　ク・終

③咲《さ》きぬべきほどの梢《こずゑ》、散《ち》りしをれたる庭《には》などこそ見所《みどころ》多《おほ》けれ。
カ四・用　強・終　推・体　格助　ラ下二・用　存・体　副助　係助　ク・已

④歌《うた》の詞書《ことばがき》にも、「花見《はなみ》にまかれりけるに、はやく散《ち》り過《す》ぎにけれ
格助　格助　係助　格助　ラ四・已・謙　完・用　過・体　接助　副　ガ上二・用　完・用

ば。」とも、「障《さは》ることありてまからで。」なども書《か》ける
過・已　接助　格助　係助　ラ四・体　ラ変・用　接助　ラ四・未・謙　接助　副助　係助　カ四・已　存・体

は、「花《はな》を見《み》て。」と言《い》へるに劣《おと》れることかは。⑤花《はな》の
係助　格助　マ上一・用　接助　格助　ハ四・已　存・体　格助　ラ四・已　存・体　係助　格助

散《ち》り、月《つき》の傾《かたぶ》くを慕《した》ふならひはさることなれど、ことに
ラ四・用　格助　カ四・体　格助　ハ四・体　係助　連体　断・已　接助　副

かたくななる人《ひと》ぞ、「この枝《えだ》、かの枝《えだ》散《ち》りにけり。今《いま》は見所《みどころ》なし。」
ナリ・体　係助　格助　格助　ラ四・用　完・用　過・終　係助　ク・終

などは言《い》ふめる。
副助　係助　ハ四・終　婉・体

①桜の花は真っ盛りに咲いている（満開）のだけを、月はかげりがないものだけを見るものだろうか（いや、そうではない）。②雨に向かって（見えない）月を恋い、すだれを垂らして中にこもって春の過ぎてゆくのを知らないのも、やはりしみじみとして情趣が深い。③咲きそうな頃の（桜の）梢や、（花の）散りしおれている庭なども見所が多い。④和歌の詞書《ことばがき》にも、「花見に参りましたが、すでにすっかり散ってしまったので。」とも、「差し支えがあって参りませんで。」などと書いてあるのは、「花を見て。」と言っているのに劣っていることだろうか（いや、劣ってはいない）。⑤花が散り、月が傾くのを惜しんで慕う世のならいはもっともなことだけれど、特に情

⑥よろづのことも、始《はじ》め終《を》はりこそをかしけれ。⑦男《をとこ》女《をんな》の情《なさ》けも、ひとへに逢《あ》ひ見《み》るをば言《い》ふものかは。⑧逢《あ》はで止《や》みにし憂《う》さを思《おも》ひ、あだなる契《ちぎ》りをかこち、長《なが》き夜《よ》をひとり明《あ》かし、遠《とほ》き雲居《くもゐ》を思《おも》ひやり、浅茅《あさぢ》が宿《やど》に昔《むかし》をしのぶこそ、色《いろ》好《この》むとは言《い》はめ。⑨望月《もちづき》の隈《くま》なきを千里《ちさと》の外《ほか》まで眺《なが》めたるよりも、暁《あかつき》近《ちか》くなりて待《ま》ち出《い》でたるが、いと心深《こころぶか》う、青《あを》みたるやうにて、深《ふか》き山《やま》の杉《すぎ》の梢《こずゑ》に見《み》えたる、木《こ》の間《ま》の影《かげ》、うちしぐれたる村雲隠《むらくもがく》れのほど、またなくあはれなり。⑩椎柴《しひしば》、白樫《しらかし》などの濡《ぬ》れたるやうなる葉《は》の上《うへ》にきらめきたるこそ、身《み》にしみて、心《こころ》あらん友《とも》もがなと、都《みやこ》恋《こひ》しう覚《おぼ》ゆれ。

（第百三十七段）

趣を理解しない人は、「この枝も、あの枝も散ってしまった。今は見所がない。」などと言うようである。

⑥何事も、始めと終わりが趣深い。

⑦男女の情愛も、ひたすら逢って契りを結ぶことだけを言うものだろうか（いや、そうではない）。⑧逢わないで終わってしまったつらさを思い、むなしい約束を嘆き、長い夜を一人で明かし、遠く離れた所（にいる恋人のこと）にはるかに思いを馳《は》せ、ちがや（雑草）が茂っている荒れ果てた家で昔を懐かしむことこそ、男女の情愛を理解していると言えるだろう。

⑨満月でかげりがない月を遠く彼方まで眺めているよりも、明け方近くなって待っていて出てきた月が、たいそう趣が深く、青みを帯びている様子で、深い山の杉の梢に見えている、(その)木々の間(からさす月)の光や、さっと時雨を降らせた一群れの雲に隠れているさまは、この上もなく趣がある。⑩椎柴や、白樫などがぬれているよう

な葉の上に(月の光の) きらめいている様子は、身に染みて、情趣を解するような友がいればいいなあと、都が恋しく思われる。

重要語句

高 114 115
古 96 97

隈なし かげりがない。一点の曇りもない。

情け ①思いやり。②男女の情愛。③趣。趣を理解する心。ここでは、③の意味。

まかる ①(高貴な人の所から)退出する。謙譲語。②「行く」の謙譲語。参る。ここでは、②の意味。

かたくななり ①頑固である。②情趣を理解しない。教養がない。③見苦しい。みっともない。ここでは、②の意味。

あだなり ①はかない。②誠実でない。ここでは、①の意味。

契り ①約束。②男女の縁。③宿縁。ここでは、①の意味。

かこつ 嘆く。不平を言う。

しのぶ 懐かしむ。恋い慕う。漢字で「偲ぶ」などと書き、「忍ぶ」とは別の単語。

心あり ①思いやりがある。②情趣を解する。③道理を解する。ここでは、②の意味。

もがな 願望を表す。…があればいいなあ。…がほしい。

発問 脚注問題

高 古

高 114ページ 古 96ページ

1 **「花は…見るものかは」について、「のみ」の有無による意味の違いを比較せよ。**

「のみ」があると、満開の桜やかげりのない月は、見るべき対象に含むことになるが、「のみ」がないと、含まないことになる。

高 115ページ 古 97ページ

2 **何が「またなくあはれなり」なのか。**

明け方近くまで待って出た、深い山の杉の梢に見える月、木の間からさす月の光や、さっと時雨を降らせた一群れの雲に隠れている月の様子。

3 **何が「きらめきたる」のか。**

月の光。

教材末の問題　高115ページ　古97ページ

学習

1　本文で述べられている「月の見所」「花の見所」をまとめてみよう。

・月の見所…かげりのない月。明け方近くにようやく見えてきた月が梢の間に見える様子。木の間からさす月の光。さっと時雨を降らせた一群れの雲に隠れている月。葉の上に輝く月の光。

・花の見所…満開の桜の花。咲きそうな頃の桜の梢。桜の花が散りしおれている庭の様子。

2　「男女の情け」における「始め終はり」（高一一四・8）（古九六・8）とは、どのような状態を言うのか。説明してみよう。

〈例〉

・「始め」…恋が実るかわからず、熱い思いを抱き始めた状態。

・「終はり」…恋が実らなかったり続かなかったりして終わってしまったが、まだ忘れられずにいる状態。

ことばと表現

1　各文を助詞に注意して現代語訳してみよう。

(1)　月は隈なきをのみ見るものかは。（高一一四・1）（古九六・1）

月はかげりがないものだけを見るものだろうか（いや、そうではない）。

〈ポイント〉副助詞「のみ」と係助詞「かは」に注意して現代語訳してみよう。「かは」は「か」に同じく疑問・反語。ここでは反語の用法。

(2)　障ることありてまからで。（高一一四・4）（古九六・4）

差し支えがあって参りませんで。

〈ポイント〉接続助詞「て」「で」に注意して現代語訳してみよう。「で」は打消接続なので「…ないで」「…なくて」といった訳になる。

(3)　心あらん友もがな（高一一五・2）（古九七・2）

情趣を解するような友がいればいいなあ

〈ポイント〉終助詞「もがな」に注意して現代語訳してみよう。「もがな」は「…があればいいなあ」「…がほしい」という願望を表す。

探究の扉 ——比べ読み——

玉《たま》勝間《かつま》

高 「高等学校 古典探究」 116～117ページ
古 「古典探究 古文編」 98～99ページ

作品紹介

玉勝間 たまかつま 本居宣長著。江戸時代後期の随筆。作者が古典研究で得た知見の他、有職故実、語源考証、聞書抄録など多様な分野にわたる内容を収める。作者の文学観、学問観、人生観を知ることができる。

本居宣長 もとおりのりなが 一七三〇～一八〇一。江戸時代後期の国学者。三重県松坂の商家の生まれ。医学、儒学を学び、後に国学に関心を深めて賀茂真淵《かものまぶち》の門人となる。国文学の本質を「もののあはれ」とし、儒学的、仏教的な理解を排除した。主著として『古事記伝』『源氏物語玉《たま》の小櫛《おぐし》』『石上私淑言《いそのかみのささめごと》』など。

——兼好法師が詞《ことば》のあげつらひ——

品詞分解・現代語訳

①兼好法師《けんかうほふし》 が 徒然草《つれづれぐさ》 に、「花《はな》 は 盛《さか》りに、月《つき》 は 隈《くま》なき を のみ
格助 格助 係助 ナリ・用 係助 ク・体 格助 副助

見《み》る もの かは。」と か 言《い》へ る は、いかに ぞ や。②いにしへ の
マ上一・体 係助 格助 係助 ハ四・已 存・体 係助 副 係助 係助 格助

歌《うた》ども に、花《はな》 は 盛《さか》りなる、月《つき》 は 隈《くま》なき を 見《み》 たる より も、花《はな》
格助 係助 ナリ・体 係助 ク・体 格助 マ上一・用 完・体 格助 係助

の もと に は 風《かぜ》 を かこち、月《つき》 の 夜《よ》 は 雲《くも》 を 厭《いと》ひ、あるは
格助 格助 係助 格助 タ四・用 格助 係助 格助 ハ四・用 接続

①兼好法師が『徒然草』で、「桜の花は真っ盛りに咲いている（満開）のだけを、月はかげりがないものだけを見るものだろうか（いや、そうではない）。」といっているのはどうであろうか。②昔の歌に、（桜の）花は満開であるのを、月は曇りのないのを眺めたというよりも、花の下では（花を

待《ま》ち惜《を》しむ心《こころ》づくしを詠《よ》めるぞ多《おほ》くて、心深《こころふか》きも、ことにさる
マ四・体 格助 マ四・已 完・体 係助 ク・用 接助 ク・体 係助 副 連体

歌《うた》に多《おほ》かるは、みな、花《はな》は盛《さか》りをのどかに見《み》まほしく、月《つき》
格助 ク・体 係助 係助 格助 ナリ・用 マ上一・未 希・用

は隈《くま》なからんことを思《おも》ふ心《こころ》のせちなるからこそ、さもえ
係助 ク・未 婉・体 格助 ハ四・体 格助 ナリ・体 格助 係助 副 係助 副

あらぬを嘆《なげ》きたるなれ。③いづこの歌《うた》にかは、花《はな》に風《かぜ》
ラ変・未 打・体 格助 カ四・用 存・体 断・已 格助 格助 係助 格助

を待《ま》ち、月《つき》に雲《くも》を願《ねが》ひたるはあらん。④さるを、かの法師《ほふし》
格助 タ四・用 格助 格助 ハ四・用 存・体 係助 ラ変・未推・体 接続 格助

が言《い》へるごとくなるは、人《ひと》の心《こころ》に逆《さか》ひたる、後《のち》の世《よ》の
格助 ハ四・已 存・体 比・体 係助 格助 格助 ハ四・用 存・体 格助 格助

さかしら心《ごころ》の作《つく》りみやびにして、まことのみやび心《ごころ》にはあら
格助 断・用 接助 格助 断・用 係助 ラ変・未・補

ず。⑤かの法師《ほふし》が言《い》へる言《こと》ども、このたぐひ多《おほ》し。⑥みな同《おな》じ
打・終 格助 格助 ハ四・已 存・体 格助 ク・終 シク・体

ことなり。⑦すべて、なべての人《ひと》の願《ねが》ふ心《こころ》にたがへるを
断・終 副 副 格助 格助 ハ四・体 格助 ハ四・已 存・体 格助

みやびとするは、作《つく》りことぞ多《おほ》かりける。
格助 サ変・体 係助 係助 ク・用 詠・体

⑧恋《こひ》に、逢《あ》へるを喜《よろこ》ぶ歌《うた》は心深《こころふか》からで、逢《あ》はぬを嘆《なげ》く
格助 ハ四・已 完・体 格助 バ四・体 係助 ク・未 接助 ハ四・未 打・体 格助 カ四・体

散らす）風を嘆き、月の夜には雲を嫌い、あるいは（花が咲き月が出るのを）待ち（花が散り月が隠れるのを）惜しんでやきもきする気持ちを詠んだ（歌）が多くて、趣深いのも、とりわけそのような歌に多いのは、すべて、（桜の）花は満開であるのをゆったりと眺めたいのであり、月は曇りのないのを思う心が切実だからこそ、そうなり得ない状態を嘆いているのである。③いったいどこの歌に、（桜の）花に風（が吹くの）を待ち、月に雲（がかかるの）を願っているものがあるだろうか（いや、そのような歌はない）。④それなのに、あの（兼好）法師が言っているようなことは、人の心に逆らっている、後世の利口ぶった心のわざとらしい風雅であって、本当の風流心ではない。⑤あの法師が言っていることばは、この種のものが多い。⑥皆同じことである。⑦総じて、一般の人が願う心に反しているのを風雅とするのは、わざとらしい作りごとが多いのだなあ。

歌《うた》のみ多《おほ》くして心深《こころふか》きも、逢《あ》ひ見《み》んことを願《ねが》ふからなり。⑨人《ひと》の心《こころ》は、うれしきことはさしも深《ふか》くはおぼえぬものにて、ただ心《こころ》にかなはぬことぞ、深《ふか》く身《み》にしみてはおぼゆるわざなれば、すべてうれしきを詠《よ》める歌《うた》には、心深《こころふか》きは少《すく》なくて、心《こころ》にかなはぬ筋《すぢ》を悲《かな》しみ憂《うれ》へたるに、あはれなるは多《おほ》きぞかし。⑩しかりとて、わびしく悲《かな》しきをみやびたりとて願《ねが》はんは、人《ひと》のまことの情《こころ》ならめや。

⑧恋において、（恋人と）逢ったことを喜ぶ歌は趣が深くなくて、逢わないことを嘆く歌ばかりが多くて趣が深いのも、逢って関係を結ぶ事を願うからである。⑨人の心は、うれしいことについてはそれほど深くは感動しないものであって、ただ思ったようにいかないことこそが、深く身にしみて思われるものであるので、総じてうれしいことを詠んだ歌には、趣深いものは少なくて、思い通りにいかない方面の事を悲しみつらく思った歌に、しみじみとした趣のあるものが多いのであるよ。⑩だからといって、つらく悲しいのを風雅であるとして願うのは、人の真心であるだろうか（いや、そうではない）。

重要語句

116 98 高 古 **心づくし**　物思いの限りを尽くすこと。いろいろ気をもむこと。

116 98 **さかしら心（さかしら）**　利口ぶる心。出しゃばる心。「さかしら」は利口ぶって振る舞うこと。こざかしいこと。出しゃばること。

117 99 **すべて**　①全部あわせて。②総じて。おしなべて。③（打消の語を下に伴って）全然。全く。ここでは、②の意味。

117
99

なべて　①一般に。全て。②一帯に。一面に。③並一通り。尋常。ここでは、①の意味。

しかり　そうである。そのとおりである。

発問　脚注問題　高　古

1　「さ」の指す内容を答えよ。　高116ページ　古98ページ

満開の桜の花をゆったりと眺めること、曇りのない月を見ること。

〈ポイント〉「さもえあらぬを嘆きたるなれ」は、「そうなり得ない状態を嘆いているのである」という意味であり、「さ」は、直前の「(桜の)花は満開であるのをゆったりと眺めたいのであり、月は曇りのないのを思う心が切実だからこそ」という文から続いている部分である。

2　「作りみやび」とはどのようなことか。

本物ではない、わざとらしい風情。

〈ポイント〉「みやび」は風雅、風流の意。「つくり」はこしらえたものという意味で、人間の真の姿から出た本物ではない、という意味。

教材末の問題　高117ページ　古99ページ

言語活動

1　「花の散り、月の傾くを慕ふ」(高一一四・5)(古九六・5)ことについて、兼好法師と本居宣長はそれぞれどのように考えているか。比較してみよう。

・兼好法師…桜の花が散り、月が西に沈みかけるのを惜しんで慕う習慣はもっともなことであるが、満開の花、曇りのない満月にだけに心引かれる人は、風情を解さない人である。

・本居宣長…満開の桜の花、曇りのない明るい月を眺めることを切実に望むのが人の本心である。だからこそそれがかなわないときには、それを嘆く歌が多く詠まれ、趣深いものになるのである。

2　本文の続きでは、「あだし野の露」の段に対する批評が展開されている。読んでそれぞれの内容を比較してみよう。

・兼好法師…寿命が長ければそれだけ恥をかくことが多いので、四十歳にならないぐらいで死ぬのが見苦しくない。その年齢を過ぎると、老醜を恥じる心がなくなり、欲望が深くなって、ものの情趣がわからなくなっていくものだ。

・本居宣長…兼好法師の考えは仏道にへつらった考え方で、多くは偽りである。人は、どんなにつらくても早く死にたいとは思わず、誰もが命を惜しむ。だから『万葉集』までの歌では、人はただ長生きを願っていた。しかし、その後の歌は逆で、何事も全て人の本心に逆らい異なることをよしとする。これは外国の習慣に染まったからで、心を飾り装ったものだと知るべきだ。

歴史物語　大鏡《おほかがみ》

高「高等学校 古典探究」118〜131ページ
古「古典探究 古文編」100〜113ページ

作品紹介

大鏡　おおかがみ　作者未詳。平安時代後期、十一世紀前半から十二世紀初め頃までに成立した歴史物語。藤原道長《みちなが》を中心とする藤原氏の栄華の歴史を、人物中心の紀伝体で描く。三人の百九十歳前後とされる老人と三十歳前後の若侍との歴史語りを、その場にいた人物が聞いて語るという体裁をとる。「鏡物」の祖とされ、後代への影響は大きい。

―【参考】雲林院《うりんゐん》の菩提講《ぼだいかう》―

品詞分解・現代語訳

①さいつころ｜雲林院《うりんゐん》｜の｜菩提講《ぼだいかう》｜に｜詣《まう》で｜て｜侍《はべ》り｜しか｜ば、例《れい》｜の
格助　格助　ダ下二・用・謙　接助　ラ変・用・丁・補　過・已　接助　格助

人《ひと》｜より｜は｜こよなう｜年老《としお》い、｜うたてげなる｜翁《おきな》｜二人《ふたり》、｜嫗《おうな》｜と｜いき合《あ》ひ｜て、｜同《おな》じ
格助　係助　ク・用・ウ　ヤ上二・用　ナリ・体　格助　ハ四・用　接助　シク・体

所《ところ》｜に｜居《ゐ》｜ぬ｜めり。｜②あはれに｜同《おな》じ｜やうなる｜者《もの》｜の｜さま｜かな｜と｜見《み》
格助　ワ上一・用　完・終　婉・終　ナリ・用　シク・体　格助　終助　格助　マ上一・用

侍《はべ》り｜し｜に、｜これら｜うち笑《わら》ひ、｜見交《みか》はし｜て｜言《い》ふ｜やう、｜③「年《とし》ごろ、
ラ変・用・丁・補　過・体　接助　ハ四・用　サ四・用　接助　ハ四・体

昔《むかし》｜の｜人《ひと》｜に｜対面《たいめ》し｜て、｜いかで｜世《よ》の中《なか》｜の｜見聞《みき》く｜こと｜を｜も｜聞《き》こえ合《あ》はせ
格助　格助　サ変・用　接助　副　格助　カ四・体　格助　係助　サ下二・未・謙

①先ごろ（語り手の私が）雲林院の菩提講に参詣いたしましたところ、普通の人よりは格別に年をとって、異様な感じのする老人二人と、老女一人とが出会って、同じ所に座ったようだ。②よくもまあ同じような老人たちの様子だなあと見ておりましたところ、この老人たちは互いに笑って、顔を見合わせて言うことには、③「長年、昔の知人に会って、ぜひ

む、 この ただ今《いま》 の 入道殿下《にふだうてんが》 の 御《おほん》ありさま を も 申《まう》し合《あ》はせ ばや と
意・終 格助 格助 格助 格助 係助 サ下二・未・謙 終助 格助

思《おも》ふ に、 あはれに うれしく も 会《あ》ひ 申《まう》し たる かな。 ④今《いま》 ぞ 心安《こころやす》く
ハ四・体 接助 ナリ・用 シク・用 係助 ハ四・用 サ四・用・謙・補 完・体 終助 係助 ク・用

黄泉路《よみぢ》 も まかる べき。 ⑤思《おぼ》しき こと 言《い》は ぬ は、 げに ぞ 腹《はら》 ふくるる
係助 ラ四・終・謙 可・体 シク・体 ハ四・未 打・体 係助 副 係助 ラ下二・体

心地《ここち》 し ける。 ⑥かかれ ば こそ、 昔《むかし》 の 人《ひと》 は もの 言《い》は まほしく なれ
サ変・用 詠・体 ラ変・已 接助 係助 格助 係助 ハ四・未 希・用 ラ四・已

ば、 穴《あな》 を 掘《ほ》り て は 言《い》ひ入《い》れ 侍《はべ》り けめ と おぼえ 侍《はべ》り。
接助 格助 ラ四・用 接助 係助 ラ下二・用 ラ変・用・丁・補 過推・已 格助 ヤ下二・用 ラ変・終・丁・補

⑦返《かへ》す返《がへ》す うれしく 対面《たいめ》し たる かな。 ⑧さても、 いくつ に か なり 給《たま》ひ
副 シク・用 サ変・用 完・体 終助 接続 格助 係助 ラ四・用 ハ四・用・尊・補

ぬる。」 と 言《い》へ ば、 いま 一人《ひとり》 の 翁《おきな》、 ⑨「いくつ と いふ こと、 さらに
完・体 格助 ハ四・已 接助 格助 格助 ハ四・体 副

おぼえ 侍《はべ》ら ず。 ⑩ただし、 おのれ は、 故太政《こだいじやう》の大臣《おとど》 貞信公《ていしんこう》、 蔵人《くらうど》の少将《せうしやう》
ヤ下二・用 ラ変・未・丁・補 打・終 接続 係助

と 申《まう》し し 折《をり》 の 小舎人童《こどねりわらは》、 大犬丸《おほいぬまろ》 ぞ かし。 ⑪ぬし は、 その 御時《おほんとき》 の
格助 サ四・用・謙 過・体 格助 係助 終助 係助 格助 格助

母后《ははきさき》 の 宮《みや》 の 御方《おほんかた》 の 召使《めしつかひ》、 高名《かうみやう》 の 大宅世継《おほやけのよつぎ》 と ぞ 言《い》ひ 侍《はべ》り し
格助 格助 格助 格助 格助 係助 ハ四・用 ラ変・用・丁・補 過・体

かし な。 ⑫されば、 ぬし の 御年《みとし》 は、 おのれ に は こよなく まさり 給《たま》へ
終助 終助 接続 格助 係助 格助 係助 ク・用 ラ四・用 ハ四・已・尊・補

とも世の中の見聞きすることも語り合い申したい、この現在の入道殿下（藤原道長）のご様子をもお話し合い申したいと思っていたところ、よくもまあうれしくもお会い申したことだよ。④今こそ安心して冥土への道へも参ることができる。⑤言いたいと思っていることを言わないのは、本当に腹の膨れる気持ちがするものだよ。⑥こうしたわけで、昔の人はものが言いたくなると、穴を掘っては（その中に思うことを）言い入れましたのだろうと思われます。⑦返す返すもうれしいことにお目にかかったものですね。⑧それにしても、何歳におなりになったのですか。」と言うと、もう一人の老人が、⑨「何歳ということは、まったく覚えておりません。⑩ただし、私は、故太政の大臣貞信公を、蔵人の少将と申し上げた折の、小舎人童の大犬丸ですよ。⑪あなたは、その御代《みよ》の母后の宮の御方の召し使い、名高い大宅世継といいましたねえ。⑫だから、あ

らむかし。⑬自《みづか》らが小童《こわらは》にてありしとき、ぬしは二十五《にじふご》、六《ろく》
存・未 推・終 終助 格助 断・用 接助 ラ変・用 過・体 係助

ばかりの男《をのこ》にてこそはいませしか。」と言《い》ふめれば、⑭世継《よつぎ》、
副助 格助 断・用 接助 係助 係助 サ変・未・尊 過・已 格助 ハ四・終 婉・已 接助

「しかしか、さ侍《はべ》りしことなり。⑮さても、ぬしの御名《みな》はいかにぞ
感動 副 ラ変・用・丁 過・体 断・終 接続 格助 係助 副 係助

や。」と言《い》ふめれば、⑯「太政大臣殿《だいじやうのおとどの》にて元服《げんぶく》仕《つか》まつりしとき、『きむち
係助 格助 ハ四・終 婉・已 接助 格助 ラ四・用・謙 過・体

が姓《さう》は何《なん》ぞ。』と仰《おほ》せられしかば、『夏山《なつやま》となむ申《まう》す。』と
格助 係助 係助 格助 サ下二・未・尊 尊・用 過・已 接助 格助 係助 サ四・体・謙 格助

申《まう》ししを、やがて繁樹《しげき》となむ付《つ》けさせ給《たま》へりし。」など
サ四・用・謙 過・体 接助 副 格助 係助 カ下二・未 尊・用 ハ四・已・尊・補 完・用 過・体 副助

言《い》ふに、いとあさましうなりぬ。
ハ四・体 接助 副 シク・用・ウ ラ四・用 完・終

⑰誰《たれ》も少《すこ》しよろしき者《もの》どもは見《み》おこせ、居寄《ゐよ》りなどしけり。⑱年《とし》
係助 副 シク・体 係助 サ下二・用 ラ四・用 副助 サ変・用 過・終

三十《みそぢ》ばかりなる侍《さぶらひ》めきたる者《もの》の、せちに近《ちか》く寄《よ》りて、「いで、いと興《きよう》
副助 断・体 カ四・用 存・体 格助 ナリ・用 ク・用 ラ四・用 接助 感動 副

あること言《い》ふ老者《らうざ》たちかな。⑲さらにこそ信《しん》ぜられね。」と言《い》へば、
ラ変・体 ハ四・体 終助 副 係助 サ変・未 可・用 打・已 格助 ハ四・已 接助

翁《おきな》二人《ふたり》見交《みか》はしてあざ笑《わら》ふ。
サ四・用 接助 ハ四・終

（序）

なたのお年は、私よりかなり上でいらっしゃるでしょうね。⑬私がほんの子供であったとき、あなたは、二十五、六歳くらいの男性でいらっしゃいました。」と言うようであると、⑭世継は、「そうそう、そうでありました。⑮ところで、あなたのお名前は何とおっしゃいますか。」と言うようなので、⑯「太政大臣の屋敷で元服をいたしたとき、『お前の姓は何か。』とおっしゃったので、『夏山と申します。』と申し上げたところ、すぐに繁樹とお名付けになりました。」などと言うので、たいへん驚きあきれてしまった。

⑰誰も少し身分のある者たちはこちら（老人たちの方）を見て、座ったまま近づくなどした。⑱年が三十歳くらいである侍のように見えている者が、ぐっと近くに寄って、「いやもう、誠に興味あることを言う老人方ですなあ。⑲まったく信じられません。」と言うと、老人二人は顔を見合わせて大声で笑った。

――花山天皇《くわさん》の出家――

品詞分解・現代語訳

①次《つぎ》の 帝《みかど》、花山院《くわさんゐん》の 天皇《てんわう》と 申《まう》し き。②冷泉院《れいぜいゐん》第一《だいいち》の皇子《みこ》なり。

（の 格助／の 格助／と 格助／申し サ四・用・謙／き 過・終／なり 断・終）

③御母《おほんはは》、贈皇后宮懐子《ぞうくわうごうぐうくわいし》と 申《まう》す。

（と 格助／申す サ四・終・謙）

④永観二年《えいくわんにねん》 八月二十八日《はちぐわつにじふはちにち》、位《くらゐ》に つか せ 給《たま》ふ、 御年《おほんとし》 十七《じふしち》。

（に 格助／つか カ四・未／せ 尊・用／給ふ ハ四・体・尊・補）

⑤寛和二年《くわんなにねん》 丙戌《ひのえいぬ》 六月二十二日《ろくぐわつにじふににち》の 夜《よ》、あさましく 候《さぶら》ひ し ことは、人《ひと》にも 知《し》ら せ させ 給《たま》はで、みそかに 花山寺《はなやまでら》に おはしまして、御出家入道《おほんすけにふだう》せ させ 給《たま》へ り し こそ。

（の 格助／あさましく シク・用／候ひ ハ四・用・丁・補／し 過・体／は 係助／に 格助／も 係助／知ら ラ四・未／せ 使・未／させ 尊・用／給は ハ四・未・尊・補／で 接助／みそかに ナリ・用／に 格助／おはしまし サ四・用・尊／て 接助／御出家入道せ サ変・未・尊／させ 尊・用／給へ ハ四・已・尊・補／り 完・用／し 過・体／こそ 係助）

⑥御年《おほんとし》 十九《じふく》。⑦世《よ》を 保《たも》た せ 給《たま》ふ こと 二年《にねん》。

（を 格助／保た タ四・未／せ 尊・用／給ふ ハ四・体・尊・補）

⑧その のち 二十二年《にじふにねん》 おはしまし き。

（の 格助／おはしまし サ四・用・尊／き 過・終）

⑨あはれなる ことは、おり おはしまし ける 夜《よ》は、藤壺《ふぢつぼ》の上《うへ》の御局《みつぼね》の

（あはれなる ナリ・体／は 係助／おり ラ上二・用／おはしまし サ四・用・尊・補／ける 過・体／は 係助／の 格助）

---

①次の帝は、花山院の天皇と申し上げた。②冷泉院の第一の皇子である。③御母君は、贈皇后宮懐子と申し上げる。

④永観二年八月二十八日、（天皇の）位におつきになる、（その）ご年齢は十七歳。⑤寛和二年丙戌六月二十二日の夜、驚きあきれることでございましたことは、人にもお知らせにならないで、ひそかに花山寺にいらっしゃって、御出家入道をなさってしまったことである。⑥お年は十九歳。⑦世を治めなさること二年。⑧その後二十二年御存命でいらっしゃった。

⑨しみじみと心が痛むことは、ご退位なさった夜は、（帝は）藤壺の上の御局の小戸からお出になられたのだが、有明の月がたいへん明るか

小戸《こど》より出《い》でさせ給《たま》ひけるに、有明《ありあけ》の月《つき》のいみじく明《あ》かかり
格助　ダ下二・未　尊・用　ハ四・用・尊・補　過・体　接助　格助　格助　シク・用　ク・用

ければ、「顕証《けんしよう》にこそありけれ。いかがすべからむ。」と仰《おほ》せ
過・已　接助　ナリ・用　係助　ラ変・用　詠・已　副　サ変・終　適・未　推・体　格助　サ下二・未・尊

られけるを、「さりとて、とまらせ給《たま》ふべきやう侍《はべ》らず。
尊・用　過・体　接助　接続　ラ四・未　尊・用　ハ四・終・尊・補　可・体　ラ変・未・丁　打・終

⑩神璽《しんし》・宝剣《ほうけん》渡《わた》り給《たま》ひぬるには。」と、粟田殿《あはたどの》のさわがし申《まう》し
ラ四・用　ハ四・用・尊・補　完・体　接助　係助　格助　格助　サ四・用　サ四・用・謙・補

給《たま》ひけるは、まだ帝《みかど》出《い》でさせおはしまさざりける先《さき》に、
ハ四・用・尊・補　過・体　係助　副　ダ下二・未　尊・用　サ四・未・尊　打・用　過・体　格助

手《て》づから取《と》りて、春宮《とうぐう》の御方《おほんかた》に渡《わた》し奉《たてまつ》り給《たま》ひて
副　ラ四・用　接助　格助　格助　サ四・用　ラ四・用・謙・補　ハ四・用・尊・補　完・用

ければ、帰《かへ》り入《い》らせ給《たま》はむことはあるまじく思《おぼ》して、
過・已　接助　ラ四・未　尊・用　ハ四・未・尊・補　婉・体　係助　ラ変・体　禁・用　サ四・用・尊　接助

しか申《まう》させ給《たま》ひけるとぞ。
副　サ四・未・謙　尊・用　ハ四・用・尊・補　過・体　格助　係助

⑪さやけき影《かげ》をまばゆく思《おぼ》し召《め》しつるほどに、月《つき》の顔《かほ》にむら雲《くも》の
ク・体　格助　ク・用　サ四・用・尊　完・体　格助　格助　格助　格助

かかりて、少《すこ》し暗《くら》がりゆきければ、「わが出家《すけ》は成就《じやうじゆ》するなりけり。」と
ラ四・用　接助　副　カ四・用　過・已　接助　格助　係助　サ変・体　断・用　詠・終　格助

仰《おほ》せられて、歩《あゆ》み出《い》でさせ給《たま》ふほどに、弘徽殿《こきでん》の女御《にようご》の御文《おほんふみ》
サ下二・未・尊　尊・用　接助　ダ下二・未　尊・用　ハ四・体・尊・補　格助　格助

ったので、「（姿が）あらわであるよ。どうしたらよいだろう。」とおっしゃったところ、「そうかといって、中止なさることができる方法はございません。⑩神璽・宝剣が（春宮の方へ）お渡りになってしまったからには。」と、粟田殿（藤原道兼《みちかね》公）が急がせ申し上げなさったのは、まだ帝がお出ましにならなかった（その）前に、（粟田殿が）自ら（神璽・宝剣を）取って、春宮の御方に渡し申し上げなさったので、（帝が）お帰りなさるようなことはあってはならないとお思いになって、そのように申し上げなさったとか（いうことだ）。

⑪（帝が）冴《さ》えて明るい月光をまぶしく（気が引けて）お思いになっているうちに、月の面にむら雲がかかって、少し暗くなっていったので、「私の出家は成就することであったよ。」とおっしゃって、歩き出しなさるときに、弘徽殿の女御のお手紙で、普段破り捨てないで御身からはなさずご覧になっていたのをお思い

の、日《ひ》ごろ破《や》り残《のこ》して御身《おほんみ》も放《はな》たず御覧《ごらん》じけるを思《おぼ》し召《め》し出《い》で
格助　サ四・用　接助　係助　タ四・未　打・用　サ変・用・尊　過・体　格助　ダ下二・用・尊

て、⑫「しばし。」とて、取《と》りに入《い》りおはしましけるほどぞかし、
接助　副　格助　接助　ラ四・用　格助　ラ四・用　サ四・用・尊　過・体　係助　終助

粟田殿《あはたどの》の、「いかにかくは思《おぼ》し召《め》しならせおはしましぬるぞ。ただ今《いま》
格助　副　副　係助　ラ四・未・尊　尊・用　サ四・用・尊　完・体　係助

過《す》ぎば、おのづから障《さは》りも出《い》でまうで来《き》なむ。」と、そら泣《な》きし
ガ上二・未　接助　副　係助　カ変・用・謙　完・未　推・終　格助　サ変・用

給《たま》ひけるは。
ハ四・用・尊・補　過・体　係助

⑬さて、土御門《つちみかど》より東《ひがし》ざまに率《ゐ》て出《い》だし参《まゐ》らせ給《たま》ふ
接続　格助　格助　ワ上一・用　接助　サ四・用　サ下二・用・謙・補　ハ四・体・尊・補

に、晴明《せいめい》が家《いへ》の前《まへ》を渡《わた》らせ給《たま》へば、自《みづか》らの声《こゑ》にて、手《て》
格助　格助　格助　格助　ラ四・未　尊・用　ハ四・已・尊・補　接助　格助　格助

をおびたたしく、はたはたと打《う》ちて、⑭「帝《みかど》おりさせ給《たま》ふと
格助　シク・用　副　タ四・用　接助　ラ上二・未　尊・用　ハ四・終・尊・補　格助

見《み》ゆる天変《てんぺん》ありつるが、すでになりにけりと見《み》ゆるかな。
ヤ下二・体　ラ変・用　完・体　接助　副　ラ四・用　完・用　過・終　格助　ヤ下二・体　終助

参《まゐ》りて奏《そう》せむ。車《くるま》に装束《さうぞく》とうせよ。」と言《い》ふ声《こゑ》、聞《き》かせ
ラ四・用・謙　接助　サ変・未・謙　意・終　格助　副・ウ　サ変・命　格助　ハ四・体　カ四・未　尊・用

給《たま》ひけむ、さりともあはれには思《おぼ》し召《め》しけむかし。⑮「かつがつ、
ハ四・用・尊・補　過推・体　接続　ナリ・用　係助　サ四・用・尊　過推・終　終助　副

出しになって、⑫「しばらく待て。」とおっしゃって、取りにお入りになられたときだよ、粟田殿が、「どうしてそのように（未練がましく）お思いなさるようになられてしまったのですか。ただ今（の機会）が過ぎたら、自然に支障も出て参りましょう。」と、嘘《うそ》泣きなさったのは。

⑬さて、（粟田殿が）土御門から東の方角に（帝を）連れ出し申し上げなさったときに、（安倍《あべの》）晴明の家の前をお通りになったところ、（晴明）自身の声で、手をはなはだしく、ばたばたと打って、⑭「帝がご退位なさると思われる天変があったが、すでに定まってしまったと思われることよ。参内して申し上げよう。車に支度を早くせよ。」と言う声を、（帝は）お聞きなさったのであろう、そう（帝の覚悟はできていたと）はいってもしみじみと胸打たれるお気持ちになっただろうよ。⑮（晴明が）「とりあえず、式神一人、内裏に参上せよ。」と申しましたところ、目に

式神《しきがみ》 一人《ひとり》、内裏《だいり》に 参《まゐ》れ。」と 申《まう》し けれ ば、目《め》に は 見《み》え ぬ
格助 ラ四・命・謙 格助 サ四・用・丁 過・已 接助 格助 係助 ヤ下二・未 打・体

もの の、戸《と》を 押《お》しあけ て、御後《おほんうし》ろ を や 見《み》 参《まゐ》らせ けむ、
格助 格助 カ下二・用 接助 格助 係助 マ上一・用 サ下二・用・謙・補 過推・体

「ただ今《いま》、これ より 過《す》ぎ させ おはします めり。」と いらへ ける と か や。
格助 ガ上二・未 尊・用 サ四・終・尊 推定・終 格助 ハ下二・用 過・体 格助 係助 間助

⑯その 家《いへ》、土御門町口《つちみかどまちぐち》 なれ ば、御道《おほんみち》 なり けり。
格助 所・已 接助 断・用 過・終

⑰花山寺《はなやまでら》に おはしまし着《つ》き て、御髪《みぐし》 おろさ せ 給《たま》ひ て のち に ぞ、
格助 カ四・用・尊 接助 サ四・未 尊・用 ハ四・用・尊・補 接助 格助 係助

粟田殿《あはたどの》は、「まかり出《い》で て、大臣《おとど》に も、変《か》はら ぬ 姿《すがた》 いま 一度《いちど》 見《み》え、かく
係助 ダ下二・用・謙 接助 格助 係助 ラ四・未 打・体 副 ヤ下二・用 副

と 案内《あない》 申《まう》し て、必《かなら》ず 参《まゐ》り 侍《はべ》ら む。」と 申《まう》し 給《たま》ひ
格助 サ四・用・謙 接助 副 ラ四・用・謙 ラ変・未・丁・補 意・終 格助 サ四・用・謙 ハ四・用・尊・補

けれ ば、「朕《われ》を ば 謀《はか》る なり けり。」と て こそ 泣《な》か せ 給《たま》ひ
過・已 接助 格助 係助 ラ四・体 断・用 詠・終 格助 接助 係助 カ四・未 尊・用 ハ四・用・尊・補

けれ。⑱あはれに 悲《かな》しき こと なり な。⑲日《ひ》ごろ、よく、「御弟子《おほんでし》 にて 候《さぶら》は
過・已 ナリ・用 シク・体 断・終 終助 副 副 格助 ハ四・未・謙

む。」と 契《ちぎ》り て、すかし 申《まう》し 給《たま》ひ けむ が 恐《おそ》ろしさ よ。
意・終 格助 ラ四・用 接助 サ四・用 サ四・用・謙・補 ハ四・用・尊・補 過伝・体 格助 間助

⑳東三条殿《とうさんでうどの》は、もし さる こと や し 給《たま》ふ と 危《あや》ふさ に、さる
係助 副 連体 係助 サ変・用 ハ四・体・尊・補 格助 格助 ラ変・体

は見えないものが、戸を押し開けて、（帝の）お後ろ姿を見申し上げたのだろうか、「ただ今、ここをお通りになって行きなさるようだ。」と答えたとかいうことである。⑯その（晴明の）家は、土御門町口なので、（まさしく）帝のお通り道であったのだ。⑰花山寺にお着きになって、剃髪《ていはつ》なさって（その）後に、粟田殿は、「退出して、父の大臣（藤原兼家《かねいえ》）にも、出家前の姿を今一度見せ、このようだと事情を説明申して、必ず戻って参りましょう。」と申し上げなさったので、（帝は）「私をだましたのだな。」とおっしゃってお泣きなさった。⑱しみじみと心の痛む悲しいことであるよ。⑲常日頃、（粟田殿は）よく、「（自分も出家して）お弟子としてお仕えしましょう。」と約束して、だまし申し上げなさったとかいうことの恐ろしさよ。⑳東三条殿（藤原兼家公）は、もしかしたら（粟田殿が）そのようなこと（出家）をなさるのではないか

べく おとなしき 人々《ひとびと》、なにがし かがし と いふ いみじき 源氏《げんじ》 の 武者《むさ》たち
当・用 シク・体 格助 八四・体 シク・体 格助

を こそ、御送《おほんおく》り に 添《そ》へ られ たり けれ。㉑京《きやう》 の ほど は 隠《かく》れ て、堤《つつみ》
格助 係助 格助 ハ下二・未 尊・用 完・用 過・已 格助 係助 ラ下二・用 接助

の 辺《わたり》 より ぞ うち出《い》で 参《まゐ》り ける。㉒寺《てら》 など にて は、もし、おして 人《ひと》
格助 格助 係助 ダ下二・用 ラ四・用・謙 過・体 副助 格助 係助 副 副

など や なし 奉《たてまつ》る と て、一尺《ひとさく》 ばかり の 刀《かたな》ども を 抜《ぬ》きかけ て
副助 係助 サ四・用 ラ四・体・謙・補 格助 接助 副助 格助 格助 カ下二・用 接助

ぞ まもり 申《まう》し ける。
係助 ラ四・用 サ四・用・謙・補 過・体

（六十五代　花山天皇）

との危険を感じて、しかるべき分別のある人々、だれそれという有名な源氏の武者たちを、お送りの護衛として添えられたということであった。㉑京の町中は隠れて、（鴨川《かもがわ》の）堤の辺りから出てきてお供を申し上げた。㉒寺などでは、もしや、無理に人（粟田殿）を剃髪させ申し上げることがないかと、一尺ぐらいの刀を抜きかけて（粟田殿を）お守り申し上げたということだ。

重要語句

120 高 / 102 古

おる　①おりる。②退出する。③退位する。ここでは、③の意味。

有明の月　夜が明けても空に残っている月。陰暦で、十六日以後の月。花山天皇の退位は、六月二十二日である。

顕証なり　あらわである。はっきりとしていること。

手づから　自ら。自分で。

春宮　皇太子の敬称。皇太子の宮殿が皇居の東側にあり、東は、五行説で春にあたることからいう。

121 / 103

さやけし　①清くすがすがしい。②冴えて明るい。ここでは、②の意味。

影　①光。②（光に照らし出された）姿。③（鏡・水面などに映った）姿。映像。④影。⑤面影。ここでは、①の意味。

障り　支障。障害。

122 / 104

内裏　①皇居。天皇の住む御殿。②天皇。帝。ここは①。

いらふ　答える。社交的に応答する意を表す。

謀る　だます。

すかす　①だます。②なだめる。③おだてる。ここは①。

おとなし　①大人びている。②分別がある。③年配で頭《かしら》だっている。④穏やかである。ここでは、②の意味。

発問 脚注問題 高 古

1 高 120ページ 古 102ページ
「手づから取りて…給ひてければ」は、誰の行動か。

粟田殿（藤原道兼）。

2 高 121ページ 古 103ページ
なぜ「そら泣きし」たのか。

花山天皇を出家させる計画が露見すれば、計画は頓挫《とんざ》し、勝手に天皇のしるしを持ち出した道兼自らの罪も問われるので、天皇を何としても出家に至らせたかったから。

3 高 122ページ 古 104ページ
「なし奉る」とは、具体的に誰をどのようにすることか。

道兼を剃髪させ、出家させ申し上げること。

教材末の問題 高 123ページ 古 105ページ

学習

1 「さりとて」（高 一二〇・9）（古 一〇二・9）「さりとも」（高 一二一・15）（古 一〇三・15）「さること」（高 一二二・10）（古 一〇四・10）の「さり」「さる」が指す内容を説明してみよう。

・「さり（とて）」…（帝の姿が）あらわである。
・「さり（とも）」…帝は出家の覚悟はできていた。
・「さる（こと）」…道兼が出家する。

2 花山天皇の出家はどのように行われたのか。道兼の行動に注意しながらまとめてみよう。

・藤原兼家の一族は花山天皇の退位を望み、天皇の出家・退位の計略を巡らせ、天皇の近くに仕えていた道兼を実行役とした。
・道兼は、あらかじめ神璽と宝剣を皇太子のもとに渡しておいた。
・月明かりにとまどったり、手紙を取りに帰ろうとしたりする天皇を、道兼は泣き落としてせきたて、花山寺に向かわせた。
・道兼が、天皇の剃髪を見届けた後に、父のもとに挨拶に行くことを口実に去ろうとすると、天皇は計略に気づいた。
・道兼自身は、父の兼家が手配した武士に守られて、出家はしなかった。

3 花山天皇と道兼の人物像をまとめてみよう。

・花山天皇
十九歳の若い天皇で、人を疑わない。道兼の言葉を信じて出家し退位してしまう。寺へ向かう行動にも確固たる意志は感じられず、やや慎重さが不足している面がある。

・道兼
父の兼家の意向を受け、躊躇《ちゅうちょ》する帝をなだめすかして剃髪に追い込む。また、神器を決行の前に東宮側に渡して帝の退路を断つなど、冷静で周到な面がある。

ことばと表現

1 助動詞「き」「けむ」「けり」の使い方から、語り手の出来事

を記述する態度について考えてみよう。

・「き」

花山天皇について、また、その出家という出来事を紹介する第一・第二段落で使われている。『大鏡』は老人たちが昔語りを語り手が聞き語るという設定なので、昔語りをしたとき（一〇二五）の年齢から、花山天皇の出家時（九八六）に老人たちも存命していたと考えられる。そのため、経験した出来事として、直接経験を表す過去の助動詞「き」を用いて記述している。

例「天皇と申しき」（高 一二〇・1）（古 一〇二・1）
「あさましく候ひしことは」（高 一二〇・4）（古 一〇二・4）
「御出家入道せさせ給へりし」（高 一二〇・5）（古 一〇二・5）
「そののち二十二年おはしましき」（高 一二〇・6）（古 一〇二・6）

・「けむ」

安倍晴明の家の場面で使われている。晴明の声を聞いたあとの花山天皇の行動や気持ち、式神の行動を推し量っている。そのため、過去の出来事を推し量ったこととして、過去推量の助動詞「けむ」を用いて記述している。

例「聞かせ給ひけむ」（高 一二一・15）（古 一〇三・15）
「思し召しけむかし」（高 一二二・1）（古 一〇四・1）
「御後ろをや見参らせけむ」（高 一二二・2）（古 一〇四・2）

・「けり」

花山天皇の出家の詳しい物語の場面で使われている。昔語りをする老人たちは、花山天皇の出家の物語に直接は関わっていない。そのため、伝聞した出来事として、伝聞過去の助動詞「けり」を用いて記述している。

例「おりおはしましける夜は」（高 一二〇・7）（古 一〇二・7）
「明かかりければ」（高 一二〇・8）（古 一〇二・8）
「さわがし申し給ひけるは」（高 一二〇・10）（古 一〇二・10）

2　登場人物ごとに尊敬表現の使われ方を調べ、その特徴を考えてみよう。

・花山天皇…地の文、会話文ともに、最高敬語として二重尊敬が使われている。

例〔地の文〕「知らせさせ給はで」（高 一二〇・4）（古 一〇二・4）
〔会話文〕「とまらせ給ふべきやう」（高 一二〇・9）（古 一〇二・9）

・粟田殿（道兼）…地の文で尊敬語が使われているが、最高敬語は使われていない。動作の相手が天皇や春宮であるときには、二方面に対する敬語が使われている。

例「粟田殿のさわがし申し給ひけるは」（高 一二〇・10）（古 一〇二・10）
「春宮の御方に渡し奉り給ひて」（高 一二〇・12）（古 一〇二・12）

・東三条殿（兼家）

尊敬の助動詞「らる」が使われている。

例「御送りに添へられたりけれ」（高 一二二・11）（古 一〇四・11）

――三船の才――

品詞分解・現代語訳

①ひととせ、入道殿《にふだうどの》の 大井河《おほゐがは》に 逍遥《せうえう》せ させ 給《たま》ひ し に、作文《さくもん》の
格助 格助 サ変・未 尊・用 ハ四・用・尊・補 過・体 格助 格助

船《ふね》・管弦《くわんげん》の 船《ふね》・和歌《わか》の 船《ふね》と 分《わ》かた せ 給《たま》ひ て、その 道《みち》に
格助 格助 格助 タ四・未 尊・用 ハ四・用・尊・補 接助 格助 格助

堪《た》へ たる 人々《ひとびと》を 乗《の》せ させ 給《たま》ひ し に、②この 大納言殿《だいなごんどの》の
ハ下二・用 存・体 格助 サ下二・未 尊・用 ハ四・用・尊・補 過・体 接助 格助 格助

参《まゐ》り 給《たま》へ る を、入道殿《にふだうどの》、「かの 大納言《だいなごん》、いづれ の 船《ふね》に か
ラ四・用・謙 ハ四・已・尊・補 完・体 格助 格助 格助 格助 係助

乗《の》ら る べき。」と のたまはすれ ば、「和歌《わか》の 船《ふね》に 乗《の》り 侍《はべ》ら
ラ四・未 尊・終 推・体 格助 サ下二・已・尊 接助 格助 格助 ラ四・用 ラ変・未・丁・補

む。」と のたまひ て、詠《よ》み 給《たま》へ る ぞ かし。
意・終 格助 ハ四・用・尊 接助 マ四・用 ハ四・已・尊・補 完・体 係助 終助

③小倉山《をぐらやま》 嵐《あらし》の 風《かぜ》の 寒《さむ》けれ ば もみぢ の 錦《にしき》 着《き》 ぬ 人《ひと》ぞ なき
格助 格助 ク・已 接助 格助 カ上一・未 打・体 係助 ク・体

④申《まう》し受《う》け 給《たま》へ る かひ あり て あそばし たり な。⑤御自《おほんみづか》ら も
カ下二・用・謙 ハ四・已・尊・補 完・体 ラ変・用 接助 サ四・用・尊 完・終 終助 係助

のたまふ なる は、「作文《さくもん》の に ぞ 乗《の》る べかり ける。さて、かばかり の 詩《し》
ハ四・終・尊 伝・体 係助 格助 格助 係助 ラ四・終 適・用 詠・体 副 副 格助

---

①ある年、入道殿（藤原道長《みちなが》公）が大井河で（船で）あちこちお遊びになったときに、漢詩の船・音楽の船・和歌の船とお分けになって、その道に能力がある人々をお乗せなさったところ、②この大納言殿（藤原公任《きんとう》殿）が参上なさったのを、入道殿は、「あの大納言は、どの船にお乗りになるだろうか。」とおっしゃると、（公任殿は）「和歌の船に乗りましょう。」とおっしゃって、お詠みになったのだよ。

③小倉山と嵐山（から）の嵐のような風が寒いので、（散るもみじの葉が衣にかかって）もみじの錦を着ない人はいないことだ。

④（自分から願い）申し出て（和歌の船に乗ることを）お受けになった

を 作《つく》り たら ましかば、名《な》の 上《あ》がらむ ことも まさりな まし。
格助 ラ四・用 完・未 反仮・未 接助 格助 ラ四・未 婉・体 係助 ラ四・用 強・未 反仮・終

⑥口惜《くちを》しかり ける わざ かな。⑦さても、殿《との》の『いづれ に か と 思《おも》ふ。』と
シク・用 詠・体 終助 接続 格助 格助 係助 格助 ハ四・終 格助

のたまはせ し に なむ、我《われ》ながら 心《こころ》おごりせ られ し。」と のたまふ なる。
サ下二・用・尊 過・体 格助 係助 副 サ変・未 自・用 過・体 格助 ハ四・終・尊 伝・体

⑧一事《ひとこと》の すぐるる だに ある に、かく いづれ の 道《みち》も 抜《ぬ》け出《い》で 給《たま》ひ
格助 ラ下二・体 副助 ラ変・体 接助 副 格助 係助 ダ下二・用 ハ四・用・尊・補

けむ は、いにしへ も 侍《はべ》ら ぬ こと なり。
過伝・体 係助 係助 ラ変・未・丁 打・体 断・終

（太政大臣《だいじやう》・頼忠《よりただ》）

（だけの）価値があって（すばらしい歌を）お詠みになったことだよ。⑤ご自分もおっしゃったということには、「漢詩の船に乗るのがよかったよ。そして、これほどの（和歌のようなすばらしい）漢詩を作ったとしたら、名声が上がるようなことも（和歌よりも）まさっただろうに。⑥残念なことだな。⑦それにしても、殿（道長公）が『どの船に（お乗りになるだろう）かと思う。』とおっしゃったのには、我ながら自然と誇らしい気持ちになった。」とおっしゃったという。⑧一つのことに優れるのでさえ大変であるのに、このようにどの道も抜きん出ていらっしゃったというのは、昔にもないことでございます。

重要語句

高 古

124 106

作文 ①漢詩を作ること。また、その漢詩。②文章を作ること。ここでは、①の意味。

124 106

堪ふ ①こらえる。②することができる。そのことをする能力がある。ここでは、②の意味。

124 106

あそばす ①管弦・詩歌などの遊びをする意の尊敬語。なさる。お弾きになる。お詠みになる。②いろいろな動作をする意の尊敬語。なさる。ここでは、①の意味。

発問　脚注問題　高　古

1　高 124ページ　古 106ページ

「あそばしたりな」とはどういうことか。

（藤原公任が「小倉山……」の）すばらしい和歌をお詠みになったこと。

2　「かばかりの詩」とはどのような詩か。

「小倉山……」の和歌と同様のすばらしい出来栄えの漢詩。

教材末の問題　高 125ページ　古 107ページ

学習

1　本文を「出来事」「事後の公任の感想」「語り手の感想」の部分に分けてみよう。

・出来事

「ひととせ……あそばしたりな。」（高 初め～一二四・7）（古 初め～一〇六・7）

・事後の公任の感想

「御自らも……とのたまふなる。」（高 一二四・7～11）（古 一〇六・7～11）

・語り手の感想

「一事の……侍らぬことなり。」（高 一二四・11～終わり）（古 一〇六・11～終わり）

2　「かばかりの詩……まさりなまし」（高 一二四・8）（古 一〇六・8）という言葉が発せられた理由について説明してみよう。

当時は漢詩の方が和歌よりも格上と見なされていたため、同じくすばらしいものなら漢詩の方が、教養が深いと見なされるから。

3　「小倉山……」の和歌はどのような点が評価されたのか、考えてみよう。

〈例〉嵐のような風に吹かれて散る紅葉が人々の美しい衣に降りかかりいっそう美しさを増すことに、今の栄華がさらに輝きを増すということがあわせて表現されている。そのため、華やかさとめでたさが感じられて趣があり、道長が催した遊興の場にふさわしい点。

ことばと表現

1　助動詞に注意して現代語訳してみよう。

(1)　御自らものたまふなるは、（高 一二四・7）（古 一〇六・7）

ご自分もおっしゃったということには、

(2)　かばかりの詩を作りたらましかば、名の上がらむこともまさりなまし。（高 一二四・8）（古 一〇六・8）

これほどの（和歌のようなすばらしい）漢詩を作ったとしたら、名声が上がるようなことも（和歌よりも）まさっただろうに。

(3)　我ながら心おごりせられし。（高 一二四・10）（古 一〇六・10）

我ながら自然と誇らしい気持ちになった。

―道長の剛胆―

品詞分解・現代語訳

①四条《しでう》の大納言《だいなごん》の かく 何事《なにごと》も すぐれ、めでたく おはします を、大入道殿《おほにふだうどの》、
格助 副 係助 ラ下二・用 ク・用 サ四・体・尊・補 格助

「いかで か かから む。うらやましく も ある かな。わが 子《こ》ども の、影《かげ》
副 係助 ラ変・未 推・体 シク・用 係助 ラ変・体 終助 格助 格助

だに 踏《ふ》む べく も あら ぬ こそ 口惜《くちを》しけれ。」と 申《まう》さ せ 給《たま》ひ
副助 マ四・終 可・用 係助 ラ変・未 打・体 係助 シク・已 格助 サ四・未・謙 尊・用 ハ四・用・尊・補

けれ ば、②中関白殿《なかのくわんぱくどの》・粟田殿《あはたどの》 など は、げに さ も と や 思《おぼ》す らむ と、
過・已 接助 副助 係助 副 副 係助 格助 係助 サ四・終・尊 現推・体 格助

恥《は》づかしげなる 御気色《おほんけしき》 にて ものも のたまは ぬ に、この 入道殿《にふだうどの》 は いと
ナリ・体 格助 係助 ハ四・未・尊 打・体 接助 格助 係助 副

若《わか》く おはします 御身《おほんみ》 に て、「影《かげ》 を ば 踏《ふ》ま で、面《つら》 を や 踏《ふ》ま ぬ。」
ク・用 サ四・体・尊・補 断・用 接助 格助 係助 マ四・未 接助 格助 係助 マ四・未 打・体

と こそ 仰《おほ》せ られ けれ。③まことに こそ さ おはします めれ。④内大臣殿《ないだいじんどの》
格助 係助 サ下二・未・尊 尊・用 過・已 副 係助 副 サ四・終・尊 推定・已

を だに 近《ちか》くて え 見《み》 奉《たてまつ》り 給《たま》は ぬ よ。
格助 副助 ク・用 接助 副 マ上一・用 ラ四・用・謙・補 ハ四・未・尊・補 打・体 間助

⑤さる べき 人《ひと》 は、とう より 御心魂《おほんこころだましひ》 の たけく、御守《おほんまも》り も こはき
ラ変・体 当・体 係助 ク・用・ウ 格助 格助 ク・用 係助 ク・体

---

①四条の大納言（藤原公任《きんとう》殿）がこのように何事にもすぐれ、すばらしくいらっしゃいますのを、大入道殿（兼家《かねいえ》公）が、「どうしてこう（諸芸に通じて）あるのだろうか。うらやましくもあることだ。わが子供たちが、（公任殿の）影法師さえ踏むこともできそうもないことが残念だ。」と申し上げなさったので、②中関白殿（道隆《みちたか》公）や、粟田殿（道兼《みちかね》公）などは、まことにそう（大入道殿は）お思いであろうと、恥ずかしそうなご様子でものもおっしゃらないのに、この入道殿（道長公）はたいへん若くいらっしゃる御身で、「（公任殿の）影を踏まないで、面をこそ踏まないものか（いや、踏んでやる）。」とおっしゃった。③（今では）本当にそう（お言葉通り）でいらっしゃるよ

なめりとおぼえ侍《はべ》るは。⑥花山院《くわさんゐん》の御時《おほんとき》に、五月《さつき》下《しも》つ
断・体・撥　推定・終　格助　ヤ下二・用　ラ変・体・丁・補　係助　格助　格助
闇《やみ》に、五月雨《さみだれ》も過《す》ぎて、いとおどろおどろしくかきたれ雨《あめ》の降《ふ》る夜《よ》、
格助　係助　ガ上二・用　接助　副　シク・用　ラ下二・用　格助　ラ四・体
帝《みかど》、さうざうしとや思し召《おぼしめ》しけむ、殿上《てんじやう》に出《い》でさせおはしまして、
シク・終　格助　係助　サ四・用・尊　過推・体　格助　ダ下二・未　尊・用　サ四・用・尊・補　接助
遊《あそ》びおはしましけるに、人々《ひとびと》物語《ものがたり》申《まう》しなどし給《たま》うて、昔《むかし》
バ四・用　サ四・用・尊・補　過・体　格助　サ四・用・謙　副助　サ変・用　ハ四・用・尊・ウ・補　接助
恐《おそ》ろしかりけることどもなどに申《まう》しなり給《たま》へるに、⑦「今宵《こよひ》こそ
シク・用　過・体　副助　格助　ラ四・用・謙　ハ四・已・尊・補　完・体　接助　係助
いとむつかしげなる夜《よ》なめれ。かく人《ひと》がちなるだに気色《けしき》おぼゆ。まして、
副　ナリ・体　断・体・撥　推定・已　副　ナリ・体　副助　ヤ下二・終　副
もの離《はな》れたる所《ところ》などいかならむ。さあらむ所《ところ》に一人《ひとり》往《い》なむ
ラ下二・用　存・体　副助　ナリ・未　推・体　副　ラ変・未　婉・体　格助　ナ変・未　勧・終
や。」と仰《おほ》せられけるに、⑧「えまからじ。」とのみ申《まう》し
係助　格助　サ下二・未　尊・用　過・体　接助　副　ラ四・未・丁　打推・終　格助　副助　サ四・用・謙
給《たま》ひけるを、入道殿《にふだうどの》は、「いづくなりともまかりなむ。」と
ハ四・用・尊・補　過・体　接助　係助　断・終　接助　ラ四・用・丁　強・未　意・終　格助
申《まう》し給《たま》ひければ、さるところおはします帝《みかど》にて、「いと
サ四・用・謙　ハ四・用・尊・補　過・已　接助　連体　サ四・体・尊　断・用　接助　副
興《きよう》あることなり。⑨さらば行《ゆ》け。⑩道隆《みちたか》は豊楽院《ぶらくゐん》、道兼《みちかね》は仁寿殿《じじゆでん》の塗籠《ぬりごめ》、
ラ変・体　断・終　接続　カ四・命　係助　係助　格助

うだ。④（公任殿は、娘婿である道長の子息の）内大臣殿（藤原教通《のりみち》公）をさえ近くではご対面申し上げなさることができないのだよ。

⑤（後に権力を得る）しかるべき人は、早くから御胆力がまさり、（神仏の）御加護も強いようであると思われますことだよ。⑥花山院の御代《みよ》に、五月下旬の闇夜に、梅雨も過ぎて、たいへん気味悪く激しく雨が降る夜、帝が、心さびしくお思いなさったからだろうか、殿上の間にお出ましなさって、（殿上人と）管弦の遊びをしていらっしゃったときに、人々がお話を申し上げるなどなさって、昔恐ろしかったことなどにお話が及びなさったところ、⑦（帝は）「今宵はたいへん気味の悪い感じがする夜であるようだ。こんなに人が多くいてさえも不気味に感じる。まして、（人気なく）離れている所などはどのようなものであろうか。そのような所に一人で行けるだろうか。」とおっしゃったところ、⑧「（ど

道長《みちなが》は 大極殿《だいごくでん》へ 行《ゆ》け。」と 仰《おほ》せ られ けれ ば、よそ の 君《きみ》たち は、
係助 格助 カ四・命 格助 サ下二・未・尊 尊・用 過・已 接助 格助 係助

便《びん》なき こと を も 奏《そう》し て ける かな と 思《おも》ふ。⑪また、承《うけたまは》ら せ
ク・体 格助 係助 サ変・用・謙 完・用 詠・体 終助 格助 ハ四・終 接続 ラ四・未・謙 尊・用

給《たま》へ る 殿《との》ばら は、御気色《おほんけしき》 変《か》はり て、益《やく》なし と 思《おぼ》し たる に、
ハ四・已・尊・補 完・体 係助 ラ四・用 接助 ク・終 格助 サ四・用・尊 存・体 接助

入道殿《にふだうどの》は つゆ さる 御気色《おほんけしき》も なく て、「わたくし の 従者《ずさ》を ば 具《ぐ》し
係助 副 連体 係助 ク・用 接助 格助 格助 係助 サ変・用

候《さぶら》は じ。⑫この 陣《ぢん》の 吉上《きちじやう》まれ、滝口《たきぐち》まれ、一人《ひとり》を『昭慶門《せうけいもん》まで
ハ四・未・丁・補 打意・終 格助 格助 連語 連語 格助 副助

送《おく》れ。』と 仰《おほ》せ言《ごと》 たべ。⑬それ より 内《うち》に は 一人《ひとり》 入《い》り 侍《はべ》ら
ラ四・命 格助 バ四・命・尊 格助 格助 係助 ラ四・用 ラ変・未・丁・補

む。」と 申《まう》し 給《たま》へ ば、「証《そう》なき こと。」と 仰《おほ》せ らるる に、
意・終 格助 サ四・用・謙 ハ四・已・尊・補 接助 ク・体 格助 サ下二・未・尊 尊・体 接助

「げに。」と て、御手箱《おほんてばこ》に 置《お》か せ 給《たま》へ る 小刀《こがたな》 まし て、立《た》ち
副 格助 接助 格助 カ四・未 尊・用 ハ四・已・尊・補 存・体 サ四・用・謙 接助 タ四・用

給《たま》ひ ぬ。⑭いま 二所《ふたところ》も 苦《にが》む苦《にが》む 各々《おのおの》 おはさうじ ぬ。
ハ四・用・尊・補 完・終 副 係助 副 サ変・用・尊 完・終

⑮「子《ね》四《よ》つ。」と 奏《そう》し て、かく 仰《おほ》せ られ 議《ぎ》する ほど に、丑《うし》に も
格助 サ変・用・謙 接助 副 サ下二・未・尊 尊・用 サ変・体 格助 格助 係助

なり に けむ。⑯「道隆《みちたか》は 右衛門《うゑもん》の 陣《ぢん》より 出《い》でよ。道長《みちなが》は 承明門《しようめいもん》より
ラ四・用 完・用 過推・終 係助 格助 ダ下二・命 係助 格助

うやっても）参ることはできないでしょう。」とばかり（人々が）申し上げなさったのに、入道殿は、「どこへなりとも参りましょう。」と申し上げなさったので、そうした（ことに興味を持たれる）ところがおありになる帝で、「とても興味をそそることである。⑨それならば行け。⑩道隆は豊楽院、道兼は仁寿殿の塗籠、道長は大極殿へ行け。」とおっしゃったので、（行けと命じられなかった）他の君達《きんだち》は、（道長公は）具合の悪いことをも奏上したものだなあと思った。⑪また、（帝の命を）承りなさった（二人の）殿（道隆公と道兼公）は、お顔色が変わって、困ったことだと思っていらっしゃるのに、入道殿は少しもそのような（人気のない所に行くのを困ったことと する）ご様子もなくて、「私の従者を連れることはしますまい。⑫この（近衛《このゑ》の）陣の吉上であれ、滝口の武士であれ、（誰か）一人を『昭慶門まで送れ。』とご命令をお与えく

出《い》でよ。」と、それをさへ分《わ》かたせ給《たま》へば、しかおはしましあへ
ダ下二・命　格助　格助　副助　タ四・未　尊・用　ハ四・已・尊・補　接助　副　ハ四・已・尊

るに、中関白殿《なかのくわんぱくどの》、陣《ぢん》まで念《ねん》じておはしましたるに、宴《えん》の松原《まつばら》の
完・体　接助　副助　サ変・用　接助　サ四・用・尊　完・体　接助　格助

ほどに、そのものともなき声《こゑ》どもの聞《き》こゆるに、術《ずち》なくて帰《かへ》り
格助　格助　格助　係助　ク・体　格助　ヤ下二・体　接助　ク・用　接助　ラ四・用

給《たま》ふ。⑰粟田殿《あはたどの》は露台《ろだい》の外《と》までわななくわななくおはしたるに、
ハ四・終・尊・補　係助　格助　副助　副　サ変・用・尊　完・体　接助

仁寿殿《じじゆでん》の東面《ひむがしおもて》の砌《みぎり》のほどに軒《のき》と等《ひと》しき人《ひと》のあるやうに
格助　格助　格助　格助　格助　シク・体　格助　ラ変・体　比・用

見《み》え給《たま》ひければ、ものもおぼえで、「身《み》の候《さぶら》はばこそ、
ヤ下二・用　ハ四・用・尊・補　過・已　接助　係助　ヤ下二・未　接助　格助　ハ四・未・丁　接助　係助

仰《おほ》せ言《ごと》も承《うけたまは》らめ。」とて、各々《おのおの》立《た》ち帰《かへ》り参《まゐ》り給《たま》へれば、
係助　ラ四・未・謙　意・已　格助　接助　ラ四・用　ラ四・用　ラ四・用・謙　ハ四・已・尊・補　完・已　接助

御扇《おほんあふぎ》をたたきて笑《わら》はせ給《たま》ふに、⑱入道殿《にふだうどの》はいと久《ひさ》しく
格助　カ四・用　接助　ハ四・未　尊・用　ハ四・体・尊・補　接助　係助　副　シク・用

見《み》えさせ給《たま》はぬを、いかがと思《おぼ》し召《め》すほどにぞ、いと
ヤ下二・未　尊・用　ハ四・未・尊・補　打・体　接助　副　格助　サ四・体・尊　格助　係助　副

さりげなく、ことにもあらずげにて参《まゐ》らせ給《たま》へる。⑲「いかに
ク・用　ナリ・用　接助　ラ四・未・謙　尊・用　ハ四・已・尊・補　完・体　副

いかに。」と問《と》はせ給《たま》へば、いとのどやかに、御刀《おほんかたな》に、削《けづ》ら
副　格助　ハ四・未　尊・用　ハ四・已・尊・補　接助　副　ナリ・用　格助　ラ四・未

ださい。⑬その門から内へは（私）一人で入りましょう。」と申し上げなさると、（帝が）「（大極殿まで行ったか否かの）証拠がないことだ。」とおっしゃるので、「なるほど（仰せの通りです）。」と、（帝が）御手箱に（入れて）置いていらっしゃる小刀を拝借して、出発なさった。⑭もうお二方も渋々それぞれにご出発なさいました。

⑮（宿直の役人が）「子四つ（午前零時半頃）。」と奏上して、このように（帝が）おっしゃって相談するうちに、丑の刻（午前二時頃）にもなっていただろう。⑯「道隆は右衛門の陣から出よ。道長は承明門から出よ。」と、それ（出口）までもお分けになったので、両者ともそのようになさったが、中関白殿は、（右衛門の）陣まで我慢しておいでになったが、宴の松原のあたりで、正体の定かではない声々が聞こえるので、どうにもしようがなくなって帰っていらっしゃった。⑰粟田殿は（紫宸《ししん》

れ たる もの を 取《と》り具《ぐ》し て 奉《たてまつ》ら せ 給《たま》ふ に、「こ は 何《なに》
尊・用 完・体 格助 サ変・用 接助 ラ四・未・謙 尊・用 ハ四・体・尊・補 接助 係助

ぞ。」と 仰《おほ》せ らるれ ば、「ただにて 帰《かへ》り参《まゐ》りて 侍《はべ》ら む は、
係助 格助 サ下二・未・尊 尊・已 接助 ナリ・用 接助 ラ四・用・謙 接助 ラ変・未・丁・補 仮・体 係助

証《そう》 候《さぶら》ふ まじき に より、高御座《たかみくら》 の 南面《みなみおもて》 の 柱《はしら》 の もと を 削《けづ》り て
ハ四・終・丁 打推・体 格助 ラ四・用 格助 格助 格助 格助 ラ四・用 接助

候《さぶら》ふ なり。」と つれなく 申《まう》し 給《たま》ふ に、いと あさましく
ハ四・体・丁・補 断・終 格助 ク・用 サ四・用・謙 ハ四・体・尊・補 接助 副 シク・用

思《おぼ》し召《め》さ る。⑳こと殿《との》たち の 御気色《おほんけしき》 は いかに も なほ 直《なほ》ら で、この 殿《との》
サ四・未・尊 尊・終 格助 係助 副 係助 副 ラ四・未 接助 格助

の かくて 参《まゐ》り 給《たま》へ る を、帝《みかど》 より はじめ 感《かん》じ ののしら れ
格助 副 ラ四・用・謙 ハ四・已・尊・補 完・体 格助 格助 マ下二・用 ラ四・未 自・用

給《たま》へ ど、うらやましき に や、また いかなる に か、もの も 言《い》は で
ハ四・已・尊・補 接助 シク・体 断・用 係助 接続 ナリ・体 断・用 係助 係助 ハ四・未 接助

ぞ 候《さぶら》ひ 給《たま》ひ ける。
係助 ハ四・用・謙 ハ四・用・尊・補 過・体

㉑なほ 疑《うたが》はしく 思《おぼ》し召《め》され けれ ば、つとめて、「蔵人《くらうど》 して、削《けづ》り屑《くづ》 を
副 シク・用 サ四・未・尊 尊・用 過・已 接助 格助 格助

つがはし て みよ。」と 仰《おほ》せ言《ごと》 あり けれ ば、持《も》て行《い》き て、押《お》し付《つ》け て
サ四・用 接助 マ上一・命 格助 ラ変・用 過・已 接助 カ四・用 接助 カ下二・用 接助

見《み》 たうび ける に、つゆ 違《たが》は ざり けり。㉒その 削《けづ》り跡《あと》 は、いと
マ上一・用 バ四・用・尊・補 過・体 接助 副 ハ四・未 打・用 過・終 格助 係助 副

殿《でん》の北の）露台の外まで震えに震えておいでになったが、仁寿殿の東側の石畳のあたりに軒と同じぐらい（の高さ）の人がいるように見えなさったので、何も考えられず、「わが身がありましてこそ、（帝の）ご命令も承ることができるだろう。」と言って、それぞれ引き返して参上なさったので、（帝は）御扇をたたいてお笑いになるが、⑱入道殿はたいへん長くお見えにならないので、どうしたかとお思いになる（その）ときに、ごく何気なく、何事もない様子で参上なさった。⑲（帝が）「どうだったかどうだったか。」と尋ねなさると、（道長公は）たいへん落ち着いたご様子で、御刀で、削り取られたものを取り揃《そろ》えて（帝に）さし上げなさるので、（帝が）「これは何か。」とおっしゃると、（道長公は）「何もしないで帰って参りますのは、（行ったという）証拠がございますまいということにより、高御座の南側の柱のもとを削ってございます。」

けざやかにて　はべ　めり。㉓末《すゑ》の世《よ》に　も、見《み》る　人《ひと》は　なほ
ナリ・用　接助　ラ変・体・撥・丁・補　推定・終　格助　係助　マ上一・体　係助　副

あさましき　こと　に　ぞ　申《まう》し　し　かし。（太政《だいじやう》大臣・道長）
シク・体　格助　係助　サ四・用・謙　過・体　終助

と平気で申し上げなさるので、（帝は）たいそう驚きあきれるばかりだとお思いになる。⑳他の（二人の）殿たち（道隆公と道兼公）のお顔色はどうしてもやはり直らないで、この殿（道長公）がこのように参上なさったのを、帝をはじめ（人々が）感心して大騒ぎなさいましたが、（お二人は）うらやましいのか、またどのような思いなのか、ものも言わないで控えていらっしゃった。

㉑（帝は）やはり疑わしくお思いになったので、翌朝、「蔵人に（命じて）、削り屑を（へこんでいる所に）組み合せてみよ。」とご命令があったので、（削り屑を）持っていって、押し付けて見なさったところ、少しも違わなかった。㉒その削り跡は、（今でも）たいそう鮮やかであるようです。㉓後の世にも、（それを）見る人はやはり驚きあきれることと申し上げたものであるよ。

重要語句

高 126 古 108

こはし　強い。しっかりとしている。

おどろおどろし　①気味が悪い。②おおげさだ。ここでは①。

便なし　都合が悪い。よくない。

つゆ…（打消）　少しも…ない。まったく…ない。

高 127 古 109

具す　①備える。②連れる。伴う。ここでは、②の意味。

たぶ　「与ふ」「授く」の尊敬語。お与えになる。くださる。

高 128 古 110

術なし　どうにもしようがない。

つれなし　①冷淡だ。②さりげない。平気だ。③もとのままだ。ここでは、②の意味。

発問　脚注問題　高 古

1 高 125ページ 古 107ページ

「思すらむ」の主語は誰か。

大入道殿（藤原兼家）。

2 高 126ページ 古 108ページ

「さるべき人」とはどのような人か。また具体的には誰か。

権力を握ることになる人。道長。

3 高 127ページ 古 109ページ

どのようなことの「証」なのか。

道長が確かに大極殿に入ったという証拠。

〈ポイント〉道長が、『昭慶門まで送れ。』と仰せ言たべ。それより内には一人入り侍らむ。」と言ったことに対して、帝が「証なきこと。」と言ったのは、昭慶門は大極殿の北面の外門にあたり、昭慶門をくぐったとしても、大極殿に確かに入ったとはいえないからである。

4 高 128ページ 古 110ページ

「子四つ」「丑」は、それぞれ何時頃か。

・「子四つ」…午前零時半頃。

・「丑」…午前二時前後。

教材末の問題　高 129ページ 古 111ページ

学習

1　「大内裏部分略図」を参考にして、登場人物の行き先やたどった経路を確認してみよう。

・道隆のルート…殿上の間→宜秋門《ぎしゅうもん》のそばの右衛門の陣。ここで宴の松原の音を聞いて引き返す。（→〔目的地〕豊楽院）

・道兼のルート…殿上の間→内裏の仁寿殿の露台の外。ここで東側の石畳のあたりを見て引き返す。（→〔目的地〕仁寿殿の塗籠）

・道長のルート…殿上の間→承明門→建礼門→昭慶門→〔目的地〕大極殿に到着して戻る。

↓帝の命令通りに目的地に着いて戻ってきたのは、道長だけである。道隆は、内裏の外には出たが、宴の松原のところで諦めている。道兼は、命じられた目的地である仁寿殿の塗籠も内裏の中で近いが、その建物の外で諦めている。

2　本文（高 一二八頁以降・古 一一〇頁以降）から道長の言動に対する評価の言葉を取り上げ、誰のどのような評価であったのかを整理してみよう。

・「帝よりはじめ感じののしられ給へど」（高 一二八・15）（古 一一〇・15）
帝をはじめとする当時の人々の、胆《きも》が据わった道長に感心し、すばらしいとする評価。

・「末の世にも、見る人はなほあさましきことにぞ申ししかし。」（高 一二九・4）（古 一一一・4）
後世の人々の、道長の行動を驚嘆すべきこととする評価。

3　道隆・道兼・道長の人物像をまとめ、比較してみよう。

・道隆…父の自分たち兄弟に対する批判を素直に受け入れるなど従順だが、肝が据わっていない面がある。
・道兼…道隆同様、父の言うことに従順だが、道隆より一層臆病な面がある。
・道長…負けず嫌いなところがあり、父の言うことに対しても自分の意見をはっきりと述べる。度胸があり、思い切った行動をとる。疑問には解決策を提示しようとするなど、積極的に事にあたろうとする。

ことばと表現

1　傍線部に注意して現代語訳してみよう。

(1) **影だに踏むべくもあらぬこそ**（高 一二五・2）（古 一〇七・2）
（公任殿の）影法師さえ踏むこともできそうもないことが

(2) **「えまからじ。」とのみ申し給ひけるを、**（高 一二六・10）（古 一〇八・10）
「（どうやっても）参ることはできないだろう。」とばかり（人々が）申し上げなさったのに、

(3) **つゆさる御気色もなくて、**（高 一二六・15）（古 一〇八・15）
少しもそのような（人気のない所に行くのを困ったこととする）ご様子もなくて、

(4) **それをさへ分かたせ給へば、**（高 一二八・2）（古 一一〇・2）
それ（出口）までもお分けになったので、

(5) **いかにもなほ直らで、**（高 一二八・14）（古 一一〇・14）
どうしてもやはり直らないで、

―南院《みなみのゐん》の競射―

品詞分解・現代語訳

①帥殿《そちどの》の南院《みなみのゐん》にて人々《ひとびと》集《あつ》めて弓《ゆみ》あそばしに、この殿《との》渡《わた》ら
格助　格助　マ下二・用　接助　サ四・用・尊　過・体　格助　格助　ラ四・未

せ給《たま》へれば、思《おも》ひかけずあやしと、中関白殿《なかのくわんぱくどの》思《おぼ》し驚《おどろ》きて、
尊・用　ハ四・已・尊・補　完・已　接助　カ下二・未　打・用　シク・終　格助　カ四・用・尊　接助

いみじう饗応《きやうおう》し申《まう》させ給《たま》うて、下臈《げらふ》におはしませど、
シク・用・ウ　サ変・用　サ四・未・謙・補　尊・用　ハ四・用・ウ・尊・補　接助　断・用　サ四・已・尊・補　接助

前《まへ》に立《た》て奉《たてまつ》りて、まづ射《い》させ奉《たてまつ》らせ給《たま》ひ
格助　タ下二・用　ラ四・用・謙・補　接助　副　ヤ上一・未　使・用　ラ四・未・謙・補　尊・用　ハ四・用・尊・補

けるに、帥殿《そちどの》の矢数《やかず》、いま二《ふた》つ劣《おと》り給《たま》ひぬ。②中関白殿《なかのくわんぱくどの》、また
過・体　接助　格助　副　ラ四・用　ハ四・用・尊・補　完・終　接続

御前《おまへ》に候《さぶら》ふ人々《ひとびと》も、「いま二度《ふたたび》延《の》べさせ給《たま》へ。」と申《まう》し
格助　ハ四・体・謙　係助　副　バ下二・未　尊・用　ハ四・命・尊・補　格助　サ四・用・謙

て、延《の》べさせ給《たま》ひけるを、安《やす》からず思《おぼ》しなりて、「さらば、
接助　バ下二・未　尊・用　ハ四・用・尊・補　過・体　接助　ク・未　打・用　ラ四・用・尊　接助　接続

延《の》べさせ給《たま》へ。」と仰《おほ》せられて、また射《い》させ給《たま》ふ
バ下二・未　尊・用　ハ四・命・尊・補　格助　サ下二・未・尊　尊・用　接助　副　ヤ上一・未　尊・用　ハ四・終・尊・補

とて、仰《おほ》せらるるやう、③「道長《みちなが》が家《いへ》より帝《みかど》・后《きさき》立《た》ち給《たま》ふ
格助　接助　サ下二・未・尊　尊・体　格助　格助　タ四・用　ハ四・終・尊・補

---

①帥殿（藤原伊周《これちか》公）が（藤原道《みち》隆《たか》公邸内の）南院で人々を集めて弓の競射をなさったときに、この殿（藤原道長《みちなが》公）がいらっしゃったので、思いがけなく不思議なことだと、中関白殿（道隆公）はお思いになり驚きなさって、たいへん機嫌を取って歓待申し上げなさって、（道長公は伊周公より）低い官職でいらっしゃるけれども、（順番を）先にお立て申し上げて、まず最初に射させ申し上げなさったところ、帥殿の（射当てなさった）矢数は、（道長公より）もう二本劣りなさっていた。②中関白殿や、またおそば近くにお控え申し上げる人々も、「もう二回延長なさい。」と申し上げて、延長なさったので、（道長公は）心中穏やかではなくお思いになって、「それならば、

べきものならば、この矢当《あ》たれ。」と仰《おほ》せらるるに、同《おな》じものを
当・体　断・未　接助　格助　ラ四・命　格助　サ下二・未・尊　尊・体　接助　シク・体　接助
中心《なから》には当《あ》たるものかは。④次《つぎ》に帥殿《そちどの》射《い》給《たま》ふに、いみじう
格助　係助　ラ四・体　係助　格助　ヤ上一・用　ハ四・体・尊・補　接助　シク・用・ウ
臆《おく》し給《たま》ひて、御手《おほんて》もわななく故《け》にや、的《まと》のあたりにだに
サ変・用　ハ四・用・尊・補　接助　係助　カ四・体　断・用　係助　格助　格助　副助
近《ちか》く寄《よ》らず、無辺世界《むへんせかい》を射《い》給《たま》へるに、関白殿《くわんばくどの》、色《いろ》青《あを》く
ク・用　ラ四・未　打・用　格助　ヤ上一・用　ハ四・已・尊・補　完・体　接助　ク・用
なりぬ。⑤また入道殿《にふだうどの》射《い》給《たま》ふとて、「摂政《せつしやう》・関白《くわんぱく》すべき
ラ四・用　完・終　副　ヤ上一・用　ハ四・終・尊・補　格助　接助　サ変・終　当・体
ものならば、この矢当《あ》たれ。」と仰《おほ》せらるるに、初《はじ》めの同《おな》じ
断・未　接助　格助　ラ四・命　格助　サ下二・未・尊　尊・体　接助　格助　シク・体
やうに、的《まと》の破《やぶ》るばかり、同《おな》じところに射《い》させ給《たま》ひ
比・用　格助　ラ下二・終　副助　シク・体　格助　ヤ上一・未　尊・用　ハ四・用・尊・補
つ。⑥饗応《きやうおう》し、もてはやし聞《き》こえさせ給《たま》ひつる興《きよう》もさめて、
完・終　サ変・用　サ四・用　ヤ下二・未・謙・補　尊・用　ハ四・用・尊・補　完・体　係助　マ下二・用　接助
こと苦《にが》うなりぬ。⑦父大臣《ちちおとど》、帥殿《そちどの》に、「何《なに》か射《い》る。な射《い》そ、な射《い》
ク・用・ウ　ラ四・用　完・終　格助　副　係助　ヤ上一・体　副　ヤ上一・用　終助　副　ヤ上一・用
そ。」と制《せい》し給《たま》ひて、ことさめにけり。
終助　格助　サ変・用　ハ四・用・尊・補　接助　マ下二・用　完・用　過・終

（太政大臣《だいじやう》・道長）

延長なさってください。」とおっしゃって、また射なさるということで、おっしゃったことには、③「道長の家から帝や后がお立ちになるはずのものであるならば、この矢当たれ。」とおっしゃったところ、同じ当たるにしても（的の）中心に当たるものであろうか（いや、なんと当たったのである）。④次に帥殿が射なさるが、たいへん気後れなさって、お手もわなわなと震えるためだろうか、的のそばにさえ近づかず、とんでもない方向を射なさったので、関白殿は、顔色が真っ青になってしまった。⑤また入道殿が射なさるとして、（そのときに）「摂政や関白を（私が）するはずのものなら、この矢当たれ。」とおっしゃると、初めと同じように、的が割れるくらい、同じところに射なさった。⑥（道隆公が道長公の）機嫌を取って歓待し、お引き立て申し上げなさっていた興もさめて、気まずくなってしまった。⑦父大臣（道隆公）は、帥殿に、「ど

うして射るのか（いや、射なくてよい）。射るな、射るな。」と制止なさって、その場がしらけてしまったということだ。

重要語句

高130 古112 安からず　心中穏やかではない。

発問　脚注問題　高　古

高130ページ　古112ページ

1 「この殿」とは誰か。

藤原道長。

2 なぜ「安からず」思ったのか。

二本差で道長が勝ったのに、勝敗は決まらず、延長戦とされてしまったから。

3 「無辺世界」とは、もともと「虚空」を表す仏教語である。ここではどのような意味を表しているか。

とんでもない方向、見当違いのところのこと。

教材末の問題　高131ページ　古113ページ

学習

1 道長と伊周はそれぞれどのような人物として描かれているか、まとめてみよう。

・道長

時の権力者は道隆で、その息子の伊周は、道長の官位を超え、次代を担うにあたり道長の政敵といえる。その相手方に乗り込み自らの栄華の予言をし、相手を圧して勝つという大胆不敵な人物。

・伊周

道長のように気の強い人物に圧倒されてしまい、権力の中枢にいる父親の後ろ盾があっても、我を失ってしまうような気弱な人物。

2 道隆が「色青く」（高一三〇・11）（古一一二・11）なったり、「な射そ」（高一三一・2）（古一一三・2）と言ったりした理由を考えてみよう。

息子である伊周が、道長に圧倒されて震えあがり、矢を外す失態を重ねれば、自分たち親子が道長よりも劣っているということを世間にさらしてしまうことになるため。また、道長の発言や競射の出来を考えれば、自分たちの家が没落しつつあるように思われたため。

言語活動

1 「いま二度延べさせ給へ」（高 一三〇・5）（古 一一二・5）の「二度」を、矢の数として「二本」とする考えと「四本」と考える立場とがある。それぞれの場合で、「いま二度延べさせ給へ」という発言の真意はどこにあるのか、話し合ってみよう。

・二本

伊周に、道長と引き分けとなるチャンスを与えるように配慮しつつも、道長にも、延長によって負けることがないように配慮している。

・四本

ただ伊周のみに対して、道長との二本差を逆転し、さらに優位に立てるように配慮している。

ことばと表現

1 傍線部を文法的に説明してみよう。

(1) まづ射させ奉らせ給ひけるに、（高 一三〇・4）（古 一一二・4）

使役の助動詞「さす」の連用形。

(2) また射させ給ふとて、（高 一三〇・7）（古 一一二・7）

尊敬の助動詞「さす」の連用形。

2 次の「が」「の」の用法を確認してみよう。

(1) 帥殿の南院にて（高 一三〇・1）（古 一一二・1）

主格を表す格助詞。

〈ポイント〉「（帥殿）が」に言い換えられるので、主格を表す。

(2) 帥殿の矢数、（高 一三〇・4）（古 一一二・4）

連体修飾格を表す格助詞。

(3) 道長が家より（高 一三〇・8）（古 一一二・8）

連体修飾格を表す格助詞。

軍記物語

平家物語《へいけものがたり》

高「高等学校　古典探究」134～141ページ
古「古典探究　古文編」116～123ページ

作品紹介

平家物語　へいけものがたり　作者未詳。鎌倉時代前期までに加筆や改訂が重ねられ原型が成立した軍記物語。平清盛《たいらのきよもり》を頂点とする平家一門が権勢を極め、滅亡していくさまが、和漢混淆文《こんこうぶん》で描かれている。琵琶法師《びわほうし》が、平曲として語り、広く民衆に親しまれた。

―忠度《ただのり》の都落ち―

品詞分解・現代語訳

①薩摩守忠度《さつまのかみただのり》 は、 いづく より や 帰《かへ》ら れ たり けん、 侍《さぶらひ》 五騎《ごき》、 童《わらは》 一人《いちにん》、
係助　格助　係助　ラ四・未　尊・用　完・用　過推・体

わが 身 とも に 七騎《ななき》 取《と》つて返《かへ》し、 五条《ごでう》の三位《さんみ》俊成卿《しゆんぜいのきやう》 の 宿所《しゆくしよ》 に おはし て
格助　格助　サ四・用　格助　格助　サ変・用・尊　接助

見《み》 給《たま》へ ば、 門戸《もんこ》 を 閉《と》ぢ て 開《ひら》か ず。 ②「忠度《ただのり》。」 と 名《な》のり
マ上一・用　ハ四・已・尊・補　接助　格助　ダ上二・用　接助　カ四・未　打・終　格助　ラ四・用

給《たま》へ ば、 「落人《おちうと》 帰《かへ》り来《き》 たり。」 と て、 その 内《うち》 騒《さは》ぎ合《あ》へ り。 ③薩摩守《さつまのかみ》、
ハ四・已・尊・補　接助　カ変・用　完・終　格助　接助　格助　ハ四・已　存・終

馬《うま》 より 下《お》り、 自《みづか》ら 高《たか》らかに のたまひ ける は、 「別《べち》 の 子細《しさい》 候《さうら》は ず。
格助　ラ上二・用　副　ナリ・用　ハ四・用・尊　過・体　係助　格助　ハ四・未・丁　打・終

①薩摩守忠度は、どこからお帰りになったのだろうか、侍五騎と、童一人、自分とともに七騎で引き返し、五条の三位（藤原）俊成卿の邸宅にいらっしゃってご覧になると、出入り口を閉じて（いて）開かない。②「忠度（です）。」と名乗られると、「落人《おちゅうど》が帰って来た。」と言って、その邸内で騒ぎ合っている。③薩摩守は、馬から降りて、自分から声高らかにおっしゃったことには、「特別なわけは

三位殿《さんみどの》に 申す《まう》 べき こと あつ て、忠度《ただのり》が 帰り《かへ》参つ《まゐ》 て 候ふ《さう》。
格助 サ四・終・謙 意・体 ラ変・用・促 接助 格助 ラ四・用・促・謙 接助 ハ四・終・丁・補

門《かど》を 開か《ひら》 れ ず とも、この 際《きは》 まで 立ち《た》寄ら《よ》 せ 給へ《たま》。」 と
格助 カ四・未 尊・未 打・終 接助 格助 副助 ラ四・未 尊・用 ハ四・命・尊・補 格助

のたまへ ば、俊成卿《しゅんぜいのきやう》、「さる こと ある らん。その 人《ひと》 なら ば 苦しかる《くる》
ハ四・已・尊 接助 連体 ラ変・体 現推・終 格助 断・未 接助 シク・体

まじ。入れ《い》 申せ《まう》。」 と て、門《かど》を 開け《あ》 て 対面《たいめん》 あり。④ことの
打推・終 ラ下二・用 サ四・命・謙・補 格助 接助 格助 カ下二・用 接助 ラ変・終 格助

体《てい》、何《なに》と なう あはれなり。
格助 ク・用・ウ ナリ・終

⑤薩摩守《さつまのかみ》 のたまひ ける は、「年《とし》ごろ 申し《まう》承つ《うけたまは》 て のち、おろかなら ぬ
ハ四・用・尊 過・体 係助 ラ四・用・促・謙 接助 ナリ・未 打・体

御《おん》ことに 思ひ《おも》 参らせ《まゐ》 候へ《さうら》 ども、この 二《に》、三年《さんねん》は、京都《きやうと》の
格助 ハ四・用 サ下二・用・謙・補 ハ四・已・丁・補 接助 格助 係助 格助

騒ぎ《さわ》、国々《くにぐに》の 乱れ《みだ》、しかしながら 当家《たうけ》の 身《み》の 上《うへ》の ことに 候ふ《さうら》
格助 副 格助 格助 格助 断・用 ハ四・体・丁・補

間《あひだ》、疎略《そらく》を 存ぜ《ぞん》 ず と いへ ども、常に《つね》 参り《まゐ》寄る《よ》 こと も 候は《さうら》
格助 サ変・未・謙 打・終 格助 ハ四・已 接助 ナリ・用 ラ四・体・謙 係助 ハ四・未・丁

ず。⑥君《きみ》 すでに 都《みやこ》を 出で《い》 させ 給ひ《たま》 ぬ。⑦一門《いちもん》の 運命《うんめい》 はや
打・終 副 格助 ダ下二・未 尊・用 ハ四・用・尊・補 完・終 格助 副

尽き《つ》 候ひ《さうら》 ぬ。⑧撰集《せんじふ》の ある べき 由《よし》 承り《うけたまは》 候ひ《さうら》 しか
カ上二・用 ハ四・用・丁・補 完・終 格助 ラ変・体 推・体 ラ四・用・謙 ハ四・用・丁・補 過・已

ございません。三位殿（俊成卿）に申し上げるつもりのことがあって、忠度が帰り参っております。門をお開きにならなくても、この近くまでお近寄りなさってください。」とおっしゃるので、俊成卿は、「しかるべき事情があるのであろう。その人ならば差し障りはあるまい。入れ申し上げなさい。」と言って、門を開けて対面する。④（対面の）事のありさまは、なんとなくしみじみと感慨深い。

⑤薩摩守がおっしゃったことには、「長年（俊成卿に和歌のご指導を）請い承って以降、（俊成卿のことを）並みひととおりではないこととお思い申し上げて参りましたが、この二、三年は、京都の騒ぎ、各国（地方）の反乱、すべてが当家の身の上のことでございますので、いいかげんに思い申し上げてはいないけれども、常に（ご指導を受けるために）伺うこともできませんでした。⑥君（安《あん》徳《とく》天皇）はすでに都をお出になりました。⑦（平家）一門の運命はすで

ば〔接助〕、生涯（しやうがい）の〔格助〕面目（めんぼく）に〔格助〕、一首（いつしゆ）なり〔断・終〕とも〔接助〕御恩（ごおん）を〔格助〕かうぶらう〔ラ四・未／意・終〕ど〔格助〕存じ〔サ変・用・謙〕て〔接助〕候ひ〔ハ四・用・丁・補〕し〔過去・体〕に〔接助〕、やがて〔副〕世（よ）の〔格助〕乱れ〔ラ下二・用〕出で来（いでき）〔カ変・用〕て〔接助〕、その沙汰（さた）なく〔ク・用〕候ふ〔ハ四・終・丁・補〕条（でう）、ただ〔副〕一身（いつしん）の〔格助〕嘆き（なげき）と〔格助〕存ずる〔サ変・体・謙〕候ふ〔ハ四・終・丁〕。

⑨世（よ）静まり〔ラ四・用〕候ひ〔ハ四・用・丁・補〕な〔完・未〕ば〔接助〕、勅撰（ちよくせん）の〔格助〕御沙汰（ごさた）候は〔ハ四・未・丁・補〕んずらん〔現推・終〕。

⑩これ〔格助〕に〔格助〕候ふ〔ハ四・体・丁〕巻物（まきもの）の〔格助〕うちに〔格助〕、さりぬ〔ラ変・用／強・終〕べき〔適・体〕もの〔格助〕うれし〔シク・終〕と〔格助〕存じ〔サ変・用・謙〕候は〔ハ四・未・丁・補〕ば、一首（いつしゆ）なり〔断・終〕とも〔接助〕御恩（ごおん）を〔格助〕かうぶつ〔ラ四・用・促〕て〔接助〕、草（くさ）の〔格助〕陰（かげ）にても〔格助〕うれし〔シク・終〕と〔格助〕存じ〔サ変・用・謙〕候は〔ハ四・未・丁・補〕ば、遠き（とほき）〔ク・体〕御守り（おんまもり）で〔格助〕こそ〔係助〕候はんずれ〔ハ四・未・丁・補〕。」と〔格助〕て〔接助〕、

⑪日ごろ詠み置か〔カ四・未〕れ〔尊・用〕たる〔存・体〕歌ども〔格助〕の〔格助〕中（なか）に〔格助〕、秀歌（しうか）とおぼしき〔シク・体〕を〔格助〕百余首（ひやくよしゆ）書き集め〔マ下二・未〕られ〔尊・用〕たる〔存・体〕巻物（まきもの）を〔格助〕、今（いま）は〔係助〕とて〔格助〕うつ立た（たた）〔タ四・未〕れ〔尊・用〕ける〔過去・体〕とき〔格助〕、これ〔格助〕を〔格助〕取つ〔ラ四・用・促〕て〔接助〕持た〔タ四・未〕れ〔尊・用〕たり〔存・用〕し〔過去・体〕が〔接助〕、鎧（よろひ）の〔格助〕引き合はせ（ひきあはせ）より〔格助〕取り出でて（とりいでて）〔ダ下二・用／接助〕、俊成卿（しゆんぜいのきやう）に〔格助〕奉る（たてまつる）〔ラ四・終・謙〕。

⑫三位（さんみ）、これ〔格助〕を〔格助〕開け（あけ）〔カ下二・用〕て〔接助〕見（み）〔マ上一・用〕て〔接助〕、「かかる〔連体〕忘れ形見（わすれがたみ）を〔格助〕賜り置き（たまはりおき）〔ハ四・用・謙／カ四・用〕候ひ〔ハ四・用・丁・補〕ぬる〔完・体〕うへ〔係助〕は、ゆめゆめ〔副〕

に尽きてしまいました。⑧勅撰集の撰集があるようだとの次第をお聞きしましたので、（私、忠度の）一生の名誉として、（たとえ）一首でも（俊成卿の）ご恩をこうむろうと存じておりましたのに、その命令がなくなり乱が生じて、すぐに世の中に反したことは、ただもう我が身の嘆きと存じております。⑨世の中が鎮まりましたならば、勅撰のご命令がございますでしょう。⑩（その折には）ここにございます巻物の中にそれにふさわしい和歌がございましたならば、一首でも（俊成卿の）ご恩をいただいて（入集していただき）、草葉の陰でもうれしいと存じますことがございますならば、遠い（あの世からあなた様の）お守りとしてお仕えしましょう。」と言って、⑪普段詠み置きなさった歌の数々の中に、秀歌と思われるものを百首余り書き集めなさった巻物を、今はと出立なさるときに、これを取ってお持ちになっていたが、（それを）鎧の胴の合わせ

疎略《そらく》を存《ぞん》ずまじう候《さうら》ふ。⑬御疑《おんうたが》ひあるべからず。
格助 サ変・終・謙 打意・用・ウ ハ四・終・丁・補 ラ変・体 命・未 打・終

⑭さても ただ今《いま》の御渡《おんわた》りこそ、情《なさ》けもすぐれて深《ふか》う、あはれもことに
接続 格助 係助 係助 副 ク・用・ウ 係助 副

思《おも》ひ知《し》られて、感涙《かんるい》おさへがたう候《さうら》へ。」とのたまへば、⑮薩摩守《さつまのかみ》
ラ四・未 自・用 接助 ク・用・ウ ハ四・已・丁・補 格助 ハ四・已・尊 接助

喜《よろこ》んで、「今《いま》は西海《さいかい》の波《なみ》の底《そこ》に沈《しづ》まば沈《しづ》め、山野《さんや》にかばね
バ四・用・撥 接助 係助 格助 格助 格助 マ四・未 接助 マ四・命 格助

をさらさばさらせ。⑯浮《う》き世《よ》に思《おも》ひ置《お》くこと候《さうら》はず。⑰さらば
格助 サ四・未 接助 サ四・命 格助 カ四・体 ハ四・未・丁 打・終 接続

いとま申《まう》して。」とて、馬《うま》にうち乗《の》り、甲《かぶと》の緒《を》を締《し》め、西《にし》を
サ四・用・謙 接助 格助 接助 格助 ラ四・用 格助 格助 マ下二・用 格助

さいてぞ歩《あゆ》ませ給《たま》ふ。⑱三位《さんみ》、後《うし》ろをはるかに見送《みおく》つ
サ四・用・イ 接助 係助 マ四・未 使・用 ハ四・体・尊・補 格助 ナリ・用 ラ四・用・促

て立《た》たれたれば、忠度《ただのり》の声《こゑ》とおぼしくて、「前途《せんど》程遠《ほどとほ》し、思《おも》ひを
接助 タ四・未 尊・用 存・已 接助 格助 格助 シク・用 接助 ク・終 格助

雁山《がんさん》の夕《ゆふ》べの雲《くも》に馳《は》す。」と高《たか》らかに口《くち》ずさみ給《たま》へば、俊成卿《しゆんぜいのきやう》、
格助 格助 格助 サ下二・終 格助 ナリ・用 マ四・用 ハ四・已・尊・補 接助

いとど名残惜《なごりを》しうおぼえて、涙《なみだ》をおさへてぞ入《い》り給《たま》ふ。
副 シク・用・ウ ヤ下二・用 接助 格助 ハ下二・用 接助 係助 ラ四・用 ハ四・体・尊・補

⑲そののち、世《よ》静《しづ》まつて、『千載集《せんざいしふ》』を撰《せん》ぜられけるに、忠度《ただのり》の
格助 ラ四・用・促 接助 格助 サ変・未 尊・用 過・体 格助 格助

目から取り出して、俊成卿に差し上げる。⑫三位（俊成卿）は、これを開けて見て、「このような形見をいただいておきましたからには、決しておろそかに扱うことはしますまいと存じます。⑬お疑いなさいますな。⑭それにしてもこの今のお越しは、情趣も格別に深く、しみじみとした思いもとりわけ深く感じられて、感動の涙が抑えがたくございます。」とおっしゃると、⑮薩摩守は喜んで、「今は西海の波の底に沈むなら沈め、山野に死骸《しがい》をさらすならさらせ。⑯この世に思い残すことはございません。⑰それではお別れを申し上げまして。」と言って、馬にすばやく乗り、甲の緒を締め、西に向かって（馬を）歩かせなさる。⑱三位が、（忠度の）後ろ姿をはるか遠くまで見送って立っていらっしゃると、忠度の声と思われて、「前途程遠し、思いを雁山の夕べの雲に馳す（前途ははるか遠い先だ、思いを雁山の夕べにたなびく雲の向こうに馳せることだ）。」と高らかに口ずさみなさるので、

ありし　ありさま、言《い》ひ置《お》きし　言《こと》の葉《は》、今《いま》さら　思《おも》ひ出《い》でて　あはれなり
ラ変・用　過・体　カ四・用　過・体　副　ダ下二・用　接助　ナリ・用

ければ、かの　巻物《まきもの》の　うちに、さりぬ　べき　歌《うた》　いくらも　ありけれ
過・已　接助　格助　格助　格助　ラ変・用　強・終　適・体　副　係助　ラ変・用　過・已

ども、勅勘《ちよくかん》の　人《ひと》なれば、名字《みやうじ》をば　あらはされず、「故郷《こきやう》の　花」と
接助　格助　断・已　接助　格助　係助　サ四・未　尊・未　打・用　格助　格助

いふ　題《だい》にて　詠《よ》まれ　たりける　歌《うた》　一首《いつしゆ》ぞ、「詠《よ》み人《びと》　知《し》らず」と
ハ四・体　格助　マ四・未　尊・用　完・用　過・体　係助　ラ四・未　打・終　格助

入《い》れ　られ　ける。
ラ下二・未　尊・用　過・体

⑳さざなみや　志賀《しが》の　都《みやこ》は　荒《あ》れ　にし　を　昔《むかし》ながらの　山桜《やまざくら》かな
格助　係助　ラ下二・用　完・用　過・体　接助　接助　格助　終助

その　身《み》、朝敵《てうてき》と　なりにし　うへは、子細《しさい》に　及《およ》ばず　と　いひ
格助　格助　ラ四・用　完・用　過・体　係助　格助　バ四・未　打・終　格助　ハ四・用

ながら、うらめしかりし　ことども　なり。
接助　シク・用　過・体　断・終

（巻第七）

俊成卿は、いっそう名残惜しく思われて、涙を抑えて（邸の中に）入られた。

⑲その後、世は騒ぎがおさまって、『千載集』を撰集なさったときに、忠度のあの折の様子、言い残した言葉を、今改めて思い出してしみじみとした気持ちになったので、あの巻物の中に、（撰集に）ふさわしい和歌はいくらでもあったけれども、天皇のおとがめを受けた人なので、名字を公になさらず、「故郷の花」という題でお詠みになった和歌一首を、「詠み人知らず」として（集に）お入れになった。

⑳志賀の古都は荒れてしまったが長等山《ながらやま》の山桜は昔のまま咲いていることであるよ。

その身が、朝敵となってしまったからには、とやかく言うこともできないというものの、残念なことである。

重要語句

高　古

134 116 **子細**　わけ。理由。詳しい事情。

135 117 **苦し**　①つらい。②不快だ。③差し障りがある。ここは③。

135
117

体　ありさま。様子。

参らす　謙譲の補助動詞。お…申し上げる。

しかしながら　①すべて。②結局。ここでは、①の意味。

間　…ので。接続助詞のように用いて、原因・理由を表す。

沙汰　①始末。②評定。③命令。ここでは、③の意味。

条　…（の）こと。…（の）件。接続助詞のように用いる。

135 / 117

さりぬべし　①それにふさわしい。適当だ。②身分が立派だ。ここでは、①の意味。

おぼし　①こうあってほしいと思う。②思われる。ここは②。

136 / 118

ゆめゆめ　決して。断じて。

さらば　それならば。それでは。

いとま　お別れ。

137 / 119

うらめし　残念である。

発問　脚注問題　高　古

高135ページ　古117ページ

1 俊成卿が「さることあるらん」と言ったのはなぜか。

忠度を信用するに足る人物だと思っていたから。

2 「御恩をかうぶ」るとは、どういうことか。

俊成卿によって、勅撰集に忠度の和歌を入れてもらうこと。

高137ページ　古119ページ

3 なぜ「詠み人知らず」としたのか。

忠度は朝敵であるとされ、表だって実名を出せないから。

4 「さざなみや…」の歌に使われている表現技法を指摘せよ。

・「さざなみや」は「志賀」の枕詞《まくらことば》。

・「ながら」は「（昔）ながら」と「長等《ながら》（山）」との掛詞《かけことば》。

教材末の問題　高137ページ　古119ページ

学習

1　忠度が俊成のもとを訪れた際の、俊成とその家人との反応の違いについて説明してみよう。

俊成は、忠度を信用しているので忠度と直接会ったが、家人は、何をしでかすか不安に思い、門を閉じたまま大騒ぎした。

2　「情けもすぐれて深う、あはれもことに思ひ知られて」（高一三六・2）（古一一八・2）とあるが、俊成は忠度のどういうところについて、このように述べているのか。説明してみよう。

都落ちした忠度が、危険をおかして再び戻り、生涯の名誉として勅撰集入集を願って、俊成に形見の和歌を託したところ。

言語活動

1　「前途程遠し、思ひを雁山の夕べの雲に馳す」（高一三六・7）（古一一八・7）という朗詠を行った時の忠度の心情を想像し、話し合ってみよう。

自分が向かう死地である西国ははるかに遠く、俊成や都の人々に再び会うことはかなわないと別れを惜しんでいる。

ことばと表現

1　各文から敬語の補助動詞を抜き出し、敬語の種類を確認しよう。

(1)　「別の子細候はず。三位殿に申すべきことあつて、忠度が帰り参つて候ふ。」（高一三四・9）（古一一六・9）

「（帰り参つて）候ふ」…丁寧。

(2)　「その人ならば苦しかるまじ。入れ申せ。」（高一三五・1）（古一一七・1）「申せ」…謙譲。

(3)　「おろかならぬ御ことに思ひ参らせ候へども、」（高一三五・3）（古一一七・3）「参らせ」…謙譲。「候へ」…丁寧。

―壇《だん》ノ浦《うら》―

品詞分解・現代語訳

①源《げん》氏《じ》の 兵《つはもの》ども、すでに 平家《へいけ》の 舟《ふね》に 乗《の》り移《うつ》り けれ ば、水手《すいしゅ》、
格助 副 格助 格助 ラ四・用 過・已 接助

梶取《かんどり》ども 射殺《いころ》さ れ、斬《き》り殺《ころ》さ れ て、舟《ふね》を 直《なほ》す に 及《およ》ば ず、舟底《ふなぞこ》に
サ四・未 受・用 サ四・未 受・用 接助 格助 サ四・体 格助 バ四・未 打・用 格助

たはれ伏《ふ》し に けり。②新中納言知盛卿《しんちゅうなごんとももりのきやう》、小舟《こぶね》に 乗《の》つ て 御所《ごしよ》の 御舟《おんふね》
サ四・用 完・用 過・終 格助 ラ四・用・促 接助 格助

に 参《まゐ》り、「世《よ》の中《なか》は、今《いま》は かう と 見《み》え て 候《さうら》ふ。見苦《みぐる》しから
格助 ラ四・用・謙 係助 係助 副・ウ 格助 ヤ下二・用 接助 ハ四・終・丁・補 シク・未

ん 物《もの》ども、みな 海《うみ》へ 入《い》れ させ 給《たま》へ。」と て、艫舳《ともへ》に 走《はし》り回《まは》り、
婉・体 副 格助 ラ下二・未 尊・用 ハ四・命・尊・補 格助 接助 格助 ラ四・用

掃《は》い たり、拭《のご》う たり、塵《ちり》拾《ひろ》ひ、手《て》づから 掃除《さうぢ》せ られ けり。③女房《にようばう》たち、
カ四・用・イ 完・用 ハ四・用・ウ 完・用 ハ四・用 副 サ変・未 尊・用 過・終

「中納言殿《ちゅうなごんどの》、いくさ は いかに や いかに。」と 口々《くちぐち》に 問《と》ひ 給《たま》へ ば、
係助 副 係助 副 格助 格助 ハ四・用 ハ四・已・尊・補 接助

「めづらしき あづま男《をとこ》を こそ 御覧《ごらん》ぜ られ 候《さうら》は んずらめ。」と て、
シク・体 格助 係助 サ変・未 尊・用 ハ四・未・丁・補 推・終 現推・已 格助 接助

からからと 笑《わら》ひ 給《たま》へ ば、「なんでふ の ただ今《いま》の たはぶれ ぞ や。」
副 ハ四・用 ハ四・已・尊・補 接助 連体 格助 格助 係助 係助

---

①源氏の兵たちは、すでに平家の船に乗り移ったので、水夫、舵《かじ》取りたちは射殺され、斬り殺されて、船（の方向）を正しくすることができず、船底に倒れ伏してしまった。②新中納言知盛卿は、小船に乗って天皇の御座所のお船に参上し、「世の中は、今はもうこれまでと見えます。見苦しいような物などを、みんな海へ投げ入れなさってください。」と言って、船首と船尾に走り回り、掃いたり、拭いたり、塵を拾ったりして、自分の手で掃除をなさった。③女房たちは、「中納言殿、戦い（の状況）はどうか、どうか。」と口々に尋ねなさると、「珍しい東男《あずまおとこ》をご覧になることでありましょう。」と言って、からからとお笑いになるので、（女房たちは）「なんという（このよう

とて、声々《こゑごゑ》に をめき叫《さけ》び 給《たま》ひ けり。
格助 接助 格助 バ四・用 ハ四・用・尊・補 過・終

④二位殿《にゐどの》は この ありさまを 御覧《ごらん》じ て、日ごろ 思《おぼ》し召《め》しまうけ たる
係助 格助 格助 サ変・用・尊 接助 副 カ下二・用・尊 存・体

ことなれば、にぶ色《いろ》の 二《ふた》つ衣《ぎぬ》 うちかづき、練袴《ねりばかま》の そば 高《たか》く はさみ、神璽《しんし》
断・已 接助 格助 カ四・用 格助 ク・用 マ四・用

を 脇《わき》に はさみ、宝剣《ほうけん》を 腰《こし》に 差《さ》し、主上《しゆしやう》を 抱《いだ》き たてまつ て、
格助 格助 マ四・用 格助 格助 サ四・用 格助 カ四・用 ラ四・用・促・謙・補 接助

「わが 身《み》は 女《をんな》なり とも、かたきの 手《て》には かかる まじ。⑤君《きみ》の 御供《おんとも》
格助 係助 断・終 接助 格助 格助 係助 ラ四・終 打意・終 格助

に 参《まゐ》る なり。御心《おんこころ》ざし 思《おも》ひ 参《まゐ》らせ 給《たま》は ん 人々《ひとびと》は、
格助 ラ四・体・謙 断・終 ハ四・用 サ下二・用・謙・補 ハ四・未・尊・補 婉・体 係助

急《いそ》ぎ 続《つづ》き 給《たま》へ。」 とて、舟端《ふなばた》へ 歩《あゆ》み出《い》でられ けり。⑥主上《しゆしやう》、今年《ことし》
ガ四・用 カ四・用 ハ四・命・尊・補 格助 接助 格助 ダ下二・未 尊・用 過・終

は 八歳《はちさい》に なら せ 給《たま》へ ども、御年《おんとし》の 程《ほど》より はるかに ねび
係助 格助 ラ四・未 尊・用 ハ四・已・尊・補 接助 格助 格助 ナリ・用 バ上二・未

させ 給《たま》ひ て、御《おん》かたち うつくしく、あたりも 照《て》りかかやく ばかり なり。
尊・用 ハ四・用・尊・補 接助 シク・用 係助 カ四・終 副助 断・終

⑦御髪《おんぐし》 黒《くろ》う ゆらゆらとし て、御背中《おんせなか》 過《す》ぎ させ 給《たま》へ り。
ク・用・ウ 副 サ変・用 接助 ガ上二・未 尊・用 ハ四・已・尊・補 存・終

⑧あきれ たる 御《おん》さまに て、「尼《あま》ぜ、我《われ》をば いづちへ 具《ぐ》し て ゆか
ラ下二・用 存・体 断・用 接助 格助 係助 格助 サ変・用 接助 カ四・未

に緊迫した）今になっての冗談ですか。」と言って、声々にわめき叫びなさった。

④二位殿（平時子《たいらのときこ》）はこのありさまをご覧になって、平生から前もって覚悟なさっていたことなので、濃いねずみ色の二枚重ねの衣を頭にかぶり、練絹の袴の脇の部分を高く（帯に）挟み、神璽を脇に挟み、宝剣を腰に差し、天皇（安徳《あんとく》天皇）をお抱き申し上げて、「わが身は女であるけれども、敵の手にはかかるまい。⑤天皇のお供として参るのである。（天皇に忠誠を誓う）お志を思い申し上げなさるような人々は、急ぎ続きなされよ。」と言って、船端へ歩み出なさった。⑥天皇は、今年は八歳になりなさるが、御年の程度よりはるかにおとなびなさって、ご容貌はうるわしく、あたりが照り輝くばかりである。⑦御髪は黒くゆらゆらとして、お背中をお過ぎになっていらっしゃる。⑧どうしてよいかわからず呆然《ぼうぜん》としたご様子で、（天

ん と する ぞ。」と 仰《おほ》せ けれ ば、いとけなき 君《きみ》 に 向《む》かひ
意・終 格助 サ変・体 係助 格助 サ下二・用・尊 過・已 接助 ク・体 格助 ハ四・用

奉《たてまつ》り、 涙《なみだ》 を おさへ て 申《まう》さ れ ける は、「君《きみ》 は いまだ
ラ四・用・謙・補 格助 ハ下二・用 接助 サ四・未・謙 尊・用 過・体 係助 係助 副

知《し》ろし召《め》され 候《さぶら》は ず や。⑨先世《ぜんぜ》 の 十善戒行《じふぜんかいぎやう》 の 御力《おんちから》 に よつ
サ四・未・尊 尊・用 ハ四・未・丁・補 打・終 係助 格助 格助 格助 ラ四・用・促

て、今《いま》 万乗《ばんじよう》 の あるじ と 生《む》まれ させ 給《たま》へ ども、悪縁《あくえん》 に ひか
接助 格助 格助 ラ下二・未 尊・用 ハ四・已・尊・補 接助 格助 カ四・未

れ て、御運《ごうん》 すでに 尽《つ》き させ 給《たま》ひ ぬ。⑩まづ 東《ひんがし》 に 向《む》かは せ
受・用 接助 副 カ上二・未 尊・用 ハ四・用・尊・補 完・終 副 格助 ハ四・未 尊・用

給《たま》ひ て、伊勢大神宮《いせだいじんぐう》 に 御《おん》いとま 申《まう》さ せ 給《たま》ひ、その 後《のち》
ハ四・用・尊・補 接助 格助 サ四・未・謙 尊・用 ハ四・用・尊・補 格助

西方浄土《さいはうじやうど》 の 来迎《らいかう》 に あづから ん と 思《おぼ》し召《め》し、西《にし》 に 向《む》かは せ
格助 格助 ラ四・未 意・終 格助 サ四・用・尊 格助 ハ四・未 尊・用

給《たま》ひ て 御念仏《おんねんぶつ》 候《さうら》ふ べし。⑪この 国《くに》 は 粟散辺地《そくさんへんぢ》 と て、
ハ四・用・尊・補 接助 ハ四・終・丁 命・終 格助 係助 格助 接助

心憂《こころう》き 境《さかひ》 に て 候《さうら》へ ば、極楽浄土《ごくらくじやうど》 と て、めでたき 所《ところ》 へ 具《ぐ》し
ク・体 断・用 接助 ハ四・已・丁・補 接助 格助 接助 ク・体 格助 サ変・用

参《まゐ》らせ 候《さうら》ふ ぞ。」と 泣《な》く泣《な》く 申《まう》さ せ 給《たま》ひ けれ ば、
サ下二・用・謙・補 ハ四・体・丁・補 係助 格助 副 サ四・未・謙 尊・用 ハ四・用・尊・補 過・已 接助

⑫山鳩色《やまばといろ》 の 御衣《ぎよい》 に びんづら 結《ゆ》は せ 給《たま》ひ て、御涙《おんなみだ》 に おぼれ、
格助 格助 ハ四・未 尊・用 ハ四・用・尊・補 接助 格助 ラ下二・用

皇は）「尼御前、私をどこへ連れて行こうとするのか。」とおっしゃったので、幼い天皇に向かい申し上げ、涙を抑えて申し上げなさったことには、「帝《みかど》はまだお知りになっていらっしゃいませんか。⑨前世の十善戒行のお力によって、今万乗のあるじ（天皇）とお生まれになったが、悪縁に引かれて、ご運はすでにお尽きになってしまいました。⑩まず東にお向きになって、伊勢大神宮においとまごいを申し上げなさり、その後西方浄土のお迎えにあずかろうとお思いになり、西にお向きになってお念仏を唱えなさいませ。⑪この国は粟散辺地といって、つらいところでございますので、極楽浄土といって、すばらしい場所へお連れ申し上げるのでございますよ。」と泣く泣く申し上げなさったので、⑫（天皇は）山鳩色の御衣にびんずらをお結いになって、お涙にくれ、小さくかわいらしいお手を合わせ、まず東を伏し拝み、伊勢大神宮においとまごいを

小《ちひ》さく うつくしき 御手《おんて》を 合《あ》はせ、まづ 東《ひんがし》を 伏《ふ》し拝《をが》み、伊勢大神宮《いせだいじんぐう》に
ク・用　シク・体　格助　サ下二・用　副　格助　マ四・用　格助
御《おん》いとま 申《まう》さ せ 給《たま》ひ、⑬その 後《のち》 西《にし》に 向《む》かは せ 給《たま》ひ
サ四・未・謙　尊・用　ハ四・用・尊・補　格助　格助　ハ四・未　尊・用　ハ四・用・尊・補
て、御念仏《おんねんぶつ》 あり しかば、二位殿《にゐどの》 やがて 抱《いだ》き 奉《たてまつ》り、「波《なみ》の 下《した》に も
接助　ラ変・用　過・已　接助　副　カ四・用　ラ四・用・謙・補　格助　格助　係助
都《みやこ》の 候《さうら》ふ ぞ。」と 慰《なぐさ》め たてまつ て、千尋《ちひろ》の 底《そこ》へ ぞ 入《い》り
格助　ハ四・体・丁　係助　格助　マ下二・用　ラ四・用・促・謙・補　接助　格助　格助　係助　ラ四・用
給《たま》ふ。
ハ四・体・尊・補

⑭新中納言《しんちゅうなごん》、「見《み》る べき 程《ほど》の こと は 見《み》 つ。今《いま》は 自害《じがい》せ ん。」
マ上一・終　当・体　格助　係助　マ上一・用　完・終　係助　サ変・未　意・終
と て、乳母子《めのとご》の 伊賀平内左衛門家長《いがのへいないざゑもんいへなが》を 召《め》し て、「いかに、約束《やくそく》は
格助　接助　格助　格助　サ四・用・尊　接助　感動　係助
たがふ まじき か。」と のたまへ ば、「子細《しさい》に や 及《およ》び 候《さうら》ふ。」と、
ハ四・終　打意・体　係助　格助　ハ四・已・尊　接助　格助　係助　バ四・用　ハ四・体・丁・補　格助
中納言《ちゅうなごん》に 鎧《よろひ》二領《にりやう》 着《き》せ 奉《たてまつ》り、わが 身《み》も 鎧《よろひ》二領《にりやう》 着《き》 て、手《て》
格助　サ下二・用　ラ四・用・謙・補　格助　係助　カ上一・用　接助
を 取《と》り組《く》んで 海《うみ》へ ぞ 入《い》り に ける。⑮これ を 見《み》 て、侍《さぶらひ》ども
格助　マ四・用・撥　接助　格助　係助　ラ四・用　完・用　過・体　格助　マ上一・用　接助

申し上げなさり、⑬その後西にお向かいになって、お念仏を唱えたので、二位殿はすぐにお抱き申し上げ、「波の下にも都がございますよ。」と慰め申し上げて、果てしなく深い海底へお入りになる。

⑭新中納言は、「見なければならないほどのことは見てしまった。今となっては自害をしよう。」と言って、乳母子の伊賀平内左衛門家長をお呼びになって、「どうだ、約束はたがえることはあるまいか。」とおっしゃると、（家長は）「言うまでもございません。」と（言って）、中納言に鎧を二領着せ申し上げ、自分も鎧二領を着て、手を取り合って海へ入ってしまった。⑮これを見て、侍たち二十人余りが、（主人に）後れ申し上げまいと、手に手を取り合って同じところに沈んだ。⑯その中に越中次郎兵衛、上総五郎兵衛、悪七兵衛、飛驒四郎兵衛は、どのようにして逃れたのだろうか、そこもまた落ちの

二十余人《にじふよにん》、後《おく》れ 奉《たてまつ》ら じ と、手《て》に 手《て》を 取《と》り組《く》んで 一所《いつしよ》に
ラ下二・用 ラ四・未・謙・補 打意・終 格助 格助 格助 マ四・用・撥 接助 格助
沈《しづ》み けり。⑯その 中《なか》に 越中次郎兵衛《ゑつちゆうのじらうびやうゑ》、上総五郎兵衛《かづさのごらうびやうゑ》、悪七兵衛《あくしちびやうゑ》、
マ四・用 過・終 格助 格助
飛驒四郎兵衛《ひだのしらうびやうゑ》は、何《なに》と し て か 逃《のが》れ たり けん、そこ を も また
係助 格助 サ変・用 接助 係助 ラ下二・用 完・用 過推・体 格助 係助 副
落《お》ち に けり。⑰海上《かいしやう》に は 赤旗《あかはた》、赤《あか》じるし 投《な》げ捨《す》て、かなぐり捨《す》て たり
タ上二・用 完・用 過・終 格助 係助 タ下二・用 タ下二・用 存・用
けれ ば、竜田河《たつたがは》の 紅葉葉《もみぢば》を 嵐《あらし》の 吹《ふ》き散《ち》らし たる が ごとし。⑱汀《みぎは》に
過・已 接助 格助 格助 格助 サ四・用 完・体 格助 比・終 格助
寄《よ》する 白波《しらなみ》も 薄紅《うすぐれなゐ》に ぞ なり に ける。⑲主《ぬし》も なき むなしき 舟《ふね》は、
サ下二・体 係助 格助 係助 ラ四・用 完・用 過・体 係助 ク・体 シク・体 係助
潮《しほ》に ひか れ、風《かぜ》に 従《したが》つ て、いづく を さす と も なく 揺《ゆ》ら
格助 カ四・未 受・用 格助 ハ四・用・促 接助 格助 サ四・終 格助 係助 ク・用 ラ四・未
れ ゆく こそ 悲《かな》しけれ。
受・用 カ四・体 係助 シク・已

（巻第十一）

びてしまった。⑰海上には（平家の）赤旗、赤印を投げ捨て、かなぐり捨ててあったので、竜田川の紅葉の葉を嵐が吹き散らしたようである。⑱水際に寄せる白波も薄紅色になってしまった。⑲主人もいない空の船は、潮流に引かれ、風に流されて、どこを目指すともなく揺られていく（その）さまは悲しいことである。

重要語句

高 古 **に及ばず** ①…するまでもない。②…できない。ここでは、②の意味。

138 120 **なんでふ** なんという。なにほどの。

138 120 **をめく** わめく。大声で叫ぶ。

思し召しまうく（思ひまうく） 「思ひまうく」の尊敬語。前もって覚悟なさる。

139 121 **知ろし召す** 「知る」の尊敬語。①治めていらっしゃる。②知っていらっしゃる。ご存知である。ここでは、②の意味。

召す　「呼ぶ」「招く」の尊敬語。お呼びになる。お招きになる。

むなし　①何もない。からである。②事実無根である。③無駄である。④はかない。⑤死んでいる。ここでは、①の意味。

発問　脚注問題　高　古

1　「世の中は、今はかうと見えて候ふ」とはどういうことか。　高138ページ　古120ページ

平家一門の滅亡の時になったということ。

2　「日ごろ思し召しまうけたること」とは、どういうことか。

平家滅亡の時だと感じたら、安徳天皇とともに自害するということ。

3　「約束」とはどういう約束か。　高140ページ　古122ページ

生きるときも死ぬときも共にあろうという約束。

教材末の問題　高141ページ　古123ページ

学習

1　二位殿の言葉から、安徳天皇に対するどのような思いが感じ取れるか、考えてみよう。

幼い天皇の死の恐怖や不安を和らげようと気遣う思いと、天皇として立派な最期を遂げさせたいと願う思い。

2　知盛の言動からどのような人物像が浮かび上がってくるか、話し合ってみよう。

・平家滅亡の時を察知し、立つ鳥跡を濁さずというように、御所の船には一点の乱れもなくするために、船中の見苦しい物を海に投げ入れて処理し、船内を掃除する、平家一門の最後を見届けようとするなど、冷静な判断力と誇り高さ、行動力を持つ人物。

・危急存亡のときに際しても、むやみに人の不安をあおったりせず、冗談を言うなど、気配りもできる人物。

・自らの死を受け入れる潔さを持つ人物。

言語活動

1　本文の解釈を踏まえ、地の文と各登場人物に役割を分けて朗読劇をしてみよう。

↓略

ことばと表現

1　各文を敬語に注意して現代語訳してみよう。

(1)　**御心ざし思ひ参らせ給はん人々**（高一三八・13）（古一二〇・13）

お志を思い申し上げなさるような人々

(2)　**いまだ知ろし召され候はずや。**（高一三九・6）（古一二一・6）

まだお知りになっていらっしゃいませんか。

(3)　**具し参らせ候ふぞ。**（高一四〇・5）（古一二二・5）

お連れ申し上げるのでございますよ。

日記文学(二)

建《けん》礼《れい》門《もん》院《ゐん》右《う》京《きやうの》大《だい》夫《ぶ》集《しふ》

高「高等学校　古典探究」144〜147ページ
古「古典探究　古文編」126〜129ページ

作品紹介

建礼門院右京大夫集　けんれいもんいんうきょうのだいぶしゅう　作者は建礼門院《けんれいもんいん》右《う》京《きょうの》大夫《だいぶ》。鎌倉時代前期（一二三二年頃）に成立した私家集。平資盛《すけもり》との恋愛歌を中心とした約三百六十首の歌をまとめた歌集で、詞書《ことばがき》が長く、日記的要素も備《そな》えている。

建礼門院右京大夫　けんれいもんいんうきょうのだいぶ　生没年未詳。歌人で、父は藤原伊行《これゆき》。高倉《たかくら》天皇の中宮・建礼門院平徳子《とくこ》に右京大夫として仕えた。壇ノ浦《だんのうら》で平家が滅亡し、平資盛が入水《じゅすい》して果てた後には、後鳥羽《ごとば》院にも仕えた。

――なべて世の――

品詞分解・現代語訳

①またの年《とし》｜の｜春《はる》｜ぞ、｜まことに｜この世《よ》｜の｜ほか｜に｜聞きはて《き》｜に｜し。②そ
（格助／係助／副／格助／格助／タ下二・用／完・用／過・体）

の｜ほど｜の｜こと｜は、｜まして｜何《なに》｜と｜かは｜言は《い》｜む。③皆《みな》｜かねて｜思ひ《おも》｜し
（格助／格助／係助／副／格助／係助／ハ四・未／意・体／副／ハ四・用／過・体）

こと｜なれ｜ど、｜ただ｜ほれぼれと｜のみ｜おぼゆ。④あまりに｜せきやら｜ぬ｜涙《なみだ》｜も、
（断・已／接助／副／副／副助／ヤ下二・終／ナリ・用／ラ四・未／打・体／係助）

かつは｜見る《み》｜人《ひと》｜も｜つつましけれ｜ば、｜何《なに》｜と｜か｜人《ひと》｜も｜思ふ《おも》｜らめ｜ど、
（副／マ上一・体／係助／シク・已／接助／格助／係助／係助／ハ四・終／現推・已／接助）

①翌年の春、本当に（資盛様が）あの世の人（となった）と聞いてしまったのだった。②そのときのことは、（前にも）まして何と言おうか（その悲しみは何とも言いようもない）。③すべて以前から覚悟していたことだけれど、ただぼうぜんとばかり思われる。④あまりに抑えきれない涙も、一方では（傍らで）見ている人

「心地《ここち》のわびしき。」とて、ひきかづき、寝暮《ねく》らしてのみぞ、心《こころ》のままに泣き過《なす》ぐす。⑤いかでものをも忘《わす》れむと思《おも》へど、あやにくに面影《おもかげ》は身《み》に添《そ》ひ、言《こと》の葉《は》ごとに聞《き》く心地《ここち》して、身《み》を責《せ》めて悲《かな》しきこと、言《い》ひ尽《つ》くすべきかたなし。⑥ただ、「限《かぎ》りある命《いのち》にて、はかなく。」など聞《き》きしことをだにこそ悲《かな》しきことに言《い》ひ思《おも》へ、これは何《なに》をかためしにせむと返《かへ》す返《がへ》すおぼえて、

⑦なべて世《よ》のはかなきことを悲《かな》しとはかかる夢《ゆめ》見《み》ぬ人《ひと》や言《い》ひけむ。

⑧ほど経《へ》て、人《ひと》のもとより「さても、このあはれ、いかばかりか。」と言《い》ひたれば、なべてのことのやうにおぼえて、

⑨悲《かな》しともまたあはれとも世《よ》の常《つね》に言《い》ふべきことに

にも遠慮されるので、どうしたことかと人も思っているだろうが、「気分が悪い（ので）。」と言って、（夜具を）頭から引きかぶって、一日中寝て暮らすばかりで、思う存分泣いて過ごす。⑤なんとかしてそのこと（資盛様の死）を忘れようと思うけれど、意地悪くも（資盛様の）面影は（私の）身に寄り添い、（生前あの方が言った）言葉の一言一言を聞くような気がして、わが身を責めさいなむようにして悲しいことは、言い尽くせるすべもない。⑥ただ、「寿命が来て亡くなった。」などと聞いたことでさえも（世間では）悲しいことと言ったり思ったりするのに、この場合は何を例にするとよいのだろうか（いや、例にするものなど何もない）と繰り返し思われて、

⑦一般に世の中の死というものを、（ただ単に）悲しいと言うのは、このような夢（としか言いようのないつらい目）を見たことのない人が言ったのだろうか。

あら	ば	こそ	あら	め
ラ変・未	接助	係助	ラ変・未	適・已

⑧時日がたって、ある人のもとから「それにしても、このあわれさは、どれほどでしょうか。」と言っ（てき）たので、（気持ちの込もっていない）通り一遍のことのように思われて、⑨悲しいとも、またあわれとも、世間一般に言えるようなことであるならば、あるのがよいのだが（そうではない）。

重要語句

高 144　古 126

せきやらず（せく・やる）　「せく」は「せき止める」、「やる」は「…やらず」の形で「…しようとしてできない」の意。ここの「せきやらず」は「せき止められない。抑えきれない」などと訳す。

かつは　一方では。

つつまし　気が引ける。遠慮される。

ためし　例。たとえ。

返す返す　繰り返し。

高 145　古 127

なべて　①一般に。総じて。②並みひととおり。③一面に。

ここでは、①の意味。

発問　脚注問題

高　古

1 高 144ページ　古 126ページ

「これ」は何を指すか。

恋人の平資盛が（戦乱の果てに自ら入水して）亡くなったということに直面したこと。

2 高 145ページ　古 127ページ

「なべてのことのやうにおぼえて」とあるが、何に対してどのように思われたというのか。

（平資盛の死から時がたって言ってきた）ある人の弔問の言葉に対して、並みひととおりのおざなりな挨拶のように思われた。

教材末の問題　高 145ページ　古 127ページ

学習

1　恋人の死を受けとめかねて苦しむ作者の様子がどのように表現されているか、抜き出してみよう。

・ただほれぼれとのみおぼゆ。（高 一四四・2）（古 一二六・2）
・あまりにせきやらぬ涙も、（高 一四四・3）（古 一二六・3）
・ひきかづき、寝暮らしてのみぞ、心のままに泣き過ぐす。（高 一四四・4）（古 一二六・4）
・いかでものをも忘れむと思へど、あやにくに面影は身に添ひ、言の葉ごとに聞く心地して、身を責めて悲しきこと、言ひ尽くすべきかたなし。（高 一四四・5）（古 一二六・5）

2　「なべて世の……」「悲しとも……」の歌に込められている作者の気持ちを説明してみよう。

・「なべて世の……」…普通に寿命が来て亡くなった人の死を悲しいというのは、最愛の人の非業の死というつらい思いをしたことのない人が言うことだと、作者は何にもたとえようのない沈痛な気持ちを詠んでいる。
・「悲しとも……」…恋人の死によって、言いようもなく深い悲しみに沈んでいるのに、悲しいとかあわれだとか、通り一遍の言葉をかけた人に対して、作者は怒りにも似た気持ちを詠んでいる。

〈ポイント〉恋人の平資盛が戦乱の果てに自ら入水して亡くなったことを知った作者は、その死をなかなか受けとめることができず、一人苦しみ続ける。それは、周囲の慰めの言葉にさえも空しさや怒りを覚えるほど、深い悲しみだった。

言語活動

1　以下の観点から平資盛について調べてみよう。

(1)　『建礼門院右京大夫集』で資盛はどのような人物として描かれているか。

和歌に秀でた美しい貴公子。身分の差がありながらも互いに思い続けて、資盛が平家一門とともに都落ちする際には、自分が死んだら弔ってほしいと言い残した。

(2)　『平家物語』には資盛のどのような逸話が見られるか。

『平家物語』では「殿下乗合」のエピソードが有名である。当時十三歳であった資盛の一行が、時の摂政である藤原基房の一行と大路で鉢合わせた際、資盛側が乗り物から降りるべき立場だったが平家の権威を笠に着て押し通ろうとしたため、基房が資盛側を打ち負かした。それを資盛は祖父である清盛に訴え出た。清盛は怒って基房へ報復しようと考えたが、資盛の父である重盛は資盛に非があると諭した。しかし後日、清盛は基房の一行を襲わせた。重盛は事の発端は資盛にあるとして、伊勢国にしばらく追いやった。

ことばと表現

1　傍線部の用言の活用形を確認してみよう。

(1)　心地のわびしき。（高 一四四・4）（古 一二六・4）

連体形。

〈ポイント〉シク活用形容詞「わびし」の連体形。

(2)　限りある命にて、はかなく。（高 一四四・7）（古 一二六・7）

連用形。

〈ポイント〉ク活用形容詞「はかなし」の連用形。この後に「なりぬ」などの言葉が省略されている。

(3)　聞きしことをだにこそ悲しきことに言ひ思へ、（高 一四四・8）（古 一二六・8）

已然形。

〈ポイント〉ハ行四段活用動詞「言ひ思ふ」の已然形。係り結び「こそ…已然形」が文中で用いられた場合、逆接の意味（…けれど、…のに）になって下に続く。

——大原《おほはら》まうで——

品詞分解・現代語訳

①女院《にようゐん》、大原《おほはら》におはしますとばかりは聞《き》き参《まゐ》らすれど、さる
格助　サ四・終・尊　格助　副助　係助　カ四・用　サ下二・已・謙・補　接助　ラ変・体

べき人《ひと》に知《し》られでは、参《まゐ》るべきやうもなかりしを、深《ふか》き
当・体　格助　ラ四・未　受・未　接助　係助　ラ四・終・謙　可・体　係助　ク・用　過・体　接助　ク・体

心《こころ》をしるべにて、わりなくて訪《たづ》ね参《まゐ》るに、やうやう近《ちか》づくままに、
格助　格助　ク・用　接助　ラ四・体・謙　接助　副　カ四・体　格助

山道《やまみち》のけしきよりまづ涙《なみだ》は先立《さきだ》ちて、言《い》ふかたなきに、御庵《おんいほり》のさま、
格助　格助　副　係助　タ四・用　接助　ク・体　格助　格助

御住《おんす》まひ、事柄《ことがら》、すべて目《め》もあてられず。②昔《むかし》の御《おん》ありさま見《み》
副　係助　タ下二・未　可・未　打・終　格助　マ上一・用

参《まゐ》らせざらむだに、おほかたの事柄《ことがら》、いかがこともなのめなら
サ下二・未・謙・補　打・未　婉・体　副助　格助　副　係助　ナリ・未

む。③まして、夢《ゆめ》うつつとも言《い》ふかたなし。④秋《あき》深《ふか》き山颪《やまおろし》、近《ちか》き梢《こずゑ》に
推・体　副　格助　係助　ク・終　ク・体　ク・体　格助

響《ひび》きあひて、筧《かけひ》の水《みづ》のおとづれ、鹿《しか》の声《こゑ》、虫《むし》の音《ね》、いづくものこと
ハ四・用　接助　格助　格助　格助　格助　係助　格助

なれど、ためしなき悲《かな》しさなり。⑤都《みやこ》は春《はる》の錦《にしき》をたちかさねて、
断・已　接助　ク・体　断・終　係助　格助　格助　ナ下二・用　接助

---

①女院（建礼門院徳子《とくこ》）が、大原にいらっしゃるとだけはお聞き申し上げたものの、適当な案内人がいなくては、参上することもできなかったのだけれど、（女院をお思い申し上げる）深い心を道しるべとして、無理に訪ねて参ると、（その庵に）次第に近づくにつれて、山道の様子から（して）まず涙が先に流れて、言いようもないうえに、庵のご様子、お住まい、（その庵の）事のありさまは、すべて目も当てられない（ほどわびしいものだった）。②昔のご様子を拝見しないような人でさえも、（この庵の）おおよそのありさまを、どうしてあたりまえなことに思うだろうか（いや、そうは思わない）。③まして（私は昔のご様子を拝見しているので、今のご様子は）、夢とも現実とも言いようがない。④

候《さぶら》ひ し 人々《ひとびと》 六十余人《ろくじふよにん》 あり しか ど、見忘《みわす》るる さま に おとろへ たる
ハ四・用・謙 過・体 ラ変・用 過・已 接助 ラ下二・体 格助 ハ下二・用 完・体

墨染《すみぞ》め の 姿《すがた》 して、わづかに 三《さん》、四人《よにん》 ばかり ぞ 候《さぶら》は るる。⑥その 人々《ひとびと》
格助 格助 ナリ・用 副助 係助 ハ四・未・謙 尊・体 格助

に も、「さても や。」と ばかり ぞ、我《われ》 も 人《ひと》 も 言《い》ひ出《い》で たり し。⑦むせぶ
格助 係助 感動 間助 格助 副助 係助 係助 係助 ダ下二・用 完・用 過・体 バ四・体

涙《なみだ》 に おぼほれ て、言《こと》 も つづけ られ ず。
格助 ラ下二・用 接助 係助 カ下二・未 可・未 打・終

⑧今《いま》 や 夢《ゆめ》 昔《むかし》 や 夢《ゆめ》 と 迷《まよ》は れ て いかに 思《おも》へ ど うつつ と
係助 係助 格助 ハ四・未 自・用 接助 副 ハ四・已 接助 格助

ぞ なき
係助 ク・体

⑨あふぎ見《み》 し 昔《むかし》 の 雲《くも》 の 上《うへ》 の 月《つき》 かかる 深山《みやま》 の 影《かげ》 ぞ 悲《かな》しき
マ上一・用 過・体 格助 格助 格助 ラ変・体 格助 係助 シク・体

⑩花《はな》 の にほひ、月《つき》 の 光《ひかり》 に たとへ て も、ひとかた に は 飽《あ》か ざり
格助 格助 格助 ハ下二・用 接助 係助 格助 係助 カ四・未 打・用

し 御面影《おんおもかげ》、あら ぬ か と のみ たどら るる に、かかる 御事《おんこと》 を 見《み》
過・体 ラ変・未 打・体 係助 格助 副助 ラ四・未 自・体 接助 連体 格助 マ上一・用

ながら、何《なに》 の 思《おも》ひ出《で》 なき 都《みやこ》 へ と て、されば 何《なに》 と て 帰《かへ》る らむ
接助 格助 ク・体 格助 格助 接助 接続 副 格助 接助 ラ四・終 現原推・体

と、うとましく 心憂《こころう》し。
格助 シク・用 ク・終

秋も深まった山から吹きおろす風が、付近の梢に響き合って、筧《かけい》の水の音、鹿の声、虫の音（などが聞こえてくるのも）、どこでも同じことであるが、（今の私にとっては）たとえようのない悲しさである。⑤都では春の（華やかな）錦の着物を着重ねて、お仕えした女房が、六十人余りいたけれど、（今は昔の姿を）見忘れるほどに衰えた墨染めの（尼の）姿で、わずかに三、四人だけがお仕えしていらっしゃる。⑥その人々とも、「それにしても、まあ。」とだけ、私も相手の人も口にした。⑦（けれど）むせぶ涙でいっぱいになって、言葉も続けられない。⑧今が夢なのだろうか、（それとも）昔が夢だったのだろうかと、つい心は迷ってしまって、どのように考えてもとても現実のこととは思われない。⑨その昔、宮中で（中宮様として）拝見した女院が、このような深山にお住まいのお姿（を再び拝すること）は悲しいことだ。

⑪山深《やまふか》く（ク・用）｜とどめおき（カ四・用）｜つる（完・体）｜わ｜が（格助）｜心《こころ》｜やがて（副）｜すむ（マ四・終）｜べき（可・体）｜しるべ｜と（格助）｜を（間助）｜なれ（ラ四・命）

⑩（春の美しい）花の色つや、（秋のさやかな）月の光にたとえても、（そのどちらか）一方だけでは（表すのに）十分でないような（お美しかった女院の）ご容姿も、別人ではないかとばかり（衰えられて、昔が）思い返されるが、このような（おいたわしい）ご様子を見ながら、何の（楽しい）思い出もない都へと、それではどうして帰るのであろうと、（自分が）いとわしく情けない。

⑪山深く留め置いた私の心よ。（私が出家して迷いが消えて心が澄み、女院のおそばに）そのまま住むことができるような手引きとなっておくれ。

重要語句

高 146 古 128

さるべき ①ふさわしい。適当な。②立派な。③そうあるべき。ここでは、①の意味。

しるべ ①道しるべ。導き。手引き。②知り合い。ゆかりのある人。ここでは、①の意味。

146 128

言ふかたなし 言いようもない。

おほかた ①おおよそ。だいたい。②通りいっぺん。ここでは、①の意味。

なのめなり ①並々だ。あたりまえだ。普通だ。②なおざりだ。いい加減だ。ここでは、①の意味。

146 128 うつつ　現実。

発問　脚注問題　高　古

高 146ページ　古 128ページ

1　「まして」という表現で比較されているのはどのようなことか。

見るに耐えないほど寂れた庵の様子を目の当たりにしての、女院の昔の暮らしぶりを見ていない人が感じることと、昔の華やかな様子を知っている作者が感じること。

2　「あふぎ見し…」の歌の掛詞《かけことば》を指摘し、説明せよ。また「月」にたとえられているのは何か。

・「かかる」は「懸かる」と「斯かる」の掛詞。

・「月」にたとえられているもの…女院。

〈ポイント〉「(月が)懸かる」と「斯かる」(このような)を掛けている。また、「(宮中にいらした)女院」が「(雲の上の)月」にたとえられている。

教材末の問題　高 147ページ　古 129ページ

学習

1　大原の庵の周辺の様子がどのように描かれているか整理してみよう。

・「山道のけしきよりまづ涙は先立ちて、言ふかたなきに、御庵のさま、御住まひ、事柄、すべて目もあてられず。」(高一四六・3)(古一二八・3)

・「秋深き山颪、近き梢に響きあひて、筧の水のおとづれ、鹿の声、虫の音、いづくものことなれど、ためしなき悲しさなり。」(高一四六・6)(古一二八・6)

→庵へ向かう山道や庵の様相は、寂しげで荒廃したものとして描かれ、また、秋が深まる中の颪に吹かれる木々の音、筧の水音、鹿の声や虫の音なども、作者の心象を暗示するかのように、言いようもない悲しさを誘うものとして描かれている。

2　女院の、過去の様子と現在の様子がどのように比較されているか整理してみよう。

過去…「都は春の錦をたちかさねて、候ひし人々六十余人ありしかど、」(高一四六・8)(古一二八・8)

現在…「見忘るるさまにおとろへたる墨染めの姿して、わづかに三、四人ばかりぞ候はるる。」(高一四六・9)(古一二八・9)

過去…「雲の上の月」(高一四六・13)(古一二八・13)

現在…「深山の影」(高一四六・13)(古一二八・13)

過去…「花のにほひ、月の光にたとへても、ひとかたには飽かざりし御面影」(高一四七・1)(古一二九・1)

現在…「あらぬかとのみ」(高一四七・1)(古一二九・1)

→過去の女院は、中宮として宮中にあり、美しい姿で、仕える人も多く、華やかな暮らしをしていたが、現在の女院は、山深い庵に住み、別人のように衰えた墨染めの尼姿をして、仕える人も少なく、寂しい暮らしをしている。

3　「今や夢……」「あふぎ見し……」「山深く……」の三首の歌を現代語訳し、それぞれの歌に込められている作者の思いをまとめよう。

○「今や夢……」

・現代語訳…今が夢なのだろうか、（それとも）昔が夢だったのだろうかと、つい心は迷ってしまって、どのように考えてもとても現実のこととは思われない。

・作者の思い…かつての女院の栄華を知る自分には、今の凋落《ちょうらく》した暮らしぶりがどうしても受け入れられないという思い。

○「あふぎ見し……」

・現代語訳…その昔、宮中で（中宮様として）拝見した女院が、このような深山にお住まいのお姿（を再び拝すること）は悲しいことだ。

・作者の思い…昔、宮中での女院の華やかな暮らしぶりを拝見した自分には、今のわびしい庵暮らしや変わり果てた尼姿を拝見するだけでも悲しくなるという思い。

○「山深く……」

・現代語訳…山深く留め置いた私の心よ。（私が出家して迷いが消えて心が澄み、女院のおそばに）そのまま住むことができるような手引きとなっておくれ。

・作者の思い…山奥の寂しい庵に女院を残して都へ帰るのはつらく、できるものなら自分も出家してこの地に留まっていたいという思い。

ことばと表現

1　傍線部の助詞に注意して現代語訳してみよう。

(1)　山道のけしきよりまづ涙は先立ちて、言ふかたなきに、（高 一四六・3）（古 一二八・3）

山道の様子から（して）まず涙が先に流れて、言いようもないうえに、

〈ポイント〉格助詞「より」には、①即時「…するとすぐに」、②動作の起点「…から」、③経過する場所「…を通って」、④比較の基準「…より（も）」、⑤手段・方法「…で・…によって」などの意味がある。ここでは、②の意味。

(2)　昔の御ありさま見参らせざらむだに、（高 一四六・5）（古 一二八・5）

昔のご様子を拝見しないような人でさえも、

〈ポイント〉副助詞「だに」には、①類推「…さえ（も）」（下には打消・反語の表現が多い）、②最小限の希望「せめて…だけでも」などの意味がある。ここでは、①の意味。

(3)　やがてすむべきしるべとをなれ（高 一四七・4）（古 一二九・4）

（私が出家して迷いが消えて心が澄み、女院のおそばに）そのまま住むことができるような手引きとなっておくれ。

〈ポイント〉「を」は間投助詞。ここは強意で、特に訳さない。

和歌・歌謡・俳諧

古《こ》今《きん》和《わ》歌《か》集《しふ》仮《か》名《な》序《じょ》

高「高等学校　古典探究」150〜152ページ
古「古典探究　古文編」132〜134ページ

作品紹介

古今和歌集仮名序　こきんわかしゅうかなじょ　作者は紀貫之《きのつらゆき》。延喜《えんぎ》五（九〇五）年頃成立した歌論。最初の勅撰《ちょくせん》和歌集『古今和歌集』の序の一つで、かな文字で記されている。

紀貫之　きのつらゆき　八七二?〜九四五?。歌人。『古今和歌集』の撰者。三十六歌仙の一人。『土佐日記』の作者。

——古《こ》今《きん》和《わ》歌《か》集《しふ》仮《か》名《な》序《じょ》——

品詞分解・現代語訳

◆やまと歌は◆

①やまと歌《うた》は、人《ひと》の心《こころ》を種《たね》として、よろづの言《こと》の葉《は》とぞ
係助　格助　格助　格助　サ変・用　接助　格助　格助　係助

なれりける。②世《よ》の中《なか》にある人《ひと》、事業《ことわざ》しげきものなれば、心《こころ》に
ラ四・已　完・用　過・体　格助　格助　ラ変・体　ク・体　断・已　接助　格助

思《おも》ふことを、見《み》るもの、聞《き》くものにつけて、言《い》ひ出《い》だせるなり。
ハ四・体　格助　マ上一・体　カ四・体　格助　カ下二・用　接助　サ四・已　存・体　断・終

③花《はな》に鳴《な》く鶯《うぐひす》、水《みづ》に住《す》む蛙《かはづ》の声《こゑ》を聞《き》けば、生《い》きとし
格助　カ四・体　格助　マ四・体　格助　格助　カ四・已　接助　カ四・用　格助　副助

---

①和歌は、（たとえるならば）人の心を種（源）として、さまざまな言葉となったものだ。②この世に生きる人は、（生きる中での）体験がたくさんあるものなので、（その）心に思うことを、見るもの、聞くものに託して、（和歌として）表しているのである。③花に鳴く鶯や、水に住む蛙《かえる》（カジカガエル）の声を聞くと、ありとあらゆる生き物で、

生ける〔カ四・已／存・体〕もの、いづれか〔係助〕歌を〔格助〕詠ま〔マ四・未〕ざり〔打・用〕ける〔詠・体〕。

④力を〔格助〕も〔係助〕入れ〔ラ下二・未〕ず〔打・用〕

して〔接助〕天地を〔格助〕動かし〔サ四・用〕、目に〔格助〕見え〔ヤ下二・未〕ぬ〔打・体〕鬼神を〔格助〕も〔係助〕あはれ〔ナリ・語幹〕と〔格助〕思は〔ハ四・未〕せ〔使・用〕、

男女の〔格助〕仲を〔格助〕も〔係助〕和らげ〔ガ下二・用〕、たけき〔ク・体〕武人の〔格助〕心を〔格助〕も〔係助〕慰むる〔マ下二・体〕は〔係助〕、歌なり〔断・終〕。

◆六歌仙◆

①近き〔ク・体〕世に〔格助〕その〔格助〕名〔聞こえ〔ヤ下二・用〕たる〔存・体〕人は〔係助〕、すなはち〔接続〕、僧正遍昭は〔係助〕、歌の〔格助〕様〔

は〔係助〕得〔ア下二・用〕たれ〔存・已〕ども〔接助〕、誠〔少なし〔ク・終〕。②たとへば〔接続〕、絵に〔格助〕描ける〔カ四・已／存・体〕女を〔格助〕見〔マ上一・用〕

ていたづらに〔ナリ・用〕心を〔格助〕動かす〔サ四・体〕が〔格助〕ごとし〔比・終〕。③在原業平は〔係助〕、その〔格助〕心〔余り〔ラ四・用〕て〔接助〕、

言葉〔足ら〔ラ四・未〕ず〔打・終〕。④しぼめる〔マ四・已／完・体〕花の〔格助〕色〔無くて〔ク・用／接助〕匂ひ〔ハ四・用〕残れる〔ラ四・已／存・体〕が〔格助〕ごとし〔比・終〕。⑥言は〔ハ四・未〕ば〔接助〕、

⑤文屋康秀は〔係助〕、言葉は〔係助〕巧みにて〔ナリ・用／接助〕、その〔格助〕様〔身に〔格助〕負は〔ハ四・未〕ず〔打・終〕。⑥

商人の〔格助〕よき〔ク・体〕衣着〔カ上一・用〕たら〔存・未〕む〔婉・体〕が〔格助〕ごとし〔比・終〕。⑦宇治山の〔格助〕僧喜撰は〔係助〕、言葉

どの生き物が歌を詠まないものか（いや、詠まない生き物はない）。④力も入れないで天の神と地の神（の心）を動かし、目に見えない荒々しい神をもしみじみと感動させ、男女の仲をも穏やかにし、勇猛な武人の心をも和ませるのは、歌である。

①近い世にその名が世に知られている人は、まず、僧正遍昭は、歌の姿は会得しているが、真実味が少ない。②例えば、絵に描いてある女を見てむなしく心を動かすようなものだ。③在原業平は、その心が足りない。④しぼんでしまった花が色あせて匂い（だけ）が残っているようなものだ。⑤文屋康秀は、言葉（の使い方）は巧みで、その歌の姿は内容にふさわしくない。⑥言うならば、商人が高級な着物を着ているようなものである。⑦宇治山の僧喜撰は、言葉が控えめで、（歌の）初め終わりがはっきりしない。⑧言

かすかにして、始《はじ》め終《を》はり確《たし》かならず。⑧言《い》はば、秋《あき》の月《つき》を見《み》るに
ナリ・用　接助　ナリ・未　打・終　ハ四・未　接助　格助　格助　マ上一・体　格助

暁《あかつき》の雲《くも》にあへるがごとし。⑨詠《よ》める歌《うた》多《おほ》く聞《き》こえねば、
格助　格助　ハ四・已　完・体　格助　比・終　マ四・已　完・体　ク・用　ヤ下二・未　打・已　接助

かれこれを通《かよ》はして、よく知《し》らず。⑩小野小町《をののこまち》は、古《いにしへ》の衣通姫《そとほりひめ》の流《りう》
格助　サ四・用　接助　副　ラ四・未　打・終　係助　格助　格助

なり。⑪あはれなるやうにて、強《つよ》からず。⑫言《い》はば、よき女《をうな》の悩《なや》める
断・終　ナリ・体　断・用　接助　ク・未　打・終　ハ四・未　接助　ク・体　格助　マ四・已　存・体

所《ところ》あるに似《に》たり。⑬強《つよ》からぬは女《をうな》の歌《うた》なればなるべし。
ラ変・体　格助　ナ上一・用　存・終　ク・未　打・体　係助　格助　断・已　接助　断・体　推・終

⑭大伴黒主《おほとものくろぬし》は、その様《さま》いやし。⑮言《い》はば、薪《たきぎ》負《お》へる山人《やまびと》の花《はな》の陰《かげ》
係助　格助　シク・終　ハ四・未　接助　ハ四・已　存・体　格助　格助

に休《やす》めるがごとし。
格助　マ四・已　存・体　格助　比・終

うならば、秋の月を見るときに暁の雲に出合っ（て遮られ）たようなものだ。⑨詠んだ歌は多く世に知られていないので、あれこれを比較して（みることもできず）、よくわからない。⑩小野小町は、昔の衣通姫の（歌と同じ）系統である。⑪しみじみと感慨深い（歌の）様子で、強くはない。⑫言うならば、高貴な女性で思い悩んでいるところがある女性に似ている。⑬強くないのは女性の歌であるから（そう）なのだろう。⑭大伴黒主は、その（歌の）姿が貧弱だ。⑮言うならば、薪を背負っている山人が花の陰に休んでいるようなものだ。

重要語句

高 古

150 132 **たけし**　①勢いが盛んである。②勇猛である。ここでは、②の意味。

151 133 **いたづらなり**　①むだである。②むなしい。ここでは、②の意味。

悩む　①困る。②病気になる。病に苦しむ。③思い悩む。

151 133 ④非難する。ここでは、③の意味ととるが、②ともとれる。

発問　脚注問題

高 古

1 「いづれか歌を詠まざりける」を現代語訳せよ。　高 150ページ　古 132ページ

どの生き物が歌を詠まないものか（いや、詠まない生き物は

ない）
〈ポイント〉「か」が反語の係助詞であることに注意する。

教材末の問題　高 152ページ　古 134ページ

学習

1　作者は和歌をどのようなものととらえているか。その本質と効用に分けて整理してみよう。
・本質…人の心を源として生まれ、世の中の人が心に思うことを見聞きするものに託して言葉として表現したもの。
・効用…天地の神々や荒々しい神をもしみじみと感動させ、男女の仲をも穏やかにし、勇猛な武人の心をも和ませる。

2　作者は六歌仙の歌をそれぞれどのようにたとえて評価しているか。整理し、考えてみよう。
・僧正遍昭…「歌の様は得たれども、誠少なし」を「絵に描ける女を見ていたづらに心を動かすがごとし」とし、絵の中の女に心惹《ひ》かれるように、全体の趣はあるが、真実味がないとしている。
・在原業平…「心余りて、言葉足らず」を「しぼめる花の色無くて匂ひ残れるがごとし」とし、色あせて匂いだけ残っている花のように、感動を表現する言葉が足りないとしている。
・文屋康秀…「言葉は巧みにて、その様身に負はず」を「商人のよき衣着たらむがごとし」とし、身にそぐわない高級な着物を着ている商人のように、巧みな言葉が（貧弱な）内容と不釣り合いであるとしている。
・僧喜撰…「言葉かすかにして、始め終はり確かならず」を「秋の月を見るに暁の雲にあへるがごとし」とし、眺めていた秋の月が未明になって雲に隠れてしまったというように、歌の内容が曖昧で、言葉にもの足りなさがあるとしている。
・小野小町…「あはれなるやうにて、強からず」を「よき女の悩める所あるに似たり」とし、高貴な女性が思い悩んでいるさまのように、感慨深く、強くない、女性らしいものとしている。
・大伴黒主…「その様いやし」を「薪負へる山人の花の陰に休めるがごとし」とし、山人が風流ぶって花陰で休んでいるように、歌に気品がない。

言語活動

1　脚注にあげた六歌仙の歌について、歌意をとらえ、鑑賞文を書いてみよう。
○浅緑糸よりかけて白露を玉にもぬける春の柳か
・歌意…（新芽の吹いた）浅い緑の糸をより合わせ（たような枝で）、白露を真珠のようにその糸で貫いている春の柳であることよ。
・鑑賞…〈例〉柳の枝を糸に、白露を玉に見立てるのは、美しいたとえだが、頭で考えたような、ありがちな表現で、情景の印象が弱い。
○月やあらぬ春や昔の春ならぬわが身一つはもとの身にして
・歌意…月はあの時の月ではないのか、春は昔のままの春ではないのか。わが身だけが変わらないままで（あの人はもういない）。

・鑑賞…〈例〉一年前に女とともに見た春の月を一人眺めて詠んだ歌ということだが、この事情を知ると、改めて喪失感が感じられる。

○吹くからに秋の草木のしをるればむべ山風を嵐といふらむ

・歌意…吹くとすぐ秋の草木がしおれるのでなるほど山風を「荒らし」といい、「嵐」と書くのだろう。

・鑑賞…〈例〉「嵐」を「山」と「風」に分解して表現したり、「嵐」と「荒らし」が掛詞《かけことば》になっていたりして、技巧が駆使されている。

○わが庵《いほ》は都の辰巳《たつみ》しかぞ住む世をうぢ山と人は言ふなり

・歌意…私の庵《いおり》は都の東南にありこのように堅実に日々暮らしている。世間は私が世をつらいと思いここ宇治山にいると言うようだ。

・鑑賞…〈例〉「憂し」と「宇治」の掛詞などがあり、技巧的におもしろい歌だが、作者が宇治山に隠遁《いんとん》している理由が判然としない。

○思ひつつ寝《ぬ》ればや人の見えつらむ夢と知りせば覚めざらましを

・歌意…あの人を思いながら寝たので夢で姿が見えたのだろうか。夢だとわかっていたなら覚めないでいたものを。

・鑑賞…〈例〉夢でも恋人に会いたいという一途《いちず》な思いと、覚めてしまった夢の頼りなさが感じられて、女性らしい。

○思ひ出でて恋しきときは初雁《かり》のなきて渡ると人は知らずや

・歌意…思い出して恋しいときは、初雁の鳴くように泣いて近くを通っているとあなたは知らないのでしょうか。

・鑑賞…〈例〉思いが届かない相手への歌だが、現実の姿を具体的に表現したような「なきて渡る」が、少し露骨な感じがする。

ことばと表現

1　「やまと歌は」の本文から対句表現を抜き出してみよう。

「人の心を種として」
「よろづの言の葉とぞなれりける」

「花に鳴く鶯」
「水に住む蛙」

A
a「力をも入れずして天地を動かし」
b「目に見えぬ鬼神をもあはれと思はせ」

B
c「男女の仲をも和らげ」
d「たけき武人の心をも慰むる」

aとb、cとdはそれぞれ対句表現。
AとBは対句的な表現。

和歌・歌謡・俳諧

和歌《わか》・歌謡《かよう》

高「高等学校 古典探究」152～158ページ
古「古典探究 古文編」134～140ページ

――和歌《わか》・歌謡《かよう》――

作品紹介

［主な出典作品］

万葉集　まんようしゅう　現存する日本最古の歌集。奈良時代後期、八世紀後半に成立。二十巻、約四千五百首。内容的には雑歌《ぞうか》・相聞《そうもん》（恋愛の歌）・挽歌《ばんか》（死者を悼む歌）に大別される。歌体は、長歌・短歌・旋頭歌《せどうか》（五七七五七七）、仏足石歌《ぶっそくせきか》（五七五七七七／一首のみにみられる）などがあり、歌風の変遷から、四期に時代区分される。歌集全体の歌風は素朴で力強く男性的で、「ますらをぶり」と称される。

古今（和歌）集　こきん（わか）しゅう　日本最初の勅撰《ちょくせん》和歌集。平安時代前期、九〇五年頃、醍醐《だいご》天皇の勅命により撰集。二十巻、約千百首。撰者は、紀貫之《きのつらゆき》・紀友則《とものり》・凡河内躬恒《おおしこうちのみつね》・壬生忠岑《みぶのただみね》。仮名序・真名序の二つの序文がある。歌風の変遷から三期に分けられる。歌風は、繊細優美で女性的であり、「たをやめぶり」と称される。

拾遺（和歌）集　しゅうい（わか）しゅう　三番目の勅撰和歌集。平安時代中期、一〇〇五年頃に成立。二十巻、約千三百首。撰者は花《か》山《ざん》院ともいわれているが、未詳。

後拾遺（和歌）集　ごしゅうい（わか）しゅう　四番目の勅撰和歌集。平安時代後期、一〇八六年に成立。二十巻、約千二百首。白河天皇の勅命により撰集。撰者は藤原通俊《みちとし》。

新古今（和歌）集　しんこきん（わか）しゅう　八番目の勅撰和歌集。鎌倉時代初期、一二〇五年頃に成立。二十巻、約二千首。後鳥羽《ごとば》院の命により撰集。撰者は、源通具《みなもとのみちとも》・藤原有家《ありいえ》・藤原定家《さだいえ》・藤原家隆《いえたか》・藤原雅経《まさつね》・寂蓮《じゃくれん》（成立前に死亡）。歌風は、艶《えん》・幽玄・有《う》心《しん》の理念を重視し、「新古今調」といわれる。

金槐和歌集　きんかいわかしゅう　源実朝《さねとも》の家集。鎌倉時代初期、一二一三年頃に成立。『鎌倉右大臣家集』ともいわれる。

玉葉（和歌）集　ぎょくよう（わか）しゅう　十四番目の勅撰和歌集。鎌倉時代後期、一三一二年に成立。二十巻、約二千八百首。伏見《ふしみ》院の命により撰集。撰者は京極為兼《きょうごくためかね》。

梁塵秘抄　りょうじんひしょう　歌謡集。平安時代末期に成立。撰者は後白河院。当時の流行であった今様を中心に収録。

閑吟集　かんぎんしゅう　歌謡集。室町時代後期、一五一八年に成立。撰者は未詳。当時の流行であった小歌などを収録している。

[掲載歌の作者]

柿本人麻呂　かきのもとのひとまろ　生没年未詳。『万葉集』第二期の宮廷歌人。長歌に優れ、後世「歌聖」といわれた。

大伴旅人　おおとものたびと　六六五〜七三一。『万葉集』第三期の歌人。漢詩文の知識を踏まえた歌を作った。

大伴家持　おおとものやかもち　七一八?〜七八五。『万葉集』第四期の歌人。父は旅人。『万葉集』の編纂《へんさん》に中心的に携わったといわれる。

凡河内躬恒　おおしこうちのみつね　生没年未詳。『古今和歌集』の撰者の一人。著書に家集『躬恒集』がある。

紀貫之　きのつらゆき　↓この教科書ガイドの161頁

藤原公任　ふじわらのきんとう　九六六〜一〇四一。歌人。歌学者。漢詩や管弦にも秀でる。編著に『和漢朗詠集』、著書に歌論『新撰《しんせん》髄脳《ずいのう》』などがある。

和泉式部　いずみしきぶ　生没年未詳。平安時代中期の女流歌人。恋多き女性で情熱的な歌が多い。

藤原俊成　ふじわらのとしなり　一一一四〜一二〇四。『千載《せんざい》和歌集』の撰者。平安時代末期から鎌倉時代初期の歌壇で指導的役割を果たした。「幽玄体」の歌を確立。著書に歌論『古来風体抄』などがある。

藤原定家　ふじわらのさだいえ　一一六二〜一二四一。父は俊成。『新古今和歌集』撰者の一人。「有心体」の歌を確立。著書に歌論『近代秀歌』、日記『明月記』などがある。

西行　さいぎょう　一一一八〜一一九〇。俗名佐藤義清《のりきよ》。鳥羽院の北面の武士だったが出家し、生涯、旅に過ごした。『山家集』を著す。

後鳥羽院　ごとばいん　一一八〇〜一二三九。第八十二代天皇。『新古今和歌集』の撰集を命じ、自らも編纂に関わる。配流先の隠岐《おき》で没す。

源実朝　みなもとのさねとも　一一九二〜一二一九。鎌倉幕府第三代将軍。定家に和歌を学ぶ。著書に家集『金塊和歌集』がある。

京極為兼　きょうごくためかね　一二五四〜一三三二。鎌倉時代末期の歌人。『玉葉和歌集』の撰者。父為教《ためのり》の後継として京極派を確立。

正徹　しょうてつ　一三八一〜一四五九。室町時代前期の歌人。冷泉為尹《れいぜいためまさ》・今川了俊《りょうしゅん》に師事。定家を崇拝し、独自の歌風を築いた。著書に歌論『正徹物語』、家集『草根集』がある。

良寛　りょうかん　一七五八〜一八三一。江戸時代末期の禅僧。歌人。万葉調の歌を詠む。漢詩や書にも優れる。

香川景樹　かがわかげき　一七六八〜一八四三。江戸時代後期の歌人。桂園《けいえん》派の創始者。

橘曙覧　たちばなあけみ　一八一二〜一八六八。江戸時代後期の歌人。万葉調の、優れた歌を詠む。

品詞分解・現代語訳

柿本朝臣人麻呂《かきのもとのあそみひとまろ》、妻《つま》が死《し》にし後《のち》に、泣血哀慟《きふけつあいどう》して作《つく》る歌《うた》
格助 ナ変・用 過・体 格助 サ変・用 接助 ラ四・体

柿本人麻呂《かきのもとのひとまろ》

1 ①天飛《あまと》ぶや 軽《かる》の道《みち》は 吾妹子《わぎもこ》が 里《さと》にしあれば ねもころに 見《み》
枕 係助 格助 断・用 副助 ラ変・已 接助 ナリ・用 マ上一・未

まく欲《ほ》しけど 止《や》まず 行《ゆ》かば 人目《ひとめ》を 多《おほ》み まねく行《ゆ》かば
希・已 接助 マ四・未 打・用 カ四・未 接助 格助 ク・語幹＋接尾 ク・用 カ四・未 接助

人《ひと》知《し》りぬべみ さね葛《かづら》 後《のち》も逢《あ》はむと 大船《おほぶね》の 思《おも》ひ頼《たの》み
ラ四・用 強・終 推・語幹＋接尾 枕 係助 ハ四・未 意・終 格助 枕 マ四・用

て 玉《たま》かぎる 磐垣淵《いはかきふち》の 隠《こも》りのみ 恋《こ》ひつつあるに ②渡《わた》る日《ひ》の
接助 枕 格助 副助 ハ上二・用 接助 ラ変・体 接助 ラ四・体 格助

暮《く》れぬるがごと 照《て》る月《つき》の 雲隠《くもがく》るごと 沖《おき》つ藻《も》の なびきし
ラ下二・用 完・体 格助 比・語幹 ラ四・体 格助 ラ四・体 比・語幹 枕 カ四・用 過・体

妹《いも》は もみち葉《ば》の 過《す》ぎて去《い》にきと 玉梓《たまづさ》の 使《つか》ひの 言《い》へば
係助 枕 ガ上二・用 接助 ナ変・用 過・終 格助 枕 格助 ハ四・已 接助

梓弓《あづさゆみ》 音《おと》に聞《き》きて 言《い》はむ すべ せむ すべ 知《し》らに 音《おと》
枕 格助 カ四・用 接助 ハ四・未 婉・体 サ変・未 婉・体 ラ四・未 打・用

のみを 聞《き》きて あり得《え》ねば ③我《あ》が 恋《こ》ふる 千重《ちへ》の 一重《ひとへ》
副助 格助 カ四・用 接助 ラ変・用 ア下二・未 打・已 接助 格助 ハ上二・体 格助

柿本人麻呂が、妻が死んだ後に、血の涙を流すほど泣き悲しんで作った歌

柿本人麻呂

1 ①軽の道は、私の妻の、里であるので、心から、見たいけれども、途絶えなく行ったら、人目が多いので、たびたび行ったら、人がきっと知ってしまうだろうから、後にも逢おうと、あてにして、岩が垣のように周りを囲んでいる淵のように、隠れてばかりで、恋い続けていると、②空を渡る日が、暮れてしまうように、照る月が、雲に隠れるように、寄り添った妻は、死に去ってしまったと、使者が言うので、話に聞いて、(言おうにも)言う方法が、(何かしようにも)する方法がわからず、知らせだけを聞いていることはできないので、③私が

も　慰《なぐさ》もる　心《こころ》　も　ありやと　吾妹子《わぎもこ》が　止《や》まず　出《い》で見《み》し
係助　マ下二・体　係助　ラ変・終　係助　格助　格助　マ四・未　打・用　マ上一・用　過・体

軽《かる》の市《いち》に　我《あ》が　立《た》ち聞《き》けば　玉《たま》だすき　畝傍《うねび》の山《やま》に　鳴《な》く　鳥《とり》の　声《こゑ》も
格助　格助　カ四・已　接助　枕　格助　カ四・体　格助　係助

聞《き》こえず　玉桙《たまほこ》の　道行《みちゆ》き人《びと》も　ひとりだに　似《に》てし　行《ゆ》かね
ヤ下二・未　打・用　枕　係助　副助　ナ上一・用　接助　副助　カ四・未　打・已

ば　すべをなみ　妹《いも》が　名《な》呼《よ》びて　袖《そで》そ　振《ふ》りつる
接助　格助　ク・語幹＋接尾　格助　バ四・用　接助　係助　ラ四・用　完・体

反歌《はんか》　二首《にしゅ》

2　秋山《あきやま》の　黄葉《もみち》を　繁《しげ》み　惑《まと》ひ　ぬる　妹《いも》を　求《もと》め　む　山道《やまぢ》　知《し》ら　ず　も
格助　格助　ク・語幹＋接尾　ハ四・用　完・体　格助　マ下二・未　婉・体　ラ四・未　打・終　係助

3　黄葉《もみちば》の　散《ち》り行《ゆ》く　なへに　玉梓《たまづさ》の　使《つか》ひを　見《み》れ　ば　逢《あ》ひ　し　日《ひ》　思《おも》ほゆ
格助　カ四・体　接助　枕　格助　マ上一・已　接助　ハ四・用　過・体　ヤ下二・終

（万葉集　巻第二）

恋する心の、千分の一でも、慰み晴れることがあるだろうかと、わが妻が、いつも出て見ていた軽の市に、私もたたずんで聞いてみると、畝傍山に鳴く鳥のようには、（妻の）声も聞こえず、道を行く人も一人さえ、（妻に）似た姿で通り過ぎないので、どうしようもないから、妻の名を呼んで、袖を振ったことだ。

反歌二首

2秋の山の黄葉が繁っているので、（山中に）迷い込んでしまった妻を探し求めようとするその山道も、わからないことよ。

3黄葉が散りゆく折しも、使いを見ると、妻と逢った日のことが思い出される。

大宰師大伴卿《だざいのそちおほともきやう》、酒《さけ》を讃《ほ》むる歌《うた》

格助 マ下二・体

大伴旅人《おほとものたびと》

4 験《しるし》なき物《もの》を思《おも》はずは一坏《ひとつき》の濁《にご》れる酒《さけ》を飲《の》むべくあるらし

ク・体 格助 ハ四・未 打・用 係助 格助 ラ四・已 存・体 格助 マ四・終 適・用 ラ変・体 推定・終

（万葉集　巻第三）

二十五日《はつかあまりいつか》に作《つく》る歌《うた》一首《いつしゅ》

格助 ラ四・体

大伴家持《おほとものやかもち》

5 うらうらに照《て》れる春日《はるひ》にひばり上《あ》がり心悲《こころかな》しもひとりし思《おも》へば

副 ラ四・已 存・体 格助 ラ四・用 シク・終 係助 副助 ハ四・已 接助

（万葉集　巻十九）

春《はる》の夜《よ》、梅《むめ》の花《はな》をよめる

格助 格助 格助 マ四・已 完・体

凡河内躬恒《おほしかふちのみつね》

6 春《はる》の夜《よ》の闇《やみ》はあやなし梅《むめ》の花《はな》色《いろ》こそ見《み》えね香《か》やはかくるる

格助 格助 係助 ク・終 格助 係助 ヤ下二・未 打・已 係助 ラ下二・体

（古今集　巻第一・春歌上）

大宰府の長官大伴旅人卿が、酒を褒めたたえる歌

大伴旅人

4（思っても）どうしようもないことを思わずに、一杯の濁った酒を飲むのがよいらしい。

二十五日に作った歌一首

大伴家持

5 うららかに晴れている春の日の中にひばりが（さえずりながら）舞い上がり、心は悲しくなることだ。一人で物を思っていると。

春の夜、梅の花を詠んだ（歌）

凡河内躬恒

6 春の夜の闇というものは、わけのわからないものだ。（そこでは）梅の花の色は（目に）見えないが、香りはどうして隠れることがあるだろうか（いや、隠れないので梅の香とわかる）。

歌《うた》奉《たてまつ》れと仰《おほ》せられし時《とき》に、よみて奉《たてまつ》れる　紀貫之《きのつらゆき》

ラ四・命・謙　格助　サ下二・未・尊　尊・用　過・体　格助　マ四・用　接助　ラ四・已・謙　完・体

7 桜花《さくらばな》咲《さ》きにけらしなあしひきの山《やま》の峡《かひ》より見《み》ゆる白雲《しらくも》

カ四・用　完・用　過・体　推定・終　終助　枕　格助　格助　ヤ下二・体

（古今集　巻第一・春歌上）

北白河《きたしらかは》の山庄《さんざう》に花《はな》のおもしろく咲《さ》きて侍《はべ》りけるを

格助　格助　格助　ク・用　カ四・用　接助　ラ変・用・丁・補　過・体　格助

見《み》に、人々《ひとびと》まうで来《き》たりければ　藤原公任《ふぢはらのきんたふ》

マ上一・用　格助　カ変・用・丁　完・用　過・已　接助

8 春《はる》来《き》てぞ人《ひと》も訪《と》ひける山里《やまざと》は花《はな》こそ宿《やど》の主《あるじ》なりけれ

カ変・用　接助　係助　係助　ハ四・用　詠・体　係助　係助　格助　断・用　詠・已

（拾遺集　巻第十六・雑春歌）

男《をとこ》に忘《わす》られて侍《はべ》りけるころ、貴布禰《きぶね》に参《まゐ》りて、御手洗川《みたらしがは》

格助　ラ四・未　受・用　接助　ラ変・用・丁・補　過・体　格助　ラ四・用・謙　接助

に蛍《ほたる》の飛《と》び侍《はべ》りけるを見《み》てよめる　和泉式部《いづみしきぶ》

格助　格助　バ四・用　ラ変・用・丁・補　過・体　格助　マ上一・用　接助　マ四・已　完・体

9 もの思《おも》へば沢《さは》の蛍《ほたる》もわが身《み》よりあくがれ出《い》づる魂《たま》かとぞ見《み》る

ハ四・已　接助　格助　係助　格助　格助　ダ下二・体　係助　格助　係助　マ上一・体

（後拾遺集　巻第二十・神祇歌）

歌を献上せよとおっしゃった時に、詠んで献上した（歌）　紀貫之

7 桜の花が咲いたらしいことよ。山（と山と）の合間から見える白雲（がそれである）。

北白河の山荘に花が美しく咲いていましたのを見に、人々がやって来ましたので（詠んだ歌）　藤原公任

8 春が来て（初めて）人もまた訪ねてきた。この山里は、花こそがこの山荘の主人であったのだなあ。

男に忘れられていました頃、貴船神社に参詣して、御手洗川に蛍が飛んでいましたのを見て詠んだ（歌）　和泉式部

9 （恋人のことを思い）もの思いにふけっていると沢に飛ぶ蛍もまた私の身から抜け出してゆく魂ではないかと見ることだ。

摂政太政大臣家《せつしやうだいじやうだいじんけ》 に 五首歌《ごしゆうた》 よみ 侍《はべ》り ける に　藤原俊成《ふぢはらのとしなり》

格助　マ四・用　ラ変・用・丁・補　過・体　格助

10 また や 見《み》 む 交野《かたの》 の み野《の》 の 桜がり 花《はな》 の 雪《ゆき》 ちる 春《はる》 の あけぼの

副　係助　マ上一・未　推・体　格助　格助　格助　ラ四・体　格助

（新古今集　巻第二・春歌下）

西行法師《さいぎやうほふし》 すすめ て 百首歌《ひやくしゆうた》 よま せ 侍《はべ》り ける に　藤原定家《ふぢはらのさだいへ》

マ下二・用　接助　マ四・未　使・用　ラ変・用・丁・補　過・体　格助

11 見《み》わたせ ば 花《はな》 も 紅葉《もみぢ》 も なかり けり 浦《うら》 の 苫屋《とまや》 の 秋《あき》 の 夕暮《ゆふぐ》れ

サ四・已　接助　係助　係助　ク・用　詠・終　格助　格助　格助

（新古今集　巻第四・秋歌上）

あづま の 方《かた》 に まかり ける に、よみ 侍《はべ》り ける　西行《さいぎやう》

格助　格助　ラ四・用・丁　過・体　格助　マ四・用　ラ変・用・丁・補　過・体

12 年《とし》 たけ て 又《また》 こゆ べし と 思《おも》ひ き や 命《いのち》 なり けり 佐夜《さや》の中山《なかやま》

カ下二・用　接助　副　ヤ下二・終　推・終　格助　ハ四・用　過・終　係助　断・用　詠・終

（新古今集　巻第十・羇旅《きりよ》歌）

摂政太政大臣の家で五首歌を詠みましたときに（詠んだ歌）

藤原俊成

10 再び見ることがあるだろうか。交野のお狩り場の桜狩りで花が雪のように散っていた春のあけぼのを。

西行法師が勧めて百首歌を詠ませましたときに

藤原定家

11 見渡すと花も紅葉も（何も）ないことだよ。海辺の苫でふいた小屋がある秋の夕暮れ（というもの）は。

東国の方に行きましたときに、詠みました（歌）

西行

12 年老いてまた越えるだろうと思ったか（いや、思いもしなかった）。命（あってのこと）だなあ。佐夜の中山（を越えられたのは）。

後鳥羽院《ごとばゐん》

13 我《われ》こそは新島守《にひじまもり》よ隠岐《おき》の海《うみ》のあらき波風《なみかぜ》心《こころ》して吹《ふ》け

係助　係助　間助　格助　格助　ク・体　サ変・用　接助　カ四・命

（遠島御百首《あんたうおんひやくしゆ》）

源実朝《みなもとのさねとも》

箱根《はこね》の山《やま》をうち出《い》でてみれば、波《なみ》の寄《よ》る小島《こじま》あり。供《とも》の

格助　格助　ダ下二・用　接助　マ上一・已　接助　格助　ラ四・体　ラ変・終　格助

者《もの》に「この海《うみ》の名《な》は知《し》るや。」と尋《たづ》ねしかば、「伊豆《いづ》の海《うみ》と

格助　格助　格助　係助　ラ四・終　係助　格助　ナ下二・用　過・已　接助　格助

なむ申《まう》す。」とこたへ侍《はべ》りしを聞《き》きて

係助　サ四・体・丁　格助　ハ下二・用　ラ変・用・丁・補　過・体　格助　カ四・用　接助

14 箱根路《はこねぢ》をわが越《こ》えくれば伊豆《いづ》の海《うみ》や沖《おき》の小島《こじま》に波《なみ》の寄《よ》る

格助　格助　カ変・已　接助　間助　格助　格助　格助　ラ四・体

見《み》ゆ

ヤ下二・終

（金槐《きんくわい》和歌集）

後鳥羽院

13 私こそは、新しくやってきたこの島の番人であるぞ。隠岐の海の荒い波と風よ、気を付けて吹くがよい。

源実朝

箱根の山を（越えて海を見渡すことのできる場所に）出てみると、波が寄せる小島がある。供の者に「この海の名を知っているか。」と尋ねたところ、「伊豆の海と申します。」と答えましたのを聞いて（詠んだ歌）

14 箱根路を私が越えてくると（そこは）伊豆の海だなあ。沖の小島に波が打ち寄せるのが見える。

冬《ふゆ》 夕山《ゆふやま》を　　京極為兼《きやうごくためかぬ》

格助

15 さゆる 日《ひ》の しぐれの 後《のち》の 夕山《ゆふやま》に うす雪《ゆき》 ふり て 雲《くも》ぞ

ヤ下二・体　格助　格助　格助　格助　ラ四・用　接助　係助

晴《は》れゆく

カ四・体

（玉葉集《ぎよくえふ》　巻第六・冬歌）

夕鐘《ゆふしよう》　　正徹《しやうてつ》

16 夕暮《ゆふぐ》れの 心《こころ》の 色《いろ》を そめ ぞ おく つきはつる 鐘《かね》の 声《こゑ》の にほひ

格助　格助　格助　マ下二・用　係助　カ四・体　タ下二・体　格助　格助

に

格助

（草根集《さうこん》）

良寛《りやうくわん》

17 この 里《さと》に 手《て》まり つき つつ 子供《こども》らと 遊《あそ》ぶ 春《はる》日《ひ》は 暮《く》れ ず

格助　格助　カ四・用　接助　格助　バ四・体　係助　ラ下二・未　打・用

とも よし

接助　ク・終

（良寛歌集）

冬の夕方の山を（詠んだ歌）　京極為兼

15 冷え冷えとする日の時雨の（降った）後の夕方の山にうっすらと雪が降って雲が晴れてゆくことだ。

夕べの鐘（の歌）　正徹

16 夕暮れ時の心の色を染めおくことだ。つき終えた鐘の音の響きに。

良寛

17 この里で手まりをつきながら子供たちと遊ぶ春の日は、暮れなくてもよい。

題《だい》しらず　香川景樹《かがはかげき》

18 灯《ともしび》の　かげにて　見《み》る　と　思《おも》ふ　まに　文《ふみ》の　上《うへ》しろく　夜《よ》は
明《あ》け　に　けり　（桂園一枝《けいゑんいっし》）

格助　格助　マ上一・終　格助　ハ四・体　格助　格助　ク・用　係助
カ下二・用　完・用　詠・終

独楽吟《どくらくぎん》　橘曙覧《たちばなあけみ》

19 たのしみ　は　空《そら》　暖《あたた》かに　うち晴《は》れ　し　春秋《はるあき》の　日《ひ》に　出《い》でありく　時《とき》（志濃夫廼舎歌集《しのぶのやかしゅう》）

係助　ナリ・用　ラ下二・用　過・体　格助　格助　カ四・体

今様《いまやう》

20 仏《ほとけ》は　常《つね》に　いませ　ども　現《うつ》ならぬ　ぞ　あはれなる
人《ひと》の　音《おと》せ　ぬ　暁《あかつき》に　ほのかに　夢《ゆめ》に　見《み》え　給《たま》ふ

係助　副　サ四・已・尊　接助　断・未　打・体　係助　ナリ・体
格助　サ変・未　打・体　格助　ナリ・用　格助　ヤ下二・用　ハ四・終・尊・補

題知らず　香川景樹

18 灯火の光（の下）で（書物を）読んでいると思っているうちに、書物の上に白々と夜は明けてしまったよ。

自分にとっての楽しみを詠んだ歌　橘曙覧

19 楽しみは、空が暖かく晴れわたった春や秋の日に（家から）出て歩き回るとき（覚えるものだ）。

今様

20 仏はいつも（我々の近くに）いらっしゃるけれども、現実に見えないのがしみじみと尊いことだ。人の物音がしない未明頃に、かすかに夢に見えなさることだ。

21 遊《あそ》び を せ ん と や 生《う》まれ けん 戯《たはむ》れ せ ん と や

（格助 サ変・未 意・終 格助 係助 ラ下二・用 過推・体 サ変・未 意・終 格助 係助）

生《う》まれ けん

（ラ下二・用 過推・体）

遊《あそ》ぶ 子《こ》ども の 声《こゑ》 聞《き》け ば わ が 身《み》 さへ こそ 揺《ゆ》るが るれ

（バ四・体 格助 カ四・已 接助 格助 副助 係助 ガ四・未 自・已）

（梁塵《りやうぢん》秘《ひ》抄《せう》）

小歌《こうた》

22 何《なに》 せ う ぞ くすん で 一期《いちご》 は 夢《ゆめ》 よ ただ 狂《くる》へ

（サ変・未 意・体・ウ 係助 マ四・用・撥 接助 係助 間助 副 ハ四・命）

23 人買舟《ひとかひぶね》 は 沖《おき》 を 漕《こ》ぐ とても 売《う》ら るる 身《み》 を ただ 静《しづ》かに

（係助 格助 ガ四・終 副 ラ四・未 受・体 間助 副 ナリ・用）

漕《こ》げ よ 船頭殿《せんどうどの》

（ガ四・命 間助）

24 名残惜《なごりを》しさ に 出《い》で て 見《み》れ ば 山中《やまなか》 に 笠《かさ》 の 尖《とが》り ばかり が

（格助 ダ下二・用 接助 マ上一・已 接助 格助 格助 副助 格助）

ほのかに 見《み》え 候《そろ》

（ナリ・用 ヤ下二・用 ハ四・終・丁・補）

---

21 遊びをしようとして生まれてきたのであろうか。戯れをしようとして生まれてきたのであろうか。（外で）遊ぶ子供たちの声を聞くと、私の体までも自然と揺れ始めることだ。

小歌

22 どうしようというのか。まじめくさって。人生は夢よ。ただひたすら我を忘れて遊べ。

23 人買い船は沖を漕いでいく。どうせ売られる身の上さ。これだけは、せめて静かに漕いでよ、船頭殿。

24 （あなたと会った）名残惜しさによって（外に）出て見ると、山中に、（あなたがかぶった）笠の先端部分だけがほんの少し見えます。

25 あまり　言葉《ことば》　の　かけたさ　に　　あれ　見《み》　さい　なう　　空《そら》　行《ゆ》く　雲《くも》　の
副　格助　格助　マ上一・未　命・終　終助　カ四・体　格助

早《はや》さ　よ
間助

（閑吟《かんぎん》集）

重要語句

高 古

験《しるし》　①前兆。②効果。かい。ここでは、②の意味。

154 136 あやなし　①わけがわからない。②とるに足りない。ここは①。

155 137 あくがる　①ふらふらと出歩く。②魂が身から抜け出す。③心ひかれる。ここでは、②の意味。

発問　脚注問題

高 古

高153ページ　古135ページ

1 「天飛ぶや」は「軽」にかかる枕詞《まくらことば》である。その他にもどのような枕詞が用いられているか、抜き出してみよう。

・「さね葛」→「後も逢はむ（後も逢ふ）」
・「大船の」→「思ひ頼みて（思ひ頼む）」
・「玉かぎる」→「磐垣淵」
・「沖つ藻の」→「なびきし（なびく）」
・「もみち葉の」→「過ぎて（過ぐ）」

25 あんまり（あなたに）言葉をかけたさゆえに、（つい言ったのは）「あれをご覧なさいな、空を行く雲の早いことよ。」

・「玉梓の」→「使ひ」　・「梓弓」→「音」
・「玉だすき」→「畝傍」　・「玉桙の」→「道」

教材末の問題

高158ページ　古140ページ

学習

1 それぞれの歌を現代語訳し、その主題を考えてみよう。

○現代語訳→「現代語訳」参照

○主題

1 「天飛ぶや……」の歌
妻の突然の訃報に接して動揺し、その姿を追い求めても見《み》出《い》だせず、悲嘆に暮れるという歌。

2 「秋山の……」の歌
亡き妻を秋の山に葬ったが、妻をあきらめきれず、追い求めてしまう気持ちを詠んだ歌。

3 「黄葉の……」の歌
黄葉も散る頃となり、以前使いをしてくれた者を見かけて、亡き妻との思い出がよみがえるという気持ちを詠んだ歌。

4 「験なき……」の歌

思っても解決できないことに悩んでいないで、酒を飲み心豊かに過ごすのがよいと訴える歌。

5「うららに……」の歌

のどかな春の日にひばりが突然飛び立つのを見て、自らの孤独の悲しみを強く感じるという気持ちを詠んだ歌。

6「春の夜の……」の歌

梅の花の香りのすばらしさは闇夜でも消せないことを、花の色と比較させて詠んだ歌。

7「桜花……」の歌

遠くの山間に咲く桜の花を白雲にたとえて、その美しさを詠んだ歌。

8「春来てぞ……」の歌

山荘を訪れる人が、自分よりも花を見に来たというややすねたような表現によって、花の美しさをたたえた歌。

9「もの思へば……」の歌

好きな男性に去られて参詣した折に見た蛍を、自分の魂がさまよう姿に重ねた歌。

10「またや見む……」の歌

交野で桜の花が雪のように散る春の夜明けの景色を称賛する歌。

11「見わたせば……」の歌

華やかな花の色も紅葉の色もない、無彩色の海辺の漁師小屋の、秋の夕暮れにふさわしいわびしい情景を詠んだ歌。

12「年たけて……」の歌

年老いて再びの東国への旅で、難所越えの折に、自らの命あることの喜びを詠んだ歌。

13「我こそは……」の歌

都から遠くの島に流されても、島守のように生きていこうとする強い意志を詠んだ歌。

14「箱根路を……」の歌

箱根路を越え相模《さがみ》湾の海辺へ出てきた折に目にした、沖の小島に波が打ち寄せる新鮮な景色を詠んだ歌。

15「さゆる日の……」の歌

冬の冷え冷えとした夕方の情景の歌。時雨が降り、山に薄雪が積もり、雲が切れて晴れ間となる情景の変化を詠んだ。

16「夕暮れの……」の歌

夕暮れ時の寂しさが、入相《いりあい》の鐘の厳かな響きと相まって、一層深く感じられることを詠んだ歌。

17「この里に……」の歌

無心な子供たちと遊ぶ心を大切にし、その穏やかな春の日が長く続くことを願う歌。

18「灯の……」の歌

夜通し本を読んでいて、気づけば夜明けの光で本の紙の色が白く感じられたという感覚を詠んだ歌。

19「たのしみは……」の歌

自らの楽しみは、春や秋の晴れた暖かな日に散歩をする折に感じられるものだとする、自分の生き方をそのままに詠んだ歌。

20「仏は常に……」の歌
　仏は常にいらっしゃるが、ひたすらに希求する者の夢の中にそのお姿を現すだけだという、尊い仏様に対する敬虔《けいけん》な心を詠んだ歌。
21「遊びをせんとや……」の歌
　子供たちが歌や遊戯に楽しむのを見て、自分もそのような子供に戻りたいという心情を詠んだ歌。
22「何せうぞ……」の歌
　人生は夢のごときものだから、いっそ我を忘れて遊ぶのがよいと強く訴える歌。
23「人買舟は……」の歌
　これから売られていく女の、運命を静かに受け入れようとしている心を、哀感を込めて詠んだ歌。
24「名残惜しさに……」の歌
　前夜を共に過ごした男の旅立ちを見送る女の、いつまでも男の姿を目で追う別れがたさを詠んだ歌。
25「あまり言葉の……」の歌
　気になる異性に声をかけたくて仕方がないが、関係ないことを言ってしまう、うぶな恋心を詠んだ歌。

2　それぞれの歌について、表現上の特徴をあげてみよう。

1「天飛ぶや……」の歌
　枕詞や序詞を多用し、妻の突然の訃報に動揺する作者の感情を、叙事詩的に記している。
2「秋山の……」の歌
　妻を葬ったことを間接的に表現している。
3「黄葉の……」の歌
　枕詞（玉梓の）を用いている。亡き妻を回想することで、長歌と反歌の一連の流れを収束させている。
4「験なき……」の歌
　比喩を使わずに、直接考えを表明している。
5「うらうらに……」の歌
　春の日に空高く舞い上がるひばりと、もの思いに沈む作者を対比し、さらに倒置法を用いて孤独感を浮き彫りにしている。
6「春の夜の……」の歌
　係り結び、反語表現を用いて、花の色を隠してしまう闇夜でも梅の花の香は隠せないとその香りの強さを浮き彫りにしている。
7「桜花……」の歌
　枕詞（あしひきの）を用いている。遠い山間に見える桜花を白雲に見立てて表現している。
8「春来てぞ……」の歌
　「花こそ宿の主なりけれ」のように擬人法を使っている。
9「もの思へば……」の歌
　貴船神社の御手洗川に飛ぶ蛍を、自分の魂に見立てるという表現で、自己を客観的に見ることに成功している。
10「またや見む……」の歌
　『伊勢《いせ》物語』の一節を連想させることで、春の夜明け頃に桜花が散る幻想的な美をいっそう浮き立たせている。

11「見わたせば……」の歌
　色彩の鮮やかな花や紅葉を引き合いに出すことで、無彩色に近い「浦の苫屋の秋の夕暮れ」の景がもつわびしさを浮き立たせている。
12「年たけて……」の歌
　二回の難所越えを一首に詠み込み、結句で、難所として有名な歌枕の地「佐夜の中山」を提示している。
13「我こそは……」の歌
　助詞「よ」の強調表現や、「吹け」という命令表現を用いて、政治を仕切ってきた帝王としての威厳を感じさせている。
14「箱根路を……」の歌
　山道から開ける海の展望を写実的に捉えて詠み、海の見えた感動を詠嘆の助詞「や」に込めて表現している。
15「さゆる日の……」の歌
　移り変わる自然景を捉えて歌に詠み込んでいく手法である。
16「夕暮れの……」の歌
　倒置法を効果的に用いて、晩鐘の厳かな響きの中に人の心の寂しさを重ねていく繊細な感覚を、「心の色」「声のにほひ」と独特な言い回しで表現している。
17「この里に……」の歌
　和歌の修辞技法を用いず、子供の無心さに接するうれしい気持ちをありのままに述懐している。
18「灯の……」の歌
　夜通し勉強する自らの姿を連想させると同時に、夜明けを本の紙の色の変化から知るという独特の感覚を表現している。
19「たのしみは……」の歌
　題意を初句に置き、以下でそれに対して答えていく形式の歌。自分の考えをありのままに述懐している。
20「仏は常に……」の歌
　歌謡のリズムで、仏の教義をよりわかりやすく伝えている。
21「遊びをせんとや……」の歌
　子供たちが遊び戯れる姿を見て、自分も子供に帰りたいという思いをありのままに述懐している。
22「何せうぞ……」の歌
　我を忘れて遊ぶ生き方がよいとする考えを、命令形で終わる端的な表現で印象的に訴えている。
23「人買舟は……」の歌
　売られていく女の諦念を、船頭への呼びかけを通して表現している。
24「名残惜しさに……」の歌
　山中を行く男の笠の先だけをずっと目で追うという行動を記すことで、女の強い思いを余情豊かに表現している。
25「あまり言葉の……」の歌
　本音とは全く異なる言葉を直接話法で記すことで、恋に不慣れな純情さを表現している。

言語活動

1　好きな歌を選び、鑑賞文を書いてみよう。また、作者やその歌が作られた時代について調べてみよう。↓略

和歌・歌謡・俳諧

江戸《えど》俳諧《はいかい》・発句《ほっく》

高「高等学校　古典探究」159〜161ページ
古「古典探究　古文編」141〜143ページ

――江戸《えど》俳諧《はいかい》・発句《ほっく》――

作品紹介

［主な出典作品］

炭俵　すみだわら　俳諧集。江戸時代中期、一六九四年刊。俳諧七部集の一。芭蕉晩年の「軽み」の境地が表れている。

猿蓑　さるみの　俳諧集。江戸時代中期、一六九一年刊。去来《きょらい》・凡兆《ぼんちょう》の編。俳諧七部集の一。蕉風の円熟の境地を示すものとされる。

七番日記　しちばんにっき　句日記。江戸時代後期に成立。小林一茶著。

おらが春　おらがはる　俳諧俳文集。江戸時代後期、一八一九年成立、一八五二年刊。一茶が五十七歳の一年を発句を交えて記している。

［掲載句の作者］

松永貞徳　まつながていとく　一五七一〜一六五三。江戸時代初期の連歌師。京都出身。「貞門《ていもん》」を創立。『新増犬筑波集《しんぞういぬつくばしゅう》』を編む。

西山宗因　にしやまそういん　一六〇五〜一六八二。江戸時代前期の連歌師。肥後《ひご》（現熊本）出身。「談林《だんりん》」を創立。

井原西鶴　いはらさいかく　↓この教科書ガイドの379頁

小西来山　こにしらいざん　一六五四〜一七一六。江戸時代前中期の俳人。大阪出身。

上島鬼貫　うえじまおにつら　一六六一〜一七三八。江戸時代前中期の俳人。摂津《せっつ》（現兵庫）出身。

松尾芭蕉　まつおばしょう　一六四四〜一六九四。江戸時代前期の俳人。伊賀《いが》（現三重）出身。「蕉風《しょうふう》」を創立。『おくのほそ道』を著す。

宝井其角　たからいきかく　一六六一〜一七〇七。江戸時代前中期の俳人。江戸出身。榎本《えのもと》其角ともいう。蕉門十哲の一人。

服部嵐雪　はっとりらんせつ　一六五四〜一七〇七。江戸時代前中期の俳人。江戸出身。蕉門十哲の一人。編著に俳諧集『其袋《そのふくろ》』がある。

向井去来　むかいきょらい　一六五一〜一七〇四。江戸時代前中期の俳人。肥前《ひぜん》（現長崎）出身。蕉門十哲の一人。『猿蓑』を編む。俳論『去来抄《きょらいしょう》』を著す。

野沢凡兆　のざわぼんちょう　？〜一七一四。江戸時代前中期の俳人。加賀（現石川）出身。『猿蓑』を編む。

与謝蕪村　よさぶそん　一七一六～一七八三。江戸時代中期の俳人。摂津（現大阪）出身。著書に『新花摘《しんはなつみ》』『夜半楽《やはんらく》』がある。

小林一茶　こばやしいっさ　一七六三～一八二七。江戸時代後期の俳人。信濃《しなの》（現長野）出身。著書に『おらが春』『七番日記』がある。

品詞分解・現代語訳

1 ゆきつくす｜江南《かうなん》｜の｜春《はる》｜の｜光《ひかり》｜かな
サ四・体　格助　格助　終助
（山の井）松永貞徳《まつながていとく》

2 今《いま》｜こ｜ん｜と｜いひ｜し｜ばかり｜の｜料理《れうり》｜かな
副　カ変・未　意・終　格助　ハ四・用　過・体　副助　格助　終助
（梅翁宗因発句集）西山宗因《にしやまそういん》

3 大晦日《おほみそか》｜定《さだ》めなき｜世《よ》｜の｜定《さだ》め｜かな
ク・体　格助　終助
（三ヶ津《さんかのつ》）井原西鶴《ゐはらさいかく》

4 水《みづ》｜ふん｜で｜草《くさ》｜で｜足《あし》｜ふく｜夏野《なつの》｜かな
マ四・用・撥　接助　格助　カ四・体　終助
（今宮草）小西来山《こにしらいざん》

1 逍遥《しょうよう》のはてに、冬の名残雪もとけてなくなってしまった江南の春の光が（輝き）満ちていることよ。　松永貞徳

2 今すぐ来ますよ、と言ったばかりで（なかなか出てこない）雁《かり》の料理だよ。　西山宗因

3 大晦日は、定めのない変わりやすいこの世にあって、（借金取りがやってくる厳しい）定めがあることだよ。　井原西鶴

4 （川の）水を踏んでそのまま草で足をふくことになった夏野であるよ。　小西来山

5 によつぽりと　秋《あき》の　空《そら》なる　不尽《ふじ》の山《やま》

副　格助　存在・体

（大悟物狂《だいごものぐるひ》）上島鬼貫《うへじまおにつら》

6 この　道《みち》や　行《ゆ》く　人《ひと》なしに　秋《あき》の　暮《く》れ

格助　間助　カ四・体　ク・終　接助　格助

（其便《そのたより》）松尾芭蕉《まつをばせう》

7 梅《むめ》が　香《か》に　のつと　日《ひ》の　出《で》る　山路《やまぢ》かな

格助　格助　副　格助　ダ下一・体　終助

（炭俵）松尾芭蕉

8 此《この》　木戸《きど》や　錠《ぢやう》の　さされて　冬《ふゆ》の　月《つき》

名詞＋格助　間助　格助　サ四・未　受・用　接助　格助

（猿蓑）宝井其角《たからゐきかく》

9 梅《むめ》　一輪《いちりん》　一輪《いちりん》　ほどの　あたたかさ

格助

（玄峰集）服部嵐雪《はつとりらんせつ》

10 応応《おうおう》と　いへど　たたくや　雪《ゆき》の　門《かど》

感動　格助　ハ四・已　接助　カ四・体　間助　格助

（去来発句集）向井去来《むかゐきよらい》

---

5 にょつぽりと、とんがって突き出た形で秋の空にある富士山であるよ。　上島鬼貫

6 この（私の行く）道よ。誰も共に行く人はいないのであり、見渡せば秋の夕闇が寂しく迫ることよ。　松尾芭蕉

7 梅の香りがする（その）中で、のっと朝日が昇ってきた山路であることよ。　松尾芭蕉

8 この木戸よ。錠が（がっちりと）かけられていて、その上には（荒涼とした）冬の月が昇っていることよ。　宝井其角

9 （寒）梅が一輪咲いている。その一輪ばかりの暖かさが（まだ寒い中にも）感じられるようだ。　服部嵐雪

10 （門の内では）「はいはい」と言っているが、（門の外までは聞こえないのか）たたく人がいるよ。我が家の雪の門を。　向井去来

11 下京《しもぎやう》や　雪《ゆき》つむ　上《うへ》の　夜《よる》の　雨《あめ》

（や）間助　（つむ）マ四・体　（の）格助　（の）格助

（猿蓑）野沢凡兆《のざはぼんてう》

12 ほととぎす　平安城《へいあんじやう》を　筋違《すぢかひ》に

（を）格助　（に）格助

（蕪村句集）与謝蕪村《よさぶそん》

13 絶頂《ぜつちやう》の　城《しろ》　たのもしき　若葉《わかば》かな

（の）格助　（たのもしき）シク・体　（かな）終助

（蕪村句集）与謝蕪村

14 涼風《すずかぜ》の　曲《まが》りくねつて　来《きた》り　けり

（の）格助　（曲りくねつ）ラ四・用・促　（て）接助　（来り）ラ四・用　（けり）詠・終

（七番日記）小林一茶《こばやしいつさ》

15 目出度《めでた》さ　も　ちう位《くらゐ》　なり　おらが　春《はる》

（も）係助　（なり）断・終　（が）格助

（おらが春）小林一茶

---

11 下京よ。雪が積もっていたうえに、夜になり雨が降り出したことだ。

野沢凡兆

12 ほととぎすが、平安京を斜めに過ぎて（鳴きながら飛んでいったことよ）。

与謝蕪村

13 山の頂には城がある。若葉が（それを）どんどん覆い、頼もしく守っているようだよ。

与謝蕪村

14 夏の涼風が、（あちらを通りこちらを通りして）曲がりくねって（私のもとへ）やってきたのだなあ。

小林一茶

15 （初春はめでたいものだが、その）めでたさも中くらいであるよ。私にとっての初春は。

小林一茶

教材末の問題 高 161ページ 古 143ページ

学習

1 貞徳・宗因・西鶴の関係について調べ、1〜3の句のおもしろみについて考えてみよう。

江戸初期に、松永貞徳は、京都を拠点として活躍し、「貞門」を創立した。漢語・俗語の使用、縁語・掛詞《かけことば》の使用などに特徴がある。西山宗因と井原西鶴は、大阪を拠点として活躍した。宗因は、自由軽妙な「談林」を創立し、貞門は衰退する。西鶴は談林派の代表的俳人である。

1「ゆきつくす……」の句（貞徳）

中国の漢詩を踏まえ、掛詞を用いて、中国の情景を重ね合わせつつ、光あふれる春の景を描き出している。

2「今こんと……」の句（宗因）

百人一首の歌を踏まえ、恋の歌が料理を待つ句に転換したり、言葉遊びとして「ばかり」の「かり」に「雁」を掛けたりして、おもしろさを演出している。

3「大晦日……」の句（西鶴）

「定めなき世」（無常の世・変わりやすい世）と、「定め」（きまり・借金の返済期日）を対比させて、江戸時代の庶民の暮らしを見事に描写している。

2 来山と鬼貫について、どのような人物かを調べ、4・5の句の味わいについて考えてみよう。

来山は大阪を拠点として活動した。談林派であったが、のちに蕉風に近い句を作った。鬼貫は伊丹《いたみ》や大阪を拠点として活動した。談林派であったが、のちに「まことの外に俳諧なし」と悟った。

4「水ふんで……」の句（来山）

「ふんで（踏んで）」「ふく」とリズミカルに言葉が続けられている。「水を踏む」「草で足ふく」という日常語が用いられ、初夏の夏野の情感を身近に感じさせるものとなっている。

5「によっぽりと……」（鬼貫）

「によっぽりと」という擬態語が初句に示されて、富士山の姿を情感豊かに、また鮮やかに描き出している。

3 芭蕉の二句（6・7）について、句の感じがどのように違っているか説明してみよう。

6「この道や……」の句

一人で道（目指す俳諧の道）を行く芭蕉の孤高が描かれ、重みのあるものになっている。

7「梅が香に……」の句

「のつと」という擬態語など、平易な言葉で豊かにイメージを描き出すものになっていて、「軽み」の代表句といえる。

4 8〜11の句について、いずれか一句をとりあげて、例のように上五ないしは下五のところに別の言葉をあてはめて、もとの句とのイメージの違いについて話し合ってみよう。

例 此木戸や錠のさされて冬の月
→南大門錠のさされて冬の月
→此木戸や錠のさされて春の月

〈例〉教科書の例に関するイメージの違い

・「此木戸」を「南大門」とした場合

「木戸」は、一般に城門を指すが、「此木戸」というと、目の前に、厳しく閉ざされた門を寒月が照らす風景が豊かにイメージされる。それに対して、「南大門」というように、寺の正門に限定をすると、イメージも限られたものとなる。

・「冬の月」を「春の月」とした場合

「冬の月」というと、厳しく錠の掛けられた門を寒月が照らすことになり、冬の冴えわたる情景の冷たさがいっそう強まる。これに対して、「春の月」というと、暖かくぼんやり霞《かす》む春の月が厳しく錠の掛けられた門を照らすことになり、そのコントラストに妙が出る。

5　**蕪村と一茶の句（12〜15）について、それぞれの俳人の表現の特徴について考え、まとめよう。**

12「ほととぎす……」の句（蕪村）

視点が高いところにあり、平安京をはるか下に見ながら斜めに飛んでいくほととぎすの動線と、眼下に広がる平安京の広さを描いた、スケールの大きな絵画的な句である。

13「絶頂の……」の句（蕪村）

下から山の頂を見上げる視点で描かれた句。若葉の成長の様子を動的に捉えることで、若葉に城を守る意思があるように感じさせ、一つの物語的世界を絵画的に描き出している。

→蕪村の特徴…さまざまな視点から風景を捉え、動的なものと静的なものを共に描くことによって、一つの世界観を絵画的に描き出している。

14「涼風の……」の句（一茶）

涼風が、まっすぐやってくるのではなく、「曲りくねって来りけり」という表現に、作者の心情が託されている。

15「目出度さも……」の句（一茶）

初春はめでたいものであるが、そうした折でも、自分の暮らしを評して「目出度さもちう位なり」とし、「おらが春」のように、身近で理解しやすい表現を用いて、自分の生活感をありのままに表現している。

→一茶の特徴…卑近な表現を用いることで、自らの豊かとはいえない生活を、実感を込めて描き出している。

ことばと表現

1　**季語にあたる言葉を確認し、季節ごとに句を分類しよう。**

「　」内は、各番号の句の季語。

・春の句

1「春の光」　7「梅」　15「春」

・夏の句

4「夏野」　12「ほととぎす」　13「若葉」　14「涼風」

・秋の句

5「秋の空」　6「秋の暮れ」

・冬の句

3「大晦日」　8「冬の月」　9「梅（寒梅）」

10「雪」　11「雪」

随筆　枕草子《まくらのさうし》

高「高等学校　古典探究」164～173ページ
古「古典探究　古文編」146～155ページ

作品紹介

枕草子　まくらのそうし　→この教科書ガイドの38頁　清少納言　せいしょうなごん　→この教科書ガイドの38頁

——二月《きさらぎ》つごもりごろに——

品詞分解・現代語訳

①二月《きさらぎ》 つごもりごろ に、 風《かぜ》 いたう 吹《ふ》き て、 空《そら》 いみじう 黒《くろ》き に、 雪《ゆき》 少《すこ》し
格助　ク・用・ウ　カ四・用　接助　シク・用・ウ　ク・体　格助　副

うち散《ち》り たる ほど、 黒戸《くろど》 に 主殿寮《とのもづかさ》 来《き》 て、 「かうて 候《さぶら》ふ。」 と 言《い》へ ば、
ラ四・用　存・体　格助　カ変・用　接助　副　ハ四・終・謙　格助　ハ四・已　接助

寄《よ》り たる に、 「これ、 公任《きんたふ》の 宰相殿《さいしやうどの》 の。」 と て ある を 見《み》れ ば、
ラ四・用　完・体　接助　格助　格助　接助　ラ変・体　格助　マ上一・已　接助

懐紙《ふところがみ》 に、
格助

②少《すこ》し 春《はる》 ある 心地《ここち》 こそ すれ
副　ラ変・体　係助　サ変・已

③と ある は、 げに 今日《けふ》 の けしき に いと よう 合《あ》ひ たる、 これ が
格助　ラ変・体　係助　副　格助　格助　副　ク・用・ウ　ハ四・用　存・体　格助

---

①二月末日頃に、風がひどく吹いて、空がたいへん暗いうえに、雪が少し降り散っているとき、黒戸に主殿寮の役人が来て、「ごめんください。」と言うので、（私が）近寄ったところ、「これは、公任の宰相様の（お手紙です）。」と言って（差し出して）あるのを見ると、懐紙に、

②少し春めいた心持ちがする

③と書いてあるのは、本当に今日の空模様にたいへんよく合っている（ので）、これの上の句は、どのよう

本《もと》は、いかでか　つく　べからむ　と　思《おも》ひわづらひぬ。④「誰々《たれたれ》か。」と
係助　副　係助　カ下二・終　適・未　推・体　格助　ハ四・用　完・終　係助　格助

問《と》へ　ば、「それそれ。」と　言《い》ふ。⑤みな　いと　恥《は》づかしき　なか　に、宰相《さいしやう》の
ハ四・已　接助　格助　ハ四・終　副　シク・体　格助　格助

御《おほん》いらへ　を　いかでか　ことなしび　に　言《い》ひ出《い》で　む　と　心《こころ》一《ひと》つ　に　苦《くる》しき　を、
格助　副　係助　格助　ダ下二・未　意・体　格助　格助　シク・体　接助

御前《おまへ》に　御覧《ごらん》ぜ　させ　む　と　すれ　ど、上《うへ》の　おはしまし　て、大殿籠《おほとのご》もり
格助　サ変・未・尊　使・未　意・終　格助　サ変・已　接助　格助　サ四・用・尊　接助　ラ四・用・尊

たり。⑥主殿寮《とのもづかさ》は、「とく　とく。」と　言《い》ふ。⑦げに　遅《おそ》う　さへ　あら　む　は、
存・終　係助　副　副　格助　ハ四・終　副　ク・用・ウ　副助　ラ変・未　仮・体　係助

いと　取《と》りどころ　なけれ　ば、さはれ　と　て、
副　ク・已　接助　感動　格助　接助

⑧空《そら》寒《さむ》み　花《はな》に　まがへ　て　散る　雪《ゆき》に
ク・語幹＋接尾　格助　ハ下二・用　接助　ラ四・体　格助

⑨と　わななく　わななく　書《か》き　て、取《と》らせ　て、いかに　思《おも》ふ　らむ　と　わびし。
格助　カ四・終　カ四・終　カ四・用　接助　サ下二・用　接助　副　ハ四・終　現推・体　格助　シク・終

⑩これ　が　こと　を　聞《き》か　ばや　と　思《おも》ふ　に、そしられ　たら　ば　聞《き》か
格助　格助　カ四・未　終助　格助　ハ四・体　接助　ラ四・未　受・用　完・未　接助　カ四・未

じ　と　おぼゆる　を、「俊賢《としかた》の宰相《さいしやう》　など、『なほ　内侍《ないし》に　奏《そう》し　て　なさ
打意・終　格助　ヤ下二・体　接助　副助　副　格助　サ変・用・謙　接助　サ四・未

む。』と　なむ　定《さだ》め　給《たま》ひ　し。」と　ばかり　ぞ、左兵衛督《さひやうゑのかみ》の　中将《ちゆうじやう》に
意・終　格助　係助　マ下二・用　ハ四・用・尊・補　過・体　格助副助　係助　格助　断・用

につけるのがよいだろうかと思い悩んでしまった。④（私が）「（公任様とご一緒の方々は）誰々か。」と尋ねると、（主殿寮の役人が）「誰それ。」と言う。⑤みなたいそうこちらが気恥ずかしくなるほど立派な方々の中に、宰相へのご返歌をどうして通りいっぺんに言い出そうか（いや、言い出せない）と（私の）心一つには苦痛なので、中宮様にご覧に入れようとするが、帝《みかど》がいらっしゃって、（ご一緒に）お休みになっている。⑥主殿寮の役人は、「早く早く。」と言う。⑦いかにも（うまくないうえに）遅くまでなるとしたら、まったく取り柄がないので、どうともなれと思って、

⑧空が寒いので花びらに見間違えさせるように散る雪によって

⑨と（緊張で）震え震え書いて、（主殿寮の役人に）渡して、（公任様たちはこの上の句を）どのように思っているだろうかと心細い。

⑩この返事のこと（評判）を聞きたいと思うが、悪く言われたら聞く

おはせ（サ変・未・尊・補）｜し（過・体）、語《かた》り（ラ四・用）｜給《たま》ひ（ハ四・用・尊・補）｜し（過・体）。

（第百二段）

まいと思っていると、「俊賢の宰相などは、『やはり（清少納言を）内侍に（していただくよう）帝に申し上げて昇任させよう。』とお決めなさった。」とだけ、左兵衛督で中将でいらっしゃった方が、（私に）お話しくださいました。

重要語句　高　古

高164　古146

つごもり　（陰暦で）①月の下旬。②月の末日。ここは②。

本　①始まり。②和歌の上の句。ここでは、②の意味。

それそれ　誰それ。その人あの人。

恥づかし　こちらが気恥ずかしくなるほど立派だ。

ことなしび　知らぬふり。通りいっぺん。

高165　古147

まがふ　①入り乱れさせる。②見間違えさせるほどよく似ている。ここでは、②の意味。

発問　脚注問題　高　古

高164ページ　古146ページ

1　「誰々か」とは、何を尋ねたのか。

公任と一緒に（殿上の間に）いるのは誰かということ。

2　「御前」「上」とは、それぞれ誰のことか。

・「御前」…中宮定子。　・「上」…一条天皇。

教材末の問題　高165ページ　古147ページ

学習

1　「宰相の御いらへを……心一つに苦しきを」（高一六四・7）（古一四六・7）とあるが、ここで作者が配慮していることは何か。説明してみよう。

自分の返事が、中宮やその周囲の人々への評価にも影響するため、いいかげんな返事はできないということ。

2　「なほ内侍に奏してなさむ」（高一六五・5）（古一四七・5）とは、誰をどのように評しているのか。説明してみよう。

作者を優れた教養や才能を持つ人物であると改めて評している。

ことばと表現

1　「遅うさへ」（高一六四・9）（古一四六・9）の「さへ」の働きを、文脈に沿って説明してみよう。

返事がうまくないことを予想し、それに加え、返すのが遅くまでなるとしたら（まったく取り柄がない）という添加の働き。

探究の扉 ——比べ読み——

古本説話集《こほんせつわしふ》

高「高等学校 古典探究」166〜167ページ
古「古典探究 古文編」148〜149ページ

作品紹介

古本説話集 こほんせつわしゅう 編者は未詳。平安時代末期あるいは鎌倉時代初期に成立したとみられる説話集。王朝貴族の和歌を中心とする説話四十六編と、仏教説話二十四編からなる。

——清少納言がこと——

品詞分解・現代語訳

①今《いま》	は	昔《むかし》、	二月《きさらぎ》	つごもり、	風《かぜ》	うち吹《ふ》き、	雪《ゆき》	うち散《ち》る	ほど、	公任《きんたふ》	の
	係助					カ四・用		ラ四・体			格助

宰相《さいしやう》の中将《ちゆうじやう》	と	聞《き》こえ	ける	とき、	清少納言《せいせうなごん》	が	もと	へ	懐紙《ふところがみ》	に	書《か》き
	格助	ヤ下二・用・謙	過・体			格助		格助		格助	カ四・用

て、	少《すこ》し	春《はる》	ある	心地《ここち》	こそ	すれ
接助	副		ラ変・体		係助	サ変・已

と	あり	けり。	②げに	今日《けふ》	の	けしき	に	いと	よく	あひ	たる	を、
格助	ラ変・用	過・終	副		格助		格助	副	ク・用	ハ四・用	存・体	接助

①今となっては昔のことだが、二月の月末に、風が吹いて、雪がちらつく頃、藤原公任が宰相の中将と申し上げた時、清少納言のもとへ懐紙に書いて、

少し春がある心地がするよ

とあった。②いかにも今日の空模様にたいそうよく合致しているので、（清少納言はこの歌の上の句を）どのようにつけるのがよいだろうかと思案に暮れる。

いかが　付《つ》く　べから　む　と　思《おも》ひわづらふ。
副　カ下二・終　適・未　推・体　格助　ハ四・終

③空《そら》　冴《さ》え　て　花《はな》　に　まがひ　て　散《ち》る　雪《ゆき》　に
ヤ下二・用　接助　格助　ハ四・用　接助　ラ四・体　格助

と　めでたく　書《か》き　たり。　④いみじく　褒《ほ》め　給《たま》ひ　けり。
格助　ク・用　カ四・用　完・終　シク・用　マ下二・用　ハ四・用・尊・補　過・終

⑤俊賢《としかた》の宰相《さいしやう》、「内侍《ないし》　に　なさ　ばや。」と　のたまひ　ける　と　ぞ。
格助　サ四・未　終助　格助　ハ四・用・尊　過・体　格助　係助

③空が寒々と冷えて花に見間違うばかりに降る雪によってとすばらしく書いた。④（公任は）たいそうお褒めになった。⑤俊賢の宰相は、「（清少納言を）内侍にしたい。」とおっしゃったということだ。

発問　脚注問題　高　古

1　「空冴えて」を現代語訳せよ。　高166ページ　古148ページ

空が寒々と冷えて

〈ポイント〉「冴ゆ」は冷える、の意。清少納言の上の句は、春への期待を込めた公任の下の句を受けて、まだ冬の様相が残る寒々とした空に雪が散っている様子を、まるで花に見間違うようだ、と表現している。

2　「いみじく褒め給ひけり」の主語は誰か。

公任の宰相

〈ポイント〉公任は、清少納言への課題として歌の下の句（「少し春ある心地こそすれ」）を送ったところ、すばらしい上の句（「空冴えて花にまがひて散る雪に」）が返事として返ってきたことを褒めている。

3　「内侍になさばや」をわかりやすく現代語訳せよ。

清少納言を内侍にしたい。

〈ポイント〉「内侍」は女官の要職の一つで三等官の「掌侍（ないしのじょう）」のことである。「ばや」は、自己の動作の実現を希望する終助詞で、〜したい、と訳す。ただし実際には俊賢が直接命ずることはできないので、天皇に申し上げて内侍にしていただく、ということになる。

教材末の問題　高167ページ　古149ページ

（言語活動）

1　以下の観点で「二月つごもりごろに」と本文を比較し、それぞれ該当箇所を抜き出して違いを整理してみよう。

(1)　登場人物

本文

公任／清少納言／俊賢の宰相

二月つごもりごろに

清少納言（作者）／主殿寮／公任の宰相殿／御前（中宮定子）／上（天皇）／俊賢の宰相／左兵衛督の中将におはせし

(2)　清少納言の心理描写

本文

・「いかが付くべからむと思ひわづらふ。」…公任から届けられた下の句に、どのように上の句を付けたらよいかと思い悩む。

二月つごもりごろに

・「これが本は、いかでかつくべからむと思ひわづらひぬ。」…公任から届けられた下の句に、どのように上の句を付けたらよいかと思い悩む。

・「心一つに苦しき」…公任とその周りにいる貴族たちの顔ぶれを思うと、いい加減な返事はできないと一人思い悩む。

・「御前に御覧ぜさせむ」…中宮様に相談したいと思う。

・「げに遅うさへあらむは、いと取りどころなければ、さはれとて」…内容がまずいうえに返事が遅れたら全く取り柄がないので、どうにでもなれ、という思いで返事を急ぐ。

・「いかに思ふらむとわびし。」…自分の返事がどのように評価されているかと思うとつらい思いがする。

・「これがことを聞かばやと思ふに、そしられたらば聞かじとおぼゆる」…評価を聞きたいが、けなされていたら聞きたくないと思われる。

〈ポイント〉『枕草子』は、清少納言本人の叙述であるだけに、登場人物が多く自己の心理描写も詳細であるのに対し、本文は、説話の一つとして簡略化されたエピソードを紹介するものにとどまっている。

2　『枕草子』と『古本説話集』が同じエピソードを通じて伝えたかったことはそれぞれ何か。1を踏まえて考えてみよう。

『枕草子』…公任の宰相からの課題に緊張し悩みながらも、公任とその周囲の人々に高く評価されるような、的確な答えを出すことができたことに対する喜び。

『古本説話集』…清少納言が漢詩文に通じ、機転の利いた答えができる才知を持つ人物であったということ。

―鳥の空音《そらね》―

品詞分解・現代語訳

①頭《とう》の弁《べん》の、職《しき》に参《まゐ》り給《たま》ひて、物語《ものがたり》などし給《たま》ひ
格助　格助　ラ四・用・謙　ハ四・用・尊・補　接助　副助　サ変・用　ハ四・用・尊・補

しに、夜《よ》いたう更《ふ》けぬ。②「明日《あす》、御物忌《おほんものい》みなるに籠《こ》もるべければ、
過・体　格助　ク・用・ウ　カ下二・用　完・終　断・体　接助　ラ四・終　義・已　接助

丑《うし》になりなば悪《あ》しかりなむ。」とて参《まゐ》り給《たま》ひぬ。
格助　ラ四・用　完・未　接助　シク・用　強・未　推・終　格助　接助　ラ四・用・謙　ハ四・用・尊・補　完・終

③つとめて、蔵人所《くらうどどころ》の紙屋紙《かうやがみ》ひき重《かさ》ねて、「今日《けふ》は、残《のこ》り多《おほ》かる心地《ここち》なむ
格助　ナ下二・用　接助　係助　ク・体　係助

する。夜《よ》を通《とほ》して、昔物語《むかしものがたり》も聞《き》こえ明《あ》かさむとせしを、
サ変・体　格助　サ四・用　接助　係助　ヤ下二・用・謙　サ四・未　意・終　格助　サ変・未　過・体　接助

鶏《とり》の声《こゑ》に催《もよほ》されてなむ。」と、いみじう言《こと》多《おほ》く書《か》き給《たま》へ
格助　格助　サ四・未　受・用　接助　係助　格助　シク・用・ウ　ク・用　カ四・用　ハ四・已・尊・補

る、いとめでたし。④御返《おほんかへ》りに、「いと夜深《よぶか》く侍《はべ》りける鳥《とり》の声《こゑ》は、
存・体　副　ク・終　格助　副　ク・用　ラ変・用・丁　過・体　格助　係助

孟嘗君《まうしやうくん》のにや。」と聞《き》こえたれば、立《た》ち返《かへ》り、「『孟嘗君《まうしやうくん》の鶏《とり》は、
格助　断・用　係助　格助　ヤ下二・用・謙　完・已　接助　副　格助　係助

函谷関《かんこくくわん》を開《ひら》きて、三千《さんぜん》の客《かく》わづかに去《さ》れり。』とあれども、
格助　カ四・用　接助　格助　ナリ・用　ラ四・已　完・終　格助　ラ変・已　接助

---

①頭の弁（藤原行成《ゆきなり》）が、職の御《み》曹司《ぞうし》に参上なさって、世間話などなさっていたときに、夜がたいそう更けてしまった。②（行成が）「明日、帝《みかど》の御物忌みなので籠もらなければならないから、丑の刻になってしまったならば都合が悪いだろう。」と言って参内なさった。

③翌朝、蔵人所の紙屋紙を重ねて、（行成は）「今日は、名残惜しい気がする。夜通し、昔話を申し上げ夜を明かそうとしたのに、鶏の声に催促されて。」と、たいそう言葉多く書きなさっているものは、たいへんすばらしい。④ご返事に、「かなりの夜更けにございました鳥の声は、孟嘗君のでしょうか。」と申し上げたところ、折り返し、（行成は）「『孟嘗君の鶏（の声）は、函谷関を開い

これは逢坂《あふさか》の関《せき》なり。」とあれば、
係助　格助　断・終　格助　ラ変・已　接助

⑤「夜《よ》をこめて鳥《とり》の空音《そらね》にはかるともよに逢坂《あふさか》の関《せき》は
格助　マ下二・用　接助　格助　格助　ラ四・終　接助　副　格助　係助

許《ゆる》さじ
サ四・未　打意・終

心《こころ》かしこき関守《せきもり》侍《はべ》り。」と聞《き》こゆ。⑥また、立《た》ち返《かへ》り、
ク・体　ラ変・終・丁　格助　ヤ下二・終・謙　接続　副

逢坂《あふさか》は人《ひと》越《こ》えやすき関《せき》なれば鳥《とり》鳴《な》かぬにも開《あ》け
係助　ヤ下二・用　ク・体　断・已　接助　カ四・未　打・体　格助　係助　カ下二・用

て待《ま》つとか
接助　タ四・終　格助　係助

⑦とありし文《ふみ》どもを、初《はじ》めのは僧都《そうづ》の君《きみ》、いみじう額《ぬか》をさへつき
格助　ラ変・用　過・体　格助　格助　係助　シク・用・ウ　格助　副助　カ四・用

て、取《と》り給《たま》ひてき。⑧後々《のちのち》のは御前《おまへ》に。⑨さて、逢坂《あふさか》の歌《うた》は
接助　ラ四・用　ハ四・用・尊・補　完・用　過・終　格助　係助　格助　接続　格助　係助

へされて、返《かへ》しもえせずなりにき。いとわろし。
サ四・未　受・用　接助　係助　副　サ変・未　打・用　ラ四・用　完・用　過・終　副　ク・終

⑩さて、「その文《ふみ》は、殿上人《てんじやうびと》みな見《み》てしは。」とのたまへば、
接続　格助　係助　副　マ上一・用　完・用　過・体　係助　格助　ハ四・已・尊　接助

「まことに思《おぼ》しけりと、これにこそ知《し》られぬれ。めでたきことなど、
副　サ四・用・尊　詠・終　格助　格助　係助　ラ四・未　自・用　完・已　ク・体　副助

て、三千人の食客《しょっかく》がやっとのことで逃げ出した。』と（本に）あるが、これは（あなたと逢《あ》うという）逢坂の関である。」と（返事が）あったので、

⑤「夜がまだ深いうちに鶏の鳴きまねをしてだまそうとしても、けっして私は（あなたと逢うという）逢坂の関を通ることを許さないでしょう。

優れた関守がいます（から）。」と申し上げる。⑥また、折り返しに、

逢坂の関は人が越えやすい関所なので、鶏が鳴かなくても開けて待つとか（いう）。

⑦と書いてあった手紙などを、初めの手紙は僧都の君（隆円《りゅうえん》）が、繰り返し額までついて、お取りになってしまった。⑧後々のは中宮様に（取り上げられてしまった）。⑨ところで、（行成の）逢坂の歌は（詠みぶりに）圧倒されて、返歌もすることができなくなってしまった。たいへんよくない。

人《ひと》の言《い》ひ伝《つた》へぬはかひなきわざぞかし。また、見苦《みぐる》しきこと散《ち》るが
格助 ハ下二・未 打・体 係助 ク・体 係助 終助 接続 シク・体 ラ四・体 格助
わびしければ、御文《おほんふみ》はいみじう隠《かく》して、人《ひと》につゆ見《み》せ侍《はべ》ら
シク・已 接助 係助 シク・用・ウ サ四・用 接助 格助 副 サ下二・用 ラ変・未・丁・補
ず。御心《みこころ》ざしのほどをくらぶるに、等《ひと》しくこそは。」と言《い》へば、
打・終 格助 格助 バ下二・体 接助 シク・用 係助 係助 格助 ハ四・已 接助
⑪「かくものを思《おも》ひ知《し》りて言《い》ふが、なほ人《ひと》には似《に》ずおぼゆる。
副 格助 ラ四・用 接助 ハ四・体 格助 副 格助 係助 ナ上一・未 打・用 ヤ下二・体
『思《おも》ひぐまなく、悪《あ》しうしたり。』など、例《れい》の女《をんな》のやうにや言《い》は
ク・用 シク・用・ウ サ変・用 完・終 副助 格助 格助 比・用 係助 ハ四・未
むとこそ思《おも》ひつれ。」など言《い》ひて、笑《わら》ひ給《たま》ふ。⑫「こはなどて。
推・体 格助 係助 ハ四・用 完・已 副助 ハ四・用 接助 ハ四・用 ハ四・終・尊・補 係助 副
喜《よろこ》びをこそ聞《き》こえめ。」など言《い》ふ。⑬「まろが文《ふみ》を隠《かく》し給《たま》ひ
格助 係助 ヤ下二・未・謙 意・已 副助 ハ四・終 格助 格助 サ四・用 ハ四・用・尊・補
ける、また、なほあはれにうれしきことなりかし。いかに心憂《こころう》くつらからまし。
過・体 副 副 ナリ・用 シク・体 断・終 終助 副 ク・用 ク・未 反仮・終
今《いま》よりも、さを頼《たの》み聞《き》こえむ。」などのたまひてのちに、
格助 係助 副 間助 マ四・用 ヤ下二・未・謙・補 意・終 副助 ハ四・用・尊 接助 格助
⑭経房《つねふさ》の中将《ちゆうじやう》おはして、「頭《とう》の弁《べん》はいみじう褒《ほ》め給《たま》ふとは、
格助 サ変・用・尊 接助 格助 係助 シク・用・ウ マ下二・用 ハ四・終・尊・補 格助 係助
知《し》りたりや。一日《ひとひ》の文《ふみ》に、ありしことなど語《かた》り給《たま》ふ。思《おも》ふ
ラ四・用 存・終 係助 格助 格助 ラ変・用 過・体 副助 ラ四・用 ハ四・終・尊・補 ハ四・体

⑩それから、(行成が)「(あなたの)その手紙は、殿上人がみな見てしまいました。」とおっしゃるので、「本当に(私のことを)思っていらっしゃるのねと、このことからわかりました。優れた(歌の)ことなどを、人が語り伝えないのは(詠む)かいがないことですよ。また、見苦しいことが世間に広がるのはつらいので、(あなたの)お手紙は厳重に隠して、人には絶対に見せません。(あなたは人に伝え、私は隠すという差はあるけれど)心配りの程度を比べると、同じであるようですね。」と言うと、⑪(行成は)「このようにものを知って言うところが、やはり他の人とは似ていないと思われる。『(手紙を他の人に見せたことを)思慮が浅く、ひどいことをした。』など、並の女性のように言うだろうかと思っていた。」などと言って、笑いなさる。⑫「これはどうして(そのようにおっしゃるのですか)。(語り伝えてくださった)お礼をこそ申し上げまし

人《ひと》の人《ひと》に褒《ほ》めらるるは、いみじううれしき。」など、まめまめしう
格助　格助　マ下二・未　受・体　係助　シク・用・ウ　シク・体　副助　シク・用・ウ

のたまふも をかし。⑮「うれしきこと二《ふた》つにて、かの褒《ほ》め給《たま》ふ
ハ四・体・尊　係助　シク・終　シク・体　断・用　接助　格助　マ下二・用　ハ四・終・尊・補

なるに、また、思《おも》ふ人《ひと》のうちに侍《はべ》りけるをなむ。」と言《い》へば、
伝・体　格助　副　ハ四・体　格助　格助　ラ変・用・丁　詠・体　格助　係助　格助　ハ四・已　接助

「それ、めづらしう、今《いま》のことのやうにも喜《よろこ》び給《たま》ふかな。」など
シク・用・ウ　格助　格助　比・用　係助　バ四・用　ハ四・体・尊・補　終助　副助

のたまふ。
ハ四・終・尊

（百三十段）

よう。」などと言う。⑬（行成は）「私の手紙を隠しなさったのは、また、やはりしみじみとうれしいことだよ。（人が見たら）どれほど情けなくつらかっただろうに。これからも、そのように頼りにし申し上げよう。」などとおっしゃってのちに、⑭経房の中将がいらっしゃって、「頭の弁が（あなたを）たいそう褒めていらっしゃることは、知っていたか。先日の手紙に、書いてあったことなどを語りなさる。（私が大事に）思う人（であるあなたが）が他の人に褒められるのは、たいへんうれしい。」など、真面目におっしゃるのもおもしろい。⑮「うれしいことが二つに（なりました）、あの方（行成）が褒めなさるといううえに、また、（あなたの）大切に思う人の中に（自分が）おりましたことを。」と言うと、（経房は）「そのようなことを、珍しく、今初めて知ったことのようにも喜びなさるのだなあ。」などとおっしゃる。

重要語句

高 古

168 / 150

丑　①十二支の二番目。②方角の名。北北東。③午前一時から午前三時頃。ここでは、③の意味。

聞こゆ　「言ふ」の謙譲語。申し上げる。

明かす　夜を明かす。

わづかなり　①数量が少ない。②貧弱なさま。③やっと。ここでは、③の意味。

よに…（打消）　けっして。全然。

169 / 151

殿上人　清涼殿《せいりょうでん》の殿上の間に昇殿を許された人。

かひなし　かいがない。むだだ。

例　①先例。②習慣。③普通。④普段。ここでは、③の意味。

など（て）　どうして。なぜ。

喜び　①うれしさ。②祝辞。③昇進。④お礼。ここでは、④の意味。

一日《ひとひ》　①一日。②終日。③先日。ここでは、③の意味。

発問　脚注問題

高 古

1　高 168ページ 古 150ページ

この「逢坂の関」という地名には別の意味がこめられているが、それは何か。

（清少納言と行成が）「逢う」（男女の関係を持つ）という意味。

〈ポイント〉「逢坂の関」の「逢」には「逢ふ」の意味が掛けられていることが多い。

2　高 169ページ 古 151ページ

「まことに思しけり」とは、誰が何をどう思ったということか。

行成が、清少納言のことを大切に思ったということ。

3　どういうことが「思ひぐまなく、悪しうしたり」だというのか。本文中から抜き出せ。

その文は、殿上人みな見てしは。

4　何を「頼み」にするのか。

清少納言が行成の歌を人に広めないでいるように、清少納言が、今後も才気あふれる会話を楽しむような付き合いをしてくれること。

〈ポイント〉「まことに思しけり」から後の清少納言と行成のやりとりは、すべて冗談としてなされたもの。最後の行成の言葉は、冗談の続きとも本音とも解釈できる。

教材末の問題

高 170ページ 古 152ページ

学習

1　「いと夜深く……孟嘗君のにや」（高 一六八・6）（古 一五〇・6）、「『孟嘗君の鶏は……これは逢坂の関なり」（高 一六八・8）（古 一五〇・8）はそれぞれ何を言おうとしているのか。説明してみよう。

・「いと夜深く……孟嘗君のにや」
行成が、鶏の声に催促されて退座したと言い訳をしたので、それは孟嘗君の故事にあるように鶏の鳴きまねだろうかと皮肉を込めて責めた。
・「『孟嘗君の鶏は……これは逢坂の関なり」
孟嘗君がやっと通って逃げた函谷関を、逢坂の関という恋愛の関所にすり替えて、自分（行成）と清少納言の関係性について、話題を移そうとした。

2　「御心ざしのほどをくらぶるに、等しくこそは」（高 一六九・6）（古 一五一・6）とは、何と何とが等しいというのか。説明してみよう。

行成が清少納言の歌をすばらしいものとして周囲の人に広めた心配りと、清少納言が行成の歌をひどいものとして人に見せない心配り。

3　行成は清少納言のどのようなところを称賛したのか。整理して説明してみよう。

清少納言の返事の手紙や返歌が機知に富んでいてすばらしかったところ、また、それを周囲の人に見せたことについて、普通の女性のように、軽率だと責めるのではなく、冗談として、自分のすばらしい歌を広めてくれてうれしい、あなたのひどい歌は隠していると、機転を利かせて答えたところ。

ことばと表現

1　傍線部について、敬語の種類と誰から誰への敬意を表すかを考えてみよう。

(1)　頭の弁の、職に参り給ひて、（高 一六八・1）（古 一五〇・1）
・「参り」…謙譲の本動詞。
作者（清少納言）から中宮定子へ。
・「給ひ」…尊敬の補助動詞。
作者（清少納言）から頭の弁（行成）へ。

(2)　「悪しかりなむ。」とて参り給ひぬ。（高 一六八・2）（古 一五〇・2）
・「参り」…謙譲の本動詞。
作者（清少納言）から宮中（帝）へ。
・「給ひ」…尊敬の補助動詞。
作者（清少納言）から頭の弁（行成）へ。

(3)　「今よりも、さを頼み聞こえむ。」（高 一六九・11）（古 一五一・11）
・「聞こえ」…謙譲の補助動詞。
頭の弁（行成）から作者（清少納言）へ。

(4)　「かの褒め給ふなるに、また、思ふ人のうちに侍りけるをなむ。」（高 一六九・15）（古 一五一・15）
・「給ふ」…尊敬の補助動詞。
作者（清少納言）から頭の弁（行成）へ。
・「侍り」…丁寧の本動詞。
作者（清少納言）から経房の中将へ。

——宮に初めて参りたるころ——

品詞分解・現代語訳

①宮《みや》に 初《はじ》めて 参《まゐ》り たる ころ、ものの 恥《は》づかしき ことの 数《かず》 知《し》ら
格助 副 ラ四・用・謙 完・体 格助 シク・体 格助 ラ四・未

ず、涙《なみだ》も 落《お》ち ぬ べけれ ば、夜々《よるよる》 参《まゐ》り て、三尺《さんじやく》の 御几帳《みきちやう》の
打・用 係助 タ上二・用 強・終 推・已 接助 ラ四・用・謙 接助 格助 格助

後《うし》ろに 候《さぶら》ふ に、絵《ゑ》など 取《と》り出《い》でて 見《み》せ させ 給《たま》ふ を、
格助 ハ四・体・謙 接助 副助 ダ下二・用 接助 サ下二・未 尊・用 ハ四・体・尊・補 格助

手《て》にても え さし出《い》づ まじう、わりなし。②「これ は、と あり、かかり。
格助 係助 副 ダ下二・終 不可・用・ウ ク・終 係助 副 ラ変・用 ラ変・終

それ か、かれ か。」など のたまはす。③高坏《たかつき》に 参《まゐ》らせ たる 御殿油《おほとなぶら》 なれ
係助 係助 副助 サ下二・終・尊 格助 サ下二・用・謙 存・体 断・已

ば、髪《かみ》の 筋《すぢ》 なども、なかなか 昼《ひる》よりも 顕証《けそう》に 見《み》え て まばゆけれ ど、
接助 格助 副助 係助 副 格助 係助 ナリ・用 ヤ下二・用 接助 ク・已 接助

念《ねん》じ て 見《み》 など す。④いと 冷《つめ》たき ころ なれ ば、さし出《い》で させ
サ変・用 接助 マ上一・用 副助 サ変・終 副 ク・体 断・已 接助 ダ下二・未 尊・用

給《たま》へ る 御手《みて》の はつかに 見《み》ゆる が、いみじう にほひ たる 薄紅梅《うすこうばい》
ハ四・已・尊・補 完・体 格助 ナリ・用 ヤ下二・体 格助 シク・用・ウ ハ四・用 存・体

なる は、限《かぎ》りなく めでたし と、見知《みし》ら ぬ 里人心地《さとびとごこち》に は、かかる 人《ひと》
断・体 係助 ク・用 ク・終 格助 ラ四・未 打・体 格助 係助 連体

---

①中宮定子様の御所に初めて参上した頃、なんとなく恥ずかしいことが数知れず（あって）、涙も落ちそうなので、毎夜参上して、三尺の御几帳の後ろにお控え申し上げていると、（中宮様が）絵などを取り出してお見せくださるのを、手を差し出すことさえできそうもないほど、（恥ずかしくて）どうしようもない。②「これは、ああで、こうです。それか、あれか。」などとおっしゃる。③高坏にお灯《とも》し申し上げている大殿油なので、髪の筋なども、かえって昼間よりもはっきりと見えて恥ずかしいが、我慢して見たりする。④たいへん冷える頃なので、差し出しなさった（中宮様の）お手がほんの少し見えるのが、たいへん美しくつややかな薄紅梅色であるのは、このう

こそは世《よ》におはしましけれと、驚《おどろ》かるるまでぞまもり参《まゐ》らする。⑤暁《あかつき》にはとく下《お》りなむと急《いそ》がるる。⑥「葛城《かづらき》の神《かみ》もしばし。」など仰《おほ》せらるるを、いかでかは筋《すぢ》かひ御覧《ごらん》ぜられむとて、なほ伏《ふ》したれば、御格子《みかうし》も参《まゐ》らず。⑦女官《にようくわん》ども参《まゐ》りて、「これ、放《はな》たせ給《たま》へ。」など言《い》ふを聞《き》きて、女房《にようばう》の放《はな》つを、「まな。」と仰《おほ》せらるれば、笑《わら》ひて帰《かへ》りぬ。⑧ものなど問《と》はせ給《たま》ひ、のたまはするに、久《ひさ》しうなりぬれば、「下《お》りまほしうなりにたらむ。さらば、はや。夜《よ》さりはとく。」と仰《おほ》せらる。

⑨ゐざり隠《かく》るるや遅《おそ》きと上《あ》げ散《ち》らしたるに、雪《ゆき》降《ふ》りにけり。⑩登華殿《とうくわでん》の御前《おまへ》は立蔀《たてじとみ》近《ちか》くてせばし。⑪雪《ゆき》、いとをかし。⑫昼《ひる》つかた、「今日《けふ》はなほ参《まゐ》れ。雪《ゆき》に曇《くも》りてあらはにもあるまじ。」など

えもなくすばらしいと、（宮中のことを）見知らぬ里人（のごとき新参者の私）の気持ちには、このような（すばらしい）人がこの世にいらっしゃるのだなあと、はっとするほど見とれ申し上げる。

⑤夜明け前には早く（局に）下がってしまおうと自然と急がれる。⑥（中宮様は）「（夜だけ仕事をしたという）葛城の一言主《ひとことぬし》の神ももう少し（いなさい）。」などとおっしゃるが、どうして斜めからでも（中宮様に姿を）ご覧に入れようか（いや、ご覧に入れまい）と思って、やはり伏していたので、御格子もお上げ申し上げない。⑦女官たちが参上して、「これ（御格子）を、開け放ちなさってください。」などと言うのを聞いて、女房が（御格子を）開け放つのを、「なりません。」と（中宮が）おっしゃるので、（女官たちも）笑って帰ってしまう。⑧（中宮様が）いろいろなことなど（私に）お尋ねになり、お話しされるうちに、長い時間がたった

たびたび召《め》せば、⑬この局《つぼね》の主《あるじ》も、「見苦《みぐる》し。さのみやは籠《こ》もり
副　サ四・已・尊　接助　格助　格助　係助　シク・終　副　副助　係助　ラ四・用
たらむとする。あへなきまで御前《おまへ》許《ゆる》されたるは、さ思《おぼ》し召《め》すやう
存・未　意・終　格助　サ変・体　ク・体　副助　サ四・未　受・用　完・体　係助　副　サ四・体・尊
こそあらめ。思《おも》ふにたがふは憎《にく》きものぞ。」と、ただ急《いそ》がしに
係助　ラ変・未　推・已　ハ四・体　格助　ハ四・体　係助　ク・体　係助　格助　副　サ四・用　格助
出《い》だしたつれば、⑭あれにもあらぬ心地《ここち》すれど、参《まゐ》るぞいと
タ下二・已　接助　断・用　係助　ラ変・未　打・体　サ変・已　接助　ラ四・体・謙　係助　副
苦《くる》しき。
シク・体

（第百七十七段）

ので、「（局に）下がりたくなっているだろう。それならば、早く（下がりなさい）。夜になったら早く（来てください）。」とおっしゃる。

⑨（私が中宮様の前から）膝行《しっこう》して去るのを今や遅しと（女房たちが局の御格子を）開け放したところ、雪が降っていたよ。⑩登華殿の御前（の庭）は立蔀が近くて狭い。⑪雪景色は、たいそう趣がある。⑫（その日の）昼頃、「今日はどうしても参上なさい。雪に曇ってはっきり見えることもあるまい。」などたびたびお呼びになるので、⑬この局の指導的立場の女房も、「見苦しいことだ。どうしてそのようにばかり籠もっていようとするのか（いや、籠もってばかりいてはよくない）。（他の女房のお仕えしようという）張り合いがなくなるほどに御前に伺候することを（中宮様から）許されたのは、そのようにお思いになるわけがおありだからでしょう。（特別な）思いに背くのは憎らしいものですよ。」と（言って）、

ひたすら急がせて出仕させたので、⑭無我夢中の気持ちがするけれど、参上するのはたいへんつらい。

重要語句

高 古

高 171 ／ 古 153

まばゆし 恥ずかしい。きまりが悪い。

はつかなり わずか。かすか。ほんの少し。

御格子（も）参る 「参る」は、ここでは「す」の謙譲語。（何かを）してさし上げる。直前が「御格子」の場合、「お上げ申し上げる」または「お下げ申し上げる」とどちらにも使われるが、ここは、文脈から「御格子をお上げ申し上げる」と解釈する。

高 172 ／ 古 154

放つ ①手放す。②自由にする。③（戸や障子などを）開ける。ここでは、③の意味。

ゐざる 座ったまま、膝で進む。膝行《しっこう》する。

あへなし ①どうしようもない。②張り合いがない。あっけない。ここでは、②の意味。

あれにもあらず 我を忘れている。無我夢中である。

発問 脚注問題

高 古

1 高 170ページ 古 152ページ

「夜々参りて」とは、誰がどのようにすることか。

清少納言が毎夜中宮様のもとに参上すること。

2 高 172ページ 古 154ページ

「夜さりはとく」とは、誰がどのようなことを求めているのか。

中宮定子が清少納言に、夜になったら早く来ること。

3 **何を「上げ散らしたる」のか。**

中宮定子の部屋の格子。

4 **「さのみやは籠もりたらむとする」を現代語訳せよ。**

どうしてそのようにばかり籠もっていようとするのか（いや、籠もってばかりいてはよくない）

〈ポイント〉「やは」は反語の係助詞で、結びはサ変動詞「す」の連体形「する」。同室の女房は、反語を用いた強い言い方で、清少納言に出仕を促している。

教材末の問題　高 173ページ　古 155ページ

学習

1　作者は中宮定子をどのような人物だと感じたか。説明してみよう。

ほんの少し見える手のさまなどの外見も、新参者である作者への細やかな心遣いをしてくれる内面も、この世にこれほどの人がいらっしゃるのかと感じるほどすばらしい。

2　「葛城の神もしばし」（高 一七一・13）（古 一五三・13）という定子の発言の意図を考えてみよう。

定子は、清少納言を高く評価しているので、緊張と自らの容姿に対する気後れから長い時間は伺候しない清少納言に、もっとそばにいてほしいと願っている。

言語活動

1　周囲の女房たちはこの頃の清少納言をどのように見ていたか、本文をもとに話し合ってみよう。

中宮様に気に入られて、頻繁にお呼びがかかるのに、自分の局に引きこもりがちな清少納言を少しじれったく感じている。同時に、恥ずかしがっている新参者として、いたわり、励ますような気持ちで見守っている。

ことばと表現

1　助動詞を抜き出し、文法的に説明してみよう。

暁にはとく下りなむと急がるる。（高 一七一・12）（古 一五三・12）

・「な」…強意の助動詞「ぬ」の未然形。
・「む」…意志の助動詞「む」の終止形。
・「るる」…自発の助動詞「る」の連体形。

2　次の「参る」「参らす」の意味を確認してみよう。

(1)　宮に初めて参りたるころ、（高 一七〇・1）（古 一五二・1）

「行く」「来」の謙譲語で、「出仕する・参上する」の意。

(2)　高坏に参らせたる御殿油なれば、（高 一七一・2）（古 一五三・2）

「与ふ」の謙譲語で、「さし上げる」の意だが、ここでは「(火を)お灯し申し上げる」の意。

(3)　驚かるるまでぞまもり参らする。（高 一七一・11）（古 一五三・11）

謙譲の補助動詞で、「～申し上げる」の意。

(4)　御格子も参らず。（高 一七一・15）（古 一五三・15）

「す」の謙譲語で、「(何かを)してさし上げる」の意。ここでは、「(格子を)お上げ申し上げる」の意。

日記文学

蜻蛉日記《かげろふにっき》

高「高等学校 古典探究」176〜182ページ
古「古典探究 古文編」158〜164ページ

作品紹介

蜻蛉日記　かげろうにっき　作者は藤原道綱母《ふじわらのみちつなのはは》。十世紀後期に成立した日記文学。上・中・下の三巻からなる。右大臣藤原師輔《もろすけ》の三男、兼家《かねいえ》との二十一年間に及ぶ満たされない結婚生活をつづった自伝的回想記。現存する最初の女性の手による仮名日記作品である。

藤原道綱母　ふじわらのみちつなのはは　九三六？〜九九五？。藤原倫寧《ともやす》の娘。『更級日記《さらしなにっき》』の作者菅原孝標女《すがわらのたかすえのむすめ》は姪《めい》にあたる。天暦八（九五四）年に藤原兼家と結婚し、翌年に道綱を出産した。歌人としても著名であり、『拾遺和歌集』以下の勅撰《ちょくせん》集にも多数入集している。

―父の離京―

品詞分解・現代語訳

①わ｜が｜頼《たの》もしき｜人《ひと》、｜陸奥国《みちのくに》｜へ｜出《い》で立《た》ち｜ぬ。
　が 格助／頼もしき シク・体／へ 格助／出で立ち タ四・用／ぬ 完・終

②時《とき》｜は｜いと｜あはれなる｜ほど｜なり。
　は 係助／いと 副／あはれなる ナリ・体／なり 断・終

③人《ひと》｜は｜まだ｜見慣《みな》る｜と｜いふ｜べき｜ほど｜に｜も｜あら｜ず、
　は 係助／まだ 副／見慣る ラ下二・終／と 格助／いふ ハ四・終／べき 可・体／に 断・用／も 係助／あら ラ変・未／ず 打・用

見《み》ゆる｜ごと｜に｜ただ｜さしぐめ｜る｜に｜のみ｜あり。
　見ゆる ヤ下二・体／に 格助／ただ 副／さしぐめ マ四・已／る 存・体／に 断・用／のみ 副助／あり ラ変・終

④いと｜心細《こころぼそ》く｜悲《かな》しき｜こと、｜もの｜に｜似《に》｜ず。
　いと 副／心細く ク・用／悲しき シク・体／に 格助／似 ナ上一・未／ず 打・終

⑤見《み》る｜人《ひと》｜も｜いと｜あはれに、｜忘《わす》る｜まじき
　見る マ上一・体／も 係助／いと 副／あはれに ナリ・用／忘る ラ下二・終／まじき 打当・体

①私が頼りにする人（父、藤原倫寧）が、（陸奥守《むつのかみ》として）陸奥の国へ出立してしまう。②時節はたいそうしみじみともの悲しい折である。③あの人（夫、藤原兼家）とはまだ慣れ親しんでいるといえるほどでもなく、会うたびにただ涙ぐんでいるばかりである。④たいそう心細く悲しいことは、他に比べようもない。⑤（そ

さまにのみ語《かた》らふめれど、人《ひと》の心《こころ》はそれに従《したが》ふべきかはと
格助 副助 ハ四・終 推定・已 接助 格助 係助 格助 ハ四・終 当・体 係助 格助

思《おも》へば、ただひとへに悲《かな》しう心細《こころぼそ》きことをのみ思《おも》ふ。
ハ四・已 接助 副 副 シク・用・ウ ク・体 格助 副助 ハ四・終

⑥今《いま》はとてみな出《い》で立《た》つ日《ひ》になりて、行《い》く人《ひと》もせきあへぬ
係助 格助 接助 タ四・体 格助 ラ四・用 接助 カ四・体 係助 ハ下二・未 打・体

まであり、⑦とまる人《ひと》、はたまいていふかたなく悲《かな》しきに、「時《とき》たがひ
副助 ラ変・用 ラ四・体 副 副 ク・用 シク・体 接助 ハ四・用

ぬる。」といふまでもえ出《い》でやらず、⑧また、ここなる硯《すずり》に文《ふみ》を
完・体 格助 ハ四・体 副助 係助 副 ラ四・未 打・用 接続 存在・体 格助 格助

おし巻《ま》きてうち入《い》れて、またほろほろとうち泣《な》きて出《い》でぬ。⑨しばし
カ四・用 接助 ラ下二・用 接助 接続 副 カ四・用 接助 ダ下二・用 完・終 副

は見《み》む心《こころ》もなし。⑩見出《みい》で果《は》てぬるに、ためらひて、寄《よ》りて
係助 マ上一・未 意・体 係助 ク・終 タ下二・用 完・体 格助 ハ四・用 接助 ラ四・用 接助

何《なに》ごとぞと見《み》れば、
係助 格助 マ上一・已 接助

⑪君《きみ》をのみ頼《たの》む旅《たび》なる心《こころ》には行《ゆ》く末《すゑ》遠《とほ》く思《おも》ほゆるかな
格助 副助 マ四・体 断・体 格助 係助 ク・用 ヤ下二・体 終助

とぞある。⑫見《み》るべき人《ひと》見《み》よとなめりとさへ思《おも》ふに、
格助 係助 ラ変・体 マ上一・終 当・体 マ上一・命 格助 断・体・撥 推定・終 格助 副助 ハ四・体 接助

いみじう悲《かな》しうて、ありつるやうに置《お》きて、とばかりあるほどに
シク・用・ウ シク・用・ウ 接助 ラ変・用 完・体 比・用 カ四・用 接助 副 ラ変・体 格助

んな私の様子を）見るあの人もたいそうしみじみと、けっして（私のことを）忘れるはずはないという態度でばかりあれこれ話すようだが、あの人の心はそれ（その言葉）の通りにちがいないだろうか（いや、そうではあるまい）と思うと、ただひたすら悲しく心細いことばかりを考える。⑥いよいよ（お別れだ）といって（一行が）みな出立する日になって、（陸奥の国へ）行く人（父）も（涙を）こらえきれないほどになり、⑦あとに残る人（私）も、またいっそう言いようがなく悲しいので、「（出発の）時刻がずれてしまいますよ。」と（従者が）言うほどまで（父は私の部屋から）出ていくことができず、⑧それから、（父は）そばにある硯箱に手紙を巻いて入れて、再びはらはらと泣いて（部屋から）出ていってしまった。⑨しばらくは（その手紙を）見ようという気持ちも起きない。⑩出立を見送り終わった後に、気持ちをしずめて、近寄って何だろうと見

ものし た めり。⑬目《め》も 見合《みあ》はせ ず 思《おも》ひ入《い》り て あれ ば、「などか。
サ変・用　完・体・撥　推定・終　係助　サ下二・未　打・用　ラ四・用　接助　ラ変・已　接助　副

世《よ》の 常《つね》の ことに こそ あれ。いと かうし も ある は、我《われ》を 頼《たの》ま
格助　格助　断・用　係助　ラ変・已　副　副・ウ　副助　係助　ラ変・体　係助　格助　マ四・未

ぬ な めり。」など も あへしらひ、⑭硯《すずり》なる 文《ふみ》を 見つけ て、
打・体　断・体・撥　推定・終　副助　係助　ハ四・用　存在・体　格助　カ下二・用　接助

「あはれ。」と 言《い》ひ て、門出《かどで》の 所《ところ》に、
感動　格助　ハ四・用　接助　格助　格助

⑮我《われ》を のみ 頼《たの》む と 言《い》へ ば 行《ゆ》く 末《すゑ》の 松《まつ》の 契《ちぎ》りも 来《き》
格助　副助　マ四・終　格助　ハ四・已　接助　カ四・体　格助　格助　係助　カ変・用

て こそ は 見《み》め
接助　係助　係助　マ上一・未　勧・已

と なむ。
格助　係助

⑯かくて 日《ひ》の 経《ふ》る ままに、旅《たび》の 空《そら》を 思《おも》ひやる 心地《ここち》 いと あはれなる
接続　格助　ハ下二・体　格助　格助　格助　ラ四・体　副　ナリ・体

に、人《ひと》の 心《こころ》も いと 頼《たの》もしげには 見《み》え ず なむ あり ける。
接助　格助　係助　副　ナリ・用　係助　ヤ下二・未　打・用　係助　ラ変・用　詠・体

ると、

　⑪あなただけを頼りにして（娘を委ねて）このたび旅立つ私の心には、旅の行先が長いように、あなたが行く末長く（娘を守ってくれますように）と切に思われることですよ。

とある。⑫（この歌を）見るべき人（兼家）が見なさいということのようだとまでも思うと、たいそう悲しくて、もとのように（手紙を）置いて、しばらくたったときに（あの人が）来たようだ。⑬（私が、あの人に）目も見合わせず思いつめていると、（あの人は）「どうして（そんなに思いつめているの）か。（別れは）普通にあることなのに。（あなたが）たいそうこのように（嘆き悲しんで）いるのは、私を頼りにしていないのだろう。」などと取りなし、⑭硯箱にある手紙を見つけて、「ああ。」と言って、（父が）旅立ちに際していったん移った別の場所へ、

⑮私だけを頼りにすると（あな

たが）言うので、末長い二人の夫婦の縁を（都へ）戻って来て見ていただきたい。
と（書いて送った）。

⑯こうして日がたつにつれて、旅の空（にある父の身の上）を気にかける（私の）気持ちはたいそうしみじみと悲しいが、（一方で）あの人の心はそれほど頼もしくは見えないのだよ。

重要語句

高 古

176 / 158

せきあへず （涙などを）こらえきれない。

はた ①しかしながら。②もしかすると。③さらにまた。…もまた。ここでは、③の意味。

ためらふ ①気持ちをしずめる。②静養する。ここでは、①の意味。

177 / 159

頼む ①あてにする。頼る。②信頼する。ここでは、①の意味。

とばかり しばらくの間。ほんの少しの間。

あへしらふ ①受け答えする。挨拶する。②取りなす。対応する。③取り合わせる。付け合わせる。ここでは、②の意味。

177 / 159

契り ①夫婦の縁。ゆかり。②前世からの因縁。約束。③男女の逢瀬《おうせ》。ここでは、①の意味。

発問 脚注問題

高 176ページ 古 158ページ

1 「人の心はそれに従ふべきかは」を現代語訳せよ。

高 176ページ 古 158ページ

あの人の心はその（その言葉）の通りにちがいないだろうか（いや、そうではあるまい）

〈ポイント〉「べき」は当然の助動詞「べし」の連体形。「かは」は、反語を表す係助詞。「それ」は、「忘るまじきさま」である兼家の言葉を指す。

2　「とまる人」とは誰か。

作者（藤原道綱母）。

3　「え出でやらず」の主語は誰か。

高 177ページ 古 159ページ

作者の父（藤原倫寧）。

4　「見るべき人」とは誰か。

作者の夫（藤原兼家）。

教材末の問題　高 178ページ 古 160ページ

学習

1　「ただひとへに悲しう心細きことをのみ思ふ」（高 一七六・5）（古 一五八・5）とあるが、このときの作者の気持ちを説明してみよう。

頼りにしていた父は陸奥の国へ下向することになり、今後の唯一の頼みである夫、兼家とはまだ慣れ親しんでいるともいえない。夫は口では自分を忘れないと言うが、その本心は信用しきれず、今後の自分の身の上をひたすら不安に思っている。

〈ポイント〉父が遠い陸奥の国へ下向することに加え、今後の頼みの綱である夫の愛情も信用できないという作者の不安な気持ちを読み取る。

2　「君をのみ……」「我をのみ……」の二首の歌はどのような関係になっているか、説明してみよう。

「君をのみ……」は、それに対する兼家の返歌である。「我をのみ……」は、作者の父が兼家に宛てた和歌。

作者の父の「君をのみ頼む（あなただけを頼りにする）」「行く末遠く（行く末長く娘を守ってほしい）」に答える形で、兼家は「我をのみ頼むと言へば（私だけを頼りにすると言うので）」「行く末の松の契り（末長い二人の夫婦の縁）」を帰京したら見てほしいと表現している。

〈ポイント〉「君をのみ……」の和歌の「たび」には「旅」と「度」が、「行く末」には旅の行く末と、娘の将来の意が掛けられている。「我をのみ……」の和歌の「（行く）末の松」は、陸奥の歌枕「末の松山」のこと。

ことばと表現

1　傍線部を文法的に説明してみよう。

⑴　とばかりあるほどにものしためり。（高 一七七・4）（古 一五九・4）

完了の助動詞「たり」の連体形の撥《はつ》音便「たん」の撥音無表記形＋推定の助動詞「めり」の終止形。

⑵　我を頼まぬなめり。（高 一七七・6）（古 一五九・6）

断定の助動詞「なり」の連体形の撥音便「なん」の撥音無表記形＋推定の助動詞「めり」の終止形。

——うつろひたる菊——

品詞分解・現代語訳

①正月《むつき》ばかりに、二《ふつか》、三日《みか》見《み》えぬほどに、ものへ渡《わた》らむとて、
副助　格助　ヤ下二・未　打・体　格助　格助　ラ四・未　意・終　格助　接助

「人《ひと》来《こ》ば、とらせよ。」とて、書《か》きおきたる、
カ変・未　接助　サ下二・命　格助　接助　カ四・用　完・体

②知《し》られねば身《み》をうぐひすのふり出《い》でつつなきてこそ
ラ四・未　受・未　打・已　接助　格助　格助　ダ下二・用　接助　カ四・用　接助　係助

ゆけ野《の》にも山《やま》にも
カ四・已　格助　係助　格助　係助

③かへりごとあり、
ラ変・用

うぐひすのあだに出行《でゆ》かむ山辺《やまべ》にもなく声《こゑ》聞《き》かばたづぬ
格助　ナリ・用　カ四・未　婉・体　格助　係助　カ四・体　カ四・未　接助　ナ下二・終

ばかりぞ
副助　係助

④など言《い》ふころよりなほもあらぬことありて、春夏《はるなつ》なやみ
副助　ハ四・体　格助　副　係助　ラ変・未　打・体　ラ変・用　接助　マ四・用

くらして八月《はづき》つごもりにとかうものしつ。⑤そのほどの心《こころ》ばへは
サ四・用　接助　格助　副・ウ　サ変・用　完・終　格助　格助　係助

---

①正月頃に、（夫兼家《かねいえ》が）二、三日姿を見せなかったときに、よそに出掛けようとして、「（私の留守中に）人（夫）が来たら、渡しなさい。」と言って、書きおいた（歌）、

②（私の気持ちを）わかってもらえないので、わが身をつらく思い、鶯《うぐいす》が声をふりしぼって出しながら鳴くように私も声をふりしぼって泣いて行くのよ。野にも山にも。

③返事があって、

鶯と同じくあなたがいいかげんな気持ちで出ていくような山辺にも（鶯が鳴くようにあなたの）泣く声を聞くならば訪ねていくだけだよ。

④などと言う頃から（私の体に）普通ではない（懐妊した）ことがあって、

しも、ねむごろなるやうなりけり。
副助　係助　ナリ・体　比・用　詠・終

⑥さて九月《ながつき》ばかりになりて、出《い》でにたるほどに、箱《はこ》のある
接続　副助　格助　ラ四・用　接助　ダ下二・用　完・用　完・体　格助　格助　ラ変・体

を手《て》まさぐりに開《あ》けて見《み》れば、人《ひと》のもとにやらむと
格助　格助　カ下二・用　接助　マ上一・已　接助　格助　格助　ラ四・未　意・終　格助

しける文《ふみ》あり。⑦あさましさに、見《み》てけりとだに知《し》られ
サ変・用　過・体　ラ変・終　格助　マ上一・用　完・用　詠・終　格助　副助　ラ四・未　受・未

むと思《おも》ひて、書《か》きつく。
意・終　格助　ハ四・用　接助　カ下二・終

⑧疑《うたが》はしほかに渡《わた》せるふみ見《み》れば、ここやとだえにならむとすらむ
シク・終　格助　サ四・已　完・体　マ上一・已　接助　係助　格助　ラ四・未　推・終　格助　サ変・終　現推・体

⑨など思《おも》ふほどに、むべなう、十月《かみなづき》つごもりがたに三夜《みよ》しきりて見《み》え
副助　ハ四・体　格助　ク・用・ウ　格助　ラ四・用　接助　ヤ下二・未

ぬときあり。⑩つれなうて、「しばし試《こころ》みるほどに。」など、けしきあり。
打・体　ラ変・終　ク・用・ウ　接助　副　マ上一・体　格助　副助　ラ変・終

⑪これより、夕《ゆふ》さりつかた、「内裏《うち》の方《かた》ふたがりけり。」とて出《い》づるに、
格助　格助　ラ四・用　詠・終　格助　接助　ダ下二・体　接助

心得《こころえ》で、人《ひと》をつけて見《み》すれば、「町《まち》の小路《こうぢ》なるそこそこになむ、
ア下二・未　接助　格助　カ下二・用　接助　サ下二・已　接助　存在・体　格助　係助

春夏と苦しみ暮らして八月の末になんとかかんとか出産した。⑤その頃の（夫の私への）気遣いは、細やかであるようだったよ。

⑥さて九月頃になって、（夫の兼家が私の家から）出て行った折に、文箱があるのを手慰みに開けて見ると、（他の女の）人のもとに送ろうとした手紙がある。⑦驚きあきれる思いで、せめて見てしまったよとだけでも知られようと思って、（女宛の手紙に）書きつける。

⑧疑わしいことだ。他の人に送った手紙を見ると、ここへ来るのは途絶えることになろうとしているのだろうか。

⑨などと思ううちに、案の定、十月の末頃に三夜続いて（夫が）見えないときがある。⑩（兼家はやって来ると）平然として、「しばらく（離れてみて、あなたの心を）試してみるうちに（日が過ぎたのだよ）。」などと、（思わせぶりな）態度をとる。

⑪私の家から、夕方、「（この家から）宮中が方塞《かたふた》がりだったなあ。」と言っ

とまり給《たま》ひぬる。」とて、来《き》たり。⑫されば よと いみじう
ラ四・用　ハ四・用・尊・補　完・体　格助　接助　カ変・用　完・終　ラ変・已　接助　間助　格助　シク・用・ウ

心憂《こころう》しと思《おも》へども、言《い》はむやうも知《し》らであるほどに、二《ふつ》、
ク・終　格助　ハ四・已　接助　ハ四・未　婉・体　係助　ラ四・未　接助　ラ変・体　格助

三日《みか》ばかりありて、暁《あかつき》がたに門《かど》をたたくときあり。⑬さなめり
副助　ラ変・用　接助　格助　格助　カ四・体　ラ変・終　副　断・体・撥　推定・終

と思《おも》ふに、憂《う》くて、開《あ》けさせねば、例《れい》の家《いへ》とおぼしき所《ところ》に
格助　ハ四・体　接助　ク・用　接助　カ下二・未　使・未　打・已　接助　格助　格助　シク・体　格助

ものしたり。⑭つとめて、なほもあらじと思《おも》ひて、
サ変・用　完・終　副　係助　ラ変・未　打意・終　格助　ハ四・用　接助

⑮嘆《なげ》きつつ一人《ひとり》寝《ぬ》る夜《よ》のあくるまはいかに久《ひさ》しきものと
カ四・用　接助　ナ下二・体　格助　カ下二・体　係助　副　シク・体　格助

かは知《し》る
係助　ラ四・体

⑯と、例《れい》よりはひきつくろひて書《か》きて、うつろひたる菊《きく》にさしたり。
格助　格助　係助　ハ四・用　接助　カ四・用　接助　ハ四・用　存・体　格助　サ四・用　完・終

⑰かへりごと、「あくるまでも試《こころ》みむとしつれど、とみなる
カ下二・体　副助　係助　マ上一・未　意・終　格助　サ変・用　完・已　接助　ナリ・体

召使《めしつかひ》の来《き》あひたりつればなむ。いとことわりなりつるは。
格助　ハ四・用　完・用　完・已　接助　係助　副　ナリ・用　完・体　係助

⑱げにやげに冬《ふゆ》の夜《よ》ならぬ真木《まき》の戸《と》もおそくあくるは
副　間助　副　格助　断・未　打・体　格助　係助　ク・用　カ下二・体　係助

て出て行くので、納得できないで、（使用）人をつけて（どこに行くのか）見るようにさせると、「町の小路のどこどこに、（牛車《ぎっしゃ》を）お止めになった。」と言って、帰って来た。⑫思った通りだよとひどくつらいと思うけれども、言いようもわからないでいるうちに、二、三日ぐらいして、夜明け前頃に門をたたくときがある。⑬そう（夫）であるようだと思うが、つらくて、（門を）開けさせないでいると、（夫は）例の（町の小路の女の）家と思われる場所に行ってしまった。⑭翌朝、このまま（知らぬふり）もあるまいと思って、

⑮嘆きながら一人で寝る夜が明けるまでの間は、どれほど長いものか（あなたは）わかりますか（いや、門が開くのも待つことのできないあなたにはわからないでしょう）。

⑯と、いつもよりは改まって書いて、色変わりした菊に（その歌を）挿し（て贈っ）た。⑰返事は、「夜が明けるまででも戸を開けるまででも様子

わびしかり　けり」
（シク・用　詠・終）

⑲さても　いと　あやしかり　つる　ほど　に　事《こと》なしび　たり。⑳しばし　は　忍《しの》び
（接続　副　シク・用　完・体　格助　バ上二・用　完・終　副　係助　バ上二・用）

たる　さま　に、「内裏《うち》　に。」など　言《い》ひ　つつ　ぞ　ある　べき　を、いとどしう
（存・体　断・用　格助　副助　ハ四・用　接助　係助　ラ変・体　当・体　接助　シク・用・ウ）

心《こころ》づきなく　思《おも》ふ　こと　ぞ　限《かぎ》りなき　や。
（ク・用　ハ四・体　係助　ク・体　間助）

を見ようと思ったけれども、急な（用事の）召し使いが来合わせてしまったので（仕方なくすぐ去ったのだよ）。（あなたのお言葉は）本当にもっともだな。

⑱いかにもいかにも（冬の夜はなかなか明けないというのはもっともだけれどその）冬の夜ではない真木の戸もなかなか開けてもらえないのはつらいものだよ。」

⑲それにしてもたいそう不思議だと思ったくらいに（その後、夫は）何事もないふりをし（てその女のもとに通うようになっ）た。⑳しばらくは人目を忍んでいる様子で、「宮中へ（行く）。」などと言い続け（女のもとにこっそり通っ）ているべきなのに、いよいよ不愉快に思うことは限りないことだよ。

重要語句

179 高　161 古
されぱよ　思ったとおりだよ。

180 高　162 古
うつろふ　①場所を変える。②色があせる。色がつく。③花が散る。④心変わりする。ここでは、②の意味。

とみなり　急である。にわかである。

ことわりなり　もっともである。もちろんである。

事なしぶ　何事もないふりをする。知らぬふりをする。
180 162 いとどし　①いよいよはなはだしい。②そうでなくても…なのに、いちだんと。ここでは、①の意味。

発問　脚注問題　高 古

1 高 178ページ 古 160ページ
「人」とは誰か。　作者の夫の兼家。

2 高 179ページ 古 161ページ
「しばし試みるほどに」とは誰が誰の心を「試してみた」ということか。
兼家が作者の心を「試してみた」ということ。

3 高 180ページ 古 162ページ
「嘆きつつ…」の和歌から掛詞《かけことば》を指摘せよ。
「あくる」が「（夜が）明くる」と「（戸を）開くる」の掛詞。

4 何が「ことわり」であるというのか。
嘆きながら一人で寝る夜がどれほど長いかは、戸が開くのも待てない兼家にはわからないと、作者が非難すること。

教材末の問題　高 180ページ 古 162ページ

学習

1　作者と兼家との間にどのようなことが起こったのか、時間を追って整理しよう。
・正月頃…「知られねば……」（作者の歌）、「うぐひすの……」（兼家の歌）を詠み交わす。懐妊の兆候がある。
・春夏…なやみくらす。
・八月末…作者は兼家の子（道綱《みちつな》）を出産する。
・九月頃…兼家が他の女に手紙を送っていることに作者が気づく。
・十月末…兼家が町の小路の女と結婚する。
・冬…「嘆きつつ……」（作者の歌）、「げにやげに……」（兼家の歌）を詠み交わす。

言語活動

1　作者は「嘆きつつ……」の歌を「例よりはひきつくろひて書きて、うつろひたる菊にさし」（高 一八〇・2）（古 一六二・2）て贈ったが、その気持ちについて話し合ってみよう。
〈例〉改まった体裁をとることで、自分の気持ちを冷静に伝えようとした。

ことばと表現

1　傍線部の助詞に注意して現代語訳してみよう。
(1)　見てけりとだに知られむと思ひて、（高 一七九・5）（古 一六一・5）
せめて見てしまったよとだけでも知られようと思って、
(2)　いかに久しきものとかは知る（高 一八〇・1）（古 一六二・1）
どれほど長いものか（あなたは）わかりますか（いや、門が開くのも待つことのできないあなたにはわからないでしょう）
(3)　いとことわりなりつるは。（高 一八〇・4）（古 一六二・4）
（あなたのお言葉は）本当にもっともだな。

鷹《たか》

品詞分解・現代語訳

①つくづくと 思《おも》ひ続《つづ》くる こと は、なほ いかで 心《こころ》と とく 死《し》に も し
副 カ下二・体 係助 副 副 副 副 ナ変・用 係助 サ変・用

にしがな と 思《おも》ふ より ほか の こと も なき を、ただ こ の 一人《ひとり》 ある 人《ひと》
終助 格助 ハ四・体 格助 格助 係助 ク・体 接助 副 格助 ラ変・体

を 思《おも》ふ に ぞ、いと 悲《かな》しき。②人《ひと》 と なし て、うしろやすから む 妻《め》
格助 ハ四・体 接助 係助 副 シク・体 格助 サ四・用 接助 ク・未 婉・体

など に あづけ て こそ、死《し》に も 心《こころ》やすから む と は 思《おも》ひ しか、
副助 格助 カ下二・用 接助 係助 係助 ク・未 推・終 格助 係助 ハ四・用 過・已

いかなる 心地《ここち》 し て さすらへ むず らむ と 思《おも》ふ に、なほ いと
ナリ・体 サ変・用 接助 ハ下二・未 意・終 現推・体 格助 ハ四・体 接助 副 副

死《し》にがたし。③「いかが は せ む。かたち を 変《か》へ て、世《よ》 を 思《おも》ひ離《はな》る
ク・終 副 係助 サ変・未 意・体 格助 ハ下二・用 接助 格助 ラ下二・終

や と 試《こころ》み む。」と 語《かた》らへ ば、まだ 深《ふか》く も あら ぬ なれ ど、
係助 格助 マ上一・未 意・終 格助 ハ四・已 接助 副 ク・用 係助 ラ変・未 打・体 断・已 接助

いみじう さくり も よよと 泣《な》き て、④「さ なり 給《たま》は ば、まろ も
シク・用・ウ 係助 副 カ四・用 接助 副 ラ四・用 ハ四・未・尊・補 接助 係助

法師《ほふし》 に なり て こそ あら め。何《なに》 せ む に かは 世《よ》 に も
格助 ラ四・用 接助 係助 ラ変・未 意・已 サ変・未 意・体 格助 係助 格助 係助

①しみじみと思い続けることは、やはりどうにかして自分の意志で早く死んでしまいたいものだなあと思うより他のこともないが、ただこの一人いる子（道綱《みちつな》）を思うと、たいそう悲しい。②一人前の人間にして、先行きが安心な（頼れる）妻などに（息子を）預けてこそ、死ぬのも安心だろうとは思っていたのに、（私が死ねば、道綱は）どのような気持ちで（世の中を）さまようとしているのだろうかと思うと、やはりたいそう死にきれない。③（私が）「どうしよう。出家をして、（兼家との）夫婦の仲（への執着）を諦めきれるかどうか試してみよう。」と話すと、（道綱は）まだ（子供なので）深い事情は理解できないのだが、たいそうしゃくり上げておいおいと泣いて、

交《ま》じろはむ。」とて、いみじくよよと泣《な》けば、⑤我《われ》もえせきあへねど、
ハ四・未　意・体　格助　接助　シク・用　副　カ四・已　接助　係助　副　ハ下二・未　打・已　接助

いみじさにたはぶれに言《い》ひなさむとて、「さて鷹《たか》飼《か》はでは、いかが
格助　格助　サ四・未　意・終　格助　接助　接続　ハ四・未　接助　係助　副

し給《たま》はむずる。」と言《い》ひたれば、⑥やをら立《た》ち走《はし》りて、し据《す》ゑ
サ変・用　ハ四・未・尊・補　意・体　格助　ハ四・用　完・已　接助　副　ラ四・用　接助　ワ下二・用

たる鷹《たか》を握《にぎ》り放《はな》ちつ。⑦見《み》る人《ひと》も涙《なみだ》せきあへず、まして
存・体　格助　ラ四・用　タ四・用　完・終　マ上一・体　係助　ハ下二・未　打・用　副

日《ひ》ぐらし悲《かな》し。心地《ここち》におぼゆるやう、
副　シク・終　格助　ヤ下二・体

⑧あらそへば思《おも》ひにわぶるあまぐもにまづそる鷹《たか》ぞ悲《かな》しかり
ハ四・已　接助　格助　バ上二・体　格助　副　ラ四・体　係助　シク・用

ける
詠・体

とぞ。
格助　係助

⑨日《ひ》暮《く》るるほどに、文《ふみ》見《み》えたり。天下《てんげ》そらごとならむと思《おも》へ
ラ下二・体　格助　ヤ下二・用　完・終　断・未　推・終　格助　ハ四・已

ば、「ただ今《いま》心地《ここち》あしくて、え今《いま》は。」とてやりつ。
接助　シク・用　接助　副　係助　格助　接助　ラ四・用　完・終

---

④「そのように（尼に）おなりになるならば、私も法師になってしまおう。何のために世間に交じって（暮らして）いこうか（いや、自分も一緒に出家したい）。」と言って、たいそうおいおいと泣くので、⑤私も（涙を）こらえることができないが、あまりの悲しさに冗談に言いつくろおうと思って、「それで（今育てている）鷹を飼わないで、どのようになさるおつもりか。」と言ったところ、⑥（道綱は）そっと立って（鷹屋へ）走って、（鷹屋の止まり木に）止まらせていた鷹をつかんで放してしまった。⑦（この様子を）見る人も涙をこらえることができず、なおさら（私は）一日中悲しい。（私の）心に思われることには、

⑧（私が夫と）争うと、尼になろうと思い悩む私よりも、真っ先に空に鷹を飛ばし、出家して髪を剃《そ》ろうとする息子がふびんであるよ。

と（歌を詠んだ）。

⑨日が暮れる頃に、（夫から）手紙が来た。（手紙に書かれた言葉は）この上ないでまかせであろうと思うと、「ちょうど今は気分が悪くて、今は（お返事が）できない。」と言って（使者を）行かせてしまった。

重要語句

高181 古163

うしろやすし　先が安心である。心配がない。

かたちを変ふ　出家して、剃髪《ていはつ》する。

やをら　そっと。静かに。

高182 古164

そらごと　うそ。でまかせ。

発問 脚注問題

高 古

1 高181ページ 古163ページ

「なほいと死にがたし」と思うのはなぜか。

まだ一人前ではない息子の道綱を一人この世に残すことに、不安と悲しさがあるから。

2 **「し据ゑたる鷹を握り放」ったのはなぜか。**

出家の妨げになるという鷹を手放すことで、母と一緒に出家したいという真剣な気持ちを表したかったから。

〈ポイント〉「鷹」は道綱自身が飼っていたと思われる鷹狩り用のもの。鷹狩りは殺生にあたるため、出家をすれば飼い続けることができないのである。この道綱の行動からは、母への強い思いを読み取ることができる。

3 高182ページ 古164ページ

「え今は」の後にどのような言葉が続くか。

「いらへず・聞こえず・返りごとせず」など。

〈ポイント〉「え」は下に打消、反語の表現を伴って不可能の意（…できない）を表す副詞。ここでは、手紙への「返事ができない」という意味の言葉が省略されている。

教材末の問題

高182ページ 古164ページ

学習

1 作者と道綱のやりとりを確認し、道綱の思いについて考えてみよう。

・「『いかがはせむ。かたちを変へて、世を思ひ離るやと試みむ。』

と語らへば、まだ深くもあらぬなれど、いみじうさくりもよよと泣きて、」（高一八一・5）（古一六三・5）
↓夫婦仲に悩み、出家したいという母の言葉に、まだ事情はわからない年齢ながらも、深い悲しみを覚えている。
・「『さなり給はば、まろも法師になりてこそあらめ。何せむにかは世にも交じろはむ。』とて、いみじくよよと泣けば、」（高一八一・7）（古一六三・7）
↓母が出家し、一人世の中に残される自身のつらさを思うと、いっそ母とともに出家してしまいたいと思っている。
・「我もえせきあへねど、いみじさにたはぶれに言ひなさむとて、『さて鷹飼はでは、いかがし給はむずる。』と言ひたれば、やをら立ち走りて、し据ゑたる鷹を握り放ちつ。」（高一八一・8）（古一六三・8）
↓母が、出家すれば飼えない鷹をどうするつもりかと冗談に言うと、飼っていた鷹を放すという行動を見せることで、一緒に出家するという自身の真剣な決意を母に伝えたいと思っている。

2 「あらそへば……」の歌について、修辞を指摘し、現代語訳をしてみよう。

○修辞
・「あまぐも」は「天雲」と「尼」との掛詞《かけことば》。
・「そる」は「剃る」と「逸る」との掛詞。
・「悲しかり」は「愛しかり」との掛詞。
・「あま（尼）」と「そる（剃る）」は縁語。

○現代語訳
（私が夫と）争うと、尼になろうと思い悩む私よりも、真っ先に空に鷹を飛ばし、出家して髪を剃ろうとする息子がふびんでいじらしいことであるよ。

ことばと表現

1 傍線部を文法的に説明し、各文を現代語訳してみよう。

(1) いかで心とく死にもしにしがな（高一八一・1）（古一六三・1）
・文法的説明
自己の希望を表す終助詞。
・現代語訳
どうにかして自分の意志で早く死んでしまいたいものだなあ
〈ポイント〉「いかで」は、ここでは願望を表す副詞で、「どうにかして・なんとかして」の意。「にしかな」は「…たい・…てしまいたいものだなあ」と訳す。

(2) いかがし給はむずる。（高一八一・9）（古一六三・9）
・文法的説明
意志の助動詞「むず」の連体形。
・現代語訳
どのようになさるおつもりか。

〈ポイント〉「いかが」は、ここでは疑問を表す副詞。「給は」は尊敬の補助動詞「給ふ」の未然形。意志の「むず」は「…よう・…つもりだ」と訳す。

日記文学

紫式部日記《むらさきしきぶにっき》

高「高等学校 古典研究」183〜189ページ
古「古典探究 古文編」165〜171ページ

作品紹介

紫式部日記 むらさきしきぶにっき 作者は紫式部《むらさきしきぶ》。寛弘《かんこう》七（一〇一〇）年頃に成立したと考えられている日記文学。中宮彰子《しょうし》に仕えていた作者が宮廷で見聞きしたことや、その感想が詳細につづられている。

紫式部 むらさきしきぶ →この教科書ガイドの63頁

―土御門《つちみかど》邸の秋―

品詞分解・現代語訳

①秋《あき》 の けはひ 入《い》り立《た》つ ままに、土御門殿《つちみかどどの》 の ありさま、いは む かた
格助 タ四・体 格助 格助 ハ四・未 婉・体

なく をかし。②池《いけ》 の わたり の 梢《こずゑ》ども、遣水《やりみづ》 の ほとり の 草《くさ》むら、
ク・用 シク・終 格助 格助 格助 格助

おのがじし 色《いろ》づきわたり つつ、おほかた の 空《そら》 も 艶《えん》なる に もてはやさ れ
副 ラ四・用 接助 格助 係助 ナリ・体 格助 サ四・未 受・用

て、不断《ふだん》 の 御読経《みどきやう》 の 声々《こゑごゑ》、あはれ まさり けり。③やうやう 涼《すず》しき 風《かぜ》 の
接助 格助 格助 ラ四・用 詠・終 副 シク・体 格助

けはひ に、例《れい》 の 絶《た》えせ ぬ 水《みづ》 の おとなひ、夜《よ》もすがら 聞《き》きまがはさ る。
格助 格助 サ変・未 打・体 格助 副 サ四・未 自・終

---

①秋の雰囲気が入り込んでくるにつれて、土御門邸の様子は、言いようもなく趣深い。②池の周りの木々の梢や、遣水のほとりの草むらは、それぞれ一面に色づいて、一帯の空も（秋の夕映えの）優美な風情であることに引き立てられて、昼夜間断なく続く御読経の声々は、しみじみとした趣が（よりいっそう）高まったことよ。③次第に涼しくなる風の

④御前《おまへ》にも、近《ちか》う候《さぶら》ふ人々《ひとびと》、はかなき物語《ものがたり》するを聞《き》こし召《め》しつつ、⑤悩《なや》ましうおはしますべかめるを、さりげなくもて隠《かく》させ給《たま》へる御《おほん》ありさまなどの、いとさらなることなれど、⑥憂《う》き世《よ》の慰《なぐさ》めには、かかる御前《おまへ》をこそたづね参《まゐ》るべかりけれと、⑦うつし心《ごころ》をばひきたがへ、たとしへなくよろづ忘《わす》らるるも、かつはあやし。

⑧まだ夜深《よぶか》きほどの月《つき》さしくもり、木《こ》の下《した》をぐらきに、「御格子《みかうし》参《まゐ》りなばや。」「女官《にょうくわん》は今《いま》まで候《さぶら》はじ。」「蔵人《くらうど》参《まゐ》れ。」など言《い》ひしろふほどに、⑨後夜《ごや》の鉦《かね》うちおどろかして、五壇《ごだん》の御修法《みずほふ》の時《じ》始《はじ》めつ。⑩我《われ》も我《われ》もとうちあげたる伴僧《ばんそう》の声々《こゑごゑ》、遠《とほ》く近《ちか》く聞《き》きわたされたるほど、おどろおどろしくたふとし。

⑪渡殿《わたどの》の戸口《とぐち》の局《つぼね》に見出《みい》だせば、ほのうち霧《き》りたる朝《あした》の露《つゆ》もまだ

様子に、いつもの絶え間ない遣水の音が、一晩中（御読経の声と）入り混じって区別がつかないように聞こえてくる。

④中宮様におかれても、近くにお仕えする女房たちが、たわいもない話をするのをお聞きになりながら、⑤（ご懐妊中の御身で）ご気分が悪くていらっしゃるようなのに、何気なくそっとお隠しになっていらっしゃるご様子（の立派さ）などは、（いまさら）本当に申すまでもないことであるが、⑥つらいこの世の慰めには、このような（すばらしい）お方をこそ探し求めお仕えするべきだよと、⑦（ふさぎ込んだ）平常の心とはすっかり変わって、たとえようもなく（つらさや苦しさなど）あらゆることを自然と忘れられるのも、一方では不思議である。

⑧まだ夜が深い時分の月が曇り、木の下もうす暗いのに、「御格子をお上げ申し上げてしまいたいものだ。」「女官は今の時間までお仕えし

落《お》ち　ぬ　に、⑫殿《との》　ありかせ　給《たま》ひ　て、御随身《みずいじん》　召《め》し　て　遣水《やりみづ》
タ上二・未　打・体　格助　カ四・未　尊・用　ハ四・用・尊・補　接助　サ四・用・尊　接助

はらは　せ　給《たま》ふ。　⑬橋《はし》　の　南《みなみ》　なる　女郎花《をみなへし》　の　いみじう　盛《さか》りなる　を、
ハ四・未　使・用　ハ四・終・尊・補　格助　存在・体　格助　シク・用・ウ　ナリ・体　格助

一枝《ひとえだ》　折《を》ら　せ　給《たま》ひ　て、几帳《きちやう》　の　上《かみ》　より　さしのぞか　せ　給《たま》へ
ラ四・未　尊・用　ハ四・用・尊・補　接助　格助　格助　カ四・未　使・用　ハ四・已・尊・補

る　御《おほん》さま　の、いと　恥《は》づかしげなる　に、わ　が　朝顔《あさがほ》　の　思《おも》ひ知《し》ら　るれ　ば、
存・体　格助　副　ナリ・体　接助　格助　格助　ラ四・未　自・已　接助

⑭「これ、遅《おそ》く　て　は　わろから　む。」と　のたまはする　に　ことつけ　て、硯《すずり》　の
ク・用　接助　係助　ク・未　推・終　格助　サ下二・体・尊　格助　カ下二・用　接助　格助

もと　に　寄《よ》り　ぬ。
格助　ラ四・用　完・終

⑮女郎花《をみなへし》　盛《さか》り　の　色《いろ》　を　見《み》る　からに　露《つゆ》　の　分《わ》き　ける　身《み》　こそ　知《し》ら
格助　格助　マ上一・体　接助　格助　カ四・用　過・体　係助　ラ四・未

るれ
自・已

⑯「あな　疾《と》。」　と　ほほゑみ　て、硯《すずり》　召《め》し出《い》づ。
感動　ク・語幹　格助　マ四・用　接助　ダ下二・終・尊

⑰白露《しらつゆ》　は　分《わ》き　て　も　置《お》か　じ　女郎花《をみなへし》　心《こころ》　からに　や　色《いろ》　の
係助　カ四・用　接助　係助　カ四・未　打推・終　格助　断・用　係助　格助

染《そ》む　らむ
マ四・終　現推・体

ていないだろう。」「（雑用係の）女蔵人が（御格子を）お上げ申し上げなさい。」などと（女房たちが）互いに言い合ううちに、⑨（勤行を告げる）後夜の鉦を打ち鳴らし（あたりを）驚かして、五壇の御修法の定刻の勤行を始めた。⑩我も我もと（競うかのごとく）声高に唱えている伴僧の（読経の）声々が、遠く近く一面に聞こえている様子は、荘厳で尊い。

⑪渡り廊下の戸口にある（私の）部屋で外を眺めやると、かすかに霧がかかっている朝の露もまだ（葉の先から）落ちない（早朝の）ときに、⑫殿（道長公）は（庭を）歩き回っていらっしゃって、御随身をお呼びになって遣水にたまった水草や落ち葉などを除いてきれいにさせなさる。⑬渡り廊下の南にある女郎花でたいそう真っ盛りに咲いているのを、一枝お折りになって、（私の部屋の）几帳の上からのぞかせなさっている（道長公の）ご様子が、たいそう立派で

あるのに、私の寝起きの見苦しい顔が思い知られるので、⑭「これ（女郎花の歌）が、遅くてはまずいだろう。」と（道長公が）おっしゃるのにかこつけて、硯の側へ近寄った。

⑮（露に潤った）女郎花の盛りの美しさを見たために、露が分け隔てをした（美しさが衰えた）この身が思い知られます。

⑯（道長公は）「おお、早い。」と微笑して、硯をお取り寄せになる。

⑰白露は分け隔てをして置いたりはすまい。女郎花は（美しくなろうと）自ら求めて美しく染まっているのであろうか。

重要語句

[高] 183　[古] 165

- **おのがじし**　それぞれに。めいめいに。
- **艶なり**　なまめかしく美しいさま。優美なさま。
- **夜もすがら**　一晩中。夜通し。
- **悩まし**　病気などで具合が悪い。苦しい。
- **さらなり**　言うまでもない。もちろんだ。
- **うつし心**　平常の心。理性ある心。
- **たとしへなし**　たとえようもない。比べようもない。

発問　脚注問題　[高][古]

[高]183ページ [古]165ページ

1 **「御前にも」の「に」の働きを答えよ。**

身分の高い人を直接主語にすることを避け、場所を示すことで婉曲的に主語を示す「…におかれて」の意の格助詞。

[高]184ページ [古]166ページ

2 **「これ」はどのようなことを指すか。**

女郎花について詠む歌。

3 **「露の分きける身」とは誰のことか。**

作者（紫式部）。

教材末の問題

[高]185ページ [古]167ページ

学習

1 **「土御門殿のありさま」のどのようなところが「いはむかたなくをかし」（[高]一八三・1）（[古]一六五・1）なのか、整理してみよう。**

・一面に色づいた木々の梢や草むら、そして秋の優美な風情の空に引き立てられて、昼夜続く読経の声のしみじみとした趣がよりいっそう高まるところ。

・絶え間ない遣水の音が、一晩中読経の声と入り混じって、区別がつかないように聞こえてくるところ。

2 **「かつはあやし」（[高]一八四・1）（[古]一六六・1）とあるが、それはどのようなことに対する感想か、説明してみよう。**

中宮彰子に仕えていると、ふさぎ込んだ平常の心とはすっかり変わって、憂き世のあらゆるつらさや苦しさを忘れられてしまうこと。

3 **「女郎花……」と「白露は……」の二首の歌はそれぞれどのようなことを伝えようとしているのか、考えてみよう。**

・「女郎花……」

今が盛りと美しく咲く女郎花に比べ、自分はすっかり盛りが過ぎ、美しさが衰えてしまったということ。

・「白露は……」

女郎花は自らが美しくなろうと求めるがゆえ、美しく咲くのだから、あなたの美しさも気持ち次第ですよということ。

ことばと表現

1　次の「参る」の意味を確認してみよう。

(1)　かかる御前をこそたづね参るべかりけれ（高 一八三・8）（古 一六五・8）

お仕えする。

〈ポイント〉ここでは、「お仕えする・宮仕えする」という意味の謙譲語として用いられている。

(2)　御格子参りなばや。（高 一八四・2）（古 一六六・2）

お上げ申し上げる。

〈ポイント〉ここでは、身分の高い人に「してさし上げる」という意味の謙譲語として用いられている。文脈によってさまざまに訳すことができるが、ここは「御格子を上げる」という意味にとる。なお、ここを「御格子を下げる」ととる説もある。

―水鳥の足―

品詞分解・現代語訳

①行幸《ぎやうがう》 近《ちか》く なり ぬ と て、殿《との》 の うち を いよいよ つくろひみがか せ
ク・用 ラ四・用 完・終 格助 接助 格助 格助 副 カ四・未 使・用

給《たま》ふ。 ②よに おもしろき 菊《きく》 の 根《ね》 を たづね つつ、掘《ほ》り て 参《まゐ》る。
ハ四・終・尊・補 副 ク・体 格助 格助 ナ下二・用 接助 ラ四・用 接助 ラ四・終・謙

③いろいろ うつろひ たる も、黄《き》なる が 見《み》どころ ある も、さまざまに
副 ハ四・用 存・体 係助 ナリ・体 格助 ラ変・体 係助 ナリ・用

植《う》ゑたて たる も、朝霧《あさぎり》 の 絶《た》え間《ま》 に 見《み》わたし たる は、げに 老《お》い も しぞき
タ下二・用 存・体 係助 格助 格助 サ四・用 完・体 係助 副 係助 カ四・用

ぬ べき 心地《ここち》 する に、なぞ や、④まして、思《おも》ふ こと の 少《すこ》しも なのめなる
強・終 推・体 サ変・体 接助 副 係助 副 ハ四・体 格助 副 ナリ・体

身《み》 なら ましか ば、すきずきしく も もてなし、若《わか》やぎ て、つねなき 世《よ》 を も
断・未 反仮・未 接助 シク・用 係助 サ四・用 ガ四・用 接助 ク・体 格助 係助

過《す》ぐし て まし、⑤めでたき こと、おもしろき こと を 見聞《みき》く に つけ て
サ四・用 強・未 反仮・終 ク・体 ク・体 格助 カ四・体 格助 カ下二・用 接助

も、ただ 思《おも》ひかけ たり し 心《こころ》 の ひく かた のみ 強《つよ》く て、もの憂《う》く、
係助 副 カ下二・用 存・用 過・体 格助 カ四・体 副助 ク・用 接助 ク・用

思《おも》はずに、嘆《なげ》かしき こと の まさる ぞ、いと 苦《くる》しき。⑥いかで、今《いま》 は なほ
ナリ・用 シク・体 格助 ラ四・体 係助 副 シク・体 副 係助 副

---

①（一条天皇の）行幸が近くなったというので、（藤原道長は）邸宅（土御門《つちみかど》邸）の中をますます手入れをさせ美しく飾らせなさる。②（人は）実にみごとな菊の株を探しては、掘って持って参る。③いろいろに色が変わった菊も、黄色で見どころがある菊も、さまざまに植え込んだ菊も、朝霧の絶え間に見渡した眺めは、いかにも老いも退散してしまいそうな気持ちがするのに、どうして（そんな気持ちになれないの）か、④まして、思うことがもしも少しでも平凡な身だとしたら、風流にも振る舞い、若々しい気分になって、無常な世をも過ごすだろうに、⑤すばらしいこと、趣のあることを見たり聞いたりするにつけても、ただ思い願ってきた心（出家したいという心）が

もの忘《わす》れ し な む、思《おも》ふ かひ も なし、罪《つみ》 も 深《ふか》か なり など、
サ変・用 強・未 意・終 ハ四・体 係助 ク・終 係助 ク・体・撥 伝・終 副助

明《あ》けたて ば うちながめ て、水鳥《みづとり》ども の 思《おも》ふ こと なげに 遊《あそ》びあへ る を
タ四・已 接助 マ下二・用 接助 格助 ハ四・体 ナリ・用 ハ四・已 存・体 格助

見《み》る。
マ上一・終

⑦水鳥《みづとり》 を 水《みづ》 の 上《うへ》 と や よそ に 見《み》 む 我《われ》 も うき たる 世《よ》
格助 格助 格助 係助 格助 マ上一・未 推・体 係助 カ四・用 存・体

を 過《す》ぐし つつ
格助 サ四・用 接助

⑧かれ も、さ こそ 心《こころ》 を やり て 遊《あそ》ぶ と 見《み》ゆれ ど、身《み》 は いと
係助 副 係助 格助 ラ四・用 接助 バ四・終 格助 ヤ下二・已 接助 係助 副

苦《くる》しかん なり と、思《おも》ひよそへ らる。
シク・体・撥 推定・終 格助 ハ下二・未 自・終

（私を）引き寄せることばかり強くて、憂鬱で、思い通りにならずに、嘆かわしいことが多くなるのは、とても苦しい。⑥なんとかして、今はやはり物思いを忘れてしまいたい、思っても何のかいもない、（仏の教えに背く）罪業も深いということだなどと（思いながら）、夜が明けてくると（外を）ぼんやりと眺めて、水鳥たちが（なんの）物思いもなさそうに遊びあっているのを見る。

⑦水鳥を（無心に）水の上に遊ぶ（はかない）ものと他人事のように見ることができるだろうか。私も（水鳥と同じく）浮ついた憂鬱な毎日を過ごしているのだ。

⑧あの水鳥も、あんなに満足して遊んでいると見えるけれど、（実は水面下では足で水をかいていて）その身はとても苦しいようだと、（自分と）ひき比べて考えられる。

重要語句

高 186 ／ 古 168

行幸　天皇が出かけること。

すきずきし　①色好みだ。②物好きだ。③風流だ。ここでは、③の意味。

もてなす　①執り行う。②振る舞う。③世話をする。ここでは、②の意味。

心をやる　①気を晴らす。②満足する。ここでは、②の意味。

思ひよそふ　ひき比べて考える。考えあわせる。

発問　脚注問題　高 古

高 186ページ　古 168ページ

1　**「いかで、今はなほもの忘れしなむ」を現代語訳せよ。**

なんとかして、今はやはり物思いを忘れてしまいたい

2　**「水鳥を…」の歌から掛詞《かけことば》を指摘せよ。**

「うき」は「浮き」と「憂き」との掛詞。

教材末の問題　高 187ページ　古 169ページ

学習

1　**「思ふことの少しもなのめなる身ならましかば、すきずきしくももてなし、若やぎて、つねなき世をも過ぐしてまし」（高一八六・4）（古一六八・4）という反実仮想の表現から、現実には作者がどのような状態でいるのかを考えてみよう。**

人並みではない物思いをしていて、風流に振る舞ったり若々しい気分になったりできず、華やかさを楽しめないような状態。

〈ポイント〉反実仮想の表現から、現実には作者は「思ふことの少しもなのめなる身」ではないので、「すきずきしくももてなし、若やぎて、つねなき世をも過ぐ」していないということがわかる。

言語活動

1　**作者は、水鳥と自分を比較してどのような感慨を持ったのか話し合ってみよう。**

水鳥が水の上で遊んでいるように見えていながら、水面下では足で水をかき、苦労をしているように、自分も宮仕えをし華やかな世界で物思いもなさそうに人からは見えるだろうが、本当は憂鬱に過ごしている水鳥と同じである、という感慨を持った。

〈ポイント〉最後に、作者は「実は水面下では足で水をかいていて、とても苦しいようだ」と水鳥の苦しさを思っている。

ことばと表現

1　**高一八六頁・古一六八頁4行目「まして」はどのような働きをしているか考えてみよう。**

（作者が仕えている屋敷は行幸を控え、老いも退散してしまいそうな華々しさなので、）作者も、本来なら、風流に振る舞ったり若々しい気分になったりして過ごすことは当然だということを示す働きをしている。

同僚女房評

品詞分解・現代語訳

①和泉式部《いづみしきぶ》 と いふ 人《ひと》 こそ、おもしろう 書《か》きかはし ける。②されど、和泉《いづみ》
格助 ハ四・体 係助 ク・用・ウ サ四・用 過・体 接続

は けしから ぬ かた こそ あれ、うちとけ て 文《ふみ》 はしり書《か》き たる に、その
係助 シク・未 打・体 係助 ラ変・已 カ下二・用 接助 カ四・用 完・体 格助 格助

かた の 才《ざえ》 ある 人《ひと》、はかない 言葉《ことば》 の にほひ も 見《み》え 侍《はべ》る めり。
格助 ラ変・体 ク・体・イ 格助 係助 ヤ下二・用 ラ変・体・丁・補 婉・終

③歌《うた》 は いと をかしき こと。④ものおぼえ、歌《うた》 の ことわり、まこと の
係助 副 シク・体 格助 格助

歌詠《うたよ》みざま に こそ 侍《はべ》ら ざ めれ、口《くち》 に まかせ たる ことども に、
断・用 係助 ラ変・未・丁・補 打・体・撥 婉・已 格助 サ下二・用 完・体 格助

必《かなら》ず をかしき 一《ひと》ふし の 目《め》 に とまる、詠《よ》みそへ 侍《はべ》り。⑤それ だに、人《ひと》
副 シク・体 格助 格助 ラ四・体 ハ下二・用 ラ変・終・丁・補 副助

の 詠《よ》み たら む 歌《うた》、難《なん》じ ことわり ゐ たら む は、いでや さまで
格助 マ四・用 完・未 婉・体 サ変・用 ラ四・用 ワ上一・用 存・未 婉・体 係助 感動 副

心《こころ》 は 得《え》 じ、口《くち》 に いと 歌《うた》 の 詠《よ》ま るる な めり と ぞ、
係助 ア下二・未 打推・終 格助 副 格助 マ四・未 自・体 断・体・撥 婉・終 格助 係助

見《み》え たる 筋《すぢ》 に 侍《はべ》る かし。⑥恥《は》づかしげ の 歌詠《うたよ》み や と は
ヤ下二・用 存・体 断・用 ラ変・体・丁・補 終助 ナリ・語幹 格助 間助 格助 係助

---

①和泉式部という人は、（実に）趣深く手紙をやりとりした（人です）。②しかし、和泉は感心しない面があるが、気軽に手紙を走り書きしたときに、その筋の才能がある人で、ちょっとした言葉の美しさも（文面に）感じられるようです。③和歌はとても魅力的なこと。④（和歌に関する）知識や、歌を理解し批評する力は、本格的な歌人のようではないようですが、口をついて自然に詠み出されたさまざまな歌に、必ず興趣のある一節で目に留まるものを、詠み込んでいます。⑤それでも、人の詠んだような歌を、非難し批評しているようなことは、いやいやそこまで心得てはいないだろう、口をついてたいそう自然と歌が詠まれるようだと、思われるたちですよ。⑥（こちらの）

おぼえ 侍《はべ》ら ず。

ヤ下二・用　ラ変・未・丁・補　打・終

⑦丹波《たんば》の守《かみ》 の 北《きた》の方《かた》 を ば、宮《みや》・殿《との》 など の わたり に は、匡衡衛門《まさひらゑもん》 と ぞ

格助　格助　格助　係助　副助　格助　格助　係助　格助　係助

言《い》ひ 侍《はべ》る。 ⑧ことに やむごとなき ほど なら ね ど、まことに

ハ四・用　ラ変・体・丁・補　副　ク・体　断・未　打・已　接助　副

ゆゑゆゑしく、歌詠《うたよ》み と て、よろづ の こと に つけ て 詠《よ》み散《ち》らさ ね

シク・用　格助　接助　格助　格助　カ下二・用　接助　サ四・未　打・已

ど、聞《き》こえ たる 限《かぎ》り は、はかなき をりふし の こと も、それ こそ 恥《は》づかしき

接助　ヤ下二・用　存・体　係助　ク・体　格助　係助　係助　シク・体

口《くち》つき に 侍《はべ》れ。 ⑨やや も せ ば、腰《こし》 はなれ ぬ ばかり

断・用　ラ変・已・丁・補　副　係助　サ変・未　接助　ラ下二・用　強・終　副助

折《を》れかかり たる 歌《うた》 を 詠《よ》み出《い》で、え も いは ぬ よしばみごと し て も、

ラ四・用　存・体　格助　ダ下二・用　副　係助　ハ四・未　打・体　サ変・用　接助　係助

我《われ》かしこ に 思《おも》ひ たる 人《ひと》、憎《にく》く も いとほしく も おぼえ 侍《はべ》る わざ

ナリ・用　ハ四・用　存・体　ク・用　係助　シク・用　係助　ヤ下二・用　ラ変・体・丁・補

なり。

断・終

⑩清少納言《せいせうなごん》 こそ、したり顔《がほ》 に いみじう 侍《はべ》り ける 人《ひと》。 ⑪さばかり

係助　ナリ・用　シク・用・ウ　ラ変・用・丁・補　過・体　副

さかしだち、真名《まな》 書《か》き散《ち》らし て 侍《はべ》る ほど も、よく 見《み》れ ば、まだ

タ四・用　サ四・用　接助　ラ変・体・丁・補　係助　副　マ上一・已　接助　副

気が引けるほどの歌人とは思われません。

⑦丹波の守（大江匡衡）の北の方を、中宮（彰子《しょうし》）様、殿（藤原道長）などの辺りでは、匡衡衛門（赤染《あかぞめ》衛門）と言います。⑧特に（歌が）優れているというほどではないが、まことに風格があり、歌人だからといって、すべてのことについて詠み散らさないが、世間で知られている限りでは、ちょっとした折のこと（を詠んだ歌）も、それこそこちらが恥ずかしいほど立派な詠みぶりです。⑨（それにしても）どうかすると、上の句と下の句が離れてしまうほどに腰折れがかった歌を詠み出し、言いようもないほどひどい気取ったことをしてまでも、自分は（歌が）上手だと思っている人は、憎らしくも気の毒に思われることです。

⑩清少納言こそ、得意顔でたいへんな人でした。⑪あれほど利口ぶって、漢字を書き散らしております（その知識の）程度も、よく見れば、まだ

いと足《た》らぬこと多《おほ》かり。⑫かく、人《ひと》にことならむと思《おも》ひ好《この》める人《ひと》

副　ラ四・未　打・体　ク・終　副　格助　ナリ・未　意・終　格助　マ四・已　存・体

は、必《かなら》ず見劣《みおと》りし、行《ゆ》く末《すゑ》うたてのみ侍《はべ》れば、艶《えん》になりぬる人《ひと》は、

係助　副　サ変・用　副　副助　ラ変・已・丁・補　接助　ナリ・用　ラ四・用　完・体　係助

いとすごうすずろなる折《をり》も、もののあはれにすすみ、をかしきことも

副　ク・用・ウ　ナリ・体　係助　格助　マ四・用　シク・体　係助

見《み》すぐさぬほどに、おのづからさるまじくあだなるさまにもなる

サ四・未　打・体　格助　副　ラ変・体　打当・用　ナリ・体　格助　係助　ラ四・体

に侍《はべ》るべし。⑬そのあだになりぬる人《ひと》の果《は》て、いかでかは

断・用　ラ変・体・丁・補　推・終　格助　ナリ・用　ラ四・用　完・体　格助　副　係助

よく侍《はべ》らむ。

ク・用　ラ変・未・丁・補　推・体

ひどく足りないところが多い。⑫このように、人と違おうと思い（それに）執着する人は、必ず見劣りがして、行く末が悪くなるばかりですので、風流に振る舞う癖のついてしまった人は、ひどく殺風景でこれというものがないときも、しみじみと感動がつのり、趣あることを見逃さない（ようにする）うちに、自然と感心するはずがない軽薄なさまにもなるのでしょう。⑬その軽薄になった人のおしまいが、どうしてよいことでしょうか（いや、よくないでしょう）。

重要語句

高　古

才　①学問。教養。②才能。ここでは、②の意味。

ことわる　①判定する。②裁く。③ことのわけを筋道立てて説明する。ここでは、①の意味。

いでや　①いやもう。感慨・詠嘆を表す。②いやいや。さあどうかな。否定したり反発したりするときにいう。ここでは、②の意味。

188　170

筋　性分。たち。作風。芸風。

188　170

えもいはぬ　①なんとも言いようがないほどはなはだしい。②（よい意味で）表現できないほどすばらしい。③（悪い意味で）とんでもない。言いようもないほどひどい。ここでは、③の意味。

さかしだつ　利口ぶる。賢そうにふるまう。

真名　漢字。

189　171

すずろなり　①なんとなく…だ。②思いがけない様子。③関係がない。無関心だ。④これというものがない。いいかげんだ。ここでは、④の意味。

あだなり　①むなしい。②不誠実だ。ここでは、②の意味。

発問　脚注問題　高　古

1　「恥づかしげの歌詠み」とはどういう人のことか。　高188ページ　古170ページ

あまりに歌が上手で、こちらが恥ずかしくなってしまうほど立派な歌人のこと。

2　「人にことならむと思ひ好める人」とはどういう人のことか。　高189ページ　古171ページ

人と違って自分は優れた人でいたいといつも思っているような人のこと。

教材末の問題　高189ページ　古171ページ

学習

1　和泉式部・赤染衛門・清少納言について、作者はそれぞれどのような人物であるとしているか、まとめてみよう。

・和泉式部…趣深く手紙をやりとりした。魅力的な和歌を詠む人だが、感心しない面もある。文章の才能があるが歌の知識はあまりなく、こちらの気が引けるほどの歌人ではない。

・赤染衛門…特に優れているというほどではないが、詠む歌には風格があり、ちょっとした折のことを詠んだ歌も、こちらが恥ずかしいほど立派な詠みぶりである。

・清少納言…得意顔で利口ぶっているが、漢字の知識はまだ足りないところが多い。自分は人より優れていたいと思っていて、風流に振る舞う癖があり、たいしたことがないときもやたら感動し、趣あることを見逃すまいとしていて軽薄である。

〈ポイント〉和泉式部については第一段落「和泉式部といふ人こそ……おぼえ侍らず。」、赤染衛門については第二段落「丹波の守の北の方をば……おぼえ侍るわざなり。」、清少納言については第三段落「清少納言こそ……いかでかはよく侍らむ。」をまとめる。

ことばと表現

1　傍線部を文法的に説明してみよう。

(1)　まことの歌詠みざまにこそ侍らざめれ、（高一八八・4）（古一七〇・4）

打消の助動詞「ず」の連体形「ざる」の撥音便「ざん」の撥音無表記形＋婉曲《えんきょく》の助動詞「めり」の已然形。

(2)　口にいと歌の詠まるるなめりとぞ、（高一八八・7）（古一七〇・7）

マ行四段活用動詞「詠む」の未然形「詠ま」＋自発の助動詞「る」の連体形＋断定の助動詞「なり」の連体形の撥音便「なん」の撥音無表記形＋婉曲の助動詞「めり」の終止形。

(3)　さるまじくあだなるさまにも（高一八九・6）（古一七一・6）

ラ行変格活用動詞「さり」の連体形「さる」＋打消当然の助動詞「まじ」の連用形。

〈ポイント〉複合動詞は二つ以上の単語が結合して一語の動詞となったもの。「さり」は指示の副詞「さ（然）」に、ラ変動詞「あり」が付いた「さあり」が変化したもの。

日記文学

和泉式部日記《いづみしきぶにっき》

高「高等学校　古典探究」190～193ページ
古「古典探究　古文編」172～175ページ

作品紹介

和泉式部日記　いずみしきぶにっき　作者は和泉式部。平安時代中期（十一世紀初頭）に成立したと考えられている日記文学。和泉式部と敦道《あつみち》親王の贈答歌を中心とした歌物語的な構成。恋人の為尊《ためたか》親王と死別した和泉式部が、その弟宮である敦道親王と恋仲になり、敦道親王の邸に住むようになるまでの十ヶ月間を描く。

和泉式部　いずみしきぶ　生没年未詳。中古三十六歌仙の一人。父は大江雅致《おおえのまさむね》で、橘《たちばなのみちさだ》道貞と結婚し、小式部内侍《こしきぶのないし》を生む。夫の道貞が和泉守となったことから和泉式部と呼ばれた。為尊親王と恋仲になったことが原因で、父から勘当される。為尊親王との死別後、敦道親王と恋仲になるが、また死別。その後、中宮彰子《しょうし》に仕え、藤原保昌《やすまさ》と再婚した。

――薫る香に――

品詞分解・現代語訳

①夢《ゆめ》｜より｜も｜はかなき｜世《よ》の中《なか》｜を、｜嘆《なげ》きわび｜つつ｜明《あ》かし暮《く》らす｜ほど｜に、
（より 格助／も 係助／はかなき ク・体／を 格助／嘆きわび バ上二・用／つつ 接助／明かし暮らす サ四・体／に 格助）

四月十余日《うづきじふよひ》｜に｜も｜なり｜ぬれ｜ば、｜木《こ》｜の｜下《した》暗《くら》がり｜もてゆく。②築土《ついひぢ》｜の｜上《うへ》｜の
（に 格助／も 係助／なり ラ四・用／ぬれ 完・已／ば 接助／の 格助／下暗がり ラ四・用／もてゆく カ四・終／の 格助／の 格助）

草《くさ》｜青《あを》やかなる｜も、｜人《ひと》｜は｜ことに｜目《め》｜も｜とどめ｜ぬ｜を、｜あはれ｜と｜ながむる
（青やかなる ナリ・体／も 係助／は 係助／ことに 副／も 係助／とどめ マ下二・未／ぬ 打・体／を 格助／あはれ ナリ・語幹／と 格助／ながむる マ下二・体）

①夢よりもはかない（為尊親王との）男女の仲を、嘆き悲しみながら夜を明かし昼を暮らすうちに、四月十日過ぎにもなったので、（葉が茂り）木の下は暗くなってゆく。②土塀の上の草が青々としているのも、人は特に目もとめないものを、（私は）し

ほどに、近《ちか》き 透垣《すいがい》の もとに 人《ひと》の けはひ すれ ば、誰《たれ》 ならむ と 思《おも》ふ
格助 ク・体 格助 格助 格助 サ変・已 接助 断・未 推・体 格助 ハ四・体

ほどに、故宮《こみや》に 候《さぶら》ひ し 小舎人童《こどねりわらは》 なり けり。
格助 格助 ハ四・用・謙 過・体 断・用 詠・終

③あはれに ものの おぼゆる ほどに 来《き》 たれ ば、「などか 久《ひさ》しく 見《み》え
ナリ・用 格助 ヤ下二・体 格助 カ変・用 完・已 接助 副 係助 シク・用 ヤ下二・未

ざり つる。遠《とほ》ざかる 昔《むかし》の 名残《なごり》に も 思《おも》ふ を。」など 言《い》は すれ ば、④「そ
打・用 完・体 ラ四・体 格助 格助 係助 ハ四・体 接助 副助 ハ四・未 使・已 接助

の こと と 候《さぶら》は で は、なれなれしき さま に や と、つつましう
格助 格助 ハ四・未・丁 接助 係助 シク・体 断・用 係助 格助 シク・用・ウ

候《さぶら》ふ うち に、日《ひ》ごろ は 山寺《やまでら》に まかりありき て なむ。⑤いと
ハ四・体・丁・補 格助 係助 格助 カ四・用・謙 接助 係助 副

頼《たよ》りなく、つれづれに 思《おも》ひ 給《たま》へ らるれ ば、御《おほん》かはり に も 見《み》
ク・用 ナリ・用 ハ四・用 ハ下二・未・謙・補 自・已 接助 格助 係助 マ上一・用

奉《たてまつ》ら む と て なむ、帥宮《そちのみや》に 参《まゐ》り て 候《さぶら》ふ。」と 語《かた》る。
ラ四・未・謙・補 意・終 格助 接助 係助 格助 ラ四・用・謙 接助 ハ四・体・丁・補 格助 ラ四・終

⑥「いと よき ことに こそ あ なれ。その 宮《みや》は、いと あてに
副 ク・体 断・用 係助 ラ変・体・撥 推定・已 格助 係助 副 ナリ・用

けけしう おはします なる は。昔《むかし》の やうに は え しも あら じ。」など
シク・用・ウ サ四・終・尊・補 伝・体 係助 格助 比・用 係助 副 副助 係助 ラ変・未 打推・終 副助

言《い》へ ば、⑦「しか おはしませ ど、いと 気近《けぢか》く おはしまし て、『つねに 参《まゐ》る
ハ四・已 接助 副 サ四・已・尊 接助 副 ク・用 サ四・用・尊・補 接助 副 ラ四・終・謙

みじみとした思いで眺めているときに、近くの透垣の辺りに人の気配がするので、誰なのだろうと思っていると、亡くなった宮様（為尊親王）にお仕えしていた小舎人童であった。③しみじみともの思いのされるときに来たので、「どうして長い間来なかったのか。遠くなっていく昔（亡き宮様のこと）を思い出すよすがとも思うのに。」などと（取り次ぎの者に）言わせると、④（童は）「その用事（で来ましたというようなこと）がないのでしたら、（お伺いするのも）なれなれしいようであろうかと、遠慮しておりますうちに、この頃は山寺詣でに出歩いておりまして。⑤まったく頼るあてもなく、所在なく思われておりますので、（亡き宮様の）御身代わりにお仕え申し上げようと、帥宮様にご奉公しております。」と語る。⑥（私が）「とてもよいことであるようね。その宮様は、とても上品でよそよそしくいらっしゃるそうね。昔の（亡き宮様の）ようではないで

や。』と 問《と》は せ おはしまし て、『参《まゐ》り 侍《はべ》り。』と 申《まう》し
係助 格助 ハ四・未 尊・用 サ四・用・尊・補 接助 ラ四・用・謙 ラ変・終・丁・補 格助 サ四・用・謙

候《さぶら》ひ つれ ば、『これ 持《も》て参《まゐ》り て、いかが 見《み》 給《たま》ふ と て
ハ四・用・丁・補 完・已 接助 ラ四・用・謙 接助 副 マ上一・用 ハ四・体・尊・補 格助 接助

奉《たてまつ》ら せよ。』と のたまはせ つる。」と て、橘《たちばな》の 花《はな》を 取《と》り出《い》で たれ
ラ四・未・謙 使・命 格助 サ下二・用・尊 完・体 格助 接助 格助 格助 ダ下二・用 完・已

ば、⑧「昔《むかし》の 人《ひと》の。」と 言《い》は れ て、「さらば 参《まゐ》り な む。
接助 格助 格助 格助 ハ四・未 自・用 接助 接続 ラ四・用・謙 強・未 意・終

いかが 聞《き》こえさす べき。」と 言《い》へ ば、⑨ことば にて 聞《き》こえさせ む も
副 サ下二・終・謙 適・体 格助 ハ四・已 接助 格助 サ下二・未・謙 婉・体 係助

かたはらいたく て、何《なに》かは、あだあだしく も まだ 聞《き》こえ 給《たま》は ぬ を、
ク・用 接助 副 シク・用 係助 副 ヤ下二・用 ハ四・未・尊・補 打・体 接助

はかなき こと を も と 思《おも》ひ て、
ク・体 格助 係助 格助 ハ四・用 接助

⑩薫《かを》る 香《か》に よそふる より は ほととぎす 聞《き》か ばや 同《おな》じ 声《こゑ》や
ラ四・体 格助 ハ下二・体 格助 係助 カ四・未 終助 シク・体 係助

し たる と
サ変・用 存・体 格助

と 聞《き》こえさせ たり。
格助 サ下二・用・謙 完・終

⑪まだ 端《はし》に おはしまし ける に、この 童《わらは》、隠《かく》れ の かた に けしきばみ
副 格助 サ四・用・尊 過・体 接助 格助 格助 格助 マ四・用

しょう。」などと言うと、⑦（童は）「そうでいらっしゃいますが、（帥宮様はとても親しみやすくもおありで、『（和泉式部のところに）いつも伺うのか。』とお尋ねになりまして、『参ります。』と申し上げましたところ、『これを持って伺って、どうご覧になるかとさし上げさせなさい。』とおっしゃいました。」と言って、橘の花を取り出したので、⑧（私は）「昔の人の。」と自然と言って、（童は）「では（私は）帰参しましょう。どう申し上げるのがよいでしょうか。」と言うので、⑨（帥宮様に対して）文章で申し上げるようなことも気がひけて、なあにたいしたことはない、（帥宮様は）浮気っぽいともまだ評判になっていらっしゃらないので、たわいがないもの（和歌）を（さし上げてもよいだろう）と思って、

⑩（いただいた橘の）薫る香に（亡き宮様を）関連させて思い出すことよりは、ほととぎす（あなた）の声を聞きたい。（あなたは亡き宮様と）同じ声がするかと。（も

けるけはひを御覧《ごらん》じつけて、「いかに。」と問《と》はせ給《たま》ふに、
過・体　格助　カ下二・用・尊　接助　副　格助　ハ四・未　尊・用　ハ四・体・尊・補　接助

御文《おほんふみ》をさし出《い》でたれば、御覧《ごらん》じて、
格助　ダ下二・用　完・已　接助　サ変・用・尊　接助

⑫同《おな》じ枝《え》に鳴《な》きつつをりしほととぎす声《こゑ》は変《か》はらぬもの
シク・体　格助　カ四・用　接助　ラ変・用　過・体　係助　ラ四・未　打・体

と知《し》らずや
格助　ラ四・未　打・終　係助

⑬と書《か》かせ給《たま》ひて、賜《たま》ふとて、「かかること、ゆめ人《ひと》に
格助　カ四・未　尊・用　ハ四・用・尊・補　接助　ハ四・体・尊　格助　接助　連体　副　格助

言《い》ふな。好《す》きがましきやうなり。」とて、入《い》らせ給《たま》ひぬ。
ハ四・終　終助　シク・体　比・終　格助　接助　ラ四・未　尊・用　ハ四・用・尊・補　完・終

⑭持《も》て来《き》たれば、をかしと見《み》れど、つねはとて御返《おほんかへ》り
カ変・用　完・已　接助　シク・終　格助　マ上一・已　接助　ナリ・語幹　係助　格助　接助

聞《き》こえさせず。
サ下二・未・謙　打・終

⑮賜《たま》はせそめては、また、
マ下二・用・尊　接助　係助　副

うち出《い》ででもありにしものをなかなかに苦《くる》しきまでも嘆《なげ》く
ダ下二・未　接助　係助　ラ変・用　完・用　過・体　接助　ナリ・用　シク・体　副助　係助　カ四・体

今日《けふ》かな
終助

し同じなら、その声を聞きたい。）と申し上げた。

⑪（帥宮様は）まだ縁側にいらっしゃったので、この童が、物陰のところで意味ありげなそぶりをした気配をお見つけになって、「どうであった。」とお尋ねなさるので、お手紙をさし出したところ、ご覧になって、

⑫同じ枝で鳴き続けていたほととぎすの声は変わらないものとは知らないのでしょうか。（声もあなたへの思いも同じです。）

⑬とお書きになって、（童に）お与えになるときに、「このようなことは、けっして人に言うな。浮気っぽいみたいだ。」とおっしゃって、（部屋の奥に）お入りになった。

⑭（童がその返事を）持って来たので、（私は）興味深く見るけれども、毎回は（お返事するのもどうか）と思ってお返事を申し上げない。

⑮（帥宮様は私に歌を一度）贈り始められると、また、

（私のあなたへの気持ちを）口

と のたまはせ たり。⑯もと も 心深《こころふか》から ぬ 人《ひと》に て、 ならは ぬ つれづれ

格助　サ下二・用・尊　完・終　係助　ク・未　打・体　断・用　接助　ハ四・未　打・体

の わりなく おぼゆる に、 はかなき こと も 目《め》 とどまり て、 御返《おほんかへ》り、

格助　ク・用　ヤ下二・体　接助　ク・体　係助　ラ四・用　接助

⑰今日《けふ》の まの 心《こころ》に かへ て 思《おも》ひやれ ながめ つつ のみ 過《す》ぐす 心《こころ》

格助　格助　格助　ハ下二・用　接助　ラ四・命　マ下二・用　接助　副助　サ四・体

を

格助

⑱かくて、しばしば のたまはする、 御返《おほんかへ》り も 時々《ときどき》 聞《き》こえさす。⑲つれづれ も

接続　副　サ下二・体・尊　係助　副　サ下二・終・謙　係助

少《すこ》し なぐさむ 心地《ここち》 し て 過《す》ぐす。

副　マ四・体　サ変・用　接助　サ四・終

に出さないほうがましだったのに。（口に出したので）かえって苦しいほど嘆く今日であるよ。とおっしゃった。⑯（私は）もともと思慮深くない人で、慣れない所在なさがつらく思われるので、たわいないこと（歌）も目に留まって、お返事を、（さし上げた。）⑰（苦しいほど嘆く今日とおっしゃいますが）今日一日の間《あいだ》の（あなたの）気持ちに比べて、（私の気持ちを）想像してください。もの思いにふけりながらばかり毎日を過ごす気持ちを。⑱こうして、（帥宮様から）しばしばお手紙があり、お返事も時々さし上げる。⑲所在なさも少しなぐさめられる思いで過ごす。

重要語句

高 190　古 172
世の中　①現世。②世間。③男女の仲。④御代。⑤身の上。
ここでは、③の意味。

191 173
聞こえさす　申し上げる。
かたはらいたし　みっともない。気がひける思いだ。

192 174
あだあだし　浮気っぽい。移り気だ。
ゆめ…な　けっして…するな。絶対に…するな。
好きがまし　浮気っぽい。

発問 脚注問題 高 古

1 高 190ページ 古 172ページ

「思ひ給へらるれば」の主語は誰か。　小舎人童。

2 高 191ページ 古 173ページ

誰がどこへ「参る」のか。

小舎人童が和泉式部のところへ。

3 「昔の人の」「さらば参りなむ…」はそれぞれ誰の発言か。

「昔の人の」…和泉式部。「さらば参りなむ…」…小舎人童。

4 「まだ端におはしましけるに」の主語は誰か。　帥宮。

高 192ページ 古 174ページ

5 「心深からぬ人」とは誰のことか。　和泉式部。

教材末の問題 高 193ページ 古 175ページ

学習

1 作者が「薫る香に……」の歌を帥宮に贈ったのはどういう気持ちからか、考えてみよう。

橘の花を贈ってくれた帥宮に興味がひかれる気持ち。

2 「同じ枝に……」の歌の「同じ枝」「ほととぎす」「声は変はらぬ」という表現がどういう意味を持って使われているか、考えてみよう。

・「同じ枝」…亡き宮と自分（帥宮）は同じ親の兄弟という意味。
・「ほととぎす」…亡き宮と自分という意味。
・「声は変はらぬ」…自分も亡き宮と同じように、和泉式部を愛する気持ちがあるという意味。

3 「うち出でても……」「今日のまの……」の贈答歌について、それぞれの歌に込められた気持ちを説明してみよう。

・「うち出でても……」…和泉式部に伝えたためにかえって募ってしまったせつない恋心を、わかってほしいという気持ち。
・「今日のまの……」…恋心で今日だけつらい思いをしている帥宮様より、恋人を亡くした自分のほうが、長くつらい思いをしてきたという気持ち。

ことばと表現

1 小舎人童の言葉「しかおはしませど……のたまはせつる」（高 一九一・3）（古 一七三・3）から敬語動詞を抜き出し、それぞれ誰から誰への敬意を表すかを説明してみよう。

・「おはしませ」…小舎人童から帥宮へ。
・「おはしまし」…小舎人童から帥宮へ。
・「参る」…帥宮から和泉式部へ。
・「おはしまし」…小舎人童から帥宮へ。
・「参り」…小舎人童から和泉式部へ。
・「侍り」…小舎人童から帥宮へ。
・「申し」…小舎人童から帥宮へ。
・「候ひ」…小舎人童から和泉式部へ。
・「持て参り」…帥宮から和泉式部へ。
・「給ふ」…帥宮から和泉式部へ。
・「奉ら」…帥宮から和泉式部へ。
・「のたまはせ」…小舎人童から帥宮へ。

日記文学

十六夜日記《いざよひにっき》

高「高等学校　古典研究」194〜195ページ
古「古典探究　古文編」176〜177ページ

作品紹介

十六夜日記　いざよいにっき　作者は阿仏尼《あぶつに》。鎌倉時代、弘安三（一二八〇）年頃に成立した日記文学で、所領をめぐる訴訟を扱っているのが特徴的である。京都から鎌倉への紀行文の部分と、鎌倉滞在記の部分とに分けられる。

阿仏尼　あぶつに　一二二二？〜一二八三。鎌倉時代の歌人。藤原為家《ふじわらのためいえ》の側室で子どもに冷泉為相《れいぜいためすけ》・為守《ためもり》らがいる。また、日記文学『うたたね』では、自身の失恋についてつづっている。

――鎌倉への出立――

品詞分解・現代語訳

①惜《を》しから　ぬ　身《み》　一《ひと》つ　は　やすく　思《おも》ひ捨《す》つれ　ども、子《こ》　を　思《おも》ふ　心《こころ》
シク・未　打・体　係助　ク・用　タ下二・已　接助　格助　ハ四・体

の　闇《やみ》　は　なほ　忍《しの》びがたく、道《みち》　を　かへりみる　恨《うら》み　は　やらんかたなく、
格助　係助　副　ク・用　格助　マ上一・体　係助　ク・用

②さて　も　なほ　東《あづま》　の　亀《かめ》の鏡《かがみ》　に　映《うつ》さ　ば、曇《くも》ら　ぬ　影《かげ》　も　や
副　係助　副　格助　格助　サ四・未　接助　ラ四・未　打・体　係助　係助

あらはるる　と、せめて　思《おも》ひ余《あま》り　て、③よろづ　の　憚《はばか》り　を　忘《わす》れ、身《み》　を
ラ下二・体　格助　副　ラ四・用　接助　格助　格助　ラ下二・用　格助

---

①惜しくはないこの私の身は簡単に思い捨てても、（藤原兼輔《ふじわらのかねすけ》が詠んだような、子どもを思う心のために分別を失う気持ちのように）子どもを思う「心の闇」はやはり我慢しがたく、歌道を気にかける悲しみはどうすることもできず、②そうはいってもやはり鎌倉幕府の裁定を仰げば、曇りのない（正しい）姿も現れるだ

えうなき もの に なし 果《は》て て、ゆくりもなく、いざよふ 月《つき》 に 誘《さそ》は
ク・体 格助 サ四・用 タ下二・用 接助 ク・用 ハ四・体 格助 ハ四・未

れ 出《い》で なん と ぞ 思《おも》ひなり ぬる。
受・用 ダ下二・用 強・未 意・終 格助 係助 ラ四・用 完・体

④さりとて、文屋康秀《ふんやのやすひで》 が 誘《さそ》ふ に も あら ず、住《す》む べき 国《くに》
接続 格助 ハ四・体 断・用 係助 ラ変・未・補 打・用 マ四・終 適・体

求《もと》むる に も あら ず。⑤頃《ころ》 は み冬《ふゆ》 立《た》つ 初《はじ》め の 空《そら》 なれ ば、
マ下二・体 断・用 係助 ラ変・未・補 打・終 係助 タ四・体 格助 断・已 接助

降《ふ》り み 降《ふ》ら ず み 時雨《しぐれ》 も 絶《た》え ず、嵐《あらし》 に 競《きほ》ふ 木《こ》の葉《は》 さへ
ラ四・用 接尾 ラ四・未 打・用 接尾 係助 ヤ下二・未 打・用 格助 ハ四・体 副助

涙《なみだ》 と とも に 乱《みだ》れ散《ち》り つつ、事《こと》 に ふれ て 心細《こころぼそ》く 悲《かな》しけれ ど、
格助 格助 ラ四・用 接助 格助 ラ下二・用 接助 ク・用 シク・已 接助

⑥人《ひと》やり なら ぬ 道《みち》 なれ ば、行《い》き憂《う》し と て も とどまる べき に
断・未 打・体 断・已 接助 ク・用 格助 接助 係助 ラ四・終 当・体 断・用

も あら で、何《なに》 と なく 急《いそ》ぎ立《た》ち ぬ。
係助 ラ変・未 接助 格助 ク・用 タ四・用 完・終

⑦目離《めか》れ せ ざり つる 程《ほど》 だに 荒《あ》れまさり つる 庭《には》 も 籬《まがき》 も、
サ変・未 打・用 完・体 副助 ラ四・用 完・体 係助 係助

まして と 見回《みまは》さ れ て、⑧慕《した》はしげなる 人々《ひとびと》 の 袖《そで》 の 雫《しづく》 も 慰《なぐさ》めかね
副 格助 サ四・未 自・用 接助 ナリ・体 格助 格助 係助 ナ下二・用

たる 中《なか》 に も、侍従《じじゅう》・大夫《たいふ》 など の あながちに うち屈《く》し たる さま、いと
存・体 格助 係助 副助 格助 ナリ・用 サ変・用 存・体 副

ろうかと、ひたすらに熱心に思って、③色々な問題を忘れ、我が身を必要のないものと思いこんで、不意に、（地平に沈むのを）ためらう月に誘われ（るように）きっと旅に出ようと思うようになった。

④そうはいっても、（小野小町《おののこまち》の歌のように）文屋康秀が誘うのでもなく、（『土佐日記《とさにっき》』のように）住むのによい国を求めるのでもない。⑤季節は冬の初めの空であるので、（『後撰和歌集《ごせんわかしゅう》』で歌われるような）降ったり降らなかったりする時雨も絶えず、嵐と競う（ように散る）木の葉までもが涙とともに乱れ散りながら、何事につけても心細く悲しいけれど、⑥（源実の歌にあるように行くのがつらいと言って帰ってくる）強制された道（旅）ではないので、行くのがつらくても止まるはずのものではなく、何とはなしに準備を急いでしまった。

⑦目を離すことのなかった時でさえだんだん荒れていった庭も垣根も、

心苦《こころぐる》しけれ ば、さまざま 言《い》ひこしらへ、⑨ねや の うち 見《み》れ ば、昔《むかし》 の

シク・已　接助　副　ハ下二・用　格助　マ上一・已　接助　格助

枕《まくら》 の さながら 変《か》はら ぬ を 見《み》る も、今更《いまさら》 悲《かな》しく て、傍《かたは》ら に

格助　副　ラ四・未　打・体　格助　マ上一・体　係助　副　シク・用　接助　格助

書《か》きつく。

カ下二・終

⑩とどめ置《お》く 古《ふる》き 枕《まくら》 の 塵《ちり》 を だに われ 立《た》ち去《さ》ら ば 誰《たれ》 か 払《はら》は

カ四・体　ク・体　格助　格助　副助　ラ四・未　接助　係助　ハ四・未

ん

推・体

なおさら（私が出立した後は、荒れてしまうだろう）と自然に見回されて、⑧親しくしている人々の（涙にぬれる）袖の雫も慰めかねている、その間にも、（息子である）侍従（為相《ためすけ》）・大夫（為守《ためもり》）などがひたすらがっかりしている様子は、たいそうつらいので、色々に言いつくろい、⑨寝室の中を見ると、（亡夫の）昔の枕がそのまま変わらないのを見るにつけても、今さらながら悲しくて、傍らに書きつける。

⑩この家にとどめ置く亡夫の古い枕のほこりさえも、私が立ち去ったのなら、誰が払うだろうか（いや、誰も払わないだろう）。

重要語句

高　古

やらんかたなし　どうすることもできない。心を晴らす手段が全然ない。

えうなし　必要がない。

ゆくり（も）なし　①不意である様子。思いがけない様子。②軽はずみである様子。ここでは、①の意味。

いざよふ　ぐずぐずしてはかどらない。ためらう。「いさよふ」も同じ。

目離れ　目を離して見ないこと。会わない状態でいること。

さながら　①そのまま。②すべて。ここでは、①の意味。

（高194／古176）（高195／古177）

発問　脚注問題

高　古

1　「曇らぬ影もやあらはるる」とはどういうことか。　高194ページ　古176ページ

鎌倉幕府の裁定によって、正しい判断が明らかになるということ。

2　「まして」の後にどのような言葉が省略されているか、現代語で答えよ。　高195ページ　古177ページ

私が出立した後は、庭や垣根が荒れてしまうだろう。

教材末の問題

高195ページ　古177ページ

（学習）

1　第一段落を読んで、作者が鎌倉への出立を決意するに至った心情を書き出してみよう。

・子どもを思い、遺産相続の問題を決着させなければならないという気持ち。

・亡夫の歌道を守らなければいけないという気持ち。

・鎌倉幕府の裁定を仰いで、正しい判断をしてもらいたいという気持ち。

〈ポイント〉本文だけでなく『十六夜日記』が書かれた背景もあわせて考えよう。作者は夫が亡くなった後の家の相続問題（作者の子どもが相続できるかどうか）に悩んでいた。このことを踏まえて考える。

2　「とどめ置く……」の歌に込められている心情を説明してみよう。

家族が住む京の家を離れがたく、旅立ちをつらく悲しく思う心情。

（ことばと表現）

1　傍線部を文法的に説明してみよう。

(1)　いざよふ月に誘はれ出でなん（高一九四・4）（古一七六・4）

受身の助動詞「る」の連用形。

(2)　ましてと見回されて、（高一九五・2）（古一七七・2）

自発の助動詞「る」の連用形。

物語

源《げん》氏《じ》物《もの》語《がたり》

高「高等学校　古典探究」198〜226ページ
古「古典探究　古文編」180〜208ページ

作品紹介

源氏物語　げんじものがたり　↓この教科書ガイドの63頁
紫式部　むらさきしきぶ　↓この教科書ガイドの63頁

―車争ひ―

品詞分解・現代語訳

①日《ひ》　たけゆき　て、儀式《ぎしき》　も　わざと　なら　ぬ　さま　にて　出で《い》
カ四・用　接助　係助　副　断・未　打・体　格助　ダ下二・用

給へ《たま》　り。②隙《ひま》　も　なう　立ち《た》わたり　たる　に、よそほしう　引き《ひ》続き《つづ》
ハ四・已・尊・補　完・終　係助　ク・用・ウ　ラ四・用　存・体　接助　シク・用・ウ　カ四・用

て　立ち《た》わづらふ。③よき　女房車《にょうばうぐるま》　多く《おほ》　て、雑々《ざふざふ》　の　人《ひと》　なき　隙《ひま》　を
接助　ハ四・終　ク・体　ク・用　接助　格助　ク・体　格助

思ひ《おも》さだめ　て、みな　さし退け《の》　さする　中《なか》　に、網代《あむじろ》　の　少し《すこ》　なれ　たる
マ下二・用　接助　カ下二・未　使・体　格助　格助　副　ラ下二・用　存・体

が、下簾《したすだれ》　の　さま　など　よしばめ　る　に、いたう　引き《ひ》入り《い》　て、ほのかなる
格助　格助　副助　マ四・已　存・体　接助　ク・用・ウ　ラ四・用　接助　ナリ・体

①日が高くなって、外出の支度もわざわざというふうではない様子でお出かけになった。②隙間なく他の物見車がぎっしり立ち並んでいるので、（葵《あおい》の上一行の車は）威儀を整えて列をなしたまま立ち往生している。③身分の高い女房車が多く出ているので、身分の低い者がいない場所を（見つけて）ことと決めて、皆立ち退かせている中に、網代車で少し古びている車で、下簾の様子など

袖口《そでぐち》、裳《も》の裾《すそ》、汗衫《かざみ》など、ものの色いときよらにて、ことさらに
格助　副助　格助　副　ナリ・用　接助　ナリ・用
やつれたるけはひしるく見《み》ゆる車《くるま》二《ふた》つあり。④「これは、さらに
ラ下二・用　存・体　ク・用　ヤ下二・体　ラ変・終　係助　副
さやうにさし退《の》けなどすべき御車《おほんくるま》にもあらず。」と、
ナリ・用　カ下二・用　副助　サ変・終　適・体　断・用　係助　ラ変・未・補　打・終　格助
口強《くちごは》くて手《て》触《ふ》れさせず。⑤いづ方《かた》にも、若《わか》き者《もの》ども酔《ゑ》ひすぎ、
ク・用　接助　ラ下二・未　使・未　打・終　格助　係助　ク・体　ガ上二・用
たち騒《さわ》ぎたるほどのことは、えしたためあへず。⑥おとなおとなしき
ガ四・用　存・体　格助　係助　副　ハ下二・未　打・終　シク・体
御前《ごぜん》の人々《ひとびと》は、「かくな。」など言《い》へど、えとどめあへず。
格助　係助　副　副　副助　ハ四・已　接助　副　ハ下二・未　打・終
⑦斎宮《さいぐう》の御母《おほんはは》御息所《みやすんどころ》、もの思《おぼ》し乱《みだ》るる慰《なぐさ》めにもやと、忍《しの》びて
格助　ラ下二・体・尊　格助　係助　係助　格助　バ上二・用　接助
出《い》で給《たま》へるなりけり。⑧つれなしづくれど、おのづから
ダ下二・用　ハ四・已・尊・補　存・体　断・用　詠・終　ラ四・已　接助　副
見知《みし》りぬ。⑨「さばかりにては、さな言《い》はせそ。大将殿《だいしやうどの》を
ラ四・用　完・終　副　断・用　接助　係助　副　ハ四・未　使・用　終助　格助
ぞ豪家《かうけ》には思《おも》ひ聞《き》こゆらむ。」など言《い》ふを、その御方《おほんかた》
係助　格助　係助　ハ四・用　ヤ下二・終・謙・補　現推・体　副助　ハ四・体　格助　格助
の人《ひと》も交《ま》じれれば、いとほしと見《み》ながら、用意《ようい》せむも
格助　係助　ラ四・已　存・已　接助　シク・終　格助　マ上一・用　接助　サ変・未　婉・体　係助

が風情がありそうで、（中の人々が）たいそう奥に引っ込んでいて、わずかに見える袖口、裳の裾、汗衫《かざみ》など、色合いがたいそう気品があって美しく、特に人目を忍んでいる様子がはっきりわかる車が二両ある。④（その車の従者が）「これは、決してそのように立ち退かせなどしてよいお車でもない。」と、強く言って手も触れさせない。⑤どちら側も、若い者たちが酔いすぎて、（ひどく）騒いでいるときのことについては、とても制止することができない。⑥分別のある葵の上の車の従者たちは、「そんな乱暴をするな。」と言うが、制止しきることができない。

⑦斎宮の母君の六条御息所《ろくじょうのみやすどころ》が、物思いに乱れなさる心の慰めにもなるだろうかと、人目を忍んでお出かけになっているのであったよ。⑧素知らぬふりをしているが、自然とわかってしまった。⑨（葵の上の従者は）「その程度の者には、そんなことを言わせるな。大将殿（源氏《げんじ》）を

わづらはしければ、知《し》らず顔《がほ》をつくる。⑩つひに御車《おほんくるま》ども立《た》て続《つづ》けつれ
シク・已　接助　格助　ラ四・終　副　カ下二・用　完・已

ば、副車《ひとだまひ》の奥《おく》に押《お》しやられてものも見《み》えず。⑪心《こころ》やましき
接助　格助　格助　ラ四・未　受・用　接助　係助　ヤ下二・未　打・終　シク・体

をばさるものにて、かかるやつれをそれと知《し》られぬる
格助　係助　連体　断・用　接助　連体　格助　格助　ラ四・未　受・用　完・体

が、いみじうねたきこと限《かぎ》りなし。⑫榻《しぢ》などもみな押《お》し折《を》られて、
格助　シク・用・ウ　ク・体　ク・終　副助　係助　ラ四・未　受・用　接助

すずろなる車《くるま》の筒《どう》にうちかけたれば、またなう人《ひと》わろく、悔《くや》しう
ナリ・体　格助　格助　カ下二・用　存・已　接助　ク・用・ウ　ク・用　シク・用・ウ

何《なに》に来《き》つらむと思《おも》ふにかひなし。
格助　カ変・用　強・終　現原推・体　格助　ハ四・体　接助　ク・終

⑬ものも見《み》で帰《かへ》らむとし給《たま》へど、通《とほ》り出《い》で
係助　マ上一・未　接助　ラ四・未　意・終　格助　サ変・用　ハ四・已・尊・補　接助　ダ下二・未

む隙《ひま》もなきに、「事《こと》なりぬ。」と言《い》へば、さすがにつらき人《ひと》の
婉・体　係助　ク・体　格助　ラ四・用　完・終　格助　ハ四・已　接助　副　ク・体　格助

御前渡《おまへわた》りの待《ま》たるるも心弱《こころよわ》しや。⑭笹《ささ》の隈《くま》にだにあら
格助　タ四・未　自・体　係助　ク・終　間助　格助　断・用　副助　ラ変・未・補

ねばにや、つれなく過《す》ぎ給《たま》ふにつけても、
打・已　接助　断・用　係助　ク・用　ガ上二・用　ハ四・体・尊・補　格助　カ下二・用　接助　係助

なかなか御心《おほんこころ》づくしなり。⑮げに、常《つね》よりも好《この》みととのへたる車《くるま》ども
副　断・終　副　格助　係助　ハ下二・用　存・体

頼みとするところと思い申し上げているのだろう。」などと言うのを、その大将方の人も交じっているので、気の毒だと思うものの、仲裁するのも厄介なので、知らん顔をしている。⑩とうとうお車の列を乗り入れてしまったので、（御息所の車は葵の上の）お供の女房が乗る牛車の奥に押しやられて何も見えない。⑪不快なのはもちろん、このように人目を忍んだことをそれと知られてしまったのが、たいそういまいましいことこの上ない。⑫榻《しじ》などもみな押し折られて、つまらない牛車の車軸受けに（轅《ながえ》を）打ちかけてあるので、この上なく体裁が悪く、悔しくもなんのために出かけてきたのだろうと思うがどうしようもない。

⑬（御息所は）見物もしないで帰ろうとなさるが、抜け出る隙間もないときに、「行列のお通りだ。」と言うので、そうはいってもやはり薄情な人（源氏）のお通りが自然と待たれてしまうのも心が弱いことだよ。

の、我《われ》も我《われ》もと乗《の》りこぼれたる下簾《したすだれ》の隙間《すきま》どもも、さらぬ
格助　係助　係助　格助　ラ下二・用　存・体　格助　係助　ラ変・未　打・体

顔《かほ》なれど、ほほ笑《ゑ》みつつ後目《しりめ》にとどめ給《たま》ふもあり。⑯大殿《おほとの》
断・已　接助　マ四・用　接助　格助　マ下二・用　ハ四・体・尊・補　係助　ラ変・終

のはしるければ、まめだちて渡《わた》り給《たま》ふ。⑰御供《おほんとも》の人々《ひとびと》
格助　係助　ク・已　接助　タ四・用　接助　ラ四・用　ハ四・終・尊・補　格助

うちかしこまり、心《こころ》ばへありつつ渡《わた》るを、おし消《け》たれたるありさま、
ラ四・用　ラ変・用　接助　ラ四・体　接助　タ四・未　受・用　存・体

こよなう思《おぼ》さる。
ク・用・ウ　サ四・未・尊　自・終

⑱影《かげ》をのみみたらし川《がは》のつれなきに身《み》のうきほどぞ
格助　副助　格助　ク・体　接助　格助　ク・体　係助

いとど知《し》らるる
副　ラ四・未　自・体

と、涙《なみだ》のこぼるるを、人《ひと》の見《み》るもはしたなけれど、目《め》も
格助　格助　ラ下二・体　格助　格助　マ上一・体　係助　ク・已　接助　係助

あやなる御《おほん》さま、容貌《かたち》のいとどしう出《い》で映《ば》えを見《み》ざらましかば、
ナリ・体　格助　シク・用・ウ　格助　マ上一・未　打・未　反仮・未　接助

と思《おぼ》さる。
格助　サ四・未・尊　自・終

（葵《あふひ》）

---

⑭（ここは古歌で馬を止めたという）「笹の隈」でさえないからだろうか、（源氏は馬を止めることもなく）すげなく通り過ぎなさるにつけても、（こうして見に来てしまっただけに）かえって物思いが尽きないことである。⑮いかにも、いつもよりも趣向を凝らしている車の数々の、我も我もと乗り込んで袖口がこぼれている下簾の隙間隙間に対しても、（源氏は）さりげない顔つきであるが、微笑みながら横目でちらりとご覧になるものもある。⑯左大臣家（葵の上の方）の車はそれとはっきりわかるので、（源氏は）真面目な様子でお通りになる。⑰行列に加わっているお供の者たちはうやうやしく、（正妻の葵の上への）敬意を表しながら通り過ぎるので、（御息所は自分が）圧倒されているありさまを、この上なくみじめに思いなさらずにはいられない。

⑱影を宿しただけで流れ去る御手洗川のような君のつれなさゆ

えに、その姿を遠くから拝見した川面に浮かぶようなわが身のつらさをますます思い知らされます。

と（詠んで）、涙がこぼれるのを、人（お供の女房たち）が見るのもきまりが悪いが、まばゆいほど立派な（源氏の）ご様子や顔かたちが、一段と晴れの場で映えるのを見ることがなかったとしたら、（やはり残念であっただろう）とお思いになる。

重要語句

高 198 ／ 古 180

よそほし　威儀を整えている。美しくりっぱだ。いかめしい。

高 199 ／ 古 181

きよらなり　気品があって美しいさま。華麗なさま。

やつる　①地味で目立たない服装・姿になる。②容色が衰える。みすぼらしくなる。ここでは①の意味で、人目を忍ぶ意図。

しるし　際立っている。はっきりしている。明白である。

いとほし　①かわいそうだ。気の毒だ。②困る。いやだ。③かわいい。いとしい。いじらしい。ここでは①の意味。

高 200 ／ 古 182

心やまし　①相手の態度によって心が傷つけられたような気持ちだ。不快だ。②劣等感を抱いていらいらする。ここでは①でもあり②でもある。正妻に踏みにじられた情けない気持ち。

人わろし　きまりが悪い。みっともない。体裁が悪い。

目もあやなり　①はなやかで正視できない。まぶしいほど立派なさま。②はなはだしくひどいさま。ここでは、①の意味。

発問　脚注問題　高　古

1　高 199ページ　古 181ページ

「ことさらにやつれたるけはひしるく見ゆる」とはどういうことか。

六条御息所が特に人目を忍んで目立たないようにしているさまがはっきりわかる、ということ。

〈ポイント〉車の様子や中の人の着衣がら気品が感じられ、いかにも六条御息所のお忍びというさまがわかることを述べている。「やつる」は地味で目立たない様子になること。「けはひ」は雰囲気や様子。「しるく」は「著し」で、際立っていること。

2　**「見知りぬ」とあるが、誰に何がわかったのか。**

葵の上の従者に、目立たない様子にしている車が実は六条御息所のものであることがわかったということ。

〈ポイント〉この本文に続いて、葵の上の従者が「その程度の者には、そんなことを言わせるな。」と言っているが、これは相手を六条御息所と認識して正妻側の立場から見下した発言である。

3　高 200ページ　古 182ページ

「つれなく過ぎ給ふ」とはどういうことか。

奥に押しやられた六条御息所の車に気づくことなく、源氏がすげなく通り過ぎなさるということ。

〈ポイント〉六条御息所がもう見物をやめて帰ろうとしているときに源氏の行列がやってくるが、「笹の隈」の歌のように馬を止めることもなく、ただの奥まった「隈」にいる御息所に気づかずよそよそしく通り過ぎていったのである。

4　**「まめだちて渡り給ふ」とはどういうことか。**

源氏が、はっきりそれとわかる正妻の葵の上の車の前を、真面目な様子でお通りになるということ。

〈ポイント〉源氏は他の女性たちの車に対しては、さりげない顔つきながら、微笑みつつ横目でちらりと見ながら通り過ぎてきたが、さすがに左大臣家の姫君である正妻の車の前では真面目な様子を作って通った。

教材末の問題　高 201ページ　古 183ページ

学習

1　**本文中から、光源氏に対する六条御息所の思いが読み取れる箇所をあげて、その心情を説明してみよう。**

・「斎宮の御母御息所、もの思し乱るる慰めにもやと、忍びて出で給へるなりけり。」…源氏への執着を捨てきれず、源氏の行列に参加する姿を見たいと思って、人目を忍んで見物に来ている。

・「さすがにつらき人の御前渡りの待たるるも心弱しや。」…葵の上の側から屈辱を受け、悔しさ情けなさにもう見物をやめて帰ろうとしたが、いざ、源氏の行列がやってくるとなると、そのお通りが自然と待たれてしまう。

・「つれなく過ぎ給ふにつけても、なかなか御心づくしなり。」…源氏は、後ろの方に押し込められた自分に見向きもせずそっけなく通り過ぎてしまうが、なまじ見物の列に加わりその姿をちらりと見てしまったがゆえに、物思いをいっそう深めている。

・「目もあやなる御さま、容貌のいとどしう出で映えを見ざらましかば、と思さる。」…源氏の姿を見に出てきてしまったために、葵の上との違いをいやというほど思い知らされ、このうえなくみじめでつらい気持ちになる一方で、晴れの場で源氏がいっそう映える姿を見なかったらそれはそれで後悔しただろう、という相反する気持ちを抱いている。

2 本文中から、六条御息所・葵の上・光源氏の従者たちの言動が描写された箇所をあげて、その内容を説明してみよう。

・「雑々の人なき隙を思ひさだめて、みなさし退けさする」（葵の上の従者）…車を止めるための場所を見つけて、他の車を立ち退かせている。

・「これは、さらにさやうにさし退けなどすべき御車にもあらず。」と、口強くて手触れさせず。（六条御息所の従者）…自分たちの車も立ち退かせられそうになり、強く抵抗している。

・「いづ方にも、若き者ども酔ひすぎ、たち騒ぎたるほどのことは、えしたためあへず。」（葵の上の従者・六条御息所の従者）…双方とも酔って騒いでいる若者たちを制止することができない。

・「おとなおとなしき御前の人々は、『かくな。』など言へど、えとどめあへず。」（葵の上の従者）…年配の従者たちが乱暴なことをしないよう言うが、制止しきれない。

・「さばかりにては、さな言はせそ。大将殿をぞ豪家には思ひ聞こゆらむ。」（葵の上の従者）…六条御息所の車が立ち退かず強く抵抗したことに対して、「その程度の者には、そんなことを言わせるな。源氏の威光を笠に着るつもりだろうが」と正妻側の立場から愛人の御息所を見下した発言をしている。

・「その御方の人も交じれれば、いとほしと見ながら、用意せむもわづらはしければ、知らず顔をつくる。」（源氏の従者）…葵の上の一行に交じって見物に同行しているが、葵の上の従者にひどく見下された御息所の側を気の毒だと思うものの、この場を仲裁するのは厄介だとして、知らん顔をしている。

・「御供の人々うちかしこまり、心ばへありつつ渡るを」（源氏の従者）…正妻の葵の上の車の前を、源氏は真面目な様子で通り過ぎ、従者たちもうやうやしく葵の上への敬意を表しながら通り過ぎていく。

言語活動

1 「笹の隈だにあらねばにや……」（高二〇〇・7）（古一八二・7）について、『古今和歌集』神遊びの歌の引用がどのような効果を与えているか、調べてまとめてみよう。

「笹の隈」の歌の引用は、源氏の目に付かないような「隈」＝奥の方に追いやられてしまった六条御息所のみじめさを強調する効果がある。「笹の隈」の歌では、馬を止めて水を与えてほしい、その間にせめてあなたの姿を見たい、と詠んでいるが、六条御息所のいる車の陰は「笹の隈だにあらねば」、つまりこの歌の「笹の隈」でさえないので、源氏を呼び止めることもできず、源氏は御息所の存在に気づくことなくすげなく通り過ぎていくのである。

ことばと表現

1 傍線部の「の」の用法を確認してみよう。

(1) 網代の少しなれたるが、(高 一九九・1)(古 一八一・1)

…格助詞・同格「〜デ」と訳す。

(2) すずろなる車の筒にうちかけたれば、(高 二〇〇・4)(古 一八二・4)

…格助詞・連体修飾格「〜ノ」と訳す。

(3) 大殿のはしるければ、(高 二〇〇・11)(古 一八二・11)

…格助詞・準体格(体言の代用)「〜ノモノ」と訳す。

(4) 人の見るもはしたなければど、(高 二〇〇・14)(古 一八二・14)

…格助詞・主格「〜ガ」と訳す。

――須磨《すま》――

品詞分解・現代語訳

①須磨《すま》には、いとど心《こころ》づくしの秋風《あきかぜ》に、海《うみ》は少《すこ》し遠《とほ》けれど、
格助　係助　副　格助　格助　係助　副　ク・已　接助

行平《ゆきひら》の中納言《ちゅうなごん》の、関《せき》吹《ふ》き越《こ》ゆると言《い》ひけむ浦波《うらなみ》、夜々《よるよる》はげにいと
格助　ヤ下二・体　格助　ハ四・用　過伝・体　係助　副　副

近《ちか》く聞《き》こえて、またなくあはれなるものは、かかる所《ところ》の秋《あき》なりけり。
ク・用　ヤ下二・用　接助　ク・用　ナリ・体　係助　連体　格助　断・用　詠・終

②御前《おまへ》にいと人少《ひとずく》なにて、うち休《やす》みわたれるに、独《ひと》り目《め》を覚《さ》まして
格助　副　ナリ・用　接助　ラ四・已　存・体　格助　格助　サ四・用　接助

枕《まくら》をそばだてて四方《よも》の嵐《あらし》を聞《き》き給《たま》ふに、波《なみ》ただここもと
格助　タ下二・用　接助　格助　格助　カ四・用　ハ四・体・尊・補　接助　副

に立《た》ち来《く》る心地《ここち》して、涙《なみだ》落《お》つともおぼえぬに枕《まくら》浮《う》く
格助　カ変・体　サ変・用　接助　タ上二・終　格助　係助　ヤ下二・未　打・体　接助　カ四・体

ばかりになりにけり。③琴《きん》を少《すこ》しかき鳴《な》らし給《たま》へるが、我《われ》
副助　格助　ラ四・用　完・用　詠・終　格助　副　サ四・用　ハ四・已・尊・補　完・体　格助

ながらいとすごう聞《き》こゆれば、弾《ひ》きさし給《たま》ひて、
接助　副　ク・用・ウ　ヤ下二・已　接助　サ四・用　ハ四・用・尊・補　接助

④恋《こ》ひわびて泣《な》く音《ね》にまがふ浦波《うらなみ》は思《おも》ふ方《かた》より風《かぜ》や吹《ふ》く
バ上二・用　接助　カ四・体　格助　ハ四・体　係助　ハ四・体　格助　係助　カ四・終

---

①須磨では、いっそうさまざまにもの思いをさせる秋風で、（光源氏の住居から）海は少し遠いけれど、行平の中納言（在原《ありわらの》行平）が、「関吹き越ゆる」と詠んだとかいう浦波の寄る音が、夜ごとに本当にたいそう近く聞こえて、またとなくしみじみと心打たれるものは、こういう場所の秋なのであったよ。

②（光源氏の）御前にたいそう人も少なくて、みな寝静まっているときに、（光源氏は）独り目を覚まして枕を傾け立てて四方の激しい風をお聞きになっていると、波がまるですぐ近くにやって来る気持ちがして、涙が落ちるとも気づかないのに（涙で）枕が浮くほどになってしまったよ。

③琴を少しかき鳴らしなさったのが、我ながらたいそうもの寂しく聞こえ

らむ
現原推・終

⑤と うたひ 給《たま》へ る に 人々《ひとびと》 おどろき て、 めでたう おぼゆる に 忍《しの》ば
格助 ハ四・用 ハ四・已・尊・補 完・体 接助 カ四・用 接助 ク・用・ウ ヤ下二・体 接助 バ四・未

れ で、 あいなう 起《お》きゐ つつ、 鼻《はな》 を 忍《しの》びやかに かみわたす。 ⑥げに いかに
可・未 接助 ク・用・ウ ワ上一・用 接助 格助 ナリ・用 サ四・終 副 副

思《おも》ふ らむ、 わ が 身《み》 一《ひと》つ に より、 親兄弟《おやはらから》、 片時《かたとき》 たち離《はな》れがたく、 ほど に
ハ四・終 現推・体 格助 格助 ラ四・用 ク・用 格助

つけ つつ 思《おも》ふ らむ 家《いへ》 を 別《わか》れ て、 かく 惑《まど》ひ合《あ》へ る と 思《おぼ》す
カ下二・用 接助 ハ四・終 現推・体 格助 ラ下二・用 接助 副 ハ四・已 存・体 格助 サ四・体・尊

に、 いみじく て、 いと かく 思《おも》ひ沈《しず》む さま を 心細《こころぼそ》し と 思《おも》ふ らむ と
接助 シク・用 接助 副 副 マ四・体 格助 ク・終 格助 ハ四・終 現推・終 格助

思《おぼ》せ ば、 昼《ひる》 は 何《なに》くれと 戯《たはぶ》れ言《ごと》 うちのたまひ紛《まぎ》らはし、 つれづれなる まま
サ四・已・尊 接助 係助 副 サ四・用・尊 ナリ・体

に、 いろいろ の 紙《かみ》 を 継《つ》ぎ つつ 手習《てなら》ひ を し 給《たま》ひ、 めづらしき
格助 格助 格助 ガ四・用 接助 格助 サ変・用 ハ四・用・尊・補 シク・体

さま なる 唐《から》 の 綾《あや》 など に さまざま の 絵《ゑ》ども を かきすさび 給《たま》へ
断・体 格助 副助 格助 格助 格助 バ四・用 ハ四・已・尊・補

る、 屏風《びやうぶ》 の 面《おもて》ども など、 いと めでたく 見《み》どころ あり。 ⑦人々《ひとびと》 の 語《かた》り
存・体 格助 副助 副 ク・用 ラ変・終 格助 ラ四・用

聞《き》こえ し 海山《うみやま》 の ありさま を、 はるかに 思《おぼ》しやり し を、 御目《おほんめ》 に
ヤ下二・用・謙・補 過・体 格助 格助 ナリ・用 ラ四・用・尊 過・体 接助 格助

るので、中途で弾きやめなさって、

　④恋しさに思い悩んで泣く声と
　間違えるような浦波（の音）は、
　（私のことを）思う（人たちが
　いる）方角（都）から吹いてく
　るからだろうか。

⑤とお歌いなさったところ、人々は目を覚まして、すばらしいと感じられるにつけて（都への思いを）こらえられなくて、わけもなくめいめいに起きて座っては、鼻をそっとかんでいる。⑥本当にどのように思っているだろうか、自分（光源氏）一人のために、（供人は）親兄弟や、わずかな時間も離れにくく、それぞれの分際に応じて思っているだろう家を離れて、このように一緒にさまよっていると（光源氏は）お思いになると、気の毒で、（自分が）たいそうこのように沈んでいる様子を（供人は）心細いと思っているだろうとお思いになるので、昼は何かと冗談をおっしゃって（気分を）紛らわし、なすことがなく所在ないままに、さ

近《ちか》くては、げに及《およ》ばぬ磯《いそ》のたたずまひ、二《に》なくかき集《あつ》め給《たま》へ
ク・用　接助　係助　副　バ四・未　打・体　格助　ク・用　マ下二・用　ハ四・已・尊・補

り。⑧「このごろの上手《じやうず》にすめる千枝《ちえだ》、常則《つねのり》などを召《め》して
完・終　格助　ナリ・用　サ変・終　婉・体　副助　格助　サ四・用・尊　接助

作《つく》り絵《ゑ》仕《つか》うまつらせばや。」と心《こころ》もとながり合《あ》へり。⑨なつかしうめでたき
ラ四・未・謙　使・未　終助　格助　ハ四・已　存・終　シク・用・ウ　ク・体

御《おほん》さまに、世《よ》のもの思《おも》ひ忘《わす》れて、近《ちか》う慣《な》れ仕《つか》うまつるをうれしき
格助　格助　ラ下二・用　接助　ク・用・ウ　ラ四・体・謙　格助　シク・体

ことにて、四五人《よたりいつたり》ばかりぞつと候《さぶら》ひける。
格助　副助　係助　副　ハ四・用・謙　過・体

⑩前栽《せんざい》の花《はな》いろいろ咲《さ》き乱《みだ》れ、おもしろき夕暮《ゆふぐ》れに、海《うみ》見《み》やらるる廊《らう》
格助　副　ラ下二・用　ク・体　格助　ラ四・未　自・体

に出《い》で給《たま》ひて、たたずみ給《たま》ふ御《おほん》さまのゆゆしう
格助　ダ下二・用　ハ四・用・尊・補　接助　マ四・用　ハ四・体・尊・補　格助　シク・用・ウ

きよらなること、所《ところ》がらはましてこの世《よ》のものと見《み》え給《たま》は
ナリ・体　係助　副　格助　格助　ヤ下二・用　ハ四・未・尊・補

ず。⑪白《しろ》き綾《あや》のなよよかなる、紫苑色《しをんいろ》など奉《たてまつ》りて、こまやかなる御直衣《おほんなほし》、
打・終　ク・体　格助　ナリ・体　副助　ラ四・用・尊　接助　ナリ・体

帯《おび》しどけなくうち乱《みだ》れ給《たま》へる御《おほん》さまにて、「釈迦牟尼仏弟子《さかむにぶつのでし》。」と
ク・用　ラ下二・用　ハ四・已・尊・補　存・体　格助　格助

名《な》のりてゆるるかに誦《よ》み給《たま》へる、また世《よ》に知《し》らず聞《き》こゆ。
ラ四・用　接助　ナリ・用　マ四・用　ハ四・已・尊・補　存・体　副　格助　ラ四・未　打・用　ヤ下二・終

まざまの紙を継いでは気の向くままに和歌などをお書きになり、珍しい地の唐の綾（中国から輸入した絹布）などにさまざまの絵などを気の向くままにお描きになるが、屏風の表（の絵）などは、たいへんすばらしく見るだけの価値がある。⑦人々が（昔語り申し上げた海山の様子を、（当時の光源氏は）はるか遠くにご想像になったが、（今）お目に近く（ご覧になっ）ては、本当に思いも及ばなかった磯の（すばらしい）ありさまを、この上もなく（すばらしく）お描きつくしなさった。⑧（供人は）「（世間で）このごろの名人と評するような千枝、常則など（の絵師）をお呼びになって、（殿が）墨で描いた絵に色をつけさせ申し上げたい。」とじれったく思い合っている。⑨（光源氏の）心ひかれるすばらしいご様子に、世の心配事を忘れて、近くに親しくお仕え申し上げることをうれしいこととして、四、五人ほどはおそばを離れずぴったりとお仕えした。

沖《おき》 より 舟《ふね》ども の うたひののしり て 漕《こ》ぎ行《ゆ》く など も 聞《き》こゆ。⑫ほのかに、
格助 格助 ラ四・用 接助 カ四・体 副助 係助 ヤ下二・終 ナリ・用

ただ 小《ちひ》さき 鳥《とり》 の 浮《う》かべ る と 見《み》やら るる も 心細《こころぼそ》げなる に、雁《かり》 の
副 ク・体 格助 バ四・已 存・体 格助 ラ四・未 自・体 係助 ナリ・体 格助 格助

連《つら》ね て 鳴《な》く 声《こゑ》、楫《かぢ》 の 音《おと》 に まがへ る を、うちながめ 給《たま》ひ て、
ナ下二・用 接助 カ四・体 格助 格助 ハ四・已 存・体 格助 マ下二・用 ハ四・用・尊・補 接助

涙《なみだ》 の こぼるる を かき払《はら》ひ 給《たま》へ る 御手《おほんて》つき、黒《くろ》き 御数珠《おほんずず》 に 映《は》え
格助 ラ下二・体 格助 ハ四・用 ハ四・已・尊・補 完・体 ク・体 格助 ヤ下二・用

給《たま》へ る は、ふるさと の 女《をんな》恋《こひ》しき 人々《ひとびと》 の 心《こころ》、みな 慰《なぐさ》み に けり。
ハ四・已・尊・補 存・体 係助 格助 シク・体 格助 副 マ四・用 完・用 過・終

⑬初雁《はつかり》 は 恋《こひ》しき 人《ひと》 の 列《つら》 なれ や 旅《たび》 の 空《そら》 飛《と》ぶ 声《こゑ》 の かなしき
係助 シク・体 格助 断・已 係助 格助 バ四・体 格助 シク・体

⑭と のたまへ ば、良清《よしきよ》、
格助 ハ四・已・尊 接助

かき連《つら》ね 昔《むかし》 の こと ぞ 思《おも》ほゆる 雁《かり》 は その 世《よ》 の 友《とも》 なら ね ども
ナ下二・用 格助 係助 ヤ下二・体 係助 格助 格助 断・未 打・已 接助

⑮民部大輔《みんぶのたいふ》、

心《こころ》 から 常世《とこよ》 を 捨《す》て て 鳴《な》く 雁《かり》 を 雲《くも》 の よそ に も 思《おも》ひ
格助 格助 タ下二・用 接助 カ四・体 格助 格助 格助 係助 ハ四・用

ける かな
詠・体 終助

---

⑩庭先の花が色とりどりに咲き乱れ、風情のある夕暮れに、海が見渡される廊下に（光源氏は）お出になって、たたずんでいらっしゃるお姿の不吉なほど美しいのは、場所柄もあっていっそうこの世のものとはお見えにならない。⑪白い綾織りの柔らかな単衣《ひとえぎぬ》（下着）に、紫苑色の指《さし》貫《ぬき》などをお召しになって、色の濃い御直衣に、帯は無造作に（つけ、）おくつろぎになっているお姿で、「釈迦牟尼仏弟子。」と名乗ってゆったりと経をお読みになっているのは、またこの世のものとは思われないものに聞こえる。沖からいくつも舟が大声で歌って漕いで行くのなども聞こえる。⑫（舟が）かすかに、ただ小さな鳥が浮かんでいるかのように遠く眺められるのも心細い様子であるうえに、雁の列を作って鳴く声が、（舟の）舵《かじ》の音に似ているのを、眺めていらっしゃって、涙がこぼれるのをお払いになさったお手つきが、黒いお数珠に映えていらっしゃる姿は、

⑯前右近将監《さきのうこんのぞう》、
「常世《とこよ》出《い》で　て　旅《たび》の　空《そら》なる　雁《かり》がね　も　列《つら》に　後《おく》れ　ぬ　ほど
ダ下二・用　接助　格助　存在・体　係助　格助　ラ下二・未　打・体
ぞ　慰《なぐさ》む
係助　マ四・体
友《とも》惑《まど》はし　て　は、いかに　侍《はべ》ら　まし。」と　言《い》ふ。⑰親《おや》の　常陸《ひたち》に　なり
サ四・用　接助　係助　副　ラ変・未・丁　ため意・体　格助　ハ四・終　格助　格助　ラ四・用
て　下《くだ》り　し　に　も　誘《さそ》は　れ　で、参《まゐ》れ　る　なり　けり。下《した》に　は
接助　ラ四・用　過・体　格助　係助　ハ四・未　受・未　接助　ラ四・已・謙　完・体　断・用　過・終　格助　係助
思《おも》ひくだく　べか　めれ　ど、誇《ほこ》りかに　もてなし　て、つれなき　さま　に　しありく。
カ四・終　当・体・撥　推定・已　接助　ナリ・用　サ四・用　接助　ク・体　格助　カ四・終
⑱月《つき》の　いと　はなやかに　さし出《い》で　たる　に、今宵《こよひ》は　十五夜《じふごや》なり　けり　と
格助　副　ナリ・用　ダ下二・用　完・体　接助　係助　断・用　詠・終　格助
思《おぼ》し出《い》で　て、殿上《てんじやう》の　御遊《おほんあそ》び　恋《こひ》しく、ところどころ　ながめ　給《たま》ふ　らむ
ダ下二・用・尊　接助　格助　シク・用　マ下二・用　ハ四・終・尊・補　現推・終
かし　と　思《おも》ひやり　給《たま》ふ　に　つけ　て　も、月《つき》の　顔《かほ》のみ　まもら　れ
終助　格助　ラ四・用　ハ四・体・尊・補　格助　カ下二・用　接助　係助　格助　副助　ラ四・未　自・用
給《たま》ふ。⑲「二千里外故人心《じせんりのほかこじんのこころ》。」と　誦《ず》じ　給《たま》へ　る、例《れい》の　涙《なみだ》も
ハ四・終・尊・補　格助　サ変・用　ハ四・已・尊・補　完・体　格助　係助
とどめ　られ　ず。入道の宮《にふだうのみや》の、「霧《きり》や　隔《へだ》つる。」と　のたまはせ　し　ほど、
マ下二・未　可・未　打・終　格助　係助　タ下二・体　格助　サ下二・用・尊　過・体

故郷の女が恋しい人々の心は、すっかり慰められてしまった。（光源氏が）

⑬初雁は恋しい人の仲間であろうか。旅の空を飛ぶ声が悲しい。

⑭とおっしゃると、良清は、

次から次へと昔のことが思い出される。（連なって飛んでいる）雁はその頃の友ではないけれども。

⑮民部大輔は、

自分から望んで不老不死の仙境を出て鳴く雁を、（今までは）雲のかなたの関係のないことだとも思っていたことだなあ。

⑯前右近将監は、

「不老不死の仙境を出て旅の空にある雁も、仲間に遅れないうちは（心が）慰められる。友を見失ったら、どうしたらよいでしょう。」と言う。⑰親が常陸介《ひたちのすけ》になって下ったのにもついていかないで、（光源氏のお供に）参ったのであった。心の中では思い悩むはずだろうが、意気盛んなように振る舞っ

言《い》は　む　方《かた》なく　恋《こひ》しく、　折々《をりをり》の　こと　思《おも》ひ出《い》で　給《たま》ふ　に、　よよと
ハ四・未　婉・体　ク・用　シク・用　格助　ダ下二・用　ハ四・体・尊・補　接助　副

泣《な》か　れ　給《たま》ふ。　⑳「夜《よ》更《ふ》け　侍《はべ》り　ぬ。」と　聞《き》こゆれ　ど、　なほ
カ四・未　自・用　ハ四・終・尊・補　カ下二・用　ラ変・用・丁・補　完・終　格助　ヤ下二・已・謙　接助　副

入《い》り　給《たま》は　ず。
ラ四・用　ハ四・未・尊・補　打・終

㉑見《み》る　ほど　ぞ　しばし　慰《なぐさ》む　めぐりあは　む　月《つき》の　都《みやこ》は　はるかなれ
マ上一・体　係助　副　マ四・体　ハ四・未　婉・体　格助　係助　ナリ・已

ども
接助

㉒その　夜《よ》、上《うへ》の　いと　なつかしう　昔物語《むかしものがたり》　など　し　給《たま》ひ　し
格助　格助　副　シク・用・ウ　副助　サ変・用　ハ四・用・尊・補　過・体

御《おほん》さま　の、　院《ゐん》に　似《に》　奉《たてまつ》り　給《たま》へ　り　し　も　恋《こひ》しく
格助　格助　ナ上一・用　ラ四・用・謙・補　ハ四・已・尊・補　完・用　過・体　係助　シク・用

思《おも》ひ出《い》で　聞《き》こえ　給《たま》ひ　て、「恩賜《おんし》の　御衣《ぎよい》は　今《いま》　ここ　に　あり。」
ダ下二・用　ヤ下二・用・謙・補　ハ四・用・尊・補　接助　格助　係助　格助　ラ変・終

と　誦《ず》じ　つつ　入《い》り　給《たま》ひ　ぬ。　㉓御衣《おほんぞ》は　まことに　身《み》　放《はな》た　ず、
格助　サ変・用　接助　ラ四・用　ハ四・用・尊・補　完・終　係助　副　タ四・未　打・用

傍《かたは》ら　に　置《お》き　給《たま》へ　り。
格助　カ四・用　ハ四・已・尊・補　存・終

㉔憂《う》し　と　のみ　ひとへに　もの　は　思《おも》ほえ　で　ひだり　みぎ　に　も　ぬるる
ク・終　格助　副助　副　係助　ヤ下二・未　接助　格助　係助　ラ下二・体

て、平然とした様子で日を過ごしている。
⑱月がたいそう美しく照り出してきたので、（光源氏は）今夜は十五夜であったと思い出しなさって、清涼殿殿上の間で行われる詩歌管弦の催しが恋しく、あちらこちら（光源氏と関係の深かった女性たち）も眺めていらっしゃるだろうよと思いをはせなさるにつけても、月の面ばかり自然と見つめられていらっしゃる。⑲「二千里の外　故人の心。」と口ずさみなさるのにも、（供人は）いつものように涙もとどめることができない。入道の宮（藤壺《ふじつぼ》）が、「霧や隔つる（霧が隔てるのだろうか）。」とお詠みになった頃が、言いようもなく恋しく、その時々のことを思い出しなさると、おいおいと泣けてこられる。⑳（供人が）「夜が更けました。」と申し上げるけれど、やはり（奥に）お入りにならない。㉑（月を）見ている間（だけ）はしばらく慰められる。巡り合

袖《そで》かな
終助

（須磨）

う月の都（京）は、はるか遠くにあるけれども。㉒その夜、帝（朱雀帝《すざくてい》）がたいそう親しく昔話などなさったお姿が、院（故桐壺帝《きりつぼてい》）に似申し上げなさっていたことも恋しく思い出し申し上げなさって、「恩賜の御衣は今ここにあり。」と口ずさみながら（奥に）お入りになった。㉓（朱雀帝から頂いた）御衣は本当に（詩の言葉通り）身から離さず、そばにお置きになっている。
㉔（朱雀帝に対して）恨めしいとばかり一途《いちず》には思われないで、左も右も（恨めしさと懐かしさのそれぞれの思いで）濡《ぬ》れる袖だなあ。

重要語句

高　古

202　184　**心づくし**　さまざまにものを思うこと。あれこれ悩むこと。

203　185　**弾きさす**　中途で弾きやめる。

あいなし　①気に食わない。②無益だ。③筋違いだ。④（連用形で）むやみと。わけもなく。ここでは、④の意味。

203　185　**ほど**　①程度。②時分。③身分。分際。ここでは、③の意味。

すさぶ　気の向くままにする。

なつかし　心ひかれる。親しみやすい。

204　186　**ゆゆし**　①恐れ多い。②不吉である。ここでは、②の意味。

なよよかなり　①柔らかそうだ。②優美だ。ここでは、①

の意味。

高204 古186

奉る 「着る」の尊敬語。お召しになる。

しどけなし くつろいでいる。無造作だ。

列《つら》 仲間。同類。

高205 古187

惑はす ①見失わせる。②迷わす。③混乱させる。ここでは、①の意味。

高206 古188

ひとへに ひたすらに。一途に。

発問 脚注問題 高 古

高202ページ 古184ページ

1 「秋風に」はどの文節にかかるか。

聞こえて

2 「夜々」には別の意味が掛けられている。それは何か。

（浦波が）寄る寄る

高203ページ 古185ページ

3 「いみじくて」とは、誰が何をどう感じるというのか。

光源氏が、自分のために都を離れてしまった供人を、気の毒だと感じるということ。

高205ページ 古187ページ

4 「つれなきさまにしありく」とは、どういうことか。

前右近将監が、親について常陸に行かなかったことを心の中では思い悩んでいたが、その気持ちを隠して、表向きは平然として光源氏のお供をしていたということ。

高206ページ 古188ページ

5 「上」とは誰か。

朱雀帝。

教材末の問題 高206ページ 古188ページ

学習

1 須磨で光源氏と行動を共にしている人々は、光源氏をどのように見ているか、説明してみよう。

歌や絵に優れ、姿、声も美しく、人柄としても親しみを感じさせる光源氏のそばに仕えることができるのは、うれしく、誇らしいことだと思っている。また、そのように優れた光源氏が都を離れなければならないことをふびんに感じていると思われる。

〈ポイント〉光源氏に対する供人の感想が書かれている部分に着目する。光源氏の歌に対し「めでたうおぼゆる」（高二〇三・3）（古一八五・3）、絵に対し「このごろの上手に……仕うまつらせばや」（高二〇三・12）（古一八五・12）、涙をぬぐう手の美しさに対し、「ふるさとの女恋しき人々の心、みな慰みにけり」（高二〇四・12）（古一八六・12）などとある。また、そのような優れた光源氏に仕えることに対し「近う慣れ仕うまつるをうれしき」（高二〇三・14）（古一八五・14）、「誇りかにもてなして」（高二〇五・8）（古一八七・8）などとあり、人々が光源氏に心酔する様子が読み取れる。

2 光源氏と従者とが詠み交わす四首の歌をそれぞれ現代語訳し

てみよう。また四首に共通する心情を説明してみよう。

・現代語訳…「現代語訳」参照

・共通する心情…故郷である京の都を懐かしむ心情。

3　光源氏は、兄である朱雀帝にどのような思いを抱いているか。本文からわかることを説明してみよう。

自分が須磨に退去することになった原因を考えると、朱雀帝に対して薄情だといったような恨めしい気持ちがある。その一方で、賜った衣を常にそばに置いており、懐かしく、慕わしい気持ちも抱いている。

〈ポイント〉光源氏は、九州に左遷された菅原道真《すがわらのみちざね》の詩を引用し、自分の境遇と重ねている。また、光源氏の歌などからも、恨むような思いと懐かしむ思いの両方が読み取れる。

言語活動

1　白居易の詩の引用が、それぞれどのような意味を与えているか、調べてまとめてみよう。

・「枕をそばだてて」（高二〇二・13）（古一八四・13）…枕を傾け立てるということから、光源氏がなかなか眠れず、もの思いの多い日々であることを表現している。

・「楫の音にまがへる」（高二〇四・9）（古一八六・9）…雁が列を作って鳴く声が舟の舵の音に似ているということから、これらと同じように行く末がわからない、光源氏の不安と郷愁を表現している。

・「二千里外故人心」（高二〇五・12）（古一八七・12）…月明かりの下で、二千里も離れた友の心を思いやるということから、光源氏たちの、都にいる人々を思う境遇と重ね合わせて表現している。

ことばと表現

1　傍線部を文法的に説明してみよう。

下には思ひくだくべかめれど、（高二〇五・8）（古一八七・8）

当然の助動詞「べし」の連体形の撥《はつ》音便「べかん」の撥音無表記形＋推定の助動詞「めり」の已然形。

2　傍線部は、誰から誰への敬意を示すか、説明してみよう。

(1)「夜更け侍りぬ。」と聞こゆれど、なほ入り給はず。（高二〇五・15）（古一八七・15）

・「侍り」…供人から光源氏へ。

・「聞こゆれ」…作者から光源氏へ。

・「給は」…作者から光源氏へ。

(2) 院に似奉り給へりしも恋しく思ひ出で聞こえ給ひて、（高二〇六・2）（古一八八・2）

・「奉り」…作者から院（桐壺帝）へ。

・「給へ」…作者から朱雀帝へ。

・「聞こえ」…作者から朱雀帝へ。

・「給ひ」…作者から光源氏へ。

―明石《あかし》の姫君《ひめぎみ》入内《じゅだい》―

品詞分解・現代語訳

①御参《おほんまゐ》りは、北《きた》の方《かた》添《そ》ひ給《たま》ふべきを、②「常《つね》にながながしうは
係助　ハ四・用　ハ四・終・尊・補　当・体　接助　副　シク・用・ウ　係助

え添《そ》ひ候《さぶら》ひ給《たま》はじ。かかるついでに、かの御後見《おほんうしろみ》を
副　ハ四・用　ハ四・用・謙・補　ハ四・未・尊・補　打推・終　連体　格助　格助　格助

や添《そ》へまし。」と思《おぼ》す。③上《うへ》も、「つひにあるべきことの、かく
係助　ハ下二・未　ため意・体　格助　サ四・終・尊　係助　副　ラ変・体　当・体　格助　副

隔《へだ》たりて過《す》ぐし給《たま》ふを、かの人《ひと》も、ものしと思《おも》ひ嘆《なげ》かるらむ。
ラ四・用　接助　サ四・用　ハ四・体・尊・補　格助　格助　係助　シク・終　格助　カ四・未　尊・終　現推・終

この御心《みこころ》にも、今《いま》はやうやうおぼつかなくあはれに思《おぼ》し知《し》るらむ。方々《かたがた》
格助　格助　係助　係助　副　ク・用　ナリ・用　ラ四・終・尊　現推・終

心《こころ》おかれ奉《たてまつ》らむもあいなし。」と思《おも》ひなり給《たま》ひて、
カ四・未　受・用　ラ四・未・謙・補　仮・体　係助　ク・終　格助　ラ四・用　ハ四・用・尊・補　接助

④「この折《をり》に添《そ》へ奉《たてまつ》り給《たま》へ。まだいとあえかなるほど
格助　格助　ハ下二・用　ラ四・用・謙・補　ハ四・命・尊・補　副　副　ナリ・体

もうしろめたきに、候《さぶら》ふ人《ひと》とても、若々《わかわか》しきのみこそ多《おほ》かれ。
係助　ク・体　格助　ハ四・体・謙　格助　接助　係助　シク・体　副助　係助　ク・已

御乳母《おほんめのと》たちなども、見及《みおよ》ぶことの心《こころ》いたる限《かぎ》りあるを、自《みづか》らはえつと
副助　係助　バ四・体　格助　ラ四・体　ラ変・体　接助　係助　副　副

---

①（明石の姫君の）御入内には、北の方（紫の上）がお付き添いなさるはずであるけれど、②（光源氏は）「いつまでも長々とはお付き添い申しなさることはできないだろう。こうした機会に、あのお世話役（明石の君）を付き添わせようかしら。」とお思いになる。③紫の上も、「最後には（実の親子が一緒になるように）あるべきことで、このように離れて過ごしていらっしゃるのを、あの人（明石の君）も、嫌だと思い嘆きなさっているだろう。この（明石の姫君の）お気持ちにも、今は（実母の明石の君のことが）だんだん気にかかって寂しいとお思いになっているだろう。お二人から気兼ねされ申し上げるとしたら困る。」とお思いになるようになられて、④「この機会に（母の明

しも候《さぶら》はざらむほど、うしろやすかるべく。」と聞《き》こえ
副助 係助 ハ四・未・謙 打・未 婉・体 ク・体 推・用 格助 ヤ下二・用・謙

給《たま》へば、⑤「いとよく思《おぼ》し寄《よ》るかな。」と思《おぼ》して、「さなむ。」と
ハ四・已・尊・補 接助 副 副 ラ四・体・尊 終助 格助 サ四・用・尊 接助 副 係助 格助

あなたにも語《かた》らひのたまひければ、いみじくうれしく、思《おも》ふこと
格助 係助 ハ四・用 ハ四・用・尊 過・已 接助 シク・用 シク・用 ハ四・体

かなひはつる心地《ここち》して、人《ひと》の装束《さうぞく》、何《なに》かのことも、やむごとなき
タ下二・体 サ変・用 接助 格助 格助 係助 ク・体

御《おほん》ありさまに劣《おと》るまじくいそぎ立《た》つ。⑥尼君《あまぎみ》なむ、なほこの御生《おほんお》ひ先《さき》
格助 ラ四・終 打意・用 タ四・終 係助 副 格助

見《み》奉《たてまつ》らむの心《こころ》深《ふか》かりける。⑦「今《いま》一《ひと》たび見《み》奉《たてまつ》る
マ上一・用 ラ四・未・謙・補 意・体 格助 ク・用 過・体 副 マ上一・用 ラ四・体・謙・補

世《よ》もや。」と、命《いのち》をさへ執念《しふね》くなして念《ねん》じけるを、「いかにして
係助 係助 格助 格助 副助 ク・用 サ四・用 接助 サ変・用 過・体 接助 副 サ変・用 接助

かは。」と思《おも》ふも悲《かな》し。⑧その夜《よ》は、上《うへ》、添《そ》ひて参《まゐ》り
係助 格助 ハ四・体 係助 シク・終 格助 係助 ハ四・用 接助 ラ四・用・謙

給《たま》ふに、御輦車《おほんてぐるま》にも立《た》ちくだりうち歩《あゆ》みなど人《ひと》わるかるべきを、わ
ハ四・体・尊・補 接助 格助 係助 ラ四・用 マ四・用 副助 ク・体 当・体 接助

がためは思《おも》ひ憚《はばか》らず、ただかく磨《みが》きたて奉《たてまつ》り給《たま》ふ玉《たま》の
格助 係助 ラ四・未 打・用 副 副 タ下二・用 ラ四・用・謙・補 ハ四・体・尊・補 格助

瑕《きず》にて、わがかくながらふるを、かつはいみじう心苦《こころぐる》しう思《おも》ふ。
断・用 接助 格助 副 ハ下二・体 格助 副 シク・用・ウ シク・用・ウ ハ四・終

石の君を姫君に）付き添わせ申し上げなさいませ。（姫君が）いまだほんとうにか弱く頼りない様子なのも気がかりなうえに、お仕えする人といっても、いかにも若いばかりの人が多い。御乳母たちなども、目の届き心の行き届くところは限界があるが、私自身もそのままずっとお仕えすることはできないようなとき、安心でしょうし。」と申し上げなさると、⑤（光源氏は）「本当によくお気づきになるものだなあ。」とお思いになって、「そのよう（なわけ）で。」とあちら（明石の君）にも話してお聞かせになったので、（明石の君は）たいそううれしくて、望みもかなった心地がして、女房の衣装や、あれこれといろいろなことも、高貴な（紫の上の）ご様子に劣るまいと準備を始める。⑥尼君（明石の尼君）は、やはりこの（姫君の）ご成長を見申し上げたいという思いが深かった。⑦「もう一度（姫君に）お目にかかる折もあろうか。」と、命をまで執念深くして（長生き

⑨「御参《おほんまゐ》りの儀式《ぎしき》、人《ひと》の目《め》おどろくばかりのことはせじ。」と思《おぼ》しつつめど、おのづから世《よ》の常《つね》のさまにぞあらぬや。⑩限《かぎ》りもなくかしづき据《す》ゑ奉《たてまつ》り給《たま》ひて、上《うへ》は、「まことにあはれにうつくし。」と思《おも》ひ聞《き》こえ給《たま》ふにつけても、人《ひと》に譲《ゆづ》るまじう、「まことにかかることもあらましかば。」と思《おぼ》す。⑪大臣《おとど》も宰相《さいしやう》の君《きみ》も、ただこのこと一《ひと》つをなむ、「飽《あ》かぬことかな。」と思《おぼ》しける。⑫三日《みか》過《す》ごしてぞ、上《うへ》はまかでさせ給《たま》ふ。

⑬たちかはりて参《まゐ》り給《たま》ふ夜《よ》、御対面《おほんたいめ》あり。⑭「かくおとなび給《たま》ふけぢめに、なむ、年月《としつき》のほども知《し》られ侍《はべ》れば、うとうとしき隔《へだ》ては残《のこ》るまじくや。」となつかしうのたまひて、物語《ものがたり》

しようと）こらえていたのに、「どのようにして（姫君にお目にかかろう）か（いや入内なさってしまってはお目にかかれまい）。」と思うのも悲しい。⑧その夜（入内の夜）は、紫の上が、（姫君に）付き添って参内なさるが、（明石の君は姫君の）御輦車にも（同乗できず）身を低めて歩いて（ついて）行くなどは世間体が悪いはずだが、自分のためには（人目を）あれこれと気兼ねしないが、（自分の存在が）ただこのように磨きたて申し上げなさる（姫君の）玉の瑕であるということで、自分がこのように生きてながらえていることを、一方ではたいそう心苦しく思う。

⑨（光源氏は）「（姫君の）御入内の儀式は、人目を驚かすほどのことはすまい。」とご遠慮なさるけれど、自然と世間並みにはならないことよ。⑩（姫君のことを）この上もなく大切にお世話申し上げなさって、紫の上は、「本当にいとしくかわいい。」とお思い申し上げていらっしゃるに

など し 給《たま》ふ。 ⑮これ も うちとけ ぬる 初《はじ》め な めり。 ⑯もの
副助 サ変・用 ハ四・終・尊・補 係助 カ下二・用 完・体 断・体・撥 推定・終

など うち言《い》ひ たる けはひ など、「むべ こそ は。」と めざましう 見《み》
副助 ハ四・用 存・体 副助 副 係助 係助 格助 シク・用・ウ マ上一・用

給《たま》ふ。 ⑰また、 いと 気高《けだか》う 盛《さか》りなる 御気色《おほんけしき》 を、 かたみに 「めでたし。」と
ハ四・終・尊・補 接続 副 ク・用・ウ ナリ・体 格助 副 ク・終 格助

見《み》 て、「そこら の 御中《おほんなか》 に も 優《すぐ》れ たる 御心《おほんこころ》ざし に て、 並《なら》びなき
マ上一・用 接助 副 格助 格助 係助 ラ下二・用 存・体 断・用 接助 ク・体

さま に 定《さだ》まり 給《たま》ひ ける も、 いと ことわり。」と 思《おも》ひ知《し》ら るる に、
格助 ラ四・用 ハ四・用・尊・補 過・体 係助 副 ナリ・語幹 格助 ラ四・未 自・体 接助

「かう まで 立《た》ち並《なら》び 聞《き》こゆる 契《ちぎ》り おろかなり や は。」と 思《おも》ふ ものから、
副・ウ 副助 バ四・用 ヤ下二・体・謙・補 ナリ・終 係助 格助 ハ四・体 接助

出《い》で 給《たま》ふ 儀式《ぎしき》 の いと ことに よそほしく、 御輦車《おほんてぐるま》 など 許《ゆる》さ れ
ダ下二・用 ハ四・体・尊・補 格助 副 副 シク・用 副助 サ四・未 受・用

給《たま》ひ て、 女御《にようご》 の 御《おほん》ありさま に ことなら ぬ を、 思《おも》ひ比《くら》ぶる に、
ハ四・用・尊・補 接助 格助 格助 ナリ・未 打・体 格助 バ下二・体 接助

さすがなる 身《み》 の ほど なり。
ナリ・体 格助 断・終

⑱いと うつくしげに、 雛《ひひな》 の やうなる 御《おほん》ありさま を、 夢《ゆめ》 の 心地《ここち》 し て
副 ナリ・用 格助 比・体 格助 格助 サ変・用 接助

見《み》 奉《たてまつ》る に も、 涙《なみだ》 のみ とどまら ぬ は、 一《ひと》つもの と ぞ 見《み》え
マ上一・用 ラ四・体・謙・補 格助 係助 副助 ラ四・未 打・体 係助 格助 係助 ヤ下二・未

つけても、人に（姫君を）譲りたくなく、「本当にこのようなこと（実の子が入内すること）があったならばよかったのに。」とお思いになる。⑪大臣（光源氏）も宰相の君（夕《ゆう》霧《ぎり》）も、ただこのこと一つを、「満ち足りないことだなあ。」とお思いになる。⑫（宮中で）三日過ごして、紫の上は退出申し上げなさる。

⑬入れ替わって（明石の君が）参内なさる夜、（明石の君と紫の上は）御対面なさる。⑭「（姫君が）このように成長なさった節目に、（姫君をお預かりしていた）年月の長さも自然とわかりますので、よそよそしい心の隔たりは残ってないでしょうね。」と親しくおっしゃって、世間話などをなさる。⑮これも（紫の上と明石の君が）打ち解けたきっかけであるようだ。⑯（明石の君が）ものなど言っている様子など、「（光源氏がこの女性を大切にするのも）もっともなことだ。」と目が覚める思いでご覧になる。⑰また、（明石の君は、紫の上の）たいそう気

ざりける。⑲年《とし》ごろよろづに嘆《なげ》き沈《しづ》み、さまざま憂《う》き身《み》と思《おも》ひ屈《く》しつる
打・用 詠・体 副 マ四・用 副 ク・体 格助 サ変・用 完・体

命《いのち》も延《の》べまほしう、はればれしきにつけて、まことに住吉《すみよし》の神《かみ》も
係助 バ下二・用 希・用・ウ シク・体 格助 カ下二・用 接助 副 係助

おろかならず思《おも》ひ知《し》る。
ナリ・未 打・用 ラ四・未 自・終

⑳思《おも》ふさまにかしづき聞《き》こえて、心及《こころおよ》ばぬこと、はた、をさをさ
ナリ・用 カ四・用 ヤ下二・用・謙・補 接助 バ四・未 打・体 副 副

なき人《ひと》のらうらうじさなれば、おほかたの寄《よ》せ、おぼえよりはじめ、
ク・体 格助 断・已 接助 格助 格助 マ下二・用

なべてならぬ御《おほん》ありさま容貌《かたち》なるに、宮《みや》も、若《わか》き御心地《おほんここち》に、いと
副 断・未 打・体 断・体 接助 係助 ク・体 格助 副

心《こころ》ことに思《おも》ひ聞《き》こえ給《たま》へり。㉑いどみ給《たま》へる
ナリ・用 ハ四・用 ヤ下二・用・謙・補 ハ四・已・尊・補 完・終 マ四・用 ハ四・已・尊・補 存・体

御方々《おほんかたがた》の人《ひと》などは、この母君《ははぎみ》のかくて候《さぶら》ひ給《たま》ふを、瑕《きず》に
格助 副助 係助 格助 格助 副 ハ四・用・謙 ハ四・体・尊・補 格助 格助

言《い》ひなしなどすれど、それに消《け》たるべくもあらず。
サ四・用 副助 サ変・已 接助 格助 タ四・未 受・終 当・用 係助 ラ変・未 打・終

㉒いかめしう、並《なら》びなきことはさらにも言《い》はず、心《こころ》にくくよしある
シク・用・ウ ク・体 係助 副 係助 ハ四・未 打・用 ク・用 ラ変・体

御《おほん》けはひを、はかなきことにつけても、あらまほしうもてなし
格助 ク・体 格助 カ下二・用 接助 係助 シク・用・ウ サ四・用

高く女盛りであるご様子を、互いに「すばらしい。」と見て、「たくさんの御方々の中でも格別な（光源氏の）ご寵愛《ちょうあい》で、並ぶ者がいない様子で（一の座に）定まりなさったのも、たいそうもっともだ。」と身にしみて感じられるが、「これほどに（紫の上と自分が）立ち並び申し上げる前世からの因縁はいいかげんなものであろうか（いや、そうではない）。」と思うものの、（紫の上が）退出なさる儀式のたいそういちだんと美しく立派であり、御輦車などを許されなさって、女御のご様子と変わらないのを、（自分と）思い比べると、そうはいってもやはり（劣っている自分の）身分である。

⑱（明石の君は、姫君の）たいそうかわいらしく、雛《ひな》人形のようなご様子を、夢の（ような）心地で見申し上げるにも、涙がとどまらないのは、（悲しいときに流す涙と）同じものとは思われなかったよ。⑲これまで長年の間、何事につけても悲しみ沈んで、さまざまな辛いことの多い身の上だ

聞《き》こえ給《たま》へれば、殿上人《てんじやうびと》なども めづらしき いどみ所《どころ》に
ヤ下二・用・謙・補　ハ四・已・尊・補　存・已　接助　副助　係助　シク・体　断・用

て、とりどりに候《さぶら》ふ 人々《ひとびと》も、心《こころ》を かけ たる 女房《にようばう》の 用意《ようい》、ありさま
接助　ナリ・用　ハ四・体・謙　係助　格助　カ下二・用　存・体　格助

さへ、いみじく ととのへなし 給《たま》へ り。
副助　シク・用　サ四・用　ハ四・已・尊・補　完・終

㉓上《うへ》も、さる べき 折《をり》ふしに は 参《まゐ》り 給《たま》ふ。御仲《おほんなか》らひ
係助　ラ変・体　当・体　格助　係助　ラ四・用・謙　ハ四・終・尊・補

あらまほしう うちとけゆく に、さり と て さし過《す》ぎ もの慣《な》れ ず、
シク・用・ウ　カ四・体　接助　ラ変・終　格助　接助　ガ上二・用　ラ下二・未　打・用

侮《あなづ》らはしかる べき もてなし、はた、つゆ なく、あやしく あらまほしき 人《ひと》の
シク・体　推・体　副　副　ク・用　シク・用　シク・体　格助

ありさま、心《こころ》ばへ なり。（藤裏葉《ふぢのうらば》）
断・終

とふさぎこんでいた命も（今は）延ばしたく、晴れ晴れとした気分になるのにつけ、本当に住吉の神（の加護）も並々でないと思い知らされる。

⑳（姫君は、明石の君が）思い通りに大切にお世話申し上げ、心が行き届かないことは、これもまた、めったにない人の洗練ぶりなので、世の人の（姫君への）信望、評判を初めとして、並みひととおりでないお姿ご容貌であるので、東宮も、若いお気持ちで、たいそう格別にご寵愛申し上げなさった。㉑（東宮の寵愛を明石の姫君と）競っていらっしゃる御方々の女房などは、この母君（明石の君）がこうして（姫君の）おそばに控えていらっしゃるのを、欠点として言い立てたりするけれど、それによって（姫君の評判が）消されるはずもない。㉒威厳があり、比べるもののないことは言うまでもなく、奥ゆかしく風情があるご様子を、些細《ささい》なことにつけても、（明石の君が）申し分なくお世話申し上げなさったので、（このあたりを）殿上人なども

めったにない（風流を）競う場所であると（考えており）、さまざまに（姫君に）お仕えする女房たちのことも、（殿上人が）思いを寄せている女房のとるべき心構えや容姿までも、（明石の君は）たいそうきちんとお仕込みになった。

㉓紫の上も、しかるべき折節には参内なさる。（明石の君との）御仲も理想的に打ち解けてゆくが、そうかといって（明石の君は）出過ぎてなれなれしくはしないで、軽く見られる振る舞いもまた、まったくなく、不思議なほど申し分ない人の態度、気立てである。

重要語句

高 / 古

207 / 189

おぼつかなし　①はっきりしない。②気にかかる。③不審だ。④もどかしい。ここでは、②の意味。

心おく　①用心する。②遠慮する。③執着する。ここは②。

あえかなり　か弱く頼りない。きゃしゃだ。

208 / 190

まかづ　「出づ」「去る」の謙譲語。退出申し上げる。おいとまする。類義語は「まかる」。対義語は「まうづ」。

208 / 190

おとなぶ　成長する。大人らしくなる。

うとうとし　よそよそしい。冷淡だ。

209 / 191

むべ　なるほど。いかにも。もっともなことに。

かたみに　互いに。かわるがわる。

そこら　①たくさん。多く。②非常に。ここは①。

をさをさ…（打消）　めったに…（ない）。少しも…（ない）。

らうらうじ（さ）　①上品でかわいらしい。②もの慣れて巧みである。洗練されている。ここの「らうらうじさ」は「行き届いていること。洗練ぶり」。

210 192 いかめし　①威厳がある。②激しい。ここでは、①の意味。
心にくし　奥ゆかしい。心ひかれる。
あらまほし　理想的だ。申し分ない。

発問　脚注問題　高 古

1 高 207ページ 古 189ページ
「思す」の主語は誰か。
光源氏。

2 「候ふ人」とはどのような人のことか。
明石の姫君にお仕えする女房。

3 高 208ページ 古 190ページ
「悲し」く感じられる尼君の「思」いとは何か。
明石の姫君が入内してしまうと、今よりいっそう会いがたくなるという思い。

4 「玉の瑕」とはどういうことか。
身分の低い明石の君が実母であることで、明石の姫君の評判を落とすということ。

5 高 209ページ 古 191ページ
「のたまひて」「うち言ひたる」「見給ふ」「見て」について、それぞれ主語を答えよ。
・「のたまひて」…紫の上。　・「うち言ひたる」…明石の君。
・「見給ふ」…紫の上。　・「見て」…明石の君。

6 誰の、どのような「身のほど」か。
明石の君の、紫の上と比べて低い身分。

7 高 210ページ 古 192ページ
「いどみ給へる御方々の人」とは、どのような人か。
東宮から寵愛されることを、明石の姫君と競っている方々に仕える女房。

教材末の問題　高 210ページ 古 192ページ

学習

1　本文中の「　」部分を会話と心内語（心中の思い）とに分けてみよう。

○会話
・「この折に……うしろやすかるべく。」（高 二〇七・9）（古 一八九・9）
・「さなむ。」（高 二〇七・13）（古 一八九・13）
・「かくおとなび……まじくや。」（高 二〇八・14）（古 一九〇・14）

○心内語
・「常にながながしうは……添へまし。」（高 二〇七・5）（古 一八九・5）
・「つひにあるべき……あいなし。」（高 二〇七・6）（古 一八九・6）
・「いとよく思し寄るかな。」（高 二〇七・13）（古 一八九・13）
・「今一たび見奉る世もや。」（高 二〇八・2）（古 一九〇・2）
・「いかにしてかは。」（高 二〇八・3）（古 一九〇・3）
・「御参りの儀式……ことはせじ。」（高 二〇八・8）（古 一

九〇・8）

・「まことにあはれにうつくし。」（高二〇八・10）（古一九〇・10）

・「まことにかかる……ましかば。」（高二〇八・11）（古一九〇・11）

・「飽かぬことかな。」（高二〇八・12）（古一九〇・12）

・「むべこそは。」（高二〇九・2）（古一九一・2）

・「めでたし。」（高二〇九・3）（古一九一・3）

・「そこらの……ことわり。」（高二〇九・3）（古一九一・3）

・「かうまで……おろかなりやは。」（高二〇九・5）（古一九一・5）

〈ポイント〉「　」の後の言葉に着目する。「聞こゆ」「のたまふ」などがあれば会話と判断できる。

2　入内した姫君を見て、紫の上と明石の君とが、それぞれどのような思いを抱いたか、整理してみよう。

・紫の上…大切にし、かわいがってきた姫君を、人の手に渡したくはなく、実の子がいて、その子が入内すればいつまでも自分が世話をできてよかったのにという思いを抱いた。

・明石の君…念願だった、そばで娘の世話ができる喜びを感じていたが、自分のような身分の低い者が生き長らえていては姫君に迷惑がかかるのではないかとも思う。だが、姫君に会うと、もっと長生きして行く末まで見届けたいという思いを抱いた。

〈ポイント〉明石の君の思いは「その夜は」（高二〇八・4）（古一九〇・4）で始まる明石の姫君の入内場面と、「いとうつくしげに」（高二〇九・9）（古一九一・9）で始まる段落の明石の君が姫君を見る場面から読み取る。

3　直接に会った紫の上と明石の君は、互いをどのように見たのか、整理してみよう。

・紫の上…明石の君がものを言うときの様子などから、光源氏に大切にされるのももっともであると、目が覚める思いで見た。

・明石の君…紫の上の様子から、光源氏から特別に寵愛されて定まった立場でいるのはもっともだと、身にしみる思いで見た。自分と比べて、高貴な女性だと感じている。

〈ポイント〉「たちかはりて」（高二〇八・14）（古一九〇・14）からの、紫の上と明石の君が対面した場面から読み取る。

4　この場面で、明石の君はどのような人物として描かれているか、説明してみよう。

身分が低く、そのことを苦にしてはいるが、姫君への献身的な世話、紫の上に対する態度、姫君の周りの女房への目配りなど、どこをとっても申し分ない人物として描かれている。

ことばと表現

1　傍線部の違いを文法的に説明してみよう。

(1)　年月のほども知られ侍れば、（高二〇八・15）（古一九〇・15）

自発の助動詞「る」の連用形。

(2)　御輦車など許され給ひて、（高二〇九・7）（古一九一・7）

受身の助動詞「る」の連用形。

(3)　もてなし聞こえ給へれば、（高二一〇・4）（古一九二・4）

存続の助動詞「り」の已然形。

――紫の上の苦悩――

品詞分解・現代語訳

①三日《みか》 が ほど は 夜離《よが》れ なく 渡《わた》り 給《たま》ふ を、 年《とし》ごろ さ も 慣《な》らひ
格助 係助 ク・用 ラ四・用 ハ四・体・尊・補 接助 副 係助 ハ四・用

給《たま》は ぬ 心地《ここち》 に、 忍《しの》ぶれ ど、 なほ ものあはれなり。 ②御衣《おほんぞ》ども など、
ハ四・未・尊・補 打・体 格助 バ上二・已 接助 副 ナリ・終 副助

いよいよ たきしめ させ 給《たま》ふ ものから、 うちながめ て ものし 給《たま》ふ
副 マ下二・未 使・用 ハ四・体・尊・補 接助 マ下二・用 接助 サ変・用 ハ四・体・尊・補

気色《けしき》、 いみじく らうたげに をかし。 ③などて、 よろづ の こと あり とも、
シク・用 ナリ・用 シク・終 副 格助 ラ変・終 接助

また 人《ひと》 を ば 並《なら》べ て 見《み》る べき ぞ、 ④あだあだしく 心弱《こころよわ》く なりおき
副 格助 係助 バ下二・用 接助 マ上一・終 当・体 係助 シク・用 ク・用 カ四・用

に ける わ が 怠《おこた》り に、 かかる こと も 出《い》で来《く》る ぞ かし、 ⑤若《わか》けれ ど、
完・用 過・体 格助 格助 連体 係助 カ変・体 係助 終助 ク・已 接助

中納言《ちゅうなごん》 を ば え 思《おぼ》しかけ ず なり ぬ めり し を、 と 我《われ》 ながら
格助 係助 副 カ下二・未・尊 打・用 ラ四・用 完・終 推定・用 過・体 接助 格助 接助

つらく 思《おぼ》し続《つづ》け らるる に、 涙《なみだ》ぐま れ て、 ⑥「今宵《こよひ》 ばかり は、 ことわり と
ク・用 カ下二・未・尊 自・体 接助 マ四・未 自・用 接助 副助 係助 格助

許《ゆる》し 給《たま》ひ て む な。 ⑦これ より のち の とだえ あら む こそ、
サ四・用 ハ四・用・尊・補 強・未 勧・終 終助 格助 格助 ラ変・未 仮・体 係助

---

①三日の間は（光源氏が女三の宮のもとへ）途絶えることなくお渡りになるので、長年そのようなことにも慣れていらっしゃらない（紫の上の）気持ちにおいては、我慢はするが、やはり何となく悲しい。②（紫の上は、光源氏の）お召し物などに、いっそう（念入りに）香をたき香りをしみ込ませていらっしゃるけれども、（一方で）もの思いに沈んでぼんやりとしていらっしゃる様子は、たいそういじらしく美しい。③（光源氏は）どうして、さまざまな事情があるとしても、（紫の上という妻がいながら）別の人を並べて妻としなければならないのか、④移り気で意志が弱くなっていた自らの（心の）ゆるみから、このようなことも起

身《み》ながらも心《こころ》づきなかるべけれ。⑧またさりとて、かの院《ゐん》に
接助　係助　ク・体　推・已　接続　ラ変・終　格助　接助　格助　格助

聞《き》こし召《め》さむことよ。」⑨と思《おも》ひ乱《みだ》れ給《たま》へる御心《みこころ》のうち
サ四・未・尊　婉・体　間助　格助　ラ下二・用　ハ四・已・尊・補　存・体　格助

苦《くる》しげなり。⑩少《すこ》しほほゑみて、「自《みづか》らの御心《みこころ》ながらだにえ定《さだ》め
ナリ・終　副　マ四・用　接助　格助　接助　副助　副　マ下二・用

給《たま》ふまじかなるを、まして、ことわりも何《なに》も。いづこにとまる
ハ四・終・尊・補　不可・体・撥　推定・体　接助　副　係助　係助　格助　ラ四・終

べきにか。」⑪と言《い》ふかひなげにとりなし給《たま》へば、恥《は》づかしうさへ
推・体　断・用　係助　格助　ナリ・用　サ四・用　ハ四・已・尊・補　接助　シク・用・ウ　副助

おぼえ給《たま》ひて、頬杖《つらづゑ》をつき給《たま》ひて寄《よ》り臥《ふ》し給《たま》へ
ヤ下二・用　ハ四・用・尊・補　接助　格助　カ四・用　ハ四・用・尊・補　接助　サ四・用　ハ四・已・尊・補

れば、⑫硯《すずり》をひき寄《よ》せて、
完・已　接助　格助　サ下二・用　接助

目《め》に近《ちか》く移《うつ》れば変《か》はる世《よ》の中《なか》を行《ゆ》く末《すゑ》遠《とほ》く頼《たの》みけるかな
格助　ク・用　ラ四・已　接助　ラ四・体　格助　ク・用　マ四・用　詠・体　終助

⑬古言《ふるごと》など書《か》きまぜ給《たま》ふを取《と》りて見《み》給《たま》ひて、
副助　ザ下二・用　ハ四・体・尊・補　格助　ラ四・用　接助　マ上一・用　ハ四・用・尊・補　接助

はかなき言《こと》なれど、げに、とことわりにて、
ク・体　断・已　接助　副　格助　ナリ・用　接助

⑭命《いのち》こそ絶《た》ゆとも絶《た》えめ定《さだ》めなき世《よ》の常《つね》ならぬ仲《なか》の
係助　ヤ下二・終　格助　係助　ヤ下二・未　推・已　ク・体　格助　断・未　打・体　格助

こるのだよ、⑤（まだ）若いけれど、（朱雀院《すざくいん》は）中納言（夕霧《ゆうぎり》）を（女三の宮の後見にと）お考えになることができず終わってしまったようなのに、と我ながら心苦しくお思い続けられていらっしゃると、自然と涙が浮かんで、⑥「（婚儀三日目の）今夜だけは、きっとやむを得ないこととお許しになってくださいね。⑦これから後に（あなたから）離れることがあるとしたら、（そのときは）わが身ながらも不愉快であることだろう。⑧またそうかといって、（女三の宮への通いが途絶えたと）あの院（朱雀院）がお聞きになるようなこと（が心配である）よ。」⑨とあれこれ思い悩んでいらっしゃるお心のうちは苦しそうである。⑩（紫の上は）少し微笑して、「自分のお心でさえもお決めになることができないようなのに、なおさら、（私にはあなたのお言葉が）道理かどうかも（わかりません）。どちらに結着するのでしょうか。」

契《ちぎ》りを
間助

⑮とみに も え 渡《わた》り 給《たま》は ぬ を、「いと かたはらいたき わざ かな。」
副 係助 副 ラ四・用 ハ四・未・尊・補 打・体 格助 副 ク・体 終助

と そそのかし 聞《き》こえ 給《たま》へ ば、⑯なよよかに をかしき ほど に え
格助 サ四・用 ヤ下二・用・謙・補 ハ四・已・尊・補 接助 ナリ・用 シク・体 格助 副

なら ず 匂《にほ》ひ て 渡《わた》り 給《たま》ふ を、見出《みい》だし 給《たま》ふ も いと
ラ四・未 打・用 ハ四・用 接助 ラ四・用 ハ四・体・尊・補 格助 サ四・用 ハ四・体・尊・補 係助 副

ただに は あら ず かし。
ナリ・用 係助 ラ変・未 打・終 終助

⑰年《とし》ごろ、さ も や あら む と 思《おも》ひ し ことども も、今《いま》 は と
副 係助 係助 ラ変・未 推・体 格助 ハ四・用 過・体 係助 係助 格助

のみ もて離《はな》れ 給《たま》ひ つつ、⑱さらば かく に こそ は と、うち解《と》けゆく
副助 ラ下二・用 ハ四・用・尊・補 接助 接続 副 断・用 係助 係助 格助 カ四・体

末《すゑ》に、あり あり て、かく 世《よ》の 聞《き》き耳《みみ》 も なのめなら ぬ ことの
格助 ラ変・用 ラ変・用 接助 副 格助 係助 ナリ・未 打・体 格助

出《い》で来《き》 ぬる よ、⑲思《おも》ひ定《さだ》む べき 世《よ》の ありさまに も あら ざり けれ ば、
カ変・用 完・体 間助 マ下二・終 可・体 格助 断・用 係助 ラ変・未 打・用 詠・已 接助

今《いま》より のち も うしろめたく ぞ 思《おぼ》しなり ぬる。
格助 係助 ク・用 係助 ラ四・用・尊 完・体

（若菜上）

---

⑪と言ってもかいがないというようにおあしらいになるので、（光源氏は）きまりが悪くまでお思いになって、頰杖《ほおづえ》をおつきになって物に寄り添い横におなりになったので、⑫（紫の上は）硯をひき寄せて、

目の前で移れば変わる（私とあなたの、はかない）夫婦仲でしたのに、行く末長く（変わらないものだと、あなたを）頼りにしておりましたよ。

⑬古歌などを書きまぜ（てお詠み）なさるのを（光源氏は）手に取ってご覧になって、何ということもない歌であるが、なるほど、（紫の上の気持ちも）もっともなことなので、

⑭人の命は、（いつか）絶えるといえば絶えるが、（私たちは、そんな）無常の世とは違った世間並みではない（固く結ばれた）間柄の縁であるよ。

⑮（このように詠んで、光源氏が）すぐには（女三の宮もとへ）お渡りになれないのを、（紫の上が）「（あ

なたがずっとここにいらっしゃると、私が引きとめているようで）たいそう体裁が悪いことですよ。」⑯とせき立て申し上げなさるので、（光源氏は）しなやかで優美な様子で何とも言えずすばらしい香りを漂わせてお渡りなさるのを、（紫の上は）お見送りなさるのも（心の中は思い乱れ）たいそう普通ではないことよ。

⑰長年、このようなこともあるだろうかと思ったことなども（あったが）、（殿は）今となっては（他の女に心を移すまい）と遠ざかっていらっしゃりながら、⑱それならばこれで（もう安心だ）と、油断していた果てに、結局、このように世間の外聞も並々ではない（不都合な）ことが出てきてしまったことよ、⑲（安心して添いとげようと）心を決められる夫婦仲の状態でもなかったことよとわかって、（紫の上は）これから先（のこと）も不安にお思いになっていらっしゃった。

重要語句

高 古

夜離れ　女のもとへ男が通って来なくなること。

211 193 たきしむ　香をたいて、香りを衣服などにしみ込ませる。

怠り　①怠けること。②運の悪さ。③（怠慢による）過ち。失敗。④謝罪。ここでは、③の意味。

212 194 そそのかす　①せき立てる。②誘惑する。ここでは、①の意味。

えならず　何とも言えずすばらしい。

213 195 なのめならず　並々ではない。ひととおりではない。

発問　脚注問題

高 古

1 「さも慣らひ給はぬ心地」とは誰の、どのような気持ちか。 高 211ページ 古 193ページ

夫である光源氏が、他の妻の元へ毎夜通うようなことには慣れていないという、紫の上の切ない気持ち。

〈ポイント〉「さ」は、「三日がほどは夜離れなく渡り給ふ」を指す。

2 「御衣ども…たきしめさせ給ふ」とは、誰が何をしているのか。

紫の上が、女三の宮のもとへ向かう光源氏の身だしなみを整えるために、衣服に香をたき香りをしみ込ませている。

3 「思し続けらるる」の内容は、どこからどこまでか。

などて、……思しかけずなりぬめりしを（高 二一一・12〜14）（高 一九三・12〜14）

4 「硯をひき寄せて」の主語は誰か。 高 212ページ 古 194ページ

紫の上。

5 「さもやあらむ」と「さらばかくにこそは」とは、それぞれどういうことか。

・「さもやあらむ」

光源氏が他の女性に心を移すようなこともあるだろうか、ということ。

・「さらばかくにこそは」

光源氏は今となっては他の女から遠ざかっているのだから、自分に対する愛情はもう変わらず、安心だ、ということ。

教材末の問題

高 213ページ 古 195ページ

学習

1 「目に近く……」の歌と「命こそ……」の歌は、それぞれどのような思いを詠んでいるのか、説明してみよう。

・「目に近く……」

光源氏の自分に対する愛情が、頼りにならない、はかないものであることを恨み、嘆く思い。

・「命こそ……」

自身の変わらぬ愛情や、二人の並々ならない絆《きずな》の固さを

なんとか紫の上に信じてほしいという思い。

2　この文章の中で、光源氏は紫の上についてどのように思っているか、まとめてみよう。

・紫の上がもの思いに沈むいじらしく美しい様子を見るにつけ、改めて紫の上に対する愛情を実感している。

・紫の上の不安な気持ちも理解できるので、自身の深い愛情はこれからも変わることがないと伝えることで、紫の上を慰めたいと思っている。

3　この文章で語られる紫の上の苦悩とはどのようなものか、説明してみよう。

けっして揺るがないと信じていた光源氏からの愛情と二人の夫婦仲が、女三の宮を妻として迎え入れるという源氏の行為によって、はかなく信頼できないものへと変わってしまったことに対する、悲しみと不安。

〈ポイント〉紫の上はこれまで夫である光源氏の愛情だけを頼みとして生きてきた。もう他の女に心を移すことはないだろうと油断していたところに、女三の宮が源氏の第一の妻となる。唯一の頼みであった源氏の愛情が信頼できなくなったことへの悲しみ、これから先どうなってしまうのかという不安な気持ちを読み取る。

ことばと表現

1　傍線部を文法的に説明してみよう。

(1)　え思しかけずなりぬめりしを、（高二一一・14）（古一九三・14）

ラ行四段活用動詞「なる」の連用形＋完了の助動詞「ぬ」の終止形＋推定の助動詞「めり」の連用形＋過去の助動詞「き」の連体形＋接続助詞「を」。

〈ポイント〉「を」は逆接の確定条件を表す接続助詞で、ここは心内語の引用部分の末尾にあたる。

(2)　ことわりと許し給ひてむな。（高二一一・15）（古一九三・15）

強意（確述・確認）の助動詞「つ」の未然形＋勧誘の助動詞「む」の終止形＋終助詞「な」。

〈ポイント〉「な」は、ここでは詠嘆を表す終助詞。

(3)　え定め給ふまじかなるを、（高二一二・3）（古一九四・3）

不可能の助動詞「まじ」の連体形の撥音便「まじかん」の撥音無表記形＋推定の助動詞「なり」の連体形＋接続助詞「を」。

〈ポイント〉後に断定の助動詞「なり」が接続する語は撥音便にならないので、この「なり」は伝聞・推定の助動詞「なり」だとわかる。

2　傍線部の語句はどのような感情を表す動作か、調べてみよう。

(1)　少しほほゑみて、（高二一二・3）（古一九四・3）

ここでは、やや皮肉を浮かべた寂しい感情を表す動作。

(2)　頰杖をつき給ひて（高二一二・5）（古一九四・5）

もの思いにふける、悩ましい感情を表す動作。

―柏木《かしはぎ》と女三《をんなさん》の宮《みや》―

品詞分解・現代語訳

①いと　らうある　心《こころ》ばへども　見《み》え　て、数《かず》　多《おほ》く　なりゆく　に、上臈《じやうらふ》　も
副　ラ変・体　ヤ下二・用　接助　ク・用　カ四・体　接助　係助

乱《みだ》れ　て、冠《かうぶり》　の　額《ひたひ》　少《すこ》し　くつろぎ　たり。②大将《だいしやう》の君《きみ》　も、御位《おほんくらゐ》　の　ほど
ラ下二・用　接助　格助　副　ガ四・用　存・終　係助　格助

思《おも》ふ　こそ　例《れい》　なら　ぬ　乱《みだ》りがはしさ　かな　と　おぼゆれ、見《み》る目《め》　は　人《ひと》
ハ四・体　係助　断・未　打・体　終助　格助　ヤ下二・已　係助

より　けに　若《わか》く　をかしげに　て、桜《さくら》　の　直衣《なほし》　の　やや　萎《な》え　たる　に、
格助　副　ク・用　ナリ・用　接助　格助　格助　副　ヤ下二・用　存・体　格助

指貫《さしぬき》　の　裾《すそ》つ方《かた》、少《すこ》し　含《ふく》み　て、けしき　ばかり　引《ひ》き上《あ》げ　給《たま》へ
格助　副　マ四・用　接助　副助　ガ下二・用　ハ四・已・尊・補

り。③軽々《かろがろ》しう　も　見《み》え　ず、ものきよげなる　うちとけ姿《すがた》　に、花《はな》　の
存・終　シク・用・ウ　係助　ヤ下二・未　打・用　ナリ・体　格助　格助

雪《ゆき》　の　やうに　降《ふ》りかかれ　ば、うち見上《みあ》げ　て、しをれ　たる　枝《えだ》　少《すこ》し
格助　比・用　ラ四・已　接助　ガ下二・用　接助　ラ下二・用　存・体　副

押《お》し折《を》り　て、御階《みはし》　の　中《なか》　の　階《しな》　の　ほど　に　ゐ　給《たま》ひ　ぬ。
ラ四・用　接助　格助　格助　格助　格助　ワ上一・用　ハ四・用・尊・補　完・終

④督《かん》の君《きみ》　つづき　て、「花《はな》　乱《みだ》りがはしく　散《ち》る　めり　や。桜《さくら》　は　避《よ》き　て
カ四・用　接助　シク・用　ラ四・終　婉・終　間助　係助　カ上二・用　接助

---

①たいそう熟練した蹴鞠《けまり》の技量なども見せて、鞠を落とさず蹴り上げる回数も多くなっていくと、身分の高い人々も行儀を崩して、冠の額のあたりが少しゆがんでいる。②大将の君（夕霧《ゆうぎり》）も、（ご自分の）御位が高いことを思うといつもにない乱れたさまだなと思われるが、見た目には人よりもいっそうまさって若く美しくて、桜のかさねの色目の直衣で少し柔らかくなじんでいるのに、指貫の裾の方が、少し膨らんだ状態で、（それを）少しばかり引き上げていらっしゃる。③軽々しい身分とも見えず、どことなくさっぱりとして美しいくつろいだ姿に、花が雪のように降りかかるので、ちらりと見上げて、たわんでいる枝を少し折って、寝殿正面の階段の中段のあたり

こそ。」など のたまひ つつ、宮《みや》の 御前《おまへ》の 方《かた》を 後目《しりめ》に 見《み》れ ば、
係助 副助 ハ四・用・尊 接助 格助 格助 格助 格助 格助 マ上一・已 接助

例《れい》の、ことに をさまら ぬ けはひども し て、色々《いろいろ》 こぼれ出《い》で たる
格助 副 ラ四・未 打・体 サ変・用 接助 ダ下二・用 存・体

御簾《みす》の つまづま、透影《すきかげ》 など、春《はる》の 手向《たむ》け の 幣袋《ぬさぶくろ》に や と おぼゆ。
格助 副助 格助 格助 断・用 係助 格助 ヤ下二・終

⑤御几帳《みきちやう》ども しどけなく 引《ひ》きやり つつ、人《ひと》げ 近《ちか》く 世《よ》づき て ぞ 見《み》ゆる
ク・用 ラ四・用 接助 ク・用 カ四・用 接助 係助 ヤ下二・体

に、唐猫《からねこ》の いと 小《ち》さく をかしげなる を、少《すこ》し 大《おほ》きなる 猫《ねこ》 追《お》ひつづき
格助 格助 副 ク・用 ナリ・体 格助 副 ナリ・体 カ四・用

て、にはかに 御簾《みす》の つま より 走《はし》り出《い》づる に、人々《ひとびと》 おびえ騒《さわ》ぎ て、
接助 ナリ・用 格助 格助 ダ下二・体 接助 ガ四・用 接助

そよそよと 身《み》じろき さまよふ けはひども、衣《きぬ》の 音《おと》なひ、耳《みみ》かしがましき
副 カ四・用 ハ四・体 格助 シク・体

心地《ここち》 す。⑥猫《ねこ》は、まだ よく 人《ひと》に も なつか ぬ に や、綱《つな》 いと
サ変・終 係助 副 副 格助 係助 カ四・未 打・体 断・用 係助 副

長《なが》く つき たり ける を、物《もの》に 引《ひ》きかけ まつはれ に ける を、逃《に》げ
ク・用 カ四・用 存・用 過・体 格助 格助 カ下二・用 ラ下二・用 完・用 過・体 接助 ガ下二・未

む と 引《ひ》こじろふ ほど に、御簾《みす》の そば、いと あらはに 引《ひ》き開《あ》け られ
意・終 格助 ハ四・体 格助 格助 副 ナリ・用 カ下二・未 受・用

たる を、とみに 引《ひ》き直《なほ》す 人《ひと》も なし。⑦この 柱《はしら》の もと に あり
完・体 格助 ナリ・用 サ四・体 係助 ク・終 格助 格助 格助 ラ変・用

にお座りになった。④督の君（柏《かしわ》木《ぎ》）も続いて、「花が乱れ散るようだよ。（風も）桜の花はよけて（吹いてほしい）。」などとおっしゃりながら、（女三の）宮の御前の方を横目に見ると、いつものように、（簾《すだれ》のところまで出てきて貴公子たちを一目見ようとする女房たちの）慎みのない気配があれこれ感じられて、色とりどりの袖口がこぼれ出ている御簾の端々や、透けて見える姿などは、春の神に贈る幣袋であろうかと思われる。

⑤いくつもの御几帳を乱雑に引きのけたまま、女房たちの気配が近く世間慣れして見えるときに、唐猫でたいそう小さくかわいらしい様子であるのを、少し大きい猫が追いかけてきて、急に御簾の端から走り出るので、女房たちは怖がって動揺して、そよそよと身じろぎして右往左往する気配や、衣擦れの音が、耳にうるさい感じがする。⑥猫は、まだよく人になついていないのだろうか、綱

つる 人々《ひとびと》 も、心《こころ》あわたたしげに て、もの怖《お》ぢ し たる けはひども なり。
完・体 係助 ナリ・用 接助 サ変・用 存・体 断・終

⑧几帳《きちやう》 の 際《きは》 少《すこ》し 入《い》り たる ほど に、袿姿《うちきすがた》 にて 立《た》ち 給《たま》へ
格助 副 ラ四・用 存・体 格助 格助 夕四・用 ハ四・已・尊・補

る 人《ひと》 あり。⑨階《はし》 より 西《にし》 の 二《に》の間《ま》 の 東《ひむがし》 の そば なれ ば、
存・体 ラ変・終 格助 格助 格助 格助 断・已 接助

紛《まぎ》れどころ も なく あらはに 見入《みい》れ らる。⑩紅梅《こうばい》 に や あら む、
係助 ク・用 ナリ・用 ラ下二・未 自・終 断・用 係助 ラ変・未・補 推・体

濃《こ》き 薄《うす》き、すぎすぎに あまた 重《かさ》なり たる けぢめ 華《はな》やかに、草子《さうし》 の つま
ク・体 ク・体 副 副 ラ四・用 存・体 ナリ・用 格助

の やうに 見《み》え て、桜《さくら》 の 織物《おりもの》 の 細長《ほそなが》 なる べし。⑪御髪《みぐし》 の 裾《すそ》
格助 比・用 ヤ下二・用 接助 格助 格助 断・体 推・終 格助

まで けざやかに 見《み》ゆる は、糸《いと》 を よりかけ たる やうに なびき て、裾《すそ》
副助 ナリ・用 ヤ下二・体 係助 格助 カ下二・用 存・体 比・用 カ四・用 接助

の ふさやかに そが れ たる、いと うつくしげに て、七《しち》、八寸《はつすん》 ばかり
格助 ナリ・用 ガ四・未 受・用 存・体 副 ナリ・用 接助 副助

ぞ 余《あま》り 給《たま》へ る。⑫御衣《おほんぞ》 の 裾《すそ》がちに、いと 細《ほそ》く ささやかに て、
係助 ラ四・用 ハ四・已・尊・補 存・体 格助 ナリ・用 副 ク・用 ナリ・用 接助

姿《すがた》つき、髪《かみ》 の かかり 給《たま》へ る そば目《め》、言《い》ひ知《し》ら ず あてに
格助 ラ四・用 ハ四・已・尊・補 存・体 ラ四・未 打・用 ナリ・用

らうたげなり。⑬夕影《ゆふかげ》 なれ ば、さやかなら ず 奥《おく》 暗《くら》き 心地《ここち》 する も、
ナリ・終 断・已 接助 ナリ・未 打・用 ク・体 サ変・体 係助

がたいそう長くついていたのを、物に引っかけからみついてしまったので、逃げようとして無理に引っ張るうちに、御簾の端が（部屋の中が）、すっかり見えるほど引き開けられたのを、すぐに直す人もいない。⑦この柱のところにいた女房たちも、慌ててしまった様子で、おびえている気配である。

⑧几帳の際から少し入っているあたりに、袿姿で立っていらっしゃる人がいる。⑨寝殿正面の階段から西へ二つ目の柱の間の東の端なので、隠れようもなくあらわに見通される。⑩紅梅がさねであるだろうか、濃い色薄い色が、次々に幾重にも重なっているその色あいの変化が華やかで、（さまざまな色紙を重ねた）綴じ本の端のように見えて、桜がさねで文様を織り出した細長のようである。⑪御髪が裾まではっきりと見えるのは、糸をよりかけたようになびいて、裾がふさふさと切りそろえられているのがたいそうかわいらしい様子で、

いと 飽《あ》か ず 口惜《くちを》し。⑭鞠《まり》 に 身《み》 を 投《な》ぐる 若君達《わかきんだち》 の、花《はな》 の 散《ち》る
副 カ四・未 打・用 シク・終 格助 格助 ガ下二・体 格助 格助 ラ四・体

を 惜《を》しみ も あへ ぬ けしきども を 見《み》る と て、人々《ひとびと》、あらは を
格助 マ四・用 係助 ハ下二・未 打・体 格助 マ上一・体 格助 接助 格助

ふと も え 見《み》つけ ぬ なる べし。⑮猫《ねこ》 の いたく 鳴《な》け ば、見返《みかへ》り
副 係助 副 カ下二・未 打・体 断・体 推・終 格助 ク・用 カ四・已 接助 ラ四・用

給《たま》へ る 面持《おもも》ち、もてなし など、いと おいらかに て、若《わか》く うつくし
ハ四・已・尊・補 完・体 副助 副 ナリ・用 接助 ク・用 シク・語幹

の 人《ひと》 や と、ふと 見《み》え たり。
格助 間助 格助 副 ヤ下二・用 完・終

⑯大将《だいしやう》、いと かたはらいたけれ ど、這《は》ひ寄《よ》ら む も なかなか いと
副 ク・已 接助 ラ四・未 婉・体 係助 副

軽々《かろがろ》しけれ ば、ただ 心《こころ》 を 得《え》 させ て うちしはぶき 給《たま》へ
シク・已 接助 副 格助 ア下二・未 使・用 接助 カ四・用 ハ四・已・尊・補

る に ぞ、やをら 引《ひ》き入《い》り 給《たま》ふ。⑰さるは、わ が 心地《ここち》 に も、
完・体 格助 係助 副 ラ四・用 ハ四・体・尊・補 接続 格助 格助 係助

いと 飽《あ》か ぬ 心地《ここち》 し 給《たま》へ ど、猫《ねこ》 の 綱《つな》 ゆるし つれ ば
副 カ四・未 打・体 サ変・用 ハ四・已・尊・補 接助 格助 サ四・用 完・已 接助

心《こころ》 に も あら ず うち嘆《なげ》か る。⑱まして、さばかり 心《こころ》 を
断・用 係助 ラ変・未・補 打・用 カ四・未 自・終 副 副 格助

しめ たる 衛門督《ゑもんのかみ》 は、胸《むね》 ふと ふたがり て、誰《たれ》 ばかり に かは
マ下二・用 存・体 係助 副 ラ四・用 接助 副助 断・用 係助

（身長に）七、八寸ほど余っていらっしゃる。⑫お着物は裾が余っていて、たいそう細く小柄で、体つきや、髪がかかっていらっしゃる横顔は、言いようもなく気高くかわいらしい様子である。⑬夕方の薄明かりなので、はっきりせず奥が暗い感じがするのも、十分に満足できず残念である。⑭蹴鞠に熱中する若君たちの、（鞠が当たって）花が散るのを惜しんでもいられない様子を見ようということで、女房たちは、丸見えであることにすぐには気づくことができないのであろう。⑮猫がたいそう鳴くので、振り返りなさった面持ち、振る舞いなどは、たいそうおおらかで、若くかわいらしい人だなあと、すぐに感じられた。

⑯大将（夕霧）は、たいそう傍目にもいたたまれないが、（御簾に）這い寄るのもかえってたいそう軽々しいので、すぐ気付かせようと咳《せき》払いをなさったところ、（女三の宮は）そっと中にお入りになる。⑰実のと

あらむ、ここらの中《なか》にしるき袿姿《うちきすがた》よりも、人《ひと》に紛《まぎ》る
ラ変・未・補　推・体　副　格助　格助　ク・体　格助　係助　格助　ラ下二・終

べくもあらざりつる御《おほん》けはひなど、心《こころ》にかかりておぼゆ。
当・用　係助　ラ変・未・補　打・用　完・体　副助　格助　ラ四・用　接助　ヤ下二・終

⑲さらぬ顔《かほ》にもてなしたれど、まさに目《め》とどめじやと、
ラ変・未　打・体　格助　サ四・用　存・已　接助　副　マ下二・未　打推・終　係助　格助

大将《だいしやう》はいとほしくおぼさる。⑳わりなき心地《ここち》の慰《なぐさ》めに、猫《ねこ》を
係助　シク・用　サ四・未・尊　自・終　ク・体　格助　格助　格助

招《まね》き寄《よ》せてかき抱《いだ》きたれば、いとかうばしくてらうたげにうち鳴《な》く
サ下二・用　接助　カ四・用　完・已　接助　副　シク・用　接助　ナリ・用　カ四・体

もなつかしく思《おも》ひよそへらるるぞ、すきずきしきや。　（若菜上）
係助　シク・用　ハ下二・未　自・体　係助　シク・体　間助

ころ、（大将）自身の気持ちにも、まことに満足できない心地がしなさるが、猫の綱を解いてしまったので思わず自然とため息が出る。⑱ましてあれほど心をとられている衛門督（柏木）は、胸がたちまちいっぱいになって、誰ほどの人であろうか、（いや、宮以外の誰でもない）大勢の女房の中ではっきりと目立つ袿姿から見ても、他の人と間違えるはずもなかった（女三の宮の）ご様子などが、心にかかって思われる。⑲さりげない風を装っているが、（衛門督が）どうして目をとめずにいようか、目にしたに違いないと、大将は心を痛めなさる。⑳（衛門督が）どうしようもない気持ちを慰めようと、猫を招き寄せて抱きかかえたところ、たいそうよい香りがしてかわいらしく鳴くのも慕わしく自然と（女三の宮に）なぞらえてしまうとは、好色めいていることよ。

重要語句

高 古

214 196 **けに**　特に。格別に。いっそうまさって。いよいよ。

しどけなし　①雑然としている。乱れている。しまりがない。だらしない。②無造作である。ゆったりしている。うちとけたようすだ。ここでは、①の意味。

215 197 **まつはる**　①からみつく。からまる。②ついて離れない。つきまとう。物事に執着する。ここでは、①の意味。

けざやかなり　あざやかなさま。はっきりしているさま。

216 198 **そば目**　①横から見ること。横目。②横から見える姿やかたち。横顔。ここでは、②の意味。

さやかなり　①はっきりしている。明瞭である。②音声が高く澄んでいる。③明るい。ここでは、①の意味。

おいらかなり　①おっとりしている。穏やかである。②あっさりしている。素直である。ここでは、①の意味。

ここら　①数多く。たくさん。②はなはだ。たいそう。ここでは、①の意味。

217 199 **すきずきし**　①色好みらしい。好色めいている。②風流である。風雅なことに夢中である。ここでは、①の意味。

発問　脚注問題

高 古

1　**「桜は避きてこそ」とは、どのようなことを言おうとしているのか。**

高 215ページ 古 197ページ

桜が散らないように、風は桜をよけて吹いてほしい、ということ。

〈ポイント〉この発言は、「吹く風よ心しあらばこの春の桜は避きて散らさざらなむ」（吹く風よ、心があるなら、この春の桜をよけて吹いて花を散らさないでほしい）という歌を典拠とすると見られる。「花の雪のやうに降りかかれば」、「（柏木）花乱りがはしく散るめりや」というこの場面で、今まさに散る桜の花を惜しむ気持ちを表現していると考えられる。

2　**「袿姿にて立ち給へる人」とは誰か。**

女三の宮。

〈ポイント〉袿姿とは貴族の女性の普段着であるが、女房たちは主人の前では裳や唐衣を身につけることから、この普段着の女性が主人の女三の宮とわかる。なお、該当部分に続いて、手の込んだ華やかな紅梅がさねの袿の様子、小柄でたいそう気高くかわいらしいこの女性の様子などが丹念に描かれている。またこの女性は、「立ち給へる」とあるが、当時の貴婦人は座っているのが普通であり、ここは蹴鞠見たさに立ち上がっている、幼く不謹慎な女三の宮の様子を描いている。

高 216ページ 古 198ページ

3　「いと飽かず口惜し」とはどのような心情か。

夕方の薄明かりの中にいるため、もっと詳細に見たいと思う女三の宮の姿が今ひとつはっきりせず、十分に満足できない柏木の心情。

〈ポイント〉女三の宮の姿が、袿、髪、全体のシルエット、横顔と、柏木の目線で詳細に描写されるが、夕方の薄明かりの中ではっきりせず奥が暗い感じがする（「夕影なれば、さやかならず奥暗き心地する」）様子を「いと飽かず口惜し」（十分に満足できず残念だ）としている。

4　「ただ心を得させて」とはどういうことか。

夕霧が、女三の宮や女房たちに丸見えになっていることを気づかせようとしたということ。

〈ポイント〉蹴鞠をする貴公子たちを見ようと夢中になり、猫が走り去る騒ぎなどもあって、自分たちが丸見えになっていることに気づかない女三の宮と女房たちの様子に夕霧ははらはらするが、自ら御簾を直しに近づくのは軽率ではばかられたため、ここは咳払いをして彼女たちに気づかせようとしている場面である。「心得」は悟る、理解する、の意。「させ」は使役の助動詞である。

5　「猫を招き寄せてかき抱きたれば」の主語は誰か。　高 217ページ　古 199ページ

柏木。

〈ポイント〉「わりなき心地の慰めに」（どうしようもない気持ちを慰めようと）猫を招き寄せて抱き抱えた、とあり、その後「いとかうばしくてらうたげにうち鳴くもなつかしく思ひよそへらるる」（たいそうよい香りがしてかわいらしく鳴くのも慕わしく自然と女三の宮になぞらえてしまう）とあることから、女三の宮を慕う柏木が主語とわかる。

教材末の問題　高 217ページ　古 199ページ

学習

1　柏木の、女三の宮への思いがどのように描かれているか、整理してみよう。

「几帳の際少し入りたるほどに…」の段落で、偶然に見てしまった女三の宮の立ち姿が柏木の視線に沿って描かれる。美しい衣装、かわいらしい髪、着物の裾が余るような華奢で小柄なシルエット、気高くかわいらしい横顔といった詳細な描写には、柏木が女三の宮に強い関心を抱いていることが表現されている。ただし、夕方の薄明かりの中でその姿が今ひとつはっきり見えない状態に、柏木は十分に満足できずにいる。さらに、猫が鳴く声に振り返った女三の宮の面持ちや振る舞いを、おおらかで、若くかわいらしい、と感じている。また、女三の宮が中に入ってしまった後は、やるせない気持ちを慰めようと猫を招き寄せて抱きかかえるが、猫からは女三の宮の移り香がして、その小さくかわいらしい姿を女三の宮になぞらえるなど、強い情念を抱いているさまが描かれている。

2　この場面での女三の宮の女房たちの行動とそのありようをま

とめてみよう。

蹴鞠に興ずる貴公子たちの姿を見ようと、女房たちは簾のところまで出てきたため、袖口が外にこぼれ出たり、姿が御簾に透けて見えたりしている。また、几帳も乱雑に隅に寄せてあるため、外の男性たちからその気配が近く感じられるなど、全体的に、世間慣れした、緩んだ様子である。猫の乱入で御簾が引き開けられて自分たちの姿が丸見えになっても、蹴鞠の見物に夢中でそのことに気づかない。その結果、主人の女三の宮の立ち姿も柏木の目にさらされてしまい、夕霧に咳払いで注意されることになってしまったのである。

ことばと表現

1　次の表現はどのような意味か、調べてみよう。

(1)「後目に見る」（高二二四・12）（古一九六・12）
流し目、横目で見る。「後目」は「尻目」とも書く。

(2)「身を投ぐ」（高二二六・8）（古一九八・8）
身をかえりみず夢中になる。熱中する。

(3)「胸ふたがる」（高二二六・15）（古一九八・15）
胸がいっぱいになる。胸が塞がる。

(4)「さらぬ顔にもてなす」（高二二七・2）（古一九九・2）
「さらぬ顔」は何気ない顔、さりげない様子。「もてなす」はふるまう、の意。全体で「さりげなく振る舞う」「何気ない風を装う」などと訳す。

―紫の上の死―

品詞分解・現代語訳

①秋《あき》 待《ま》ちつけ て、世《よ》の中《なか》 少し 涼《すず》しく なり て は、御心地《おほんここち》 も いささか
カ下二・用 接助 副 シク・用 ラ四・用 接助 係助 係助 副

さはやぐ やうなれ ど、なほ ともすれば かごとがまし。②さるは、身《み》 に しむ
ガ四・体 比・已 接助 副 副 シク・終 接続 格助 マ四・終

ばかり 思《おぼ》さ る べき 秋風《あきかぜ》 なら ね ど、露《つゆ》けき 折《をり》がちに て 過《す》ぐし
副助 サ四・未・尊 自・終 推・体 断・未 打・已 接助 ク・体 ナリ・用 接助 サ四・用

給《たま》ふ。
ハ四・終・尊・補

③中宮《ちゆうぐう》 は 参《まゐ》り 給《たま》ひ な む と する を、今《いま》 しばし は
係助 ラ四・用・謙 ハ四・用・尊・補 強・未 意・終 格助 サ変・体 格助 副 副 係助

御覧《ごらん》ぜよ と も 聞《き》こえ まほしう 思《おぼ》せ ども、④さかしき やうに も
サ変・命・尊 格助 係助 ヤ下二・未・謙 希・用・ウ サ四・已・尊 接助 シク・体 比・用 係助

あり、内裏《うち》 の 御使《おほんつか》ひ の 隙《ひま》 なき も わづらはしけれ ば、さ も 聞《き》こえ
ラ変・用 格助 格助 ク・体 係助 シク・已 接助 副 係助 ヤ下二・用・謙

給《たま》は ぬ に、⑤あなた に も え 渡《わた》り 給《たま》は ね ば、宮《みや》 ぞ
ハ四・未・尊・補 打・体 接助 格助 係助 副 ラ四・用 ハ四・未・尊・補 打・已 接助 係助

渡《わた》り 給《たま》ひ ける。⑥かたはらいたけれ ど、げに 見《み》 奉《たてまつ》ら ぬ
ラ四・用 ハ四・用・尊・補 過・体 ク・已 接助 副 マ上一・用 ラ四・未・謙・補 打・体

---

①秋を待ち受けて、（ようやく）世の中が少し涼しくなってからは、（病にふせっている紫の上の）御気分も少しは爽やかになるようであるが、依然としてややもすると病状が再び悪化することがある。②それというのも、身にしみるほどにお感じになられそうな秋風ではないけれど、涙にくれがちな日々をお過ごしなさる。

③（紫の上は）中宮が（宮中へ）帰参なさろうとするのを、もうしばらくは（自分の容態を）ご覧くださいとも（お願い）申し上げたくお思いだが、④（中宮の行動に意見するのは）生意気なようでもあり、帝《みかど》の（中宮に戻るようにとの催促を伝える）ご使者がひっきりなしに来るのも気を遣うので、そのようにも申し上げなさらないが、⑤（病状が重

も　かひなし　と　て、こなた　に　御《おほん》しつらひ　を　ことに　せ　させ　給《たま》ふ。
係助　ク・終　格助　接助　格助　格助　副　サ変・未　使・用　ハ四・終・尊・補

⑦こよなう　痩《や》せ細《ほそ》り　給《たま》へ　れ　ど、かくて　こそ、あてに　なまめかしき
ク・用・ウ　ラ四・用　ハ四・已・尊・補　存・已　接助　副　係助　ナリ・用　シク・体

こと　の　限《かぎ》りなさ　も　まさり　て　めでたかり　けれ　と、⑧来《き》し方《かた》、あまり　匂《にほ》ひ
格助　係助　ラ四・用　接助　ク・用　詠・已　格助　副

多《おほ》く、あざあざと　おはせ　し　盛《さか》り　は、なかなか　この世《よ》　の　花《はな》　の　香《か》をり　に
ク・用　副　サ変・未・尊　過・体　係助　副　格助　格助　格助

も　よそへ　られ　給《たま》ひ　し　を、⑨限《かぎ》り　も　なく　らうたげに　をかしげなる
係助　ハ下二・未　受・用　ハ四・用・尊・補　過・体　接助　係助　ク・用　ナリ・用　ナリ・体

御《おほん》さま　にて、いと　かりそめに　世《よ》　を　思《おも》ひ　給《たま》へ　る　気色《けしき》、似《に》る　もの
格助　副　ナリ・用　格助　ハ四・用　ハ四・已・尊・補　存・体　ナ上一・体

なく　心苦《こころぐる》しく、すずろに　もの悲《がな》し。
ク・用　シク・用　ナリ・用　シク・終

⑩風《かぜ》　すごく　吹《ふ》き出《い》で　たる　夕暮《ゆふぐ》れ　に、前栽《せんざい》　見《み》　給《たま》ふ　と　て　脇息《けふそく》
ク・用　ダ下二・用　完・体　格助　マ上一・用　ハ四・体・尊・補　格助　接助

に　寄《よ》り居《ゐ》　給《たま》へ　る　を、⑪院《ゐん》、渡《わた》り　て　見《み》　奉《たてまつ》り
格助　ワ上一・用　ハ四・已・尊・補　存・体　格助　ラ四・用　接助　マ上一・用　ラ四・用・謙・補

給《たま》ひ　て、「今日《けふ》　は、いと　よく　起《お》き居《ゐ》　給《たま》ふ　める　は。⑫この
ハ四・用・尊・補　接助　係助　副　ク・用　ワ上一・用　ハ四・終・尊・補　婉・体　係助　格助

御前《おまへ》　にて　は、こよなく　御心《みこころ》　も　晴《は》れ晴《ば》れしげな　めり　かし。」と　聞《き》こえ
格助　係助　ク・用　係助　ナリ・体・撥　推定・終　終助　格助　ヤ下二・用・謙

く）あちら（中宮のお部屋）へもお渡りになれないので、中宮が（自ら紫の上のもとへ）お渡りになられた。⑥（病床にあって）みっともない（自分の姿である）が、本当にお会い申し上げないのもかいがないことだと思って、こちら（の部屋）に（中宮をお迎えするための）御座所を整えることを特別にさせなさる。

⑦（紫の上は）この上なく痩せ細りなさっているが、だからこそ（かえって）、上品で優美なことがこの上なくもまさってすばらしいなあと（感じられ）、⑧過去（の若い頃）、あまりにも美しさにあふれ、（美貌が）鮮やかでいらっしゃった盛りは、かえってこの世の桜花の美しさにもたとえられなさったが、⑨（今は）この上もなく可憐《かれん》で愛らしいご様子で、（死期を悟って）ほんの一時的なものとこの世を思いなさっている表情は、たとえようもなく痛々しく、むやみにもの悲しい。

⑩風がもの寂しく吹き始めた夕暮

給《たま》ふ。⑬かばかり の 隙《ひま》 ある を も いと うれし と 思《おも》ひ

ハ四・終・尊・補　副　格助　ラ変・体　格助　係助　副　シク・終　格助　ハ四・用

聞《き》こえ 給《たま》へ る 御気色《みけしき》 を 見《み》 給《たま》ふ も 心苦《こころぐる》しく、

ヤ下二・用・謙・補　ハ四・已・尊・補　存・体　格助　マ上一・用　ハ四・体・尊・補　係助　シク・用

⑭つひに いかに 思《おぼ》し騒《さわ》が む と 思《おも》ふ に、あはれなれ ば、

副　副　ガ四・未・尊　推・体　格助　ハ四・体　接助　ナリ・已　接助

⑮おく と 見《み》る ほど ぞ はかなき ともすれば 風《かぜ》 に 乱《みだ》るる 萩《はぎ》 の

カ上二・終　格助　マ上一・体　係助　ク・体　副　格助　ラ下二・体　格助

うは露《つゆ》

⑯げに ぞ、折《を》れ返《かへ》り とまる べう も あら ぬ、よそへ られ たる 折《をり》 さへ

副　係助　ラ四・用　ラ四・終　可・用・ウ　係助　ラ変・未　打・体　ハ下二・未　受・用　存・体　副助

忍《しの》び難《がた》き を、見出《みい》だし 給《たま》ひ て も、

ク・体　接助　サ四・用　ハ四・用・尊・補　接助　係助

⑰ややもせば 消《き》え を あらそふ 露《つゆ》 の 世《よ》 に 後《おく》れ先《さき》立《だ》つ ほど 経《へ》 ず

副　格助　ハ四・体　格助　格助　タ四・体　ハ下二・未　打・用

もがな

終助

と て、御涙《おほんなみだ》 を 払《はら》ひあへ 給《たま》は ず。⑱宮《みや》、

格助　接助　格助　ハ下二・用　ハ四・未・尊・補　打・終

秋風《あきかぜ》 に しばし とまら ぬ 露《つゆ》 の 世《よ》 を 誰《たれ》 か 草葉《くさば》 の 上《うへ》 と のみ

格助　副　ラ四・未　打・体　格助　格助　係助　格助　格助　副助

れに、（紫の上が）庭の植え込みをご覧になると言って脇息に寄りかかり座っていらっしゃるのを、⑪院（光源氏）が、（こちらへ）渡って見申し上げなさって、「今日は、たいそうよく起きておいでになるようですね。⑫このお方（明石《あかし》中宮）の側では、この上なくお心も晴れやかそうに見えますよ。」と申し上げなさる。⑬（紫の上は）これくらいの（病状の）絶え間（小康状態）があるのをもたいそううれしいと思い申し上げなさっている（光源氏の）ご様子をご覧になるにつけても痛々しく、⑭最期にはどんなに動揺なさるだろうと思うと、しみじみと悲しいので、

⑮（私が）起きているとご覧になってもそれはつかの間のこと、ややもすると風に乱れて（落ちて）しまう萩の葉の上に置かれた露（のような、はかない命）なのです。

⑯なるほど、（萩の枝が風で）折れ曲がり（葉に置かれた露が）とどまる

見《み》 む
マ上一・未 推・体

⑲と 聞《き》こえ交《か》はし 給《たま》ふ 御容貌《おほんかたち》ども あらまほしく、見《み》る かひ ある に
格助 サ四・用・謙 ハ四・体・尊・補 シク・用 マ上一・体 ラ変・体 格助

つけ て も、⑳かくて 千年《ちとせ》 を 過《す》ぐす わざ もがな と 思《おぼ》さ るれ ど、
カ下二・用 接助 係助 副 格助 サ四・体 終助 格助 サ四・未・尊 自・已 接助

心《こころ》 に かなは ぬ こと なれ ば、かけとめ む 方《かた》 なき ぞ 悲《かな》しかり ける。
格助 ハ四・未 打・体 断・已 接助 マ下二・未 婉・体 ク・体 係助 シク・用 詠・体

㉑「今《いま》 は 渡《わた》ら せ 給《たま》ひ ね。㉒乱《みだ》り心地《ごこち》 いと 苦《くる》しく なり
係助 ラ四・未 尊・用 ハ四・用・尊・補 完・命 副 シク・用 ラ四・用

侍《はべ》り ぬ。㉓言《い》ふかひなく なり に ける ほど と 言《い》ひ ながら、いと
ラ変・用・丁・補 完・終 ク・用 ラ四・用 完・用 過・体 格助 ハ四・用 接助 副

なめげに 侍《はべ》り や。」㉔と て、御几帳《みきちやう》 ひき寄《よ》せ て 臥《ふ》し 給《たま》へ る
ナリ・用 ラ変・終・丁・補 間助 格助 接助 サ下二・用 接助 サ四・用 ハ四・已・尊・補 存・体

さま の、常《つね》 より も いと 頼《たの》もしげなく 見《み》え 給《たま》へ ば、㉕「いかに
格助 格助 係助 副 ク・用 ヤ下二・用 ハ四・已・尊・補 接助 副

思《おぼ》さ るる に か。」と て、宮《みや》 は 御手《おほんて》 を 取《と》らへ 奉《たてまつ》り て、
サ四・未・尊 自・体 断・用 係助 格助 接助 係助 格助 ハ下二・用 ラ四・用・謙・補 接助

泣《な》く泣《な》く 見《み》 奉《たてまつ》り 給《たま》ふ に、㉖まことに 消《き》えゆく 露《つゆ》 の 心地《ここち》
副 マ上一・用 ラ四・用・謙・補 ハ四・体・尊・補 接助 副 カ四・体 格助

し て、限《かぎ》り に 見《み》え 給《たま》へ ば、御誦経《みずきやう》 の 使《つか》ひども、数《かず》 も 知《し》ら
サ変・用 接助 格助 ヤ下二・用 ハ四・已・尊・補 接助 格助 係助 ラ四・未

こともできそうもないのが、（紫の上の命に）たとえられているときまでも（光源氏は）堪えがたいので、（庭先の様子を）ご覧になるにつけても、

⑰ともすると先を争って消える露の（ようにはかない）世に、（一方は）後れ（一方は）先立つ時間をおかないで（一緒に死んでしまえるので）あればいいなあ。と詠んで、御涙をぬぐいきれずにいらっしゃる。⑱宮（明石中宮）は、

秋風に（吹かれて）少しの間も（葉の上に）とどまっていない露の（ようにはかない）この世を、（いったい）誰が草葉の上（のこと）とだけ思うでしょうか（いやこの世のすべてははかないのです）。

⑲と（歌を互いに）詠み交わし申し上げなさる（お二方の）お顔立ちは申し分なく、見る価値ある（美しさである）ことにつけても、⑳（光源氏は）こうして千年を過ごす方法があればいいなあとお思いにならずにいられないが、（人の命は）思い通

ず　立《た》ち騒《さわ》ぎ　たり。㉗前々《さきざき》　も　かくて　生《い》き出《い》で　給《たま》ふ　折《をり》　に　ならひ

打・用　ガ四・用　完・終　係助　副　ダ下二・用　ハ四・体・尊・補　格助　ハ四・用

給《たま》ひ　て、御物の怪《おほんものけ》　と　疑《うたが》ひ　給《たま》ひ　て　夜一夜《よひとよ》　さまざま　の　こと

ハ四・用・尊・補　接助　格助　ハ四・用　ハ四・用・尊・補　接助　格助

を　し尽《つ》く　させ　給《たま》へ　ど、㉘かひ　も　なく、明《あ》け果《は》つる　ほど　に

格助　サ四・未　使・用　ハ四・已・尊・補　接助　係助　ク・用　タ下二・体　格助

消《き》え果《は》て　給《たま》ひ　ぬ。

タ下二・用　ハ四・用・尊・補　完・終

（御法《みのり》）

りにならないことなので、（紫の上を）この世に引きとめる手段もないのが悲しいことであったよ。

㉑（紫の上は）「もうお帰りになってしまってください。㉒気分がたいそう苦しくなりました。㉓（病気で衰え）ふがいなくなってしまった（私の）ありさまとは言うものの、（これでは）たいそう無礼でございますよ。」㉔と言って、御几帳を引き寄せて横におなりになっている様子が、いつもよりもとても頼りなさげにお見えになるので、㉕「どのようなご気分なのでしょうか。」と言って、宮は（紫の上の）御手をお取り申し上げて、泣く泣く（ご容態を）見申し上げなさると、㉖本当に消えゆく露の（ような）感じがして、ご臨終とお見受けされるので、（延命のための）御誦経の使者たちが、数知れず（さし向けられ）大騒ぎした。㉗（紫の上が）以前にもこうして（祈《き》祷《とう》で）生き返りなさったとき（の例）にならいなさって、（光源氏は）御

物の怪（のしわざ）とお疑いになって一晩中さまざまなこと（加持祈祷）をし尽くさせなさったが、㉘（その）かいもなく、夜が明け果てる頃に（紫の上は、露のごとく）お亡くなりになってしまった。

重要語句

高 古

かごとがまし　いかにも愚痴っぽい。恨みがましい。

さるは　①そうであるのは。②それなのに。③そのうえ。ここでは、①の意味。

218 / 200

露けし　①しめっぽい。②涙がちだ。ここでは、②の意味。

さかし　①賢い。②気が利いている。③判断力がありしっかりしている。④生意気である。ここでは、④の意味。

隙　①隙間。②時間のゆとり。③絶え間。④都合のよい機会。ここでは、③の意味。

わづらはし　①面倒だ。②気を遣う。③病気が重い。ここでは、②の意味。

しつらひ　調度類を飾り付け、整えること。設備。

219 / 201

なまめかし　①若々しく美しい。②優美である。③色っぽい。ここでは、②の意味。

あざあざと　鮮やかに。はっきりと。

219 / 201

心苦し　①痛々しい。②つらい。③気がかりだ。ここは①。

220 / 202

なめげなり　無礼だ。失礼だ。

221 / 203

限り　①限界。②極限。③最期。臨終。④時期。機会。⑤あいだ。うち。⑥全部。ここでは、③の意味。

発問　脚注問題

高 古

1　高 218ページ　古 200ページ

「露けき折がち」とはどういうことか。

涙にくれがちな日々であるということ。

2　高 219ページ　古 201ページ

「いとかりそめに世を思ひ給へる気色」とは誰の、どのような様子か。　紫の上の、死期が近いことを悟っている様子。

3　**「この御前」とは誰の「御前」か。**　明石中宮。

4　**「おくと見る…」の歌の掛詞《かけことば》を説明せよ。**

「おく」が、「（露が）置く」と「（自分が）起く」の掛詞。

5　高 220ページ　古 202ページ

「思さるれど」の主語は誰か。　光源氏。

教材末の問題　高221ページ　古203ページ

学習

1　紫の上の病状が重くその死の近いことがどのように語られているか、まとめてみよう。

涼しさで少しは気分も和らぐようだが、病状はややもすると悪化し、涙にくれがちな日々であり、また、明石中宮の部屋へ渡ることもできず、死期を悟った表情が痛々しくもの悲しく見えると語られている。

2　死期の迫る紫の上の美しさについて、どのように述べられているか、まとめてみよう。

若い頃の、桜花の美しさにもたとえられた鮮やかな美しさとは違い、病気で痩せ細っているからこその上品さや優美さがこの上なくまさってすばらしいと述べられている。

3　本文中の歌は、それぞれどのような思いを詠んだものか、説明してみよう。

・「おくと見る……」…自らの命は萩の葉に置かれた露のように、今にもはかなく消え落ちそうだという、死期の近さを痛感する、紫の上の思い。
・「ややもせば……」…紫の上の死期が近いことを認め、自分も間を置かず一緒に死んでしまいたいと願う、光源氏の思い。
・「秋風に……」…紫の上の命だけではなく、この世のすべてがはかなく無常なのだと、紫の上を慰める、明石中宮の思い。

4　紫の上の死がどのように描かれているか、まとめてみよう。

和歌において紫の上の命は「露」にたとえられたが、これと呼応するように、臨終間際の様子は「まことに消えゆく露」、そして最期は「消え果て給ひぬ」と表現されている。紫の上の死は、まさに露がはかなく消え落ちるかのように描かれている。

ことばと表現

1　次から活用する敬語を抜き出して、それぞれ敬語の種類と、誰から誰への敬意を表すかを考えてみよう。

(1)　中宮は参り給ひなむとするを、（高二一八・12）（古二〇〇・12）
・「参り」…謙譲の本動詞。作者から宮中（帝）への敬意。
・「給ひ」…尊敬の補助動詞。作者から明石中宮への敬意。

(2)　「いとよく起き居給ふめるは。」（高二一九・8）（古二〇一・8）
・「給ふ」…尊敬の補助動詞。光源氏から紫の上への敬意。

(3)　いとうれしと思ひ聞こえ給へる御気色を見給ふも（高二一九・10）（古二〇一・10）
・「聞こえ」…謙譲の補助動詞。作者から紫の上への敬意。
・「給へ」…尊敬の補助動詞。作者から光源氏への敬意。
・「給ふ」…尊敬の補助動詞。作者から紫の上への敬意。

(4)　「いとなめげに侍りや。」（高二二〇・11）（古二〇二・11）
・「侍り」…丁寧の補助動詞。紫の上から明石中宮への敬意。

(5)　泣く泣く見奉り給ふに、（高二二一・1）（古二〇三・1）
・「奉り」…謙譲の補助動詞。作者から紫の上への敬意。
・「給ふ」…尊敬の補助動詞。作者から明石中宮への敬意。

浮舟《うきふね》

品詞分解・現代語訳

①かの 人《ひと》の 御気色《みけしき》に も、いとど おどろかれ 給《たま》ひ けれ ば、
格助 格助 格助 係助 副 カ四・未 自・用 ハ四・用・尊・補 過・已 接助

あさましう たばかり て おはしまし たり。②京《きやう》に は、友《とも》待《ま》つ ばかり
シク・用・ウ ラ四・用 接助 サ四・用・尊 完・終 格助 係助 タ四・終 副助

消《き》え残《のこ》り たる 雪《ゆき》、山深《やまふか》く 入《い》る まま に やや 降《ふ》り埋《うづ》み たり。③常《つね》より も
ラ四・用 存・体 ク・用 ラ四・体 格助 副 マ四・用 存・終 格助 係助

わりなき まれ の 細道《ほそみち》を 分《わ》け 給《たま》ふ ほど、御供《おほんとも》の 人《ひと》も 泣《な》き
ク・体 ナリ・語幹 格助 格助 カ下二・用 ハ四・体・尊・補 格助 係助 カ四・用

ぬ ばかり 恐《おそ》ろしう 煩《わづら》はしき ことを さへ 思《おも》ふ。④しるべ の 内記《ないき》は、
完・終 副助 シク・用・ウ シク・体 格助 副助 ハ四・終 格助 係助

式部少輔《しきぶのせふ》 なむ かけ たり ける、いづ方《かた》も いづ方《かた》も、ことごとしかる べき 官《つかさ》
係助 カ下二・用 存・用 過・体 係助 係助 シク・体 当・体

ながら、いと つきづきしく、引《ひ》き上《あ》げ など し たる 姿《すがた》も をかしかり けり。
接助 副 シク・用 ガ下二・用 副助 サ変・用 存・体 係助 シク・用 過・終

⑤かしこ に は、おはせ む と あり つれ ど、かかる 雪《ゆき》に は、と
格助 係助 サ変・未・尊 意・終 格助 ラ変・用 完・已 接助 連体 格助 係助 格助

うち解《と》け たる に、夜《よ》更《ふ》け て 右近《うこん》に 消息《せうそこ》し たり。⑥あさましう、あはれ
カ下二・用 存・体 接助 カ下二・用 接助 格助 サ変・用 完・終 シク・用・ウ ナリ・語幹

---

①あの人（薫《かおる》）のご様子にも、（匂《におう》宮《みや》は）いっそう驚きなさらずにはいられなかったので、もってのほかのたくらみをして（宇治へ）いらっしゃった。②京には、友を待つかのように消え残っている雪が、山深く入っていくにつれてだんだん降り積もっている。③いつもよりも困難でめったに人の通らない細道を分けて進みなさるとき、お供の人も泣いてしまうくらい恐ろしく厄介なこと（が起こるのではないかと）までも思う。④（匂宮の従者である）道案内役の内記は、式部省の次官を兼任していたが、どちらもどちらも、ものものしいはずの官職であるが、（この場に）たいそうふさわしく、（指貫《さしぬき》の裾を）引き上げなどしている姿も風情があった。

⑤あちら（宇治）では、おいでに

と 君《きみ》も 思《おも》へ り。 ⑦右近《うこん》は、いかに なり果《は》て 給《たま》ふ べき 御《おほん》ありさま
格助 係助 ハ四・已 完・終 係助 副 タ下二・用 ハ四・終・尊・補 推・体

に か と かつは 苦《くる》しけれ ど、今宵《こよひ》は つつましさ も 忘《わす》れ ぬ べし、
断・用 係助 格助 副 シク・已 接助 係助 係助 ラ下二・用 強・終 推・終

言《い》ひ返《かへ》さ む 方《かた》も なけれ ば、同《おな》じ やうに むつましく おぼい たる
サ四・未 婉・体 係助 ク・已 接助 シク・体 比・用 シク・用 サ四・用・イ・尊 存・体

若《わか》き 人《ひと》の、心《こころ》ざま も 奥《あう》なから ぬ を 語《かた》らひ て、「いみじく わりなき こと。
ク・体 格助 係助 ク・未 打・体 格助 ハ四・用 接助 シク・用 ク・体

同《おな》じ 心《こころ》に もて隠《かく》し 給《たま》へ。」 と 言《い》ひ て けり。 ⑧もろともに 入《い》れ
シク・体 格助 サ四・用 ハ四・命・尊・補 格助 ハ四・用 完・用 過・終 副 ラ下二・用

奉《たてまつ》る。 ⑨道《みち》の ほど に 濡《ぬ》れ 給《たま》へ る 香《か》の ところせう
ラ四・終・謙・補 格助 格助 ラ下二・用 ハ四・已・尊・補 完・体 格助 ク・用・ウ

にほふ も、もて煩《わづら》ひ ぬ べけれ ど、かの 人 の 御《おほん》けはひ に 似《に》せ て
ハ四・体 係助 ハ四・用 強・終 当・已 接助 格助 格助 格助 サ下二・用 接助

なむ、もて紛《まぎ》らはし ける。
係助 サ四・用 過・体

⑩夜《よる》の ほど にて たち帰《かへ》り 給《たま》は む も、なかなかな べけれ ば、ここ
格助 格助 ラ四・用 ハ四・未・尊・補 仮・体 係助 ナリ・体・撥 推・已 接助

の 人目《ひとめ》も いと つつましさ に、時方《ときかた》に たばから せ 給《たま》ひ て、川《かは》
格助 係助 副 格助 格助 ラ四・未 使・用 ハ四・用・尊・補 接助

より をち なる 人《ひと》の 家《いへ》に 率《ゐ》 て おはせ む と 構《かま》へ たり けれ
格助 所・体 格助 格助 ワ上一・用 接助 サ変・未・尊 意・終 格助 ハ下二・用 存・用 過・已

なるつもりだと（匂宮からの知らせが）あったけれど、このような雪では（来られないだろう）、と気を許していると、夜がふけて右近（浮舟に仕えている女房）に（匂宮から）訪問の知らせがあった。⑥驚き、うれしいことだと女君（浮舟）も思った。⑦右近は、どんなふうになってしまわれる御身の上だろうかと一方では心配だけれど、今夜は（人目を）はばかる気持ちもきっと忘れるのだろう、（断りを）言って追い返す方法もないので、（自分と）同じように（女君が）親しくお思いになっている若い女房で、性質も浅はかでない者を味方につけて、「たいそう困ったこと。（私と）いっしょになって（匂宮の訪問を）お隠しください。」と（右近は）言った。⑧二人して（匂宮を）入れ申し上げる。⑨道の途中でお濡れになった（お着物の）香りが辺り一面に匂うのも、処置に困るにちがいないが、あの人（薫）のご様子に似せて、ごまかした。

ば、先立《さきだ》て て 遣《つか》はし たり ける、夜《よ》 更《ふ》くる ほど に 参《まゐ》れ り。
接助 タ下二・用 接助 サ四・用・尊 存・用 過・体 カ下二・体 格助 ラ四・已・謙 完・終

⑪「いと よく 用意《ようい》し て 候《さぶら》ふ。」 と 申《まう》さ す。 ⑫こ は いかに
副 ク・用 サ変・用 接助 ハ四・終・丁・補 格助 サ四・未・謙 使・終 係助 副

し 給《たま》ふ こと に か と 右近《うこん》 も いと 心《こころ》あわたたしけれ ば、
サ変・用 ハ四・体・尊・補 断・用 係助 格助 係助 副 シク・已 接助

寝《ね》おびれ て 起《お》き たる 心地《ここち》 も わななか れ て、あやし、童《わらは》べ の 雪遊《ゆきあそ》び
ラ下二・用 接助 カ上二・用 完・体 係助 カ四・未 自・用 接助 シク・終 格助

し たる けはひ の やうに ぞ、震《ふる》ひあがり に ける。 ⑬「いかで か。」 など
サ変・用 完・体 格助 比・用 係助 ラ四・用 完・用 過・体 副 係助 副助

も 言《い》ひあへ させ 給《たま》は ず、 かき抱《いだ》き て 出《い》で 給《たま》ひ ぬ。
係助 ハ下二・未 使・用 ハ四・未・尊・補 打・用 カ四・用 接助 ダ下二・用 ハ四・用・尊・補 完・終

⑭右近《うこん》 は ここ の 後見《うしろみ》 に とどまり て、侍従《じじゅう》 を ぞ 奉《たてまつ》る。
係助 格助 格助 ラ四・用 接助 格助 係助 ラ四・終・謙

⑮いと はかなげなる もの と、明《あ》け暮《く》れ 見出《みい》だす 小《ちひ》さき 舟《ふね》 に 乗《の》り
副 ナリ・体 格助 副 サ四・体 ク・体 格助 ラ四・用

給《たま》ひ て、さし渡《わた》り 給《たま》ふ ほど、 はるかなら む 岸《きし》 に し も
ハ四・用・尊・補 接助 ラ四・用 ハ四・体・尊・補 ナリ・未 婉・体 格助 副助 係助

漕《こ》ぎ離《はな》れ たら む やうに 心細《こころぼそ》く おぼえ て、つと つき て 抱《いだ》か れ たる
ラ下二・用 完・未 婉・体 比・用 ク・用 ヤ下二・用 接助 副 カ四・用 接助 カ四・未 受・用 存・体

も いと らうたし と 思《おぼ》す。 ⑯有明《ありあけ》の月《つき》 澄《す》み昇《のぼ》り て、水《みづ》 の 面《おもて》 も
係助 副 ク・終 格助 サ四・終・尊 ラ四・用 接助 格助 係助

---

⑩（匂宮は）夜の間にお帰りになるとしたら、かえって来ないほうがましであろうから、（また）ここでの人目もたいそうはばかられるために、時方（匂宮の従者）に計画を立てさせなさって、川（宇治川）から対岸の人の家に（女君を）連れていらっしゃろうと計画を立てたので、先立って遣わしていた（者）が、夜がふける頃に参上した。⑪（時方が）「たいそうよく準備をしてあります。」と申し上げさせる。⑫これはどのようになさることだろうかと右近もたいそう気が気でなかったので、寝ぼけて起きてきた気持ちにもぶるぶる体が震えて、不思議にも、子どもが雪遊びをした様子のように、震えあがってしまった。⑬「どうして（そのような場所に行くの）か。」などと最後まで言うゆとりを（匂宮は）お与えにならないで、（女君を）抱きかかえて出てお行きになった。⑭右近はここ（この家）の世話役（留守番）にとどまって、侍従を（お供

曇《くも》りなきに、「これなむ橘《たちばな》の小島《こじま》。」と申《まう》して、御舟《おほんふね》しばしさしとどめ
ク・体　接助　係助　格助　サ四・用・謙　接助　副　マ下二・用

たるを見《み》給《たま》へば、大《おほ》きやかなる岩《いは》のさまして、され
完・体　格助　マ上一・用　ハ四・已・尊・補　接助　ナリ・体　格助　サ変・用　接助　ラ下二・用

たる常盤木《ときはぎ》の影《かげ》しげれり。⑰「かれ見《み》給《たま》へ。いとはかなけれど、
存・体　格助　ラ四・已　存・終　マ上一・用　ハ四・命・尊・補　副　ク・已　接助

千年《ちとせ》も経《ふ》べき緑《みどり》の深《ふか》さを。」とのたまひて、
係助　ハ下二・終　推・体　格助　格助　格助　ハ四・用・尊　接助

⑱年《とし》経《ふ》とも変《か》はらむものか橘《たちばな》の小島《こじま》のさきに契《ちぎ》る心《こころ》は
ハ下二・終　接助　ラ四・未　婉・体　係助　格助　格助　ラ四・体　係助

⑲女《をんな》もめづらしからむ道《みち》のやうにおぼえて、
係助　シク・未　婉・体　格助　比・用　ヤ下二・用　接助

⑳橘《たちばな》の小島《こじま》の色《いろ》は変《か》はらじをこのうき舟《ふね》ぞ行方《ゆくへ》知《し》られ
格助　係助　ラ四・未　打推・体　接助　格助　係助　ラ四・未　可・未

ぬ
打・体

㉑をりから、人《ひと》のさまに、をかしくのみ、何《なに》ごとも思《おぼ》しなす。
副　格助　格助　シク・用　副助　係助　サ四・終・尊

㉒かの岸《きし》にさし着《つ》きて下《お》り給《たま》ふに、人《ひと》に抱《いだ》かせ
格助　格助　カ四・用　接助　ラ上二・用　ハ四・体・尊・補　格助　格助　カ四・未　使・用

給《たま》はむはいと心苦《こころぐる》しければ、抱《いだ》き給《たま》ひて助《たす》けられ
ハ四・未・尊・補　仮・体　係助　副　シク・已　接助　カ四・用　ハ四・用・尊・補　接助　カ下二・未　受・用

に）参らせる。

⑮（女君は）たいそう頼りなく弱々しいものと、朝晩見やっている小さい舟にお乗りになって、（向こう岸に）棹《さお》を差して渡りなさる間、はるか遠くのような岸に（向かって）漕ぎ離れたように心細く感じられて、ひたと（匂宮に）寄り添って抱かれているのも（匂宮は）たいそうかわいらしいとお思いになる。⑯有明の月が（空に）澄んで昇って、（川の）水面も曇りがないので、（船頭が）「これが橘の小島。」と申し上げて、御舟をしばらく棹を差して止めたのをご覧になると、（島は）いかにも大きいと感じられる岩の（ような）様子であって、風流な常緑樹の影が生い茂っている。⑰「あれをご覧なさい。たいそう頼りないけれど、千年も歳月を送るだろう緑の深さを。」と（匂宮は）おっしゃって、

⑱長い年月を経たとしても変わるものだろうか（いや、変わらない）。橘の小島の先で（あな

つつ 入《い》り 給《たま》ふ を、いと 見苦《みぐる》しく、何人《なにびと》を かく もて騒《さは》ぎ 給《たま》ふ
接助 ラ四・用 ハ四・体・尊・補 格助 副 シク・用 格助 副 ガ四・用 ハ四・終・尊・補

らむ と 見《み》 奉《たてまつ》る。㉓時方《ときかた》が 叔父《をぢ》の 因幡守《いなばのかみ》なる が 領《らう》ずる
現推・終 格助 マ上一・用 ラ四・終・謙・補 格助 格助 断・体 格助 サ変・体

庄《さう》に はかなう 造《つく》り たる 家《いへ》なり けり。㉔まだ いと 荒々《あらあら》しき に、網代屏風《あじろびやうぶ》
格助 ク・用・ウ ラ四・用 存・体 断・用 過・終 副 副 シク・体 格助

など、御覧《ごらん》じ も 知《し》ら ぬ しつらひ に て、風《かぜ》も ことに 障《さは》ら ず、垣《かき》
副助 サ変・用・尊 係助 ラ四・未 打・体 断・用 接助 係助 副 ラ四・未 打・用

の もと に 雪《ゆき》 むら消《ぎ》え つつ、今《いま》も かき曇《くも》り て 降《ふ》る。（浮舟）
格助 格助 ヤ下二・用 接助 係助 ラ四・用 接助 ラ四・終

たに）約束する私の心は。

⑲女君もめったにないような道行きのように思われて、

⑳橘の小島の（緑の）色は変わらないだろうけれど、この（川に）浮く舟（のようなつらい私の身）は行方がわからない。

㉑折が折なので、人（女君）の様子に、（歌も）趣があるとばかり、何事も（匂宮は）お思いになる。

㉒向こう岸に舟が着いてお降りになるときに、（女君を）人（従者）に抱かせなさるとしたらたいそういたわしいので、（匂宮は自ら）お抱きになって（供人に）助けられながら（家に）お入りになるのを、（家の人々は）たいそう見苦しく、どのような人（女）をこのようにもてはやしていらっしゃるのだろうと見申し上げる。㉓（その家は）時方の叔父で因幡守である者が領有する荘園にささやかに造っていた家であった。㉔まだたいそう粗雑なうえに、網代屏風など、（匂宮は）ご覧になった

こともない調度類で、風もろくに遮らず、垣のあたりに雪がまだらにとけては、今も空は曇って(雪が)降る。

重要語句

高 222 古 204

たばかる ①計画を立てる。工夫する。②相談する。③だます。ここでは、③の意味。

やや しだいに。だんだん。

ことごとし 仰々しい。ものものしい。大げさだ。

つきづきし 似つかわしい。ふさわしい。

高 223 古 205

むつまし 親しい。仲がよい。

奥なし 浅はかである。

構ふ ①建てる。②準備する。③計画を立てる。策略をめぐらす。ここでは、③の意味。

高 224 古 206

さる 風流である。しゃれている。気がきいている。

領ず 領有する。自分のものとする。

高 225 古 207

障る 妨げになる。遮られる。

むら消ゆ 雪などがところどころ消える。まだらにとける。

発問　脚注問題

高 古

高 223ページ　古 205ページ

1 「かかる雪には」とはどういうことか。

このような雪降りでは、匂宮は来られないだろうということ。

2 「いかになり果て給ふべき御ありさまにか」とはどういうことか。

匂宮との恋を深めていくことで、浮舟が将来どうなってしまうのか、薫とのことも考えると恐ろしいということ。

3 「かの人」とは誰か。

薫。

高 224ページ　古 206ページ

4 誰が誰を「らうたし」と思っているのか。

匂宮が浮舟を。

5 「これなむ橘の小島」とは、誰の言葉か。

船頭。

高 225ページ　古 207ページ

6 「風もことに障らず」とは、どういうことか。

粗末な家だということ。

教材末の問題　高 226ページ　古 208ページ

学習

1 「今宵はつつましさも忘れぬべし」（高二二三・3）（古二〇五・3）とあるが、それはなぜか説明してみよう。

雪が降る中をわざわざ匂宮がやって来ていて、そのことに女君（浮舟）も感動しているから。

2 「右近はここの後見にとどまりて」（高二二三・15）（古二〇五・15）とあるが、この「後見」とはどういうことか、考えてみよう。

人目をつくろうなどして、留守番をすること。

3 「橘の小島の色は……」の歌の修辞法を説明してみよう。また、この歌に込められている浮舟の気持ちと、この歌を聞いた匂宮の感想とをそれぞれ説明してみよう。

・修辞法…「うき舟」の「うき」は「浮き」と「憂き」との掛《かけ》詞《ことば》。また、浮舟自身（の恋）を舟にたとえている。
・浮舟の気持ち…匂宮に強くひかれながらも、（薫とのこともあるので、）恋の行く先を思うと不安だという気持ち。
・匂宮の感想…浮舟の姿、様子や、川に月明かりといった情景など、この場の甘美な雰囲気に、歌はよく合っていて、趣があると感じている。

〈ポイント〉浮舟が、薫と匂宮との板挟みから不安を感じているのに対して、匂宮は恋に夢中になっている。

ことばと表現

1 傍線部の敬語は、誰から誰への敬意を表すかを考えてみよう。

(1) いとおどろかれ給ひければ、（高二二二・11）（古二〇四・11）
作者から匂宮へ。

(2) もろともに入れ奉る。（高二二三・6）（古二〇五・6）
作者から匂宮へ。

(3) 「いとよく用意して候ふ。」と申さす。（高二二三・12）（古二〇五・12）
時方から匂宮へ。
〈ポイント〉時方が匂宮への伝言を右近に言わせている。

(4) 「千年も経べき緑の深さを。」とのたまひて、（高二二四・7）（古二〇六・7）
作者から匂宮へ。

(5) 人に抱かせ給はむはいと心苦しければ、（高二二四・13）（古二〇六・13）
作者から匂宮へ。

物語

住吉物語《すみよしものがたり》

高「高等学校　古典探究」227～229ページ
古「古典探究　古文編」209～211ページ

作品紹介

住吉物語　すみよしものがたり　作者は未詳。もとは十世紀後半に成立した物語だが、その後改作され、現在伝えられるものは鎌倉時代に成立した擬古物語と考えられている。題名の「住吉」は、主人公の姫君が住吉に隠れ住んだところからきている。

―継母《まま はは》の策謀―

品詞分解・現代語訳

①中納言《ちゅうなごん》、霜月《しもつき》 の こと なれ ば、その 出《い》で立《た》ち を のみ 営《いとな》ま れ けれ
格助　断・已　接助　格助　格助　副助　マ四・未　尊・用　過・已

ば、②継母《ままはは》、ともに 営《いとな》む けしき にて、下《した》 に は、人笑《ひとわら》はれ に なす
接助　格助　マ四・体　格助　格助　係助　格助　サ四・体

よし もがな と 思《おも》ひ、③人《ひと》 静《しづ》まれ る 時《とき》 に 中納言《ちゅうなごん》 に 聞《き》こゆる やう、
終助　格助　ハ四・用　ラ四・已　完・体　格助　格助　ヤ下二・体・謙

④「聞《き》き ながら 申《まう》さ ざら ん は うしろめたき こと なれ ば、申《まう》す
カ四・用　接助　サ四・未・謙　打・未　婉・体　係助　ク・体　断・已　接助　サ四・体・謙

なり。⑤この 対《たい》 の 御方《おんかた》 を ば わ が 娘《むすめ》たち に も すぐれ て おはせ
断・終　格助　格助　格助　係助　格助　格助　係助　ラ下二・用　接助　サ変・未・尊・補

①中納言は、（「五節《ごせち》の舞」が）十一月のことなので、その（姫君の）身支度をばかり懸命に（準備）なされたところ、②継母は、一緒に懸命に（準備）する様子で、（しかし）内心では、（姫君を）世間の人の笑いものにする方法があればいいなあと考え、③人々が寝静まったときに中納言に申し上げることには、④「耳にしているのに申し上げないのは気がとがめることなので、申し上げるの

しとこそ思《おも》ひ侍《はべ》るに、この八月《はづき》よりのことをつゆ知《し》ら
過・体 格助 係助 ハ四・用 ラ変・体・丁・補 接助 格助 格助 格助 格助 副 ラ四・未
ざりけるよ。」とて、そら泣《な》きをしければ、⑥中納言《ちゅうなごん》、あきれて、「こ
打・用 過・体 間助 格助 接助 格助 サ変・用 過・已 接助 ラ下二・用 接助
は何《なに》ごとぞ。」と問《と》ひ給《たま》へば、⑦「六角堂《ろくかくだう》の別当法師《べつたうほふし》とかや
係助 係助 格助 ハ四・用 ハ四・已・尊・補 接助 格助 格助 係助 間助
いふ、あさましき法師《ほふし》の、姫君《ひめぎみ》のもとへ通《かよ》ひけるが、この暁《あかつき》も
ハ四・体 シク・体 格助 格助 格助 ハ四・用 過・体 格助 格助 係助
寝過《ねす》ぐしたりけるにや、対《たい》の格子《かうし》を放《はな》ちて、人《ひと》の見《み》るとも
サ四・用 完・用 過・体 断・用 係助 格助 格助 タ四・用 接助 格助 マ上一・体 格助 係助
なく出《い》でにけることの心憂《こころう》さよ。」とて、⑧「これ、偽《いつは》りならば、
ク・用 ダ下二・用 完・用 過・体 格助 間助 格助 接助 断・未 接助
仏神《ぶつしん》など、げにげに。」と言《い》ひければ、⑨中納言《ちゅうなごん》、「よも、さることは
副助 副 副 格助 ハ四・用 過・已 接助 副 連体 係助
あらじ。⑩女房《にようばう》などの中《なか》にぞさることはあるらん。」と
ラ変・未 打推・終 副助 格助 格助 係助 連体 係助 ラ変・体 現推・体 格助
のたまひければ、⑪「中《なか》の格子《かうし》を放《はな》ちて出《い》でける。⑫うはの空《そら》なる
ハ四・用・尊 過・已 接助 格助 格助 タ四・用 接助 ダ下二・用 過・体 ナリ・体
ことをばいかで。⑬よくよく聞《き》きてこそ。」など言《い》ひ給《たま》へども、
格助 係助 副 副 カ四・用 接助 係助 副助 ハ四・用 ハ四・已・尊・補 接助
⑭なほ、げにと思《おも》ひ給《たま》はざりけり。
副 副 格助 ハ四・用 ハ四・未・尊・補 打・用 過・終

です。⑤この対の御方（姫君）を私の娘たちよりも優れていらっしゃったと思っておりますのに、この八月からのことをまったく知らなかったことよ。」と言って、うそ泣きをしたので、⑥中納言は、途方に暮れて、「これはどうしたことだ。」とお尋ねなさったところ、⑦（継母は）「六角堂の別当法師とかいう、あきれた法師で、姫君のもとへ通っていた者が、今日の夜明け前頃も寝過ごしてしまったのか、（姫君がいる）対の格子を開けて、人が見ているのも知らず出てきたことの情けなさよ。」と言って、⑧「これが、偽りならば、神仏よ、罰をお与えください。」と言ったので、⑨中納言は、「まさか、そんなことはあるまい。⑩女房などの中にそのようなことがあるのだろう。」とおっしゃったので、⑪（継母は）「（こっそり柱と柱の）間の格子を開けて出てきたのです。⑫軽はずみなことをどうして（言いましょうか、いや、言いません）。⑬よくよく（事実を）聞いて（申し上げるのです）。」など言いな

⑮継母《ままはは》、三《さん》の君《きみ》の乳母《めのと》に、きはめて心《こころ》むくつけかりける女《をんな》に、
格助　格助　副　ク・用　過・体　格助

聞《き》こえあはするやう、⑯「この対《たい》の君《きみ》をわが娘《むすめ》たちに思《おも》ひまし
サ下二・体・謙　格助　格助　格助　格助　格助　サ四・用

給《たま》へるがねたさに、とかく言《い》へどもかなはぬ、いかがす
ハ四・已・尊・補　存・体　格助　格助　副　ハ四・已　接助　ハ四・未　打・体　副　サ変・終

べき。」と言《い》へば、⑰むくつけ女《をんな》、「我《われ》もやすからずは侍《はべ》れども、
適・体　格助　ハ四・已　接助　係助　ク・未　打・用　係助　ラ変・已・丁・補　接助

思《おも》ひながらうち過《す》ぐし候《さぶら》ひつるに、うれしく。」とて、
ハ四・用　接助　サ四・用　ハ四・用・丁・補　完・体　接助　シク・用　格助　接助

⑱ささめきあはせて、その後《のち》、三日《みか》ありて、あやしき法師《ほふし》を語《かた》らひ、
サ下二・用　接助　格助　ラ変・用　接助　シク・体　格助　ハ四・用

中納言《ちゅうなごん》に聞《き》こゆるやうは、⑲「偽《いつは》りとぞ思《おぼ》したりしに、ただ今《いま》、
格助　ヤ下二・体・謙　係助　格助　係助　サ四・用・尊　完・用　過・体　接助　副

かの法師《ほふし》、出《い》づるなり。」と聞《き》こゆれば、⑳見《み》給《たま》ひける時《とき》
格助　ダ下二・体　断・終　格助　ヤ下二・已・謙　接助　マ上一・用　ハ四・用・尊・補　過・体

に出《い》でにける。㉑「あな、ゆゆしや。㉒幼《をさな》くては母《はは》に後《おく》れて、
格助　ダ下二・用　完・用　過・体　感動　シク・終　間助　ク・用　接助　係助　格助　ラ下二・用　接助

また、乳母《めのと》さへに離《はな》れて、あはれ、果報《くわほう》わろきものとは思《おも》へども、
接続　副助　格助　ラ下二・用　接助　感動　ク・体　格助　係助　ハ四・已　接助

あな、あさまし。」とて、入《い》り給《たま》ひぬ。㉓さて、宮仕《みやづか》へのことは
感動　シク・終　格助　接助　ラ四・用　ハ四・用・尊・補　完・終　接続　格助　係助

さるが、⑭やはり、（中納言は）なるほど（そんなことがあったのか）とお思いにならなかった。

⑮継母は、三の君の乳母で、たいそう性根の悪かった女に、相談申し上げることには、⑯「（中納言が）この対の君（姫君）に私の娘たちより愛情をかけていらっしゃることの憎らしさに、あれこれ（悪口を）言うけれども思い通りにならない、どうしたらよいか。」と言うと、⑰性悪女は、「私も心中穏やかではございませんが、（そう）感じながら（口には出さず）過ごしてきましたので、（相談してもらえて）うれしく（思います）。」と言って、⑱（二人で）ひそひそと示し合わせて、その後、三日たって、みすぼらしい法師を仲間に引き入れ、（継母が）中納言に申し上げることには、⑲「（あなた様は、私の話が）偽りだとお思いになったけれども、ちょうど今、例の法師が、（姫君の部屋から）出るところです。」と申し上げるので、⑳（中納言が）ご覧になっ

思《おぼ》しとどまり　ぬ。

ラ四・用・尊　完・終

たときに（法師が）出てきた。㉑（中納言は）「ああ、とんでもない。㉒幼いときに母に先立たれて、そのうえ、乳母にまでも（死に）別れて、ああ、前世での行いの報いが悪い（幸せに恵まれない）者とは思うものの、ああ、あきれることだ。」と言って、（部屋へ）お入りになってしまった。㉓そうして、入内の話は断念なさってしまった。

重要語句

高 古

227 209

営む　①努めて行う。②準備する。③仏事を執り行う。ここでは、①の意味。

よも…じ　まさか…まい。よもや…まい。

心むくつけし　性根が悪い。心がねじけている。

ねたし（ねたさ）　憎らしい。腹立たしい。

228 210

語らふ　①あれこれ話す。②相談する。③懇意にする。④男女が契る。⑤仲間に引き入れる。ここでは、⑤の意味。

発問　脚注問題　高 古

1　高 227ページ 古 209ページ

「人笑はれになすよしもがな」には、継母のどのような思いが表れているか。

姫君に何らかの汚名をきせて、入内を阻みたいという思い。

2　高 228ページ 古 210ページ

「さること」とは何か。

六角堂の別当法師などという者が、姫君のもとに通っていること。

3　高 229ページ 古 211ページ

「果報わろきもの」とは誰のことか。

姫君。

教材末の問題　高 229ページ 古 211ページ

学習

1　姫君を入内させることに関し、継母はどのように考えているか。その理由もあわせて考えてみよう。

夫の中納言が自分の娘たちよりも、義理の娘である姫君をかわいがるので、姫君の入内を阻んでしまいたいと考えている。

2　「宮仕へのことは思しとどまりぬ」（高二二九・2）（古二一一・2）とあるが、このように決断したのはなぜか、説明してみよう。

継母の策謀により、姫君がこっそり六角堂の別当法師なる者を通わせていると思い込んでしまったから。

言語活動

1　継母が継子をいじめる話は、世界に共通する物語のモチーフ（題材）である。どのような作品があるか調べてみよう。

〈例〉グリム童話『灰かぶり姫（シンデレラ）』。

ことばと表現

1　次の文の後に省略されている言葉を補ってみよう。

(1)　こは何ごとぞ。（高二二八・1）（古二一〇・1）

「ある」など。

(2)　うはの空なることをばいかで。（高二二八・7）（古二一〇・7）

「言はむ」など。

(3)　思ひながらうち過ぐし候ひつるに、うれしく。（高二二八・12）（古二一〇・12）

「思ふ」など。

歴史物語　大鏡《おほかがみ》

高「高等学校　古典探究」232～244ページ
古「古典探究　古文編」214～226ページ

作品紹介

大鏡　おおかがみ　→この教科書ガイドの114頁

―貫之《つらゆき》と躬恒《みつね》―

品詞分解・現代語訳

①延喜《えんぎ》の御時《おほんとき》に『古今《こきん》』抄《せう》せられし折《をり》、貫之《つらゆき》はさらなり、忠岑《ただみね》や
（格助　格助　サ変・未　尊・用　過・体　係助　ナリ・用　間助）

躬恒《みつね》などは、御書所《ごしよどころ》に召《め》されて候《さぶら》ひけるほどに、四月二日《しぐわつふつか》
（副助　係助　格助　サ四・未・尊　受・用　接助　ハ四・用・謙　過・体　格助）

なりしかば、まだ忍《しの》び音《ね》のころにて、いみじく興《きよう》じおはします。
（断・用　過・已　接助　副　格助　断・用　接助　シク・用　サ変・用　サ四・終・尊・補）

②貫之《つらゆき》召《め》し出《い》でて、歌《うた》仕《つか》うまつらしめ給《たま》へり。
（ダ下二・用・尊　接助　ラ四・未・謙　使・用　ハ四・已・尊・補　完・終）

③こと夏《なつ》はいかが鳴《な》きけむほととぎすこの宵《よひ》ばかりあやしきぞ
（係助　副　カ四・用　過推・体　格助　副助　シク・体　係助）

なき
（ク・体）

---

①醍醐《だいご》天皇の御代に『古今和歌集』を選定なさったとき、紀《きの》貫之はもちろんのこと、壬生忠岑《みぶのただみね》や凡河内《おおしこうちの》躬恒などが、御書所にお召しを受けて伺候したところ、（その日は）四月二日であったので、（ほととぎすも）まだ初音の頃であって、（天皇はこの時節の風情を）たいそう興じ入っていらっしゃる。②（天皇は）貫之をお呼び出しになって、歌をお詠ませなさった。

③今年以外の夏はどのように鳴

④それ を だに けやけき こと に 思《おも》ひ 給《たま》へ し に、同《おな》じ 御時《おほんとき》、

格助 副助 ク・体 格助 ハ四・用 ハ下二・用・謙・補 過・体 接助 シク・体

御遊《おほんあそ》び あり し 夜《よ》、御前《おまへ》 の 御階《みはし》 の もと に 躬恒《みつね》 を 召《め》し て、「月《つき》

ラ変・用 過・体 格助 格助 格助 格助 サ四・用・尊 接助

を 弓張《ゆみはり》 と いふ 心《こころ》 は 何《なに》 の 心《こころ》 ぞ。これ が 由《よし》 仕《つか》うまつれ。」と 仰《おほ》せ言《ごと》

格助 格助 ハ四・体 係助 格助 係助 格助 ラ四・命・謙 格助

あり しか ば、

ラ変・用 過・已 接助

⑤照《て》る 月《つき》 を 弓張《ゆみはり》 と し も いふ こと は 山辺《やまべ》 を さし て

ラ四・体 格助 格助 副助 係助 ハ四・体 係助 格助 サ四・用 接助

いれ ば なり けり

ラ四・已 接助 断・用 詠・終

⑥と 申《まう》し たる を、いみじう 感《かん》ぜ させ 給《たま》ひ て、大袿《おほうちき》 賜《たま》ひ

格助 サ四・用・謙 完・体 格助 シク・用・ウ サ変・未 尊・用 ハ四・用・尊・補 接助 ハ四・用・尊

て、肩《かた》 に うち掛《か》くる まま に、

接助 格助 カ下二・体 格助

⑦白雲《しらくも》 の この かた に し も おりゐる は 天《あま》つ風《かぜ》 こそ 吹《ふ》き て

格助 格助 副助 係助 ワ上一・体 係助 係助 カ四・用 接助

き ぬ らし

カ変・用 完・終 推定・終

⑧いみじかり し もの かな。⑨さ ばかり の 者《もの》 に、近《ちか》う 召《め》し寄《よ》せ て

シク・用 過・体 終助 副 副助 格助 格助 ク・用・ウ サ下二・用・尊 接助

いたのだろうか、ほととぎすよ。今宵ほど（この鳴き声に心ひかれる）不思議な気持ちはない。

④（貫之の）その歌でさえ際立っていることに思っておりましたが、同じ御代に、管弦のお遊びがあった夜、御前の階段のもとに躬恒をお呼びになって、「月を弓張というわけはどのようなわけか。この理由を歌に詠め。」とご命令があったので、

⑤照る月を弓張ともいうこと（の意味）は、山の辺りをさして（矢を）射るように（月が）入るからであるよ。

⑥と申し上げたのを、（天皇は）たいそう感動なさって、（躬恒に）大袿をお与えになって、（躬恒はそれを）肩に掛けるとすぐに、

⑦白雲がこの肩に降りているのは、天を吹く風が（私の方へ）吹いてきたからだろう。

⑧（躬恒の詠みぶりは）すばらしかったことであるよ。⑨その（躬恒）程度の（低い身分の）者に、近くお呼び

勅禄《ちょくろく》｜賜《たま》はす｜べき｜こと｜なら｜ね｜ど、｜そしり｜申《まう》す｜人《ひと》｜の｜なき｜も、｜君《きみ》｜の｜重《おも》く｜おはしまし、｜また｜躬恒《みつね》｜が｜和歌《わか》｜の｜道《みち》｜に｜許《ゆる》さ｜れ｜たる｜と｜こそ、｜思《おも》ひ｜給《たま》へ｜しか。

（賜はす サ下二・終・尊／べき 当・体／なら 断・未／ね 打・已／ど 接助／そしり ラ四・用／申す サ四・体・謙・補／の 格助／なき ク・体／も 係助／の 格助／重く ク・用／おはしまし サ四・用・尊・補／また 接続／が 格助／の 格助／に 格助／許さ サ四・未／れ 受・用／たる 存・体／と 格助／こそ 係助／思ひ ハ四・用／給へ ハ下二・用・謙・補／しか 過・已）

(太政大臣・道長)

寄せになってご褒美をお与えになってよいことではないが、(それを)非難申し上げる人のいないのも、天皇が貴くていらっしゃり、また躬恒が和歌の道で(その大家として世間から)認められていたからだと、思いました。

〈ポイント〉「さばかり」は、副詞「さ」+副助詞「ばかり」。「その程度」の意で、ここでは身分について述べている。

重要語句

高 古

高232 古214

興ず おもしろがる。興じ入る。

けやけし 際立っている。目立っている。

高233 古215

賜ふ 〔四段〕①「与ふ」「授く」などの尊敬語。お与えになる。下さる。〔下二段〕②「受く」「もらふ」の謙譲語。いただく。③「飲む」「食ふ」の謙譲語。いただく。ここでは、①の意味。

発問 脚注問題

高 古

高233ページ 古215ページ

1 「白雲」は何をたとえているのか。

躬恒が天皇から褒美として賜った大袿。

2 「さばかりの者」とはどのような者か。また、誰のことか。

低い身分の者。ここでは躬恒のこと。

教材末の問題

高233ページ 古215ページ

学習

1 「照る月を……」「白雲の……」の歌から掛詞《かけことば》・縁語を指摘してみよう。

・「照る月を……」

「いれ」は、「(弓を)射れ」と「(月が)入れ」との掛詞。

・「白雲の……」

「白雲」と「天つ風」は縁語。

「かた」は「肩」と「方」との掛詞。

「おり」と「きぬ」は、それぞれ「袿」の縁語として「織り」と「着ぬ」とを暗示し、「おり」は「下り」と「織り」、「きぬ」は「来ぬ」と「着ぬ」の掛詞になっている。

2　本文中の和歌三首は、それぞれどのような点が評価されているのか説明してみよう。

・「こと夏は……」

　ほととぎすの初音とその風情に感じ入った天皇の心をそのままくみ取り、今宵の鳴き声を褒めたたえた和歌を詠んだ点。

・「照る月を……」

　「月を弓張というわけを詠め」という天皇の命令に対し、とっさに巧みな掛詞を用いてそのわけを和歌に詠んだ点。

・「白雲の……」

　天皇から与えられた褒美の大袿を肩に掛け、再び即座に、大袿を白雲にたとえて歌に取り入れながら、その喜びを見事な技巧を用いて詠んだ点。

3　本文では醍醐天皇をどのような人物として描いているのか考えてみよう。

・躬恒のような身分の低い者でも身近に呼んで衣を与えるなど、身分にかかわらず才のある者を重用する、柔軟で賢明な人物。

・常識的には行われないような褒賞をしても非難を受けないだけの、重々しさと仁徳をもった人物。

〈ことばと表現〉

1　傍線部にある助動詞については意味を、補助動詞については敬語の種類を考えてみよう。

(1)　歌仕うまつらしめ給へり。（高二三二・3）（古二一四・3）

・「しめ」…使役の助動詞。

・「給へ」…尊敬の補助動詞。

〈ポイント〉「しめ」は使役の助動詞「しむ」の連用形。「給へ」は尊敬の補助動詞「給ふ」の已然形で、話し手から天皇への敬意を表す。

(2)　けやけきことに思ひ給へしに、（高二三二・6）（古二一四・6）

・「給へ」…謙譲の補助動詞。

〈ポイント〉「給ふ」は四段活用の場合は尊敬語、下二段活用の場合は謙譲語となる。この「給へ」は、下に連用形接続の過去の助動詞「き」の連体形「し」があるので、連用形。ここから下二段活用であることが識別できる。話し手が自己の動作をへりくだって言う意で、「(思っ）ております」などと訳す。

(3)　いみじう感ぜさせ給ひて、（高二三三・1）（古二一五・1）

・「させ」…尊敬の助動詞。

・「給ひ」…尊敬の補助動詞。

〈ポイント〉尊敬語を二重に重ね、より高い敬意を表す最高敬語（二重敬語）の用法。ここでは話し手から天皇への敬意を表す。

(4)　思ひ給へしか。（高二三三・6）（古二一五・6）

・「給へ」…謙譲の補助動詞。

〈ポイント〉(2)と同様、下に過去の助動詞「き」の已然形「しか」が接続しているので、下二段活用の連用形であることがわかる。

―道真《みちざね》と時平《ときひら》―

品詞分解・現代語訳

①醍醐《だいご》の帝《みかど》の御時《おほんとき》、この大臣《おとど》、左大臣《さだいじん》の位《くらゐ》にて年《とし》いと若《わか》くて
格助　格助　格助　断・用　接助　副　ク・用　接助

おはします。②菅原《すがはら》の大臣《おとど》、右大臣《うだいじん》の位《くらゐ》にておはします。③その折《をり》、帝《みかど》
サ四・終・尊・補　格助　格助　断・用　接助　サ四・終・尊・補　格助

御年《おほんとし》いと若《わか》くおはします。④左右《さう》の大臣《おとど》に世《よ》の政《まつりごと》を行《おこな》ふべき
副　ク・用　サ四・終・尊・補　格助　格助　格助　格助　八四・終　命・体

よし、宣旨《せんじ》下《くだ》さしめ給《たま》へりしに、その折《をり》、左大臣《さだいじん》、御年《おほんとし》
サ四・未　尊・用　八四・已・尊・補　完・用　過・体　接助　格助

二十八《にじふはち》、九《く》ばかりなり。⑤右大臣《うだいじん》の御年《おほんとし》五十七《ごじふしち》、八《はち》にやおはしまし
副助　断・終　格助　断・用　係助　サ四・用・尊・補

けむ。⑥ともに世《よ》の政《まつりごと》をせしめ給《たま》ひし間《あひだ》、右大臣《うだいじん》は
過推・体　格助　格助　格助　サ変・未　尊・用　八四・用・尊・補　過・体　係助

才《ざえ》世《よ》に優《すぐ》れめでたくおはしまし、御心掟《おほんこころおきて》もことのほかにかしこく
副　ラ下二・用　ク・用　サ四・用・尊・補　係助　ナリ・用　ク・用

おはします。⑦左大臣《さだいじん》は御年《おほんとし》も若《わか》く、才《ざえ》もことのほかに劣《おと》り給《たま》へ
サ四・終・尊・補　係助　係助　ク・用　係助　ナリ・用　ラ四・用　八四・已・尊・補

るにより、右大臣《うだいじん》の御《おほん》おぼえ、ことのほかにおはしましたるに、左大臣《さだいじん》
存・体　格助　ラ四・用　格助　ナリ・用　サ四・用・尊・補　存・体　接助

---

①醍醐天皇の御代《みよ》に、この大臣（藤原時平公）は、左大臣の位であって年齢はたいそう若くていらっしゃる。②菅原の大臣（菅原道真公《すがわらのみちざね》）は、右大臣の位でいらっしゃる。③その時、帝はご年齢がたいそう若くていらっしゃる。④（そこで帝は）左右の大臣に世の中の政治を行うようにとの旨の、勅命をお下しなさったが、その時、左大臣は、ご年齢が二十八、九歳ほどである。⑤（一方で）右大臣のご年齢は五十七、八歳でいらっしゃっただろうか。⑥（このお二人が）一緒に世の中の政治を行いなさったとき、右大臣は学才が実に優れてすばらしくていらっしゃり、ご思慮もとりわけ勝っていらっしゃる。⑦（一方）左大臣はご年齢も若く、学才も（右大臣に比べ）格別に劣っ

安《やす》からず思《おぼ》したるほどに、さるべきにやおはしけむ、
ク・未 打・用 サ四・用・尊 存・体 格助 ラ変・体 当・体 断・用 係助 サ変・用・尊・補 過推・体

右大臣《うだいじん》の御《おほん》ためによからぬこと出《い》できて、昌泰四年《しやうたいよねん》正月二十五日《しやうぐわつにじふごにち》、
格助 格助 ク・未 打・体 カ変・用 接助

大宰権帥《だざいのごんのそち》になし奉《たてまつ》りて、流《なが》され給《たま》ふ。
格助 サ四・用 ラ四・用・謙・補 接助 サ四・未 受・用 ハ四・終・尊・補

⑧この大臣《おとど》、子《こ》どもあまたおはせしに、女君《をんなぎみ》たちは婿《むこ》取《と》り、
格助 副 サ変・未・尊 過・体 接助 係助 ラ四・用

男君《をとこぎみ》たちは皆《みな》、ほどほどにつけて位《くらゐ》どもおはせしを、それも皆《みな》
係助 格助 カ下二・用 接助 サ変・未・尊 過・体 接助 係助

方々《かたがた》に流《なが》され給《たま》ひて悲《かな》しきに、幼《をさな》くおはしける男君《をとこぎみ》・
格助 サ四・未 受・用 ハ四・用・尊・補 接助 シク・体 接助 ク・用 サ変・用・尊・補 過・体

女君《をんなぎみ》たち、慕《した》ひ泣《な》きておはしければ、「小《ちひ》さきはあへなむ。」と、
カ四・用 接助 サ変・用・尊・補 過・已 接助 ク・体 係助 ハ下二・用 強・未 推・終 格助

おほやけも許《ゆる》させ給《たま》ひしぞかし。⑨帝《みかど》の御掟《おほんおきて》、きはめて
係助 サ四・未 尊・用 ハ四・用・尊・補 過・体 係助 終助 格助 副

あやにくにおはしませば、この御子《みこ》どもを同《おな》じ方《かた》に遣《つか》はさざり
ナリ・用 サ四・已・尊・補 接助 格助 格助 シク・体 格助 サ四・未・尊 打・用

けり。⑩かたがたにいと悲《かな》しく思《おぼ》し召《め》して、御前《おまへ》の梅《むめ》の花《はな》を御覧《ごらん》じて、
過・終 副 副 シク・用 サ四・用・尊 接助 格助 格助 サ変・用・尊 接助

⑪東風《こち》吹《ふ》かばにほひおこせよ梅《むめ》の花《はな》あるじなしとて春《はる》を
カ四・未 接助 サ下二・命 ク・終 格助 接助 格助

ていらっしゃったことから、右大臣への（帝からの）ご寵愛《ちょうあい》は、格別でいらっしゃったので、（それを）左大臣は穏やかではなくお思いになっていた頃に、（前世からの因縁など）そうなってしかるべきことがおありであったのだろうか、右大臣の御身にとってよくないことが出てきて、昌泰四年の正月二十五日、（朝廷は右大臣を左遷し）大宰権帥（の官職）にし申し上げて、（右大臣は）流されなさる。

⑧この（右）大臣は、子供がたくさんいらっしゃって、女君たちは婿を取り、男君たちは皆、それぞれの身分に応じて官位などもおありだったが、そのお子様たちも皆あちこちに流されなさって悲しいのに、（まだ）幼くていらっしゃった男君・女君たちは、（父君を）慕い泣いていらっしゃったので、「小さい者は（父と一緒に下っても）差し支えないだろう。」と、朝廷もお許しになられたのであるよ。⑨（しかし）帝のご

忘《わす》る な
ラ下二・終 終助

⑫また、亭子《ていじ》の帝《みかど》に 聞《き》こえさせ 給《たま》ふ、
接続 格助 サ下二・用・謙 ハ四・体・尊・補

⑬流《なが》れ行《ゆ》く 我《われ》は 水屑《みくづ》と なり果《は》てぬ 君《きみ》 しがらみと なり て
カ四・体 係助 格助 タ下二・用 完・終 格助 ラ四・用 接助

とどめよ
マ下二・命

⑭なき ことに より かく 罪《つみ》せ られ 給《たま》ふ を、かしこく 思《おぼ》し嘆《なげ》き
ク・体 格助 ラ四・用 副 サ変・未 受・用 ハ四・体・尊・補 格助 ク・用 カ四・用・尊

て、やがて 山崎《やまざき》にて 出家《すけ》せ しめ 給《たま》ひ て、都《みやこ》 遠《とほ》く なる ままに、
接助 副 格助 サ変・未 尊・用 ハ四・用・尊・補 接助 ク・用 ラ四・体 格助

あはれに 心細《こころぼそ》く 思《おぼ》さ れ て、
ナリ・用 ク・用 サ四・未・尊 尊・用 接助

⑮君《きみ》が 住《す》む 宿《やど》の 梢《こずゑ》を ゆくゆくと 隠《かく》るる までも 返《かへ》り見《み》し
格助 マ四・体 格助 格助 副 ラ下二・体 副助 係助 マ上一・用 過・体

は や
係助 間助

⑯また、播磨《はりま》の国《くに》に おはしまし着《つ》き て、明石《あかし》の駅《むまや》と いふ 所《ところ》に
接続 格助 カ四・用・尊 接助 格助 ハ四・体 格助

御宿《おほんやど》りせ しめ 給《たま》ひ て、駅《むまや》の長《をさ》の いみじく 思《おも》へ る 気色《けしき》を
サ変・未・尊 尊・用 ハ四・用・尊・補 接助 格助 シク・用 ハ四・已 存・体 格助

処置は、この上なく無慈悲でいらっしゃったので、この（成人した）お子様たちを同じ方面におやりにならなかった。⑩（道真公は）あれこれとたいそう悲しくお思いになって、お庭先の梅の花をご覧になって、

⑪（春になって）東風が吹いたら、（その風に乗せ）匂いをこちらへ送ってくれ、梅の花よ。主人がいないからといって（花を咲かす）春を忘れるな。

⑫また、宇多《うだ》法皇に申し上げなさった（歌）、

⑬流されていく私は、すっかり水中のごみ（のようにはかない身）となってしまいました。わが君よ、（流れをせき止める）柵となって（私を）引き止めてください。

⑭（道真公は）無実の罪によってこのように罰せられなさることを、はなはだしくお嘆きになって、そのまま（途中の）山崎でご出家をなさって、都が遠くなるにつれて、しみ

御覧《ごらん》じ て、作《つく》ら しめ 給《たま》ふ 詩《からうた》、いと 悲《かな》し。
サ変・用・尊 接助 ラ四・未 尊・用 ハ四・体・尊・補 副 シク・終

⑰駅《えき》長《ちやう》莫《なカレ》レ驚《おどろクコト》時《ときノ》変《へん》改《がい》

一《いつ》栄《えい》一《いつ》落《らく》是《コレ》春《しゆん》秋《じう》

⑱やがて かしこ にて うせ 給《たま》へ る、夜《よ》の うち に、この 北野《きたの》
副 格助 サ下二・用 ハ四・已・尊・補 完・体 格助 格助 格助

に そこら の 松《まつ》を 生《お》ほし 給《たま》ひ て、渡《わた》り住《す》み 給《たま》ふ を こそ は、
格助 副 格助 格助 サ四・用 ハ四・用・尊・補 接助 マ四・用 ハ四・体・尊・補 格助 係助 係助

ただ今《いま》の 北野《きたの》の宮《みや》と 申《まう》し て、現人神《あらひとがみ》に おはします めれ ば、
格助 格助 サ四・用・謙 接助 断・用 サ四・終・尊・補 推定・已 接助

おほやけ も 行幸《ぎやうかう》せ しめ 給《たま》ふ。⑲いと かしこく あがめ 奉《たてまつ》り
係助 サ変・未 尊・用 ハ四・終・尊・補 副 ク・用 マ下二・用 ラ四・用・謙・補

給《たま》ふ めり。⑳筑紫《つくし》の おはしまし所《どころ》は 安楽寺《あんらくじ》と いひ て、おほやけ
ハ四・終・尊・補 推定・終 格助 係助 格助 ハ四・用 接助

より 別当《べたう》・所司《しよし》など なさ せ 給《たま》ひ て、いと やむごとなし。
格助 副助 サ四・未 尊・用 ハ四・用・尊・補 接助 副 ク・終

㉑内裏《だいり》焼《や》け て たびたび 造《つく》ら せ 給《たま》ふ に、円融院《ゑんゆうゐん》の 御時《おほんとき》の
カ下二・用 接助 副 ラ四・未 尊・用 ハ四・体・尊・補 接助 格助 格助

じみと心細くお思いになって（お詠みになった歌）、

⑮あなたが住む家の木々の梢を、（西へと流され、都を離れていくのにつれて）どんどん隠れて見えなくなるほどまでも、（何度も）振り返って見たことだよ。

⑯また、（道真公は）播磨の国にご到着されて、明石の駅という所にご宿泊なさって、（そこの）駅長が（道真公の左遷を）しみじみ悲しいと思っている様子をご覧になって、（道真公が）お作りなさる漢詩が、たいそう悲しい。

⑰駅長よ、そんなに驚くな。時が移り変わ（り、私が流され落ちぶれ）ることを。あるとき栄え、あるとき衰える（春に花が咲き、秋に葉が落ちる）ことは、自然な時の流れである。

⑱（道真公は）そのままあちら（筑紫《つくし》の地）でお亡くなりになったが、（その）夜の間に、（道真公の御霊《みたま》は）

ことなり、工《たくみ》ども、裏板《うらいた》どもを　いとうるはしく　鉋《かな》かきて　まかり出《い》でつつ、
断・終　格助　副　シク・用　カ四・用　接助　ダ下二・用・謙　接助

またの朝《あした》に　参《まゐ》りて　見《み》るに、昨日《きのふ》の　裏板《うらいた》に　ものの　すすけて
格助　ラ四・用・謙　接助　マ上一・体　接助　格助　格助　格助　カ下二・用　接助

見《み》ゆる　ところの　ありければ、梯《はし》に　上《のぼ》りて　見《み》るに、夜《よ》の　うち
ヤ下二・体　格助　ラ変・用　過・已　接助　格助　ラ四・用　接助　マ上一・体　接助　格助

に　虫《むし》の　食《は》める　なりけり。㉒その　文字《もじ》は、
格助　格助　マ四・已　完・体　断・用　過・終　格助　係助

造《つく》るとも　また　焼《や》けなむ　すがはらや　むねの　いたまの
ラ四・終　接助　副　係助　カ下二・用　強・未　推・終　間助　格助　格助

合《あ》はぬ　限《かぎ》りは
ハ四・未　打・体　係助

と　こそ　ありけれ。㉓それも　この　北野《きたの》の　あそばしたる　と　こそ　は
格助　係助　ラ変・用　過・已　係助　格助　格助　サ四・用・尊　完・体　格助　係助　係助

申《まう》す　めりしか。
サ四・終・謙　推定・用　過・已

㉔かくて、この　大臣《おとど》、筑紫《つくし》に　おはしまして、延喜三年《えんぎさんねん》　癸亥《みづのとゐ》　二月二十五日《にぐわつにじふごにち》
接続　格助　格助　サ四・用・尊　接助

に　うせ　給《たま》ひ　し　ぞ　かし。㉕御年《おほんとし》　五十九《ごじふく》にて。
格助　サ下二・用　ハ四・用・尊・補　過・体　係助　終助　格助

この北野にたくさんの松を生やしなさって、（筑紫から）移り住みなさる所をこそ、ただ今の北野天満宮と申し上げて、霊験あらたかな神でいらっしゃるようなので、帝も行幸なさる。⑲たいそう畏れ多く崇拝申し上げていらっしゃるようだ。⑳筑紫の（道真公が）お住まいになっていた所は安楽寺といって、朝廷から別当・所司などを任命なさって、たいそう尊い（寺である）。

㉑内裏が焼けてたびたびご造営なさるが、（これは）円融天皇の御代のことであるが、大工たちが、（屋根裏に張る）裏板などをたいそう見事に鉋《かんな》をかけて退出しては、次の朝に参上して見ると、昨日の（きちんと鉋をかけたはずの）裏板に何か黒くなって見えるところがあったので、梯《はし》子《ご》で上って見てみると、夜のうちに虫が食った（跡であり、文字になっていた）のであった。㉒その文字は、

（内裏をいくら）造ってもきっと再び焼けるだろう。菅原（道真

㉖また、北野《きたの》の神《かみ》にならせ給《たま》ひて、いと恐《おそ》ろしく神《かみ》
接続 格助 格助 ラ四・未 尊・用 ハ四・用・尊・補 接助 副 シク・用

鳴《な》りひらめき、清涼殿《せいりやうでん》に落《お》ちかかりぬと見《み》えけるが、本院《ほんゐん》の大臣《おとど》、
カ四・用 格助 ラ四・用 完・終 格助 ヤ下二・用 過・体 接助 格助

太刀《たち》を抜《ぬ》きさけて、㉗「生《い》きてもわが次《つぎ》にこそものし給《たま》ひ
格助 カ下二・用 接助 カ上二・用 接助 係助 格助 断・用 係助 サ変・用 ハ四・用・尊・補

しか。今日《けふ》、神《かみ》となり給《たま》へりとも、この世《よ》には、我《われ》に
過・已 格助 ラ四・用 ハ四・已・尊・補 完・終 接助 格助 格助 係助 格助

所置《ところお》き給《たま》ふべし。いかでかさらではあるべきぞ。」と
カ四・用 ハ四・終・尊・補 当・終 副 係助 ラ変・未 接助 係助 ラ変・体 適・体 係助 格助

にらみやりてのたまひける。㉘一度《ひとたび》は鎮《しづ》まらせ給《たま》へりけりと
ラ四・用 接助 ハ四・用・尊 過・体 係助 ラ四・未 尊・用 ハ四・已・尊・補 完・用 過・終 格助

ぞ、世《よ》の人《ひと》、申《まう》し侍《はべ》りし。㉙されど、それは、かの大臣《おとど》の
係助 格助 サ四・用・丁 ラ変・用・丁・補 過・体 接続 係助 格助 格助

いみじうおはするにはあらず、王威《わうゐ》の限《かぎ》りなくおはしますにより
シク・用・ウ サ変・体・尊 断・用 係助 ラ変・未 打・用 格助 ク・用 サ四・体・尊・補 格助 ラ四・用

て、理非《りひ》を示《しめ》させ給《たま》へるなり。（左大臣・時平）
接助 格助 サ四・未 尊・用 ハ四・已・尊・補 完・体 断・終

公）の、棟の板間が合うように、（無罪により左遷された）胸の痛み（の傷口）が合わさらない限りは

とあったということだ。㉓それもこの北野（天神道真公）がお詠みになったと（人々は）申し上げたようだ。㉔こうして、この大臣（道真公）は、筑紫にいらっしゃって、延喜三年癸亥二月二十五日にお亡くなりになったよ。㉕御年五十九歳で。

㉖また、（道真公が）北野の神におなりになられて、（その後）たいそう恐ろしく雷が鳴り光り、清涼殿に落ちかかってしまうと見えたところ、本院の大臣（時平公）は、太刀を抜き放って、㉗「（御身は）生きているときも私の次（の位）でいらっしゃった。今日、たとえ（雷）神におなりになったとしても、この世では、私に遠慮なさるべきだ。どうしてそうでなくてよいだろうか（いや、よくない）。」と（雷を）にらみやって

高 古

おっしゃったそうだ。㉘（それで）一度は（雷神が）お鎮まりになられたと、世間の人は、申しました。㉙けれども、それは、あの大臣（時平公）がすばらしくていらっしゃるのではなく、天皇の威光がこの上なくていらっしゃるために、（道真公の御霊が）道理に合うことと合わないこと（官位の序列を乱してはいけないということ）をお示しになられたのだ。

重要語句

高 古

234 216

宣旨　勅命の趣旨を述べ伝えること。勅命の内容を述べ伝える公文書。

235 217

あふ　①堪える。もちこたえる。②差し支えない。まあ、よしとする。ここでは、②の意味。

おほやけ　①天皇。皇后。中宮。②朝廷。ここでは、②の意味。

236 218

うるはし　立派だ。見事だ。端正だ。

発問　脚注問題

高 234ページ 古 216ページ

1 **誰からの「御おぼえ」なのか。それを明示して現代語訳せよ。**

帝（醍醐天皇）からのご寵愛。

高 235ページ 古 217ページ

2 **「おほやけ」は何を許したのか。**

菅原道真の子で、まだ幼い子供たちが父と一緒に下ること。

〈ポイント〉「おほやけ」は朝廷のこと。

3 **「流れ行く…」「君が住む…」の和歌にある「君」は、それぞれ誰のことか。**

・「流れ行く…」…宇多法皇（亭子の帝）。

・「君が住む…」…妻。

高 237ページ 古 219ページ

4 「申すめりしか」の主語は誰か。

（当時の）人々。

5 「一度は」と書かれている意味を説明せよ。

高 238ページ 古 220ページ

時平公の言葉を受けて一度だけは鎮まったが、この後も祟《たた》りは続いたことを暗示している。

教材末の問題

高 238ページ 古 220ページ

学習

1 本文中の和歌と漢詩に込められた道真の心情を整理してみよう。

・「東風吹かば……」

左遷によって、慣れ親しんだ都から遠く離れた地へ行かねばならないことへの悲しみ。

・「流れ行く……」

無実の罪で左遷されることへの憤りと嘆き。また、可能であれば宇多法皇の力で醍醐天皇にとりなしてほしいという悲痛な願い。

・「君が住む……」

都に残してきた、愛する妻への思慕。

・「駅長莫驚……」

出世を果たしながら、一転して左遷となった我が身の無常に対する悟り。

言語活動

1 語り手は、時平・道真に対してどのような思いを持ちながら語っているのか話し合ってみよう。

・時平

道真に比べると年若く、学才も劣っていたとし、雷神を鎮めたことについても「かの大臣のいみじうおはするにはあらず」とするなど、終始冷ややかに語っている。

・道真

時平に比べて、学才、思慮ともに優れた有能な人物であったとし、無実の罪で流されたことについても同情的に語っている。

・醍醐天皇

道真への処遇については「あやにく（無慈悲）」だという思いが表れながらも、雷神が鎮まったことについては「王威の限りなく」として、その威光をたたえている。

ことばと表現

1 傍線部を文法的に説明してみよう。

(1) 宣旨下さしめ給へりしに、（高 二三四・3）（古 二一六・3）

尊敬の助動詞「しむ」の連用形＋尊敬のハ行四段活用補助動詞「給ふ」の已然形。

(2) 太宰権帥になし奉りて、流され給ふ。（高 二三四・10）（古

二一六・10）

受身の助動詞「る」の連用形＋尊敬のハ行四段活用補助動詞「給ふ」の終止形。

(3) おほやけも許させ給ひしぞかし。（高二三五・1）（古二一七・1）

尊敬の助動詞「す」の連用形＋尊敬のハ行四段活用補助動詞「給ふ」の連用形。

(4) なきことによりかく罪せられ給ふを、（高二三五・10）（古二一七・10）

受身の助動詞「らる」の連用形＋尊敬のハ行四段活用補助動詞「給ふ」の連体形。

―村上天皇と安子《あんし》―

品詞分解・現代語訳

①藤壺《ふぢつぼ》、弘徽殿《こきでん》との上《うへ》の御局《みつぼね》はほどもなく近《ちか》きに、藤壺《ふぢつぼ》の方《かた》に

格助　格助　係助　係助　ク・用　ク・体　接助　格助　格助

は小一条《こいちでう》の女御《にょうご》、弘徽殿《こきでん》にはこの后《きさき》ののぼりておはしましあへる

係助　格助　係助　格助　格助　ラ四・用　接助　ハ四・已・尊　存・体

を、いと安《やす》からず、えやしづめがたくおはしましけむ、②中隔《なかへだ》ての壁《かべ》に

接助　副　ク・未　打・用　副　係助　ク・用　サ四・用・尊・補　過推・体　格助　格助

穴《あな》をあけて、のぞかせ給《たま》ひけるに、女御《にょうご》の御《おほん》かたち、いと

格助　カ下二・用　接助　カ四・未　尊・用　ハ四・用・尊・補　過・体　接助　格助　副

うつくしくめでたくおはしましければ、むべ、時《とき》めくにこそありけれと

シク・用　ク・用　サ四・用・尊・補　過・已　接助　副　カ四・体　断・用　係助　ラ変・用　詠・已　格助

御覧《ごらん》ずるに、いとど心《こころ》やましくならせ給《たま》ひて、穴《あな》より通《とほ》る

サ変・体・尊　接助　副　シク・用　ラ四・未　尊・用　ハ四・用・尊・補　接助　格助　ラ四・体

ばかりの土器《かはらけ》の割《わ》れして打《う》たせ給《たま》へりければ、③帝《みかど》の

副助　格助　格助　格助　タ四・未　使・用　ハ四・已・尊・補　完・用　過・已　接助　格助

おはしますほどにて、こればかりにはえ耐《た》へさせ給《たま》はず、

サ四・体・尊　格助　副助　格助　係助　副　ハ下二・未　尊・用　ハ四・未・尊・補　打・用

むつかりおはしまして、「かうやうのことは、女房《にょうばう》はせじ。伊尹《これまさ》、

ラ四・用　サ四・用・尊・補　接助　ナリ・語幹　格助　係助　係助　サ変・未　打推・終

---

①藤壺と、弘徽殿の上の御局は距離もなく近くで、藤壺の（上の御局）方には小一条の女御（芳子《ほうし》）が、弘徽殿（の上の御局）にはこの后（安子）が参内していらっしゃったが、（安子はこのことが）たいそう心穏やかでなく、心を落ち着かせることがおできにならなかったのであろうか、②中仕切りの壁に穴を開けて、（藤壺の上の御局を）おのぞきになったところ、女御のご容貌が、たいそう愛らしく優れていらっしゃったので、なるほど、（このように美しいために、帝の）寵愛《ちょうあい》を受けるのであるなあとご覧になると、ますますご不快になられて、（壁に開けた）穴を通るほどの（小さな）焼き物の破片で（女房に）あてさせなさったところ、③（ちょうど）帝がいらっ

兼通《かねみち》、兼家《かねいへ》 など が 言《い》ひ催《もよほ》し て、せ さする なら む。」と 仰《おほ》せ られ て、
副助 格助 サ四・用 接助 サ変・未 使・体 断・未 推・終 格助 サ下二・未・尊 尊・用 接助

④皆《みな》、殿上《てんじやう》 に 候《さぶら》は せ 給《たま》ふ ほど なり けれ ば、三所《みところ》 ながら
格助 ハ四・未・謙 尊・用 ハ四・体・尊・補 断・用 過・已 接助 接助

かしこまら せ 給《たま》へ り しか ば、⑤その 折《をり》 に、いとど 大《おほ》きに 腹立《はらだ》た
ラ四・未 使・用 ハ四・已・尊・補 完・用 過・已 接助 格助 格助 副 ナリ・用 タ四・未

せ 給《たま》ひ て、「渡《わた》ら せ 給《たま》へ。」と 申《まう》さ せ 給《たま》へ ば、
尊・用 ハ四・用・尊・補 接助 ラ四・未 尊・用 ハ四・命・尊・補 格助 サ四・未・謙 尊・用 ハ四・已・尊・補 接助

⑥思《おも》ふ に この こと なら む と 思《おぼ》し召《め》し て、渡《わた》ら せ 給《たま》は ぬ
ハ四・体 接助 格助 断・未 推・終 格助 サ四・用・尊 接助 ラ四・未 尊・用 ハ四・未・尊・補 打・体

を、⑦たびたび「なほ なほ。」と 御消息《おほんせうそこ》 あり けれ ば、⑧渡《わた》ら ず は いとど
接助 副 副 副 格助 ラ変・用 過・已 接助 ラ四・未 打・用 係助 副

こそ むつから め と 恐《おそ》ろしく いとほしく 思《おぼ》し召《め》し て、おはしまし ける に、
係助 ラ四・未 推・已 格助 シク・用 シク・用 サ四・用・尊 接助 サ四・用・尊 過・体 接助

⑨「いかで かかる こと は せ させ 給《たま》ふ ぞ。いみじから む 逆《さか》さま
副 連体 係助 サ変・未 尊・用 ハ四・体・尊・補 係助 シク・未 婉・体

の 罪《つみ》 あり とも、この 人々《ひとびと》 を ば 思《おぼ》し許《ゆる》す べき なり。いはむや、まろ が
格助 ラ変・終 接助 格助 格助 係助 サ四・終・尊 当・体 断・終 副 格助

方《かた》ざま にて かく せ させ 給《たま》ふ は、いと あさましう 心憂《こころう》き こと なり。
格助 副 サ変・未 尊・用 ハ四・体・尊・補 係助 副 シク・用・ウ ク・体 断・終

ただ今《いま》 召《め》し返《かへ》せ。」と 申《まう》さ せ 給《たま》ひ けれ ば、⑩「いかでか ただ今《いま》
副 サ四・命・尊 格助 サ四・未・謙 尊・用 ハ四・用・尊・補 過・已 接助 副 係助 副

しゃるときで、（さすがの帝も）これだけは我慢なさることができず、機嫌が悪くおなりになって、「このようなことは、女房は（自ら）すまい。（安子の兄である）伊尹、兼通、兼家などがそそのかして、させるのであろう。」とおっしゃって、④（これらの方々が）みな、殿上の間にお控え申し上げていらっしゃるときだったので、（帝は）お三方とも謹慎させなさったところ、⑤（安子は）そのときに、いよいよたいそうご立腹になられて、（帝に）「お渡り下さい。」と申し上げなさったので、⑥（帝は）思うにこの（謹慎の）ことであろうとお思いになって、お渡りにならないけれども、⑦（安子からは）幾度も「やはりやはり（お渡りください）。」とご伝言があったので、⑧（帝は）渡らないとますます機嫌が悪くなるだろうと恐ろしくも気の毒にもお思いになって、（安子のもとへ）いらっしゃったところ、⑨（安子は）「どうしてこのようなことを

は 許《ゆる》さ む。 音聞《おとぎ》き 見苦《みぐる》しき こと なり。」と 聞《き》こえ させ 給《たま》ひ
係助 サ四・未 意・体 シク・体 断・終 格助 ヤ下二・未・謙 尊・用 ハ四・用・尊・補

ける を、⑪「さらに ある べき こと なら ず。」と 責《せ》め 申《まう》さ せ
過・体 接助 副 ラ変・体 当・体 断・未 打・終 格助 マ下二・用 サ四・未・謙・補 尊・用

給《たま》ひ けれ ば、⑫「さらば。」と て、帰《かへ》り渡《わた》ら せ 給《たま》ふ を、
ハ四・用・尊・補 過・已 接助 接続 格助 接助 ラ四・未 尊・用 ハ四・体・尊・補 接助

⑬「おはしまし な ば、ただ今《いま》 し も 許《ゆる》さ せ 給《たま》は じ。 ただ
サ四・用・尊 完・未 接助 副 副助 係助 サ四・未 尊・用 ハ四・未・尊・補 打推・終 副

こなた にて を 召《め》せ。」と て、御衣《おほんぞ》 を 捕《と》らへ 奉《たてまつ》り て、立《た》て
格助 間助 サ四・命・尊 格助 接助 格助 ハ下二・用 ラ四・用・謙・補 接助 タ下二・用

奉《たてまつ》ら せ 給《たま》は ざり けれ ば、⑭いかが は せ む と
ラ四・未・謙・補 尊・用 ハ四・未・尊・補 打・用 過・已 接助 副 係助 サ変・未 意・体 格助

思《おぼ》し召《め》し て、この 御方《おほんかた》 へ 職事《しきじ》 召《め》し てぞ、参《まゐ》る べき よし の 宣旨《せんじ》
サ四・用・尊 接助 格助 格助 サ四・用・尊 接助係助 ラ四・終・謙 命・体 格助

下《くだ》さ せ 給《たま》ひ ける。⑮これ のみ に も あら ず、かやうなる
サ四・未 尊・用 ハ四・用・尊・補 過・体 副助 断・用 係助 ラ変・未 打・用 ナリ・体

ことども 多《おほ》く 聞《き》こえ 侍《はべ》り し かは。
ク・用 ヤ下二・用 ラ変・用・丁・補 過・体 係助

（右大臣・師輔）

なさったのか。たとえ並みひととおりではないような道理に外れた罪があるとしても、（私に免じて）この人々をお許しになるべきである。まして、私の（関わっている）方面でこのように（酷《ひど》い処分を）なさるのは、たいそう嘆かわしく残念なことである。今すぐお呼び戻しください。」と申し上げなさったところ、⑩（帝は）「どうして今すぐ許すだろうか（いや、許しはしない）。世間のうわさ（にされるの）がみっともないことである。」と申し上げなさったけれども、⑪（安子は）「けっしてあってはならないことだ。」と責め申し上げなさったので、⑫（帝は）「それでは（許そう）。」と言って、帰って行きなさると、⑬（安子は）「お戻りになられてしまえば、今すぐお許しにならないだろう。ただちにここでお呼びください。」と言って、お着物（の袖）をおつかみ申し上げて、（帝を）お立たせ申し上げなさらなかったので、⑭（帝は）どうしたらよいだろうか（いや、どうしようもない）とお思いにな

って、このお方のもとへ蔵人《くろうど》をお呼びになって、（三人に）参上すべき旨の勅命をお下しになった。⑮これだけではなく、このような（類の）ことがたくさん世に知られていましたとか。

重要語句　高　古

高239 古221 むつかる　機嫌を悪くする。不愉快に思う。

高240 古222 音聞き　世間のうわさ。外聞。評判。

発問　脚注問題　高　古

高 239ページ 古 221ページ

1 誰が誰に「申させ給へば」なのか。

安子が、帝に。

高 240ページ 古 222ページ

2 「参るべきよし」とは、誰がどこへ「参る」ことか。

謹慎を言い渡された安子の兄、伊尹、兼通、兼家の三人が、宮中（または殿上）へ参上すること。

教材末の問題　高 241ページ 古 223ページ

学習

1 「かうやうのこと」（高二三九・8）（古二二一・8）「このこと」（高二三九・11）（古二二一・11）「かかること」（高二四〇・1）（古二二二・1）「この御方」（高二四〇・8）（古二二二・8）「かやうなることども」（高二四〇・10）（古二二二・10）の指し示す内容を説明してみよう。

・「かうやうのこと」

焼き物の破片を、壁の穴から女御（芳子）に投げつけたこと。

・「このこと」「かかること」

焼き物の破片を女御（芳子）に投げつけた行為は、安子の兄である伊尹、兼通、兼家がそそのかしたことだとして、三名に謹慎を命じたこと。

・「この御方」

中宮安子のもと（御局）。

・「かやうなることども」

中宮安子が村上天皇を責め立てるなどして、強引に、自分の思い通りの宣旨を下させるような類のこと。

2　安子の言動を整理し、その人柄を考えてみよう。

・壁に穴を開けて女御の姿をのぞき見し、その姿が美しいと、嫉妬心から女御に向かって焼き物の破片を投げつけさせる。
・村上天皇が兄たちに謹慎を命じたことに激怒し、天皇に自らの局に渡るよう何度も迫る。
・村上天皇に、兄たちの謹慎について激しく抗議し、結局その場で謹慎を取り消す旨の宣旨を下させる。

→以上の言動から、中宮安子は嫉妬心が強く、気性が非常に激しい人物であると考えられる。

3　村上天皇の安子に対する思いを考えてみよう。

〈例〉安子の嫉妬心や、激しい気性にうんざりしている。また、それにどう対応すべきか困惑している。

〈ポイント〉激怒した安子に何度も局に渡るよう迫られ、「渡らないとますます機嫌が悪くなるだろうと恐ろしくも気の毒にも」思った点や、安子の激しい抗議に耐え切れず謹慎取り消しの宣旨を下してしまった点から考える。

ことばと表現

1　「穴より通るばかりの土器の割れして打たせ給へりければ」（高二三九・6）（古二二一・6）を「せ」に留意して二通りに解釈してみよう。

・「せ」を使役の意にとった場合
穴を通るほどの焼き物の破片で、安子がお付きの女房に命じてあてさせなさった。

・「せ」を尊敬の意にとった場合
穴を通るほどの焼き物の破片で、安子自身がおあてになった。

―最後の除目《ぢもく》―

品詞分解・現代語訳

①この 殿《との》たち の 兄弟《あにおとと》の 御仲《おほんなか》、年《とし》ごろ の 官位《つかさくらゐ》の 劣《おと》りまさり の ほど
格助 格助 格助 格助 格助 格助

に、御仲《おほんなか》 悪《あ》しくて 過《す》ぎ させ 給《たま》ひ し 間《あひだ》に、②堀河殿《ほりかはどの》 御病《おほんやまひ》 重《おも》く
格助 シク・用 接助 ガ上二・未 尊・用 ハ四・用・尊・補 過・体 格助 ク・用

なら せ 給《たま》ひ て、今《いま》は 限《かぎ》り に て おはしまし し ほど に、
ラ四・未 尊・用 ハ四・用・尊・補 接助 係助 断・用 接助 サ四・用・尊・補 過・体 格助

③東《ひむがし》の 方《かた》に 前駆追《さきお》ふ 音《おと》の すれ ば、御前《おまへ》に 候《さぶら》ふ 人《ひと》たち、「誰《たれ》
格助 格助 ハ四・体 格助 サ変・已 接助 格助 ハ四・体・謙

ぞ。」など 言《い》ふ ほど に、「東三条《とうさんでう》の大将殿《たいしやうどの》 参《まゐ》ら せ 給《たま》ふ。」と 人《ひと》の
係助 副助 ハ四・体 格助 ラ四・未・謙 尊・用 ハ四・終・尊・補 格助 格助

申《まう》し けれ ば、④殿《との》 聞《き》か せ 給《たま》ひ て、年《とし》ごろ 仲《なか》らひ よから ず
サ四・用・謙 過・已 接助 カ四・未 尊・用 ハ四・用・尊・補 接助 副 ク・未 打・用

して 過《す》ぎ つる に、今《いま》は 限《かぎ》り に なり たる と 聞《き》き て、とぶらひ に
接助 ガ上二・用 完・体 接助 係助 格助 ラ四・用 完・体 格助 カ四・用 接助 格助

おはする に こそ は と て、⑤御前《おまへ》なる 苦《くる》しき もの 取《と》りやり、大殿籠《おほとのご》もり
サ変・体・尊 断・用 係助 係助 格助 接助 存在・体 シク・体 ラ四・用 ラ四・用・尊

たる 所《ところ》 ひきつくろひ など し て、入《い》れ 奉《たてまつ》ら む と て 待《ま》ち
存・体 ハ四・用 副助 サ変・用 接助 ラ下二・用 ラ四・未・謙・補 意・終 格助 接助 タ四・用

---

①この殿たち（兼通《かねみち》公・兼家《かねいへ》公）の兄弟のご関係は、長年の官位の優劣（争い）の間に、ご関係が悪く（なってしまっ）てお過ごしでいらっしゃったうちに、②堀河殿（兼通公）はご病気が重くなられて、ご危篤でいらっしゃったときに、③（兼家公の邸宅がある）東の方で先払いをする声がするので、（兼通公の）おそばに伺候する人々が、「誰だ。」などと言ううちに、「東三条の大将殿（兼家公）が参上なさいます。」と誰かが申し上げたので、④殿（兼通公）は（この声を）お聞きになって、長年仲がよくない状態で過ぎてしまったが、（私が）危篤になったと聞いて、見舞いにいらっしゃるのだろうとお思いになって、⑤おそばにある見苦しいものを片づけ、お休みになって

給《たま》ふ に、⑥「早《はや》く 過《す》ぎ て、内裏《うち》へ 参《まゐ》ら せ 給《たま》ひ ぬ。」と
ハ四・体・尊・補　接助　副　ガ上二・用　接助　格助　ラ四・未・謙　尊・用　ハ四・用・尊・補　完・終　格助

人《ひと》の 申《まう》す に、いと あさましく 心憂《こころう》く て、⑦御前《おまへ》に 候《さぶら》ふ 人々《ひとびと》も
格助　サ四・体・謙　接助　副　シク・用　ク・用　接助　格助　ハ四・体・謙　係助

をこがましく 思《おも》ふ らむ。⑧おはし たら ば、関白《くわんぱく》など 譲《ゆづ》る こと など 申《まう》さ
シク・用　ハ四・終　現推・終　サ変・用・尊　完・未　接助　副助　ラ四・体　副助　サ四・未・謙

む と こそ 思《おも》ひ つる に。⑨かかれ ば こそ 年《とし》ごろ 仲《なか》らひ よから で 過《す》ぎ
意・終　格助　係助　ハ四・用　完・体　接助　ラ変・已　接助　係助　ク・未　接助　ガ上二・用

つれ。⑩あさましく 安《やす》から ぬ こと なり と て、限《かぎ》り の さま にて 臥《ふ》し
完・已　シク・用　ク・未　打・体　断・終　格助　接助　格助　格助　サ四・用

給《たま》へ る 人《ひと》の、「かき起《お》こせ。」と のたまへ ば、⑪人々《ひとびと》 あやし と 思《おも》ふ
ハ四・已・尊・補　存・体　格助　サ四・命　格助　ハ四・已・尊　接助　シク・終　格助　ハ四・体

ほど に、「車《くるま》に 装束《さうぞく》せよ。御前《ごぜん》もよほせ。」と 仰《おほ》せ らるれ ば、⑫物《もの》の
格助　格助　サ変・命　サ四・命　格助　サ下二・未・尊　尊・已　接助　格助

つか せ 給《たま》へ る か、現《うつ》し心《ごころ》も なく て 仰《おほ》せ らるる か と、
カ四・未　尊・用　ハ四・已・尊・補　完・体　係助　係助　ク・用　接助　サ下二・未・尊　尊・体　係助　格助

あやしく 見《み》 奉《たてまつ》る ほど に、⑬御冠《おほんかぶり》 召《め》し寄《よ》せ て、装束《さうぞく》 など せ
シク・用　マ上一・用　ラ四・体・謙・補　格助　サ下二・用・尊　接助　副助　サ変・未

させ 給《たま》ひ て、内裏《うち》へ 参《まゐ》ら せ 給《たま》ひ て、陣《ぢん》の 内《うち》は
尊・用　ハ四・用・尊・補　接助　格助　ラ四・未・謙　尊・用　ハ四・用・尊・補　接助　格助　係助

君達《きんだち》に かかり て、滝口《たきぐち》の 陣《ぢん》の 方《かた》より 御前《おまへ》へ 参《まゐ》ら せ 給《たま》ひ
格助　ラ四・用　接助　格助　格助　格助　格助　ラ四・未・謙　尊・用　ハ四・用・尊・補

いる所を整えるなどして、(兼家公を邸宅に)お入れ申し上げようとお待ちなさっていると、⑥「(兼家公は)すでに通り過ぎて、宮中へ参内なさった。」と誰かが申し上げるので、(兼通公は)たいそう驚き不快に思われて、⑦おそばに伺候する人々も(この私の行動を)みっともなく思っているだろう。⑧(兼家公が)いらっしゃったならば、関白など(の地位)を譲ることなどを申し上げようと思っていたのに。⑨こういうことだから長年仲がよくなくて過ごしてしまった(のだ)。⑩(私が危篤にある中で、門前を通り過ぎるとは)驚きあきれ心穏やかではないことだとお思いになり、危篤の様子で横たわっていらっしゃる方(兼通公)が、「抱え起こせ。」とおっしゃるので、⑪(伺候している)人々は(この言動を)変だと思ううちに、(兼通公は)「車に(出立の)支度をせよ。先導役の人々を招集せよ。」とおっしゃるので、⑫(人々は)物の怪《け》がおつきになっ

て、⑭昆明池《こんめいち》の障子《さうじ》の もとに さし出《い》で させ 給《たま》へ る に、昼《ひ》の御座《ござ》に、
接助　格助　格助　ダ下二・未　尊・用　ハ四・已・尊・補　完・体　接助　格助

東三条《とうさんでう》の大将《たいしやう》、御前《おまへ》に 候《さぶら》ひ 給《たま》ふ ほど なり けり。
格助　ハ四・用・謙　ハ四・体・尊・補　断・用　過・終

⑮この 大将殿《たいしやうどの》は、堀河殿《ほりかはどの》 すでに 失《う》せ させ 給《たま》ひ ぬ と 聞《き》か
格助　係助　副　サ下二・未　尊・用　ハ四・用・尊・補　完・終　格助　カ四・未

せ 給《たま》ひ て、内《うち》に 関白《くわんぱく》の こと 申《まう》さ む と 思《おも》ひ 給《たま》ひ
尊・用　ハ四・用・尊・補　接助　格助　格助　サ四・未・謙　意・終　格助　ハ四・用　ハ四・用・尊・補

て、⑯この 殿《との》の 門《かど》を 通《とほ》り て、参《まゐ》り て 申《まう》し 奉《たてまつ》る ほど
接助　格助　格助　ラ四・用　接助　ラ四・用・謙　接助　サ四・用・謙　ラ四・体・謙・補

に、⑰堀河殿《ほりかはどの》の 目《め》を つづらかに さし出《い》で 給《たま》へ る に、帝《みかど》も
格助　格助　格助　ナリ・用　ダ下二・用　ハ四・已・尊・補　完・体　接助　係助

大将《たいしやう》も いと あさましく 思《おぼ》し召《め》す。⑱大将《たいしやう》は うち見《み》る ままに、立《た》ち て
係助　副　シク・用　サ四・終・尊　係助　マ上一・体　格助　タ四・用　接助

鬼《おに》の間《ま》の 方《かた》に おはし ぬ。⑲関白殿《くわんぱくどの》 御前《おまへ》に つい居《ゐ》 給《たま》ひ て、
格助　格助　サ変・用・尊　完・終　格助　ワ上一・用　ハ四・用・尊・補　接助

御気色《おほんけしき》 いと 悪《あ》しく て、「最後《さいご》の 除目《ぢもく》 行《おこな》ひ に 参《まゐ》り て 侍《はべ》り
副　シク・用　接助　格助　ハ四・用　格助　ラ四・用・謙　接助　ラ変・用・丁・補

つる なり。」と て、⑳蔵人頭《くらうどのとう》 召《め》し て、関白《くわんぱく》に は 頼忠《よりただ》の大臣《おとど》、東三条殿《とうさんでうどの》
完・体　断・終　格助　接助　サ四・用・尊　接助　格助　係助

の 大将《たいしやう》を 取《と》り て、小一条《こいちでう》の済時《なりとき》の中納言《ちゆうなごん》を 大将《たいしやう》に なし 聞《き》こゆる
格助　格助　ラ四・用　接助　格助　格助　サ四・用　ヤ下二・体・謙・補

たか、（もしくは病のせいで）正気もなくて（うわごとを）おっしゃるのかと、不思議に思って見申し上げる間に、⑬（兼通公は）御冠をお取り寄せになって、装束なども身につけなさって、（危篤の身でありながら）宮中へ参上なさって、陣の内（に入って）からはご子息たちに寄りかかって（お歩きになり）、滝口の陣の方から（天皇の）御前へ参上なさって、⑭（清涼殿にある）昆明池の障子のあたりにお出になったところ、（ちょうど）天皇の昼間の御座所に、東三条の大将（兼家公）が、御前に伺候なさっているところであった。

⑮この大将殿（兼家公）は、堀河殿（兼通公）がすでにお亡くなりになったとお聞きになって、（円融）天皇に関白のことを申し上げようとお思いになって、⑯この殿（兼通公の邸宅）の門前を通って、参内して（この件を）お願い申し上げる（ちょうどその）間に、⑰堀河殿が（怒りのために）目をむいて（障子のあ

宣旨《せんじ》 下《くだ》し て、 ㉑東三条殿《とうさんでうどの》 を ば 治部卿《ぢぶきやう》 に なし 聞《き》こえ て 出《い》で
サ四・用 接助 格助 係助 格助 サ四・用 ヤ下二・用・謙・補 接助 ダ下二・未

させ 給《たま》ひ て、 ほどなく 失《う》せ 給《たま》ひ し ぞ かし。 ㉒心意地《こころいぢ》 に
尊・用 ハ四・用・尊・補 接助 ク・用 サ下二・用 ハ四・用・尊・補 過・体 係助 終助 断・用

て おはせ し 殿《との》 に て、 さばかり 限《かぎ》り に おはせ し に、
接助 サ変・未・尊・補 過・体 断・用 接助 副 副助 断・用 サ変・未・尊・補 過・体 接助

ねたさ に 内裏《うち》 に 参《まゐ》り て 申《まう》さ せ 給《たま》ひ し ほど、 異人《ことひと》
格助 格助 ラ四・用・謙 接助 サ四・未・謙 尊・用 ハ四・用・尊・補 過・体

す べう も なかりし ことぞ かし。
サ変・終 可・用・ウ 係助 ク・用 過・体 係助 終助

㉓されば、 東三条殿《とうさんでうどの》 官《つかさ》 取《と》り 給《たま》ふ ことも、 ひたぶるに 堀河殿《ほりかはどの》 の
接続 ラ四・用 ハ四・体・尊・補 係助 ナリ・用 格助

非常《ひざう》 の 御心《おほんこころ》 に も 侍《はべ》ら ず。 ㉔ことの ゆゑは、 かく なり。
ナリ・語幹 格助 断・用 係助 ラ変・未・丁・補 打・終 格助 係助 副 断・終

（太政大臣・兼通）

たりに）お出になったので、天皇も大将殿もたいそう驚きあきれるばかりにお思いになる。⑱大将殿は（兼通公を）見るやいなや、立ち上がって鬼の間の方に（逃げるように）いらっしゃってしまった。⑲関白殿（兼通公）は（天皇の）御前にかしこまってお座りになって、ご機嫌がたいそう悪い様子で、「最後の除目を行いに参内したのでございます。」と言って、⑳蔵人頭をお呼びになって、（次の）関白には藤原頼忠の大臣（を任命し）、東三条殿の大将（の位）を剥奪して、小一条の藤原済時の中納言を大将になし申し上げる宣旨を下して、㉑東三条殿を（左遷し）治部省の長官になし申し上げて（宮中を）退出なさって、間もなくお亡くなりになったよ。㉒（兼通公は）我が強い性分でいらっしゃった殿であって、それほど危篤の状態でいらっしゃったのに、（兼家公の）憎らしさに宮中へ参上して（除目のことを）申し上げなさった様子は、他の人々

はまねもできないことであったよ。
㉓それゆえ、(兼通公が)東三条殿の官位を剝奪なさったことも、ひたすらに堀河殿のとんでもないお心(によるもの)でもございません。
㉔ことのいきさつは、こうである。

重要語句 高 古

高242 古224 **前駆追ふ** 貴人が行く道の前方の人々を追い払う。

高243 古225 **もよほす** ①催促する。②執り行う。③招集する。ここでは、③の意味。

除目 官職に任命する儀式。任命式。

発問 脚注問題 高 古

1 誰の「御前」か。 高 242ページ 古 224ページ

堀河殿(兼通)。

2 「かかれば」が指す内容を説明せよ。

危篤状態の兄を見舞いもせず、そのまま素通りするような、兼家の冷たい態度のこと。

〈ポイント〉「早く過ぎて、内裏へ参らせ給ひぬ」という兼家の態度を指している。

3 誰の「御前」か。 高 243ページ 古 225ページ

帝(円融天皇)。

4 なぜ「最後の…侍りつるなり」と発言したのか。

自分の病気が重く、もうすぐ命が尽きそうなことがわかっていたので、最後に除目を行い、兼家を左遷して関白の位につけないようにしたかったから。

教材末の問題 高 244ページ 古 226ページ

学習

1 本文から兼通が心の中で思っている部分を抜き出してみよう。また、語り手である侍の意見・判断が述べられている表現を抜き出してみよう。

○兼通が心の中で思っている部分

・「年ごろ仲らひよからずして過ぎつるに、今は限りにな

りたると聞きて、とぶらひにおはするにこそは」（高二四二・8）（古二二四・8）

・「入れ奉らむ」（高二四二・10）（古二二四・10）

・「御前に候ふ人々もをこがましく思ふらむ。……あさましく安からぬことなり」（高二四二・12）（古二二四・12）

○話し手である侍の意見・判断が述べられている表現

・「心意地にておはせし殿にて、さばかり限りにおはせしに、ねたさに内裏に参りて申させ給ひしほど、異人すべうもなかりしことぞかし。」（高二四四・2）（古二二六・2）

・「されば、東三条殿官取り給ふことも、ひたぶるに堀河殿の非常の御心にも侍らず。」（高二四四・4）（古二二六・4）

2　兼家と兼通が帝のところに参上した理由を、それぞれ説明してみよう。

兼家…兼通が亡くなったと聞き、天皇に自分を関白にしてもらえるよう願い出るため。

兼通…兼家ではない者に関白を譲り、さらに兼家の身分を下げるため。

ことばと表現

1　傍線部から敬語を抜き出し、敬語の種類と敬意の方向を考えてみよう。

(1)「東三条の大将殿参らせ給ふ。」（高二四二・7）（古二二四・7）

・「参ら」…謙譲の本動詞。「人」から堀河殿（兼通）へ。

・「せ」…尊敬の助動詞。「人」から東三条の大将（兼家）へ。

・「給ふ」…尊敬の補助動詞。「人」から東三条の大将（兼家）へ。

〈ポイント〉会話主である「人」からの敬意。謙譲語「参ら」は動作の受け手である堀河殿（兼通）への、尊敬語「せ」「給ふ」は動作の為手《して》である東三条の大将（兼家）への敬意。

(2)「早く過ぎて、内裏へ参らせ給ひぬ。」（高二四二・11）（古二二四・11）

・「参ら」…謙譲の本動詞。「人」から「内裏（天皇）」へ。

・「せ」…尊敬の助動詞。「人」から東三条の大将（兼家）へ。

・「給ひ」…尊敬の補助動詞。「人」から東三条の大将（兼家）へ。

〈ポイント〉(1)同様、会話主である「人」からの敬意。謙譲語「参ら」の動作の受け手は、ここでは内裏（天皇）。

(3)御前へ参らせ給ひて、（高二四三・6）（古二二五・6）

・「御」…尊敬（接頭語）。話し手（侍）から天皇へ。

・「参ら」…謙譲の本動詞。話し手（侍）から天皇へ。

・「せ」…尊敬の助動詞。話し手（侍）から堀河殿（兼通）へ。

・「給ひ」…尊敬の補助動詞。話し手（侍）から堀河殿（兼通）へ。

〈ポイント〉地の文なので、話し手（侍）からの敬意。謙譲語「参ら」は動作の受け手である天皇への、尊敬語「せ」「給ふ」は動作の為手である堀河殿（兼通）への敬意。

探究の扉 ―比べ読み―

栄花物語《えいぐわものがたり》

高「高等学校 古典探究」245〜247ページ
古「古典探究 古文編」227〜229ページ

作品紹介

栄花物語 えいがものがたり 歴史物語。正編と続編に分かれる。正編の編者は歌人の赤染衛門《あかぞめゑもん》が有力視されているが、作者は未詳。続編の作者も未詳であるが、一説に出羽弁《いでわのべん》が編者ともいわれる。正編は十一世紀前半、続編は寛治六《かんじ》（一〇九二）年頃の成立と考えられる。宇多《うだ》天皇の仁和《にんな》三（八八七）年から堀河天皇の寛治六年までの歴史が編年体でつづられ、歴史物語の先駆けとして史的意義が高い。

―兼通と兼家―

品詞分解・現代語訳

①堀河殿《ほりかはどの》、御心地《おほんここち》 いと 悩《なや》ましう 思《おぼ》さ れ て、御心《おほんこころ》 の うち に 思《おぼ》し
副 シク・用・ウ サ四・未・尊 尊・用 接助 格助 格助 サ四・用・尊

ける やう、②いかで この 東三条《とうさんでう》の大将《たいしやう》、わが 命《いのち》 も 知《し》ら ず、なき
過・体 副 格助 格助 係助 ラ四・未 打・用 ク・体

やうに しなし て、③この 左大臣《ひだりのおとど》 を わが 次《つぎ》 の 一《いち》の人《ひと》 に て あら
比・用 サ四・用 接助 格助 格助 格助 格助 断・用 接助 ラ変・未・補

せ む と 思《おぼ》す 心《こころ》 あり て、④帝《みかど》 に つねに 「この 右大将兼家《うだいしやうかねいへ》 は、
使・未 意・終 格助 サ四・体・尊 ラ変・用 接助 格助 ナリ・用 格助 係助

冷泉院《れいぜいのゐん》 の 御子《みこ》 を 持《も》ち 奉《たてまつ》り て、ともすれば これ を これ を と
格助 格助 タ四・用 ラ四・用・謙・補 接助 副 格助 格助 格助

---

①堀河殿（兼通公）は、ご気分がたいそう悪くお思いになって、お心の中でお思いになったことには、②どうにかしてこの東三条の大将（兼家公）を、私の寿命も（いつ絶えるか）わからないので、（今のうちに表舞台から）いない状態にしておいて、③この左大臣（藤原頼忠）を自分の次の関白にしてやろうとお思いになる心があって、④帝（円融天皇）にい

言《い》ひ思《おも》ひ、祈《いの》りすること。」と言《い》ひ告《つ》げ給《たま》ひて、⑤帝《みかど》は堀河院《ほりかはゐん》に
ハ四・用　サ変・体　格助　ガ下二・用　ハ四・用・尊・補　接助　係助　格助

おはしましければ、我《われ》は悩《なや》ましとて里《さと》におはしますに、⑥わりなくて
サ四・用・尊　過・已　接助　係助　シク・終　格助　接助　格助　サ四・体・尊　接助　ク・用　接助

参《まゐ》らせ給《たま》うて、この東三条《とうさんでう》の大将《たいしやう》の不能《ふのう》を奏《そう》し
ラ四・未・謙　尊・用　ハ四・用・ウ・尊・補　接助　格助　格助　格助　サ変・用・謙

給《たま》ひて、⑦「かかる人《ひと》は世《よ》にありては公《おほやけ》の御《おほん》ために大事《だいじ》
ハ四・用・尊・補　接助　連体　係助　格助　ラ変・用　接助　係助　格助　格助

出《い》で来《き》侍《はべ》りなむ。かやうのことはいましめたるこそよけれ。」
カ変・用　ラ変・用・丁・補　強・未　推・終　ナリ・語幹　格助　係助　マ下二・用　完・体　係助　ク・已

など奏《そう》し給《たま》ひて、⑧貞元二年《ぢやうげんにねん》十月十一日《じふぐわつじふいちにち》大納言《だいなごん》の大将《たいしやう》を取《と》り
副助　サ変・用・謙　ハ四・用・尊・補　接助　格助　格助　ラ四・用

奉《たてまつ》り給《たま》ひて、治部卿《ぢぶきやう》になし奉《たてまつ》り給《たま》ひつ。
ラ四・用・謙・補　ハ四・用・尊・補　接助　格助　サ四・用　ラ四・用・謙・補　ハ四・用・尊・補　完・終

⑨無官《むくわん》の定《ぢやう》になし聞《き》こえまほしけれど、さすがにその事《こと》と
格助　格助　サ四・用　ヤ下二・未・謙・補　希・已　接助　副　格助　格助

さしたることのなければ、思《おぼ》しあまりてかくまでもなし聞《き》こえ
連体　格助　ク・已　接助　ラ四・用・尊　接助　副　副助　係助　サ四・用　ヤ下二・用・謙・補

給《たま》へるなりけり。⑩御心《おほんこころ》のままにだにあらば、いみじき
ハ四・已・尊・補　完・体　断・用　過・終　格助　格助　副助　ラ変・未　接助　シク・体

筑紫九国《つくしきうこく》までもと思《おぼ》せど、過《あやま》ちなければなりけり。⑪御代《おほんか》はりの
副助　係助　格助　サ四・已・尊　接助　ク・已　接助　断・用　過・終　格助

つも「この右大将兼家は、冷泉院の御子（居貞《おきさだ》親王）を擁し申し上げて、ややもするとこの御子をこの御子を（ぜひ天皇に）と口にして思い、祈願していること（です）。」と言い告げなさって、⑤（その頃）帝は堀河院にお住まいなさっていたので、（兼通）自身は（病気のため）気分が悪いといって里邸にいらっしゃるが、⑥無理をして（帝の御前に）参上なさって、この東三条の大将の無能を帝に申し上げなさって、⑦「こういう人が（政治の）世界にいては朝廷の御ためにきっと一大事が出てくるでしょう。このようなことは用心するのがよい（のです）。」など申し上げなさって、⑧貞元二年十月十一日に（兼家公の）大納言の大将（の官職を）お取り申し上げなさって、治部卿になし申し上げなさった。⑨無官ということになし申し上げたかったが、そうはいっても（兼家公には）これというたいしたこと（落ち度）がなかったので、（兼通公は）ご思案に余ってこれくらいに

大将《たいしやう》 に は、 小一条《こいちでう》の大臣《おとど》 の 御子《みこ》 の 済時《なりとき》の中納言《ちゆうなごん》 なり 給《たま》ひ ぬ。
格助 係助 格助 格助 ラ四・用 ハ四・用・尊・補 完・終

⑫東三条《とうさんでう》の治部卿《ぢぶきやう》 は 御門《おほんかど》 閉《と》ぢ て、 あさましう いみじき 世《よ》の中《なか》 を ねたう
係助 ダ上二・用 接助 シク・用・ウ シク・体 格助 ク・用・ウ

わりなく 思《おぼ》しむせび たり。 ⑬家《いへ》 の 子《こ》 の 君達《きんだち》 出《い》でまじらひ 給《たま》は ず、
ク・用 バ四・用・尊 完・終 格助 格助 ハ四・用 ハ四・未・尊・補 打・用

世《よ》 を あさましき もの に 思《おぼ》さ れ たり。
格助 シク・体 格助 サ四・未・尊 自・用 完・終

⑭かかる ほど に、 堀河殿《ほりかはどの》、 御心地《おほんここち》 いとど 重《おも》り て、 頼《たの》もしげなき 由《よし》 を 世《よ》 に
連体 格助 副 ラ四・用 接助 ク・体 格助 格助

申《まう》す。 ⑮さいつころ 内裏《うち》 に 参《まゐ》ら せ 給《たま》ひ て、 東三条《とうさんでう》の大将《たいしやう》 を
サ四・終・謙 格助 ラ四・未・謙 尊・用 ハ四・用・尊・補 接助 格助

ば なくなし 奉《たてまつ》り 給《たま》ひ て き。 ⑯今一度《いまひとたび》 と て 内裏《うち》 に
係助 サ四・用 ラ四・用・謙・補 ハ四・用・尊・補 完・用 過・終 副 格助 接助 格助

参《まゐ》ら せ 給《たま》ひ て、 よろづ を 奏《そう》し固《かた》め て 出《い》で させ
ラ四・未・謙 尊・用 ハ四・用・尊・補 接助 格助 マ下二・用・謙 接助 ダ下二・未 尊・用

給《たま》ひ に けり。 ⑰何事《なにごと》 ならむ と ゆかしけれ ど、 また 音《おと》なし。
ハ四・用・尊・補 完・用 過・終 断・未 推・体 格助 シク・已 接助 副 シク・終

⑱かくて 十一月四日《じふいちぐわつよか》、 准三宮《じゆんさんぐう》 の 位《くらゐ》 に なら せ 給《たま》ひ ぬ。 ⑲同月《どうぐわつ》
接続 格助 格助 ラ四・未 尊・用 ハ四・用・尊・補 完・終

八日《ようか》 失《う》せ 給《たま》ひ ぬ。 御年《おほんとし》 五十三《ごじふさん》 なり。 ⑳忠義公《ちゆうぎこう》 と 御諡《おほんいみな》 を
サ下二・用 ハ四・用・尊・補 完・終 断・終 格助 格助

なし申し上げなさったのだった。⑩もし(兼通公の)お考えのとおりにさえなるのならば、恐ろしい九州にまでも(左遷しよう)とお思いになるが、(兼家公にはそれ相応の)過失がなかったからであった。⑪御代理の大将には、小一条の大臣のご子息である済時の中納言がおなりになった。⑫東三条の治部卿(兼家公)は御門を閉じて、情けなくひどい世の中を腹立たしく耐え難くお思いになりむせび泣いた。⑬一家のご子息たちは(世間に)出て(人々と)つき合いなさらず、この世を情けないものとお思いになった。

⑭こうした間に、堀河殿は、ご病気がますます重くなって、(回復に)期待が持てない旨を世間では申し上げる。⑮先ごろ宮中に参上なさって、東三条の大将を失脚させ申し上げなさった(ことだ)。⑯(さらに)もう一度と言って宮中に参上なさって、万事を天皇にしっかりと申し上げて退出なさった。⑰どんなこと(を申し上げたの)であろうかと(人々は)知りたく思うが、

聞《き》こゆ。　㉑あはれに　いみじ。　㉒かく　いくばく　も　おはしまさ　ざり　ける　に、
ヤ下二・終・謙　ナリ・用　シク・終　副　副　係助　サ四・未・尊　打・用　過・体　接助

東三条《とうさんでう》の大納言《だいなごん》　を　あさましう　嘆《なげ》か　せ　奉《たてまつ》り　給《たま》ひ　ける　も
格助　シク・用・ウ　カ四・未　使・用　ラ四・用・謙・補　ハ四・用・尊・補　過・体　係助

心憂《こころう》し。
ク・終

再び（それについての）噂《うわさ》もない。⑱こうして十一月四日、（兼通公は）准三宮の位におなりになった。⑲（そして）同じ月の八日にお亡くなりになった。御年五十三歳である。⑳忠義公と御諡を申し上げる。㉑しみじみと悲しいことである。㉒このように（残された寿命は）いくらもおありにならなかったのに、東三条の大納言（兼家公）をひどく嘆かせ申し上げなさったのも情けない（ことだ）。

発問　脚注問題　高　古

高 246ページ　古 228ページ

1　「思せど」「過ちなければ」の主語は誰か。

・「思せど」…堀河殿（兼通）。
・「過ちなければ」…東三条の大将（兼家）。

教材末の問題　高 247ページ　古 229ページ

言語活動

1　同じ出来事を語る『大鏡』と『栄花物語』との間に、内容や語り方でどのような違いがあるのか。話し合ってみよう。

〈例〉兼家の左遷の原因について、『大鏡』では兼家を、『栄花物語』では逆に兼通を非難する内容になっている。

説話　古今著聞集《ここんちょもんじふ》

高「高等学校　古典探究」248～249ページ
古「古典探究　古文編」230～231ページ

作品紹介

古今著聞集　ここんちょもんじゅう　↓この教科書ガイドの12頁
橘成季　たちばなのなりすえ　↓この教科書ガイドの12頁

――菅原道真《すがはらのみちざね》――

品詞分解・現代語訳

①菅丞相《くわんしようじやう》、昌泰三年《しやうたいさんねん》　九月《くぐわつ》　十日《とをか》　の（格助）　宴《えん》　に（格助）、正三位《しやうさんみ》　の（格助）　右大臣《うだいじん》　の（格助）　大将《だいしやう》　にて（格助）　内裏《うち》　に（格助）　候は《さうら》（ハ四・未・謙）　せ（尊・用）　給ひ《たま》（ハ四・用・尊・補）　ける（過・体）　に（格助）、

②君《きみハ》　富《とミ》二　春《しゆん》　秋《じうニ》一　臣《しんハ》　漸《やうやク》　老《おイタリ》
恩《おんハ》　無《なク》二　涯《がい》　岸《がん》一　報《むくユルコト》　猶《なホ》　遅《おそシ》

---

①菅原道真は、昌泰三年（九〇〇年）九月十日の（漢詩を作る）宴で、正三位の右大臣の大将として宮中に伺候なさっていたときに、

②（我が）君は御年も若く残りの人生も長くていらっしゃいますが、（私めは）だんだんと老いてきました。（わが身に受けた）君の恩は限りありませんが、その恩に報いることがやはり遅々としてできていません。

③と 作《つく》ら せ 給《たま》ひ けれ ば、叡感《えいかん》の あまり に、御衣《おんぞ》を
格助　ラ四・未　尊・用　ハ四・用・尊・補　過・已　接助　格助　格助　格助

脱《ぬ》ぎ て かづけ させ 給《たま》ひ し を、同《おな》じき 四年《よねん》 正月《しやうぐわつ》 に、
ガ四・用　接助　カ下二・未　尊・用　ハ四・用・尊・補　過・体　接助　シク・体　格助

本院《ほんゐん》の大臣《おとど》 の 奏事《そうじ》 不実《ふじつ》 に より て、にはかに 大宰権帥《だざいのごんのそち》 に うつさ
格助　格助　ラ四・用　接助　ナリ・用　格助　サ四・未

れ 給《たま》ひ しか ば、いかばかり 世《よ》 も 恨《うら》めしく、御憤《おんいきどほ》り も 深《ふか》かり
受・用　ハ四・用・尊・補　過・已　接助　副　係助　シク・用　係助　ク・用

けめ ども、なほ 君臣《くんしん》 の 礼《れい》 は 忘《わす》れがたく、魚水《ぎよすい》 の 節《せつ》 も しのび
過推・已　接助　副　格助　係助　ク・用　格助　係助　バ上二・用

え ず や おぼえ させ 給《たま》ひ けん、都《みやこ》 の 形見《かたみ》 と て、
ア下二・未・補　打・用　係助　ヤ下二・未　尊・用　ハ四・用・尊・補　過原推・体　格助　格助　接助

かの 御衣《おんぞ》 を 御身《おんみ》 に 添《そ》へ られ たり けり。④さて 次《つぎ》 の 年《とし》 の
格助　格助　格助　ハ下二・未　尊・用　完・用　過・終　接続　格助　格助

同《おな》じ 日《ひ》、かく ぞ 詠《えい》ぜ させ 給《たま》ひ ける。
シク・体　副　係助　サ変・未　尊・用　ハ四・用・尊・補　過・体

⑤　去《きよ》年《ねんノ》今《こん》夜《や》侍《じス》二清《せい》涼《りやうニ》一

秋《しう》思《しノ》詩《し》篇《へん》独《ひとり》断《たツ》レ腸《はらわたヲ》

---

③と（詩を）作りなさったので、（帝《みかど》は）感嘆のあまりに、お召し物を脱いで（道真に褒美として）お与えになったが、同四年正月に、本院の大臣（藤原時平《ときひら》）が讒言《ざんげん》して（道真に）無実の罪を着せたことによって、急に大宰権帥に左遷されなさったので、どれほど世も恨めしく、憤りも深かったであろうけれども、それでもやはり君臣の礼は忘れがたく、魚と水のように離れがたい君臣の関係を忍びがたく思われなさったからだろうか、在京時代の形見だとして、（帝からいただいた）あのお着物をご自身の身に添えられたのだった。

④そうして次の年の同じ日に、このように詩を詠じなさった。

⑤昨年の今夜、（私は）清涼殿《せいりょうでん》に伺候していた。「秋思」の題に、私一人がはらわたを断つ思いを込めて詩を詠んだ。（そのとき）帝からいただいた御衣は今もここにある。（その御衣を）毎日捧げ持っては余香を拝して（君

恩《おん》賜《しノ》御《ぎょ》衣《いハ》今《いま》在《あリ》レ此《ここニ》
捧《ほう》持《ぢシテ》毎《まい》日《にち》拝《はいス》二余《よ》香《かうヲ》一

重要語句

高 248　古 230

叡感　天皇や上皇が感心すること。

にはかなり　突然である。いきなり。だしぬけ。

発問　脚注問題　高　古

1 「恩無二涯岸一報猶遅」とはどういうことか。　高 248ページ　古 230ページ

帝の限りない恩に対し、自分は遅々として報いることができていないということ。

〈ポイント〉「涯岸」（限り）のない帝の恩に対し、大臣という立場にありながら報いることが遅いと述べている。

2 「次の年の同じ日」とはいつか。

昌泰四年九月十日。

〈ポイント〉詩の冒頭に「去年の今夜清涼に侍す　秋思の詩篇」を詠んだとあることからわかる。

の恩を偲《しの》んで）いる。

教材末の問題　高 249ページ　古 231ページ

学習

1 本文で菅原道真はどのような人物として描かれているか。説明してみよう。

天皇家から受けた御恩に報いたいという気持ちを持ちながら、時平の讒言にあって突然遠く大宰府に左遷されるという悲劇に見舞われるが、帝を恨むことなく、君臣の礼を忘れずに都で帝からいただいた褒美の着物を大切にしてその恩を偲ぶ、忠誠心の強い人物として描かれている。

〈ポイント〉突然の大宰府への左遷は、後代の編者から見ても「いかばかりか世も恨めしく、御憤りも深かりけめ」と同情されるものであったが、それでもなお、「恩賜の御衣」を捧げ持って帝の恩を偲ぶ詩を作った姿が描かれていることから説明する。

ことばと表現

1　「去年今夜……」の漢詩について、詩型と押韻している字を確認してみよう。

・詩型…七言絶句

・押韻…「涼」「腸」「香」（初句末・二句末・四句末）

書き下し文

②君は春秋に富み臣は漸く老いたり
恩は涯岸無く報ゆること猶ほ遅し

⑤去年の今夜清涼に侍す
秋思の詩篇独り腸を断つ
恩賜の御衣は今此に在り
捧持して毎日余香を拝す

説話 唐物語《からものがたり》

高「高等学校 古典探究」250〜251ページ
古「古典探究 古文編」232〜233ページ

作品紹介

唐物語 からものがたり 説話集。編者は藤原成範《しげのり》という説が有力。十二世紀後半に成立か。中国の故事、説話二十七篇《へん》を和文調に翻訳したもの。説話・物語などに引用されて親しまれていた人物に関する話が多い。全ての話に和歌を巧みに配しつつ、原話の情趣を生かしている。

―王昭君《わうせうくん》―

品詞分解・現代語訳

①昔《むかし》、漢《かん》の 元帝《げんてい》と 申《まう》す 帝《みかど》 おはしまし けり。②三千人《さんぜんにん》の 女御《にょうご》、
格助 格助 サ四・体・謙 サ四・用・尊 過・終 格助

后《きさき》の 中《なか》に、王昭君《わうせうくん》と 聞《き》こゆる 人《ひと》 なむ、華《はな》やかなる こと は 誰《たれ》に
格助 格助 格助 ヤ下二・体・謙 係助 ナリ・体 係助 格助

も すぐれ 給《たま》へ り ける を、この 人《ひと》、帝《みかど》に 間近《まぢか》く むつれ
係助 ラ下二・用 ハ四・已・尊・補 存・用 過・体 接助 格助 格助 ク・用 ラ下二・用

つかうまつら ば、我《われ》ら さだめて もの の 数《かず》 なら じ と、あまた の
ラ四・未・謙 接助 副 格助 断・未 打推・終 格助 副 格助

御心《みこころ》に いやましく 思《おぼ》し けり。③この とき に、夷《えびす》の 王《わう》 なり
格助 シク・用 サ四・用・尊 過・終 格助 格助 格助 断・用

①昔、漢の元帝と申し上げる帝がいらっしゃった。②三千人の女御、后の中に、王昭君と申し上げる人は、その美しいことが誰にも勝っていらっしゃったので、この人が、帝のそば近く親しんでお仕え申し上げたならば、私たちはきっとものの数ではなくなるだろうと、多くの宮女たちが心中いとわしくお思いになった。
③この時に、夷の王であった者が、

ける 者《もの》、参《まゐ》り て 申《まう》さく、 「三千人《さんぜんにん》 まで 候《さぶら》ひあひ 給《たま》へ
過・体 ラ四・用・謙 接助 サ四・未・ク語法・謙 副助 ハ四・用・謙 ハ四・已・尊・補

る 女御《にようご》、后《きさき》、いづれ に て も 一人《ひとり》 賜《たま》はら む。」 ④と 申《まう》す に、
存・体 断・用 接助 係助 ラ四・未・謙 意・終 格助 サ四・体・謙 接助

上《うへ》 みづから 御覧《ごらん》じ尽《つ》くさ む こと も わづらひ あり けれ ば、その
副 サ四・未・尊 婉・体 係助 ラ変・用 過・已 接助 格助

容貌《かたち》 を 絵《ゑ》 に 描《か》か せ て 見《み》 給《たま》ふ に、人《ひと》 の 教《をし》へ に
格助 格助 カ四・未 使・用 接助 マ上一・用 ハ四・体・尊・補 接助 格助 断・用

や あり けむ、この 王昭君《わうせうくん》 の 容貌《かたち》 を なむ 醜《みにく》き さま に 写《うつ》し
係助 ラ変・用・補 過原推・体 格助 格助 格助 係助 ク・体 格助 サ四・用

たり けれ ば、夷《えびす》 の 王《わう》 賜《たま》はり て、喜《よろこ》び の 眉《まゆ》 を 開《ひら》き つつ わ
完・用 過・已 接助 格助 ラ四・用・謙 接助 格助 格助 カ四・用 接助

が 国《くに》 へ 具《ぐ》し て 帰《かへ》る に、ふるさと を 恋《こ》ふる 涙《なみだ》 は 道《みち》 の 露《つゆ》 に
格助 格助 サ変・用 接助 ラ四・体 接助 格助 ハ上二・体 係助 格助 格助

も まさり、慣《な》れ し 人々《ひとびと》 に 立《た》ち別《わか》れ ぬる 嘆《なげ》き は しげき 深山《みやま》 の
係助 ラ四・用 ラ下二・用 過・体 格助 ラ下二・用 完・体 係助 ク・体 格助

行《ゆ》く末《すゑ》 はるかなり。 ⑤かかる まま に は、ただ 音《ね》 を のみ 泣《な》け ども、
ナリ・終 連体 格助 係助 副 格助 副助 カ四・已 接助

何《なに》 の かひ かは ある べき。
格助 係助 ラ変・体 推・体

⑥憂《う》き 世《よ》 ぞ と かつは 知《し》る知《し》る はかなく も 鏡《かがみ》 の 影《かげ》 を 頼《たの》み
ク・体 係助 格助 副 副 ク・用 係助 格助 格助 マ四・用

（元帝の元に）参上して申し上げることには、「三千人までもお仕え申し上げなさっている女御、后のうち、誰でも（よいので）一人頂戴したい。」

④と申し上げると、帝はご自分で（すべての女性を）御覧になるのも面倒であったので、その容貌を絵に描かせて御覧になると、誰かの教えであったのだろうか、この王昭君の容貌を醜い様子に描いたので、夷の王が（この女性を）いただいて、晴れやかな喜びの表情をしながら自国へと連れて帰ったが、（王昭君の）故郷を恋しく思う涙は道端の露にもまさり、慣れ親しんだ人々と別れてしまった嘆きは木の生い茂る深い山を越えて行く末はるか遠くまで続いた。

⑤こうなった以上は、（どうすることもできず）ただただ声を上げて泣くが、何の甲斐があるだろうか（いや、どうにもならない）。

⑥つらい世の中とは一方ではわかっていながら、はかなくも鏡に映った自分の姿を頼りにして

けるかな
（詠・体　終助）

⑦あはれを知《し》らず情《なさ》け深《ふか》からぬ者《もの》なれども、らうたき姿《すがた》に
（格助　ラ四・未　打・用　ク・未　打・体　断・已　接助　ク・体　格助）

めでて、かしづき敬《うやま》ふこと、その国《くに》の営《いとな》みにも過《す》ぎたり。
（ダ下二・用　接助　カ四・用　ハ四・体　格助　格助　格助　係助　ガ上二・用　完・終）

⑧かかれども、古《ふ》りにし都《みやこ》を立《た》ち別《わか》れにしより、今に
（ラ変・已　接助　ラ上二・用　完・用　過・体　格助　ラ下二・用　完・用　過・体　格助　格助）

至《いた》るまで、憂《うれ》への涙《なみだ》乾《かわ》く間《ま》もなし。⑨この人《ひと》は鏡《かがみ》の影《かげ》
（ラ四・体　副助　格助　カ四・体　係助　ク・終　格助　係助　格助）

の曇《くも》りなきをのみ頼《たの》みて、人《ひと》の心《こころ》の濁《にご》れるを知《し》らず。
（格助　ク・体　格助　副助　マ四・用　接助　格助　格助　ラ四・已　存・体　格助　ラ四・未　打・終）

いたことよ。

⑦（夷の王は）ものの情趣もわからず人情も深くない者であるが、かわいらしい（王昭君の）姿に心を惹《ひ》き付けられて、大切に扱い敬うことは、その国の通例にもまさるものであった。⑧しかし、（王昭君は）長年住んだ都を離れた時から、今に至るまで、憂いの涙が乾くいとまもない。⑨この人は鏡に映る自分の姿が曇りのないことだけをあてにして、人の心が濁っていることを知らない。

重要語句

高 250 / 古 232

さだめて　必ず。きっと。

しげし　①草木が生い茂っている。②量が多い。たくさんある。③絶え間ない。しきりである。④わずらわしい。うるさい。ここでは掛詞《かけことば》的に用いられており、①②の意味。

影　①鏡や水などに映る姿。②ものが光を遮ることによって生じる陰影。③日や月の光。ここでは、①の意味。

高 251 / 古 233

らうたし　かわいい。愛らしい。いとおしい。可憐である。

高 251 / 古 233

かしづく　①大切に養い育てる。②大切に世話をする。後見する。ここでは、②の意味。

発問　脚注問題　高　古

高 250ページ　古 232ページ

1　「思しけり」の主語を答えよ。また、その内容を抜き出せ。

・主語……（帝に仕える）多くの女御、后たち

・内容……「この人、帝に間近くむつれつかうまつらば、我らさだめてものの数ならじ」

〈ポイント〉多数の女性たちが仕える元帝の後宮で、ひときわ華やかで美しい王昭君をいとわしく思う女性たちの心情を表現した箇所である。宮女たちは、王昭君が帝の側近くに慣れ親しんでお仕え申し上げたならば、彼女が元帝の寵愛を一身に集めて、その結果自分たちは元帝から相手にされなくなるだろう、と危ぶんでいる。

2 「あはれを知らず情け深からぬ者」とは誰か。 高 251ページ 古 233ページ

夷の王

〈ポイント〉「夷」は中国の北方民族で、未開の人、の意味を持つ。自分たちのような高い文化や人情の機微を理解できない民族という蔑視が基盤にあり、その王の求めに応じて元帝が与えた女性が、醜く描かれた王昭君であった。

教材末の問題　高 251ページ 古 233ページ

学習

1 王昭君が夷の王に降嫁することになった原因を、編者はどのように考えているか。説明してみよう。

鏡に映る自分の姿が美しいことだけをあてにして、人の心が濁っていることを知らなかったから。

〈ポイント〉説話集では、文末に編者の考えや教訓が示されることがある。ここでも最後の一文に注目してその内容をまとめる。

ことばと表現

1 傍線部に注意して現代語訳してみよう。

(1) 我らさだめてものの数ならじ（高 二五〇・3）（古 二三二・3）

私たちはきっとものの数ではなくなるだろう

副詞「さだめて」は打消推量の助動詞「じ」と呼応し、「キット〜ナイダロウ」の意となる。

(2) 人の教へにやありけむ、（高 二五〇・7）（古 二三二・7）

誰かの教えであったのだろうか、

「や」は係助詞で意味は疑問。

(3) 何のかひかはあるべき。（高 二五一・2）（古 二三三・2）

何の甲斐があるだろうか（いや、どうにもならない）。

「かは」は係助詞で意味は反語。

探究の扉 ――比べ読み――

西京雑記《せいけいざつき》

高「高等学校 古典探究」252～253ページ
古「古典探究 古文編」234～235ページ

作品紹介

西京雑記 せいけいざっき　作者は葛洪《かっこう》との説が有力。中国前漢の歴史故事集。六巻。西京とは前漢の都長安を指し、この時代の有名人の逸話、宮室、制度、風俗などに関するエピソードを簡潔な文章で記録している。

――王昭君《わうせうくん》――

書き下し文・現代語訳

①元帝《げんてい》の後宮《こうきゆう》既《すで》に多《おほ》く、常《つね》には見《み》ることを得《え》ず。②乃《すなは》ち画工《ぐわこう》をして形《かたち》を図《あが》かしめ、図《づ》を案《あん》じ、召《め》して之《これ》を幸《かう》す。③諸宮人《しよきゆうじん》皆《みな》画工《ぐわこう》に賂《まひな》ひし、多《おほ》き者《もの》は十万《じふまん》、少《すく》なき者《もの》も亦《また》五万《ごまん》を減《げん》ぜず。

④独《ひと》り王嬙《わうしやう》のみ肯《がへん》ぜず、遂《つひ》に見《まみ》ゆるを得《え》ず。

⑤匈奴《きようど》入朝《にふてう》するや、美人《びじん》を求《もと》めて閼氏《えんし》と為《な》さんとす。⑥是《ここ》に於《お》いて上《しやう》図《づ》を案《あん》じ、昭君《せうくん》を以《もつ》て行《ゆ》かしむ。⑦去《さ》るに及《およ》びて召見《せうけん》するに、貌《ばう》後宮《こうきゆう》第一《だいいち》たり。⑧応対《おうたい》を善《よ》くし、挙止《きよし》閑雅《かんが》なり。

⑨帝《てい》之《これ》を悔《く》ゆるも、名籍《めいせき》已《すで》に定《さだ》まる。⑩帝《てい》信《しん》を外国《ぐわいこく》に重《おも》んず。

⑪故《ゆゑ》に復《ま》た人《ひと》を更《か》へず。⑫乃《すなは》ち其《そ》の事《こと》を窮案《きゆうあん》し、画工《ぐわこう》皆《みな》棄市《きし》せ

---

①元帝の後宮には多く（の女性が仕えており）、（そのため帝は）いつも（彼女たちと）会うことはできなかった。②そこで画工に女性たちの肖像画を描かせ、絵を見て、女性を召し出し寵愛《ちょうあい》した。③宮女たちはみな画工に賄賂を贈り、（その額は）多い者では十万両、少ない者でも五万両を下らなかった。④ただ王嬙（王昭《おうしょう》君《くん》）だけがそういう行いをしようとせず、（その結果）ついに帝にお目みえすることがなかった。

⑤匈奴が朝廷に参内し、美人を求めて国王の妻としたいと言った。⑥そこで帝は肖像画を調べ、王昭君を行かせることにした。⑦後宮を去るに当たって引見すると、その容貌は後宮一であった。⑧受け答えも素晴らしく、挙止動作はしとやかでみやびであった。

らる。

発問　脚注問題　高　古

1　高 252ページ　古 234ページ
「諸宮人皆賂ニ画工ニ」とあるが、それはなぜか。

元帝の寵愛を受けるために自分を美しく描いてもらおうとしたから。

〈ポイント〉元帝は数多の女性の中から寵愛する女性を選ぶにあたって画工に描かせた肖像画を見て決めたので、自分をより美しく描いてもらいたいと宮女たちは考え、賄賂を贈ったのである。

2　「不ニ復更ㇾ人」とあるが、それはなぜか。

元帝は外交的な信頼関係を重んじていたため、手続きが済んだ後で王昭君を降嫁させる決定を変えることはできないと考えたから。

〈ポイント〉元帝は王昭君の肖像画を見て、他に劣る彼女を匈奴に降嫁させることを決定する。しかし、最後に実際に引見すると宮廷一の美しくみやびな姿に驚き後悔するが、外交的な信頼関係を優先し、そのまま降嫁させたのである。

⑨帝は王昭君を選んだことを悔いるが、名簿がすでに定まっていた。⑩帝は外国との信頼関係を重んじていた。⑪よって、もう匈奴に行かせる女性を変更することはしなかった。⑫そこでこの事態を招いた原因を徹底的に取り調べ、（その結果）画工たちをみな死刑にして市中にさらした。

教材末の問題　高 253ページ　古 235ページ

1　本文と『唐物語』「王昭君」を読み比べて、以下の観点で相違点をあげてみよう。

(1)　元帝が後宮の女性たちの絵を描かせた理由は何か。

・本文…元帝が寵愛する女性を選ぶため。
・『唐物語』…夷の王に降嫁させるにふさわしい女性を選ぶため。

〈ポイント〉元帝に仕える女性たちの数が膨大で、そこから一人を選ぶことが困難であったため、彼女たちの肖像画を描かせそれらを参考にした点は両書の共通点である。

(2)　画工は女性たちをどのように描いたか。

・本文…画工に賄賂を贈った女性たちを美しく描いた。
・『唐物語』…王昭君を醜く描いた。

〈ポイント〉本文では「諸宮人皆画工に賂ひし、……独り王嬙のみ肯ぜず」と記されている。一方『唐物語』では、王昭君の美しさを妬んだ女性たちが教唆したことで、画工が「人の教へにやありけむ、この王昭君の容貌をなむ醜きさまに写したりければ」とある。

(3) **匈奴（夷の王）への王昭君への降嫁が決まった後の話はどのように展開するか。**

・本文…王昭君を引見して、肖像画が事実と大きく異なることを知り後悔した元帝が、偽りを描いた画家たちを取り調べ処刑したことが描かれる。

・『唐物語』…美人をいただいて喜び大切に扱う夷の王とは対照的に、故国を離れた悲しみと憂いで涙を流し続けた王昭君の姿が描かれる。

2 **『西京雑記』と『唐物語』の記述の特徴について話し合ってみよう。**

『西京雑記』

・事実を中心にして簡潔な短い文によって構成されており、王昭君の心情にはほとんど触れていない。

・問題の原因や元帝の対処を描くことが中心となっている。

『唐物語』

・和歌に込められた王昭君の悲哀が一編の山場となっている。

・一文が比較的長く、登場人物の心情表現が豊かである。

・書き手の推測や評価が記されているなど、和文としての色彩が濃い。

評論

無名草子《むみやうざうし》

高「高等学校 古典探究」254〜259ページ
古「古典探究 古文編」236〜241ページ

作品紹介

無名草子　むみょうぞうし　筆者は藤原俊成女《としなりのむすめ》という説があるが、未詳。鎌倉時代初期（一二〇〇年前後）に成立した評論。内容は、王朝の物語・歌集・人物などに対する批評で、現存する最古の物語評論といわれる。

——清少納言と紫式部——

品詞分解・現代語訳

①「すべて、余《あま》りに なり ぬる 人《ひと》の、その まま にて 侍《はべ》る 例《ためし》、
副　ナリ・用　ラ四・用　完・体　格助　格助　格助　ラ変・体・丁・補

ありがたき わざ に こそ あ めれ。
ク・体　断・用　係助　ラ変・体・撥　推定・已

②桧垣《ひがき》の 子《こ》、清少納言《せいせうなごん》は、一条院《いちでうゐん》の 位《くらゐ》の 御時《おんとき》、中関白《なかのくわんぱく》、世《よ》を しら
格助　係助　格助　格助　格助　ラ四・未

せ 給《たま》ひ ける はじめ、皇太后宮《くわうたいごうぐう》の 時《とき》めかせ 給《たま》ふ 盛《さか》り に
尊・用　ハ四・用・尊・補　過・体　格助　カ四・未　尊・用　ハ四・体・尊・補　格助

候《さぶら》ひ 給《たま》ひ て、人《ひと》より 優《いう》なる 者《もの》と 思《おぼ》し召《め》され たり ける ほど
ハ四・用・謙　ハ四・用・尊・補　接助　格助　ナリ・体　格助　サ四・未・尊　受・用　存・用　過・体

①「総じて、度が過ぎて（一つの物事に執着して）しまった人が、そのままでおります例は、めったにないことであるようだ。

②桧垣の子（であるといわれる）、清少納言は、一条天皇がご在位の御代《みよ》、中関白（藤原道隆）が、世をお治めになった初めの頃、皇后宮（定子）が（天皇の）ご寵愛《ちょうあい》を受けていらっしゃる盛りに（定子に）お仕えになって、他の女房たちより（才能が）優れた者と（定

の　ことども　は、『枕草子《まくらのさうし》』と　いふ　ものに、みづから　書き《か》あらはして
格助　係助　格助　ハ四・体　格助　副　サ四・用　接助

侍れ《はべ》　ば、細か《こま》に　申す《まう》　に　及ば《およ》　ず。③歌詠み《うたよ》の　方《かた》こそ、元輔《もとすけ》が
ラ変・已・丁・補　接助　ナリ・用　サ四・体・謙　格助　バ四・未　打・終　格助　係助　格助

女《むすめ》に　て、さ　ばかり　なり　ける　ほど　より　は、優れ《すぐ》　ざり　ける　と　か　や　と
断・用　接助　副　副助　断・用　過・体　格助　係助　ラ下二・未　打・用　過・体　格助　係助　間助　格助

おぼゆる。④『後拾遺《ごしふゐ》』など　に　も、むげに　少なく《すく》　入り《い》　て　侍る《はべ》　めり。
ヤ下二・体　副助　格助　係助　ナリ・用　ク・用　ラ四・用　接助　ラ変・体・丁・補　推定・終

⑤みづから　も　思ひ知り《おも》《し》　て、申し請ひ《まう》《こ》　て、さやう　の　こと　に　は　交じり《ま》
係助　ラ四・用　接助　ハ四・用・謙　接助　ナリ・語幹　格助　格助　係助　ラ四・用

侍ら《はべ》　ざり　ける　に　や。⑥さら　で　は、いと　いみじかり　ける　もの　に
ラ変・未・丁・補　打・用　過・体　断・用　係助　ラ変・未　接助　係助　副　シク・用　過・体　断・用

こそ　あ　めれ。
係助　ラ変・体・撥　推定・已

⑦その　『枕草子《まくらのさうし》』こそ、心《こころ》の　ほど　見え《み》　て、いと　をかしう　侍れ《はべ》。
格助　係助　格助　ヤ下二・用　接助　副　シク・用・ウ　ラ変・已・丁・補

⑧さばかり　をかしう　も、あはれに　も、いみじく　も、めでたく　も　ある
副　シク・用・ウ　係助　ナリ・用　係助　シク・用　係助　ク・用　係助　ラ変・体

ことども、残ら《のこ》　ず　書き記し《か》《しる》　たる　中《なか》に、宮《みや》の　めでたく　盛り《さか》に　時めか《とき》　せ
ラ四・未　打・用　サ四・用　存・体　格助　格助　ク・用　ナリ・用　カ四・未　尊・用

給ひ《たま》　し　こと　ばかり　を、身《み》の　毛《け》　も　立つ《た》　ばかり　書き出で《か》《い》　て、
ハ四・用・尊・補　過・体　副助　格助　格助　係助　タ四・終　副助　ダ下二・用　接助

子から）思われていらっしゃったときのことなどは、『枕草子』というものに、自分自身で書き著しておりますので、（ここで）詳細に申し上げるには及ばない。③歌詠みの方面では、（清原《きよはらの》）元輔の娘であって、それほど（優れた父を持ち、自身もすばらしい才能を持った人物）であったわりには、優れていなかったということだと思われる。④『後拾遺（和歌集）』などにも、ひどく少なく入っておりますようだ。⑤自分自身でも（そのことは）わきまえ知って、（定子に）申し願って、そのような（和歌を詠む）ことには関わらなかったのでしょうか。⑥そうでなかったなら、本当に（和歌の数が少ないことは）著しかったものであるようだ。

⑦その『枕草子』は、（清少納言の）心の様子が見えて、たいそうおもしろうございます。⑧あのくらい見事にも、しみじみと情趣深くも、すばらしくも、優れてもあることなどを、残らず書き記している中に、中宮（定子）のすばらしく（栄華の）盛りに（天

⑨関白殿《くわんぱくどの》 失《う》せ 給《たま》ひ、 内大臣《うちのおとど》 流《なが》さ れ 給《たま》ひ など せ

サ下二・用 ハ四・用・尊・補 サ四・未 受・用 ハ四・用・尊・補 副助 サ変・未

し ほど の 衰《おとろ》へ を ば、 かけても 言《い》ひ出《い》で ぬ ほど の いみじき 心《こころ》ばせ

過・体 格助 格助 係助 副 ダ下二・未 打・体 格助 シク・体

なり けむ 人《ひと》 の、 はかばかしき よすが など も なかり ける に や、 ⑩乳母《めのと》 の

断・用 過婉・体 格助 シク・体 副助 係助 ク・用 過・体 断・用 係助 格助

子《こ》 なり ける 者《もの》 に 具《ぐ》し て、 遥《はる》かなる 田舎《ゐなか》 に まかり て 住《す》み ける に、

断・用 過・体 格助 サ変・用 接助 ナリ・体 格助 ラ四・用 接助 マ四・用 過・体 接助

襖《あを》 など いふ もの 干《ほ》し に、 外《と》 に 出《い》づ と て、 『昔《むかし》 の 直衣姿《なほしすがた》 こそ

副助 ハ四・体 サ四・用 格助 格助 ダ下二・終 格助 接助 格助 係助

忘《わす》れ ね。』 と 独《ひと》りごち ける を 見《み》 侍《はべ》り けれ ば、 あやし の 衣《きぬ》

ラ下二・未 打・已 格助 タ四・用 過・体 格助 マ上一・用 ラ変・用・丁・補 過・已 接助 シク・終 格助

着《き》 て、 つづり と いふ もの 帽子《ばうし》 に し て 侍《はべ》り ける こそ、

カ上一・用 接助 格助 ハ四・体 格助 サ変・用 接助 ラ変・用・丁・補 過・体 係助

いと あはれなれ。 ⑪まことに、 いかに 昔《むかし》 恋《こひ》しかり けむ。」

副 ナリ・已 副 副 シク・用 過推・体

⑫「繰《く》り言《ごと》 の やうに は 侍《はべ》れ ど、 尽《つ》き も せ ず 羨《うらや》ましく

格助 比・用 係助 ラ変・已・丁・補 接助 カ上二・用 係助 サ変・未 打・用 シク・用

めでたく 侍《はべ》る は、 大斎院《おほさいゐん》 より 上東門院《じやうとうもんゐん》、 『つれづれ 慰《なぐさ》み ぬ べき

ク・用 ラ変・体・丁・補 係助 格助 マ四・用 強・終 推・体

皇の）ご寵愛を受けていらっしゃったことだけを、身の毛も逆立つほど書き出して、⑨関白殿（道隆）がお亡くなりになり、内大臣（伊周《これちか》）が（左遷され）流されなさるなどしたあたりの衰退（の様子）を、けっして言い出さないほどのすばらしい心配り（をしたの）であったような人が、頼もしい縁者などもなかったのだろうか、⑩乳母の子であった者に連れ立って、遠くの田舎に下って住んでいたが、襖などという（粗末な）ものを干しに、外に出るといって、『昔の直衣姿を忘れない。』と独り言を言ったのを（誰かが）見ましたところ、粗末な着物を着て、つづりという（布切れを継いだ）ものを帽子にしておりましたのは、たいそうふびんだ。⑪本当に、どんなに昔が恋しかったことだろうか。」

⑫「愚痴のようではございますが、尽きもせず羨ましく見事でございますのは、大斎院（選子内親王《せんしないしんのう》）から

物語《ものがたり》 や 候《さぶら》ふ。』 と 尋《たづ》ね 参《まゐ》らせ 給《たま》へ り ける に、紫式部《むらさきしきぶ》
係助 ハ四・体・丁 格助 ナ下二・用 サ下二・用・謙・補 ハ四・已・尊・補 完・用 過・体 格助

を 召《め》し て、『何《なに》 を か 参《まゐ》らす べき。』 と 仰《おほ》せ られ けれ ば、
格助 サ四・用・尊 接助 格助 係助 サ下二・終・謙 適・体 格助 サ下二・未・尊 尊・用 過・已 接助

⑬『めづらしき もの は、何《なに》 か 侍《はべ》る べき。新《あたら》しく 作《つく》り て 参《まゐ》らせ
シク・体 係助 係助 ラ変・体・丁 推・体 シク・用 ラ四・用 接助 サ下二・用・謙

給《たま》へ かし。』と 申《まう》し けれ ば、『作《つく》れ。』と 仰《おほ》せ られ ける
ハ四・命・尊・補 終助 格助 サ四・用・謙 過・已 接助 ラ四・命 格助 サ下二・未・尊 尊・用 過・体

を、承《うけたまは》り て、『源氏《げんじ》』を 作《つく》り たり ける こそ、いみじく めでたく
格助 ラ四・用・謙 接助 格助 ラ四・用 完・用 過・体 係助 シク・用 ク・用

侍《はべ》れ。」 と 言《い》ふ 人《ひと》 侍《はべ》れ ば、また、
ラ変・已・丁・補 格助 ハ四・体 ラ変・已・丁 接助 接続

⑭「いまだ 宮仕《みやづか》へ も せ で 里《さと》 に 侍《はべ》り ける 折《をり》、かかる もの
副 係助 サ変・未 接助 格助 ラ変・用・丁 過・体 連体

作《つく》り出《い》で たり ける に より て、召《め》し出《い》で られ て、それ ゆゑ 紫式部《むらさきしきぶ》 と
ダ下二・用 完・用 過・体 格助 ラ四・用 接助 ダ下二・未・尊 受・用 接助 格助

いふ 名《な》 は 付《つ》け たり と も 申《まう》す は、いづれ か まこと に て
ハ四・体 係助 カ下二・用 完・終 格助 係助 サ四・体・丁 係助 係助 断・用 接助

侍《はべ》ら む。
ラ変・未・丁・補 推・体

⑮その 人《ひと》 の 日記《にき》 と いふ もの 侍《はべ》り し に も、⑯『参《まゐ》り ける
格助 格助 格助 ハ四・体 ラ変・用・丁 過・体 格助 係助 ラ四・用・謙 過・体

上東門院（彰子）へ、『退屈を紛らわせそうな物語はございますか。』とお尋ね申し上げなさったところ、（彰子は）紫式部をお呼びになって、『何を献上したらよいか。』とおっしゃったので、⑬（紫式部が）『目新しいものは、何かございますでしょうか（いや、何もございません）。新しく作って献上なさいませ。』と申し上げたところ、（彰子が）『（では、あなたが新しい物語を）作りなさい。』とおっしゃったのを、（紫式部が）ご承諾申し上げて、『源氏（物語）』を作ったのは、たいそう見事でございます。」と言う人がございますが、一方で、

⑭「（紫式部が）まだ宮仕えもしないで里におりましたとき、このようなもの（『源氏物語』）を作り出したことによって、（宮中に）召し出されて、そのため紫式部という名を付けたとも申しますのは、どれが真実でございましょうか。

⑮その人の日記（『紫式部日記』）というものがございましたのにも、

はじめ ばかり、恥《は》づかしう も、心《こころ》にくく も、また 添《そ》ひ苦《くる》しう も あら むず
副助　シク・用・ウ　係助　ク・用　係助　接続　シク・用・ウ　係助　ラ変・未　推・終

らむ と、おのおの 思《おも》へ り ける ほど に、いと 思《おも》はずに ほけづき、
現推・終　格助　ハ四・已　存・用　過・体　格助　副　ナリ・用　カ四・用

かたほに て、一文字《ひともんじ》 を だに 引《ひ》か ぬ さま なり けれ ば、かく 思《おも》は ず
ナリ・用　接助　格助　副助　カ四・未　打・体　断・用　過・已　接助　副　ハ四・未　打・終

と 友達《ともだち》ども 思《おも》は る。』など こそ 見《み》え て 侍《はべ》れ。
格助　ハ四・未　尊・終　副助　係助　ヤ下二・用　接助　ラ変・已・丁・補

⑰君《きみ》 の 御有様《おんありさま》 など を ば、いみじく めでたく 思《おも》ひ 聞《き》こえ ながら、
格助　副助　格助　係助　シク・用　ク・用　ハ四・用　ヤ下二・用・謙・補　接助

つゆばかり も かけかけしく 馴《な》らし顔《がほ》に 聞《き》こえ出《い》で ぬ ほど も、いみじく。
副　係助　シク・用　ナリ・用　ダ下二・未・謙　打・体　係助　シク・用

⑱また 皇太后宮《くわうたいごうぐう》 の 御事《おんこと》 を、限《かぎ》りなく めでたく 聞《き》こゆる に つけ て も、
接続　格助　格助　ク・用　ク・用　ヤ下二・体・謙　格助　カ下二・用　接助　係助

愛敬《あいぎやう》づき なつかしく 候《さぶら》ひ ける ほど の こと も、君《きみ》 の 御有様《おんありさま》 も、
カ四・用　シク・用　ハ四・用・謙　過・体　格助　係助　格助　係助

なつかしく いみじく おはしまし し、など 聞《き》こえあらはし たる も、心《こころ》 に
シク・用　シク・用　サ四・用・尊・補　過・体　副助　サ四・用・謙　存・体　係助　格助

似《に》 ぬ 体《てい》 に て あ める。かつは また、御心柄《おんこころがら》 なる べし。」
ナ上一・未　打・体　断・用　接助　ラ変・体・撥　推定・体　副　接続　断・体　推・終

---

⑯『参内した初め頃は、立派であるとも、奥ゆかしいとも、また（それゆえ）付き合いにくくもあるだろうと、それぞれ思っていたときに、たいそう思いがけなくいつもぼんやりとして、未熟であって、一文字をさえ書かない様子だったので、こんな（人物）とは思わなかったと仲間たちはお思いになる。』などと見えます。

⑰主君（道長公）のご様子などを、たいそうすばらしく思い申し上げながら、（一方で）ほんの少しほども気があるような馴れ馴れしい顔で申し出さない様子も、すばらしく（思われます）。⑱また皇太后宮（彰子）のご様子を、この上なくすばらしく申し上げるにつけても、（宮仕えに慣れて）魅力が備わり親しんでお仕えしたときのことも、主君のご様子も、親しみがありすばらしくていらっしゃった、など申し上げ書き記したのも、（紫式部の）性格に似つかわしくない態度であるようだ。一方ではまた、（宮と道長公の）御気性であるのだろう。」

重要語句

高 古

254 / 236
ありがたし　めったにない。まれだ。
むげなり　①ひどく劣っている。②身分が非常に低い。③程度がはなはだしい。ここでは、③の意味。

255 / 237
かけても　（下に打消の語を伴って）けっして。いささかも。
心ばせ　気立て。心配り。

256 / 238
かたほなり　物事が不十分である。未熟である。
愛敬づく　かわいらしくなる。魅力が出てくる。

発問　脚注問題　高 古

1 高254ページ　古236ページ
「さばかりなりけるほど」とは具体的にどういうことか。

優れた歌人である父を持ち、自身もすばらしい才能を持った人物だったわりには、ということ。

2 「さやうのこと」とは、どういうことか。
公の場で歌を詠むような機会のこと。

教材末の問題　高257ページ　古239ページ

学習

1 清少納言が地方に落ちぶれたことについて、筆者はなぜそうなったと考えているか、まとめてみよう。
頼もしい縁者がいなかったから。

2 紫式部が『源氏物語』を執筆する経緯について、どのように述べられているか、まとめてみよう。
次の二説が述べられている。
・彰子から、大斎院へ献上する物語を書くように命じられた。
・宮仕えする前に、すでに執筆されていた。

3 筆者は紫式部をどのような人物と捉えているか、まとめてみよう。
羨ましいほどの才能にあふれていたが、非常に慎み深く、主君への気遣いがある人物。

ことばと表現

1 傍線部を文法的に説明してみよう。

(1) ありがたきわざにこそあめれ。（高二五四・1）（古二三六・1）
断定の助動詞「なり」の連用形＋係助詞「こそ」＋ラ行変格活用動詞「あり」の連体形の撥《はつ》音便「あん」の撥音無表記形＋推定の助動詞「めり」の已然形。

(2) 新しく作りて参らせ給へかし。（高二五六・1）（古二三八・1）
謙譲のサ行下二段活用（本）動詞「参らす」の連用形＋尊敬のハ行四段活用補助動詞「給ふ」の命令形＋終助詞「かし」。

(3) 添ひ苦しうもあらむずらむと、（高二五六・9）（古二三八・9）
ラ行変格活用動詞「あり」の未然形＋推量の助動詞「むず」の終止形＋現在推量の助動詞「らむ」の終止形。

文《ふみ》

品詞分解・現代語訳

①「この世《よ》 に いかで かかる こと あり けむ と、めでたく おぼゆる こと
格助 副 連体 ラ変・用 過原推・体 格助 ク・用 ヤ下二・体

は、文《ふみ》 に こそ 侍《はべ》る なれ。②『枕草子《まくらのさうし》』に 返《かへ》す返《がへ》す 申《まう》し て
係助 断・用 係助 ラ変・体・丁・補 断・已 格助 副 サ四・用・謙 接助

侍《はべ》る めれ ば、事新《ことあたら》しく 申《まう》す に 及《およ》ば ね ど、なほ いと
ラ変・体・丁・補 推定・已 接助 シク・用 サ四・体・謙 格助 バ四・未 打・已 接助 副 副

めでたき もの なり。③遥《はる》かなる 世界《せかい》 に かき離《はな》れ て、幾年《いくとせ》 逢《あ》ひ見《み》 ぬ 人《ひと》 なれ
ク・体 断・終 ナリ・体 格助 ラ下二・用 接助 マ上一・未 打・体 断・已

ど、文《ふみ》 と いふ もの だに 見《み》 つれ ば、ただ今《いま》 さし向《む》かひ たる 心地《ここち》 し
接助 格助 ハ四・体 副助 マ上一・用 完・已 接助 副 ハ四・用 存・体 サ変・用

て、④なかなか、うち向《む》かひ て は 思《おも》ふ ほど も 続《つづ》けやら ぬ 心《こころ》 の 色《いろ》
接助 副 ハ四・用 接助 係助 ハ四・体 係助 ラ四・未 打・体 格助

も 現《あらは》し、言《い》は まほしき こと を も こまごまと 書《か》き尽《つ》くし たる を 見《み》る
係助 サ四・用 ハ四・未 希・体 格助 係助 副 サ四・用 存・体 格助 マ上一・体

心《こころ》 は、めづらしく うれしく、あひ向《む》かひ たる に 劣《おと》り て や は ある。
係助 シク・用 シク・用 ハ四・用 存・体 格助 ラ四・用 接助 係助 ラ変・体

⑤つれづれなる 折《をり》、昔《むかし》 の 人《ひと》 の 文《ふみ》 見出《みい》で たる は、ただ その 折《をり》 の 心地《ここち》
ナリ・体 格助 格助 ダ下二・用 完・体 係助 副 格助 格助

---

①「この世にどうしてこのようなことがあったのだろうかと、すばらしく思われることは、手紙（というもの）でございます。②『枕草子』に何度も申してございますようなので、（ここで）改めて申すに及ばないが、やはりたいそうすばらしいものである。③遥か遠い世界に離ればなれになって、何年も会っていない人であっても、手紙というものさえ見たときはいつも、たった今（その人と）向き合っている気持ちがして、④むしろ、向かい合っては思うことも続けて言えない（ような）心の趣も表現し、言いたいことをも細かく書き尽くしてあるものを見る気持ちは、めったになくうれしく、（その人と直接）向かい合って（話して）いるのに劣っているだろうか（いや、

して、いみじく うれしく こそ おぼゆれ。⑥まして 亡《な》き 人《ひと》 など の 書《か》き
サ変・用 接助 シク・用 シク・用 係助 ヤ下二・已 副 ク・体 副助 格助 カ四・用

たる もの など 見《み》る は、いみじく あはれに、歳月《としつき》 の 多《おほ》く 積《つ》もり たる も、
完・体 副助 マ上一・体 係助 シク・用 ナリ・用 格助 ク・用 ラ四・用 完・体 係助

ただ今《いま》 筆《ふで》 うち濡《ぬ》らし て 書《か》き たる やうなる こそ、返《かへ》す返《がへ》す めでたけれ。
副 サ四・用 接助 カ四・用 存・体 比・体 係助 副 ク・已

⑦ただ さし向《む》かひ たる ほど の 情《なさ》け ばかり に て こそ 侍《はべ》れ、これ は、
副 ハ四・用 存・体 格助 副助 断・用 接助 係助 ラ変・已・丁・補 係助

昔《むかし》ながら つゆ 変《か》はる こと なき も、めでたき こと なり。
副 副 ラ四・体 ク・体 係助 ク・体 断・終

⑧いみじかり ける 延喜《えんぎ》・天暦《てんりやく》 の 御時《おんとき》 の 旧事《ふるごと》 も、唐土《もろこし》・天竺《てんぢく》 の 知《し》ら ぬ
シク・用 過・体 格助 格助 係助 格助 ラ四・未 打・体

世《よ》 の 事《こと》 も、この 文字《もじ》 と いふ もの なから ましかば、今《いま》 の 世《よ》 の 我《われ》ら
格助 係助 格助 格助 ハ四・体 ク・未 反仮・未 接助 格助 格助

が 片端《かたはし》 も いかでか 書《か》き伝《つた》へ まし、など 思《おも》ふ に も、なほ かばかり
格助 係助 副 係助 ハ下二・未 反仮・体 副助 ハ四・体 格助 係助 副 副

めでたき こと は よも 侍《はべ》ら じ。」
ク・体 係助 副 ラ変・未・丁 打推・終

劣ってはいない）。

⑤することもなく退屈なとき、昔の（親しかった）人の手紙を見つけ出したのは、まるで（手紙をもらった）そのときの（ままの）気持ちがして、たいそううれしく思われる。⑥まして亡くなった人などが書いたものなどを見るのは、たいそうしみじみとして、年月は多く積もったものも、たった今筆を濡らして書いているようであるのは、まったくすばらしい（ことだ）。⑦（話すのは）ただ（その人と）向かい合っている間の気持ちだけでございますが、これ（手紙）は、昔のまま少しも変わることがないというのも、すばらしいことである。

⑧たいそうすばらしかった延喜・天暦の御代《みよ》の古い出来事も、唐土・天竺の知らない世界のことも、この文字というものがもしなかったならば、今の世の私たちが（その世界の）一部分でもどうして書き伝えるだろうか（いや、書き伝えることはできない）、などと思うにつけても、やはりこれ

重要語句 高 古

258 240 **情け** ①人情。思いやり。②風流な心。③男女の愛情。④趣。風情。ここでは、①の意味。

発問 脚注問題 高 古

1 高258ページ 古240ページ

「その折」とは、どういう折か。

手紙をもらった当時。

教材末の問題 高259ページ 古241ページ

学習

1 文の「めでたき」ところはどのようなところか、まとめてみよう。

・何年も会っていない人でも、手紙さえ見ればたった今向き合っているような気持ちがするという点。

・向かい合っていては言えないような心の趣をも表現できる点。

・手紙をもらったその当時のままの気持ちになれるという点。

・昔のことも、遠い国のことも書き伝えることができる点。（文字）

（文字を生かした手紙）ほどすばらしいことはよもやございますまい。」

2 「『枕草子』に返す返す申して侍る」（高二五八・2）（古二四〇・2）について、具体的にどのようなことが書いてあるのか、調べてみよう。

↓略

言語活動

1 「文字」を持つことの意味について、具体的な体験談を交えながら、自分の考えをまとめてみよう。

〈例〉手紙や記録を文字で残すことで過去や歴史を伝えることができる。また、私たちが使用する日本語や英語などの言語が発達し、それぞれの文学作品も生まれる。

ことばと表現

1 傍線部に注意して現代語訳してみよう。

(1) 文字といふものなからましかば、今の世の我らが片端もいかでか書き伝へまし、（高二五九・2）（古二四一・2）

文字というものがもしなかったならば、今の世の私たちが（その世界の）一部分でもどうして書き伝えるだろうか（いや、書き伝えることはできない）、

(2) なほかばかりめでたきことはよも侍らじ。（高二五九・3）（古二四一・3）

やはりこれほどすばらしいことはよもやございますまい。

評論

近代秀歌《きんだいしゅうか》

高「高等学校　古典探究」260〜261ページ
古「古典探究　古文編」242〜243ページ

作品紹介

近代秀歌　きんだいしゅうか　筆者は藤原定家《ふじわらのさだいえ》。鎌倉時代前期、一二〇九年に成立した歌論書。成立時に源《みなもとの》実朝《さねとも》に贈られ、後に収録されている秀歌例が改められたとされる。

藤原定家　ふじわらのさだいえ　→この教科書ガイドの167頁

——本歌取り——

品詞分解・現代語訳

①詞《ことば》 は 古《ふる》き を 慕《した》ひ、 心《こころ》 は 新《あたら》しき を 求《もと》め、 及《およ》ば ぬ 高《たか》き 姿《すがた》
（係助　ク・体　格助　ハ四・用　係助　シク・体　格助　マ下二・用　バ四・未　打・体　ク・体）

を 願《ねが》ひ て、 寛平《くわんぴやう》 以往《いわう》 の 歌《うた》 に ならは ば、 おのづから よろしき こと
（格助　ハ四・用　接助　格助　格助　ハ四・未　接助　副　シク・体）

も など か 侍《はべ》ら ざら ん。 ②古《ふる》き を こひねがふ に とり て、 昔《むかし》
（係助　副　係助　ラ変・未・丁　打・未　推・体　ク・体　格助　ハ四・体　格助　ラ四・用　接助）

の 歌《うた》 の 詞《ことば》 を 改《あらた》め ず 詠《よ》み 据《す》ゑ たる を、 すなはち 本歌《ほんか》 と
（格助　格助　格助　マ下二・未　打・用　マ四・用　ワ下二・用　存・体　格助　接続　格助）

す と 申《まう》す なり。 ③か の 本歌《ほんか》 を 思《おも》ふ に、 たとへば 「五七五《ごしちご》」 の
（サ変・終　格助　サ四・体・謙　断・終　格助　格助　ハ四・体　格助　副　格助）

①（歌に用いる）言葉は古い歌にあるものを理想的だと思い、歌にこめる心は新しいものを求め、及ばないほど高い理想の歌の姿を願って、寛平以前の歌に学ぶと、自然とよいこともどうしてありませんでしょうか（自然とよい歌が生まれます）。②古い歌（のよさ）を願い求めることに関して、昔の歌に使われている言葉を変えないで詠み置いているの

「七五《しちご》」の字《じ》をさながら置《お》き、「七七《しちしち》」の字《じ》を同《おな》じく続《つづ》けつれ
格助　格助　格助　副　カ四・用　格助　格助　シク・用　カ下二・用　完・已

ば、新《あたら》しき歌《うた》に聞《き》きなされぬところぞ侍《はべ》る。④「五七《ごしち》」の句《く》
接助　シク・体　格助　サ四・未　可・未　打・体　係助　ラ変・体・丁　格助

はやうによりて去《さ》るべきにや侍《はべ》らん。⑤たとへば、
係助　格助　ラ四・用　接助　ラ四・終　適・体　断・用　係助　ラ変・未・丁・補　推・体　副

「いその神《かみ》ふるき都《みやこ》」「郭公《ほととぎす》なくや五月《さつき》」「ひさかたの天《あま》の香具山《かぐやま》」
枕　ク・体　カ四・終　係助　枕

「たまぼこの道行《みちゆ》き人《びと》」など申《まう》すことは、いくたびもこれを詠《よ》ま
枕　副助　サ四・体・謙　係助　係助　格助　マ四・未

では歌《うた》出《い》で来《く》べからず。⑥「年《とし》の内《うち》に春《はる》は来《き》にけり」
接助　係助　カ変・終　可・未　打・終　格助　格助　係助　カ変・用　完・用　詠・終

「袖《そで》ひちてむすびし水《みづ》」「月《つき》やあらぬ春《はる》や昔《むかし》の」「桜《さくら》
タ上二・用　接助　バ四・用　過・体　係助　ラ変・未　打・体　係助　格助

散《ち》る木《こ》の下風《したかぜ》」などは詠《よ》むべからずとぞ教《をし》へ侍《はべ》り
ラ四・体　格助　副助　係助　マ四・終　義・未　打・終　格助　係助　ハ下二・用　ラ変・用・丁・補

し。⑦次《つぎ》に、今《いま》の世《よ》に肩《かた》を並《なら》ぶるともがら、たとへば世《よ》になく
過・体　格助　格助　格助　格助　バ下二・体　副　格助　ク・用

とも、昨日今日《きのふけふ》といふばかり出《い》で来《き》たる歌《うた》は、一句《ひとく》もその人《ひと》
接助　格助　ハ四・体　副助　カ変・用　完・体　係助　係助　格助

の詠《よ》みたりしと見《み》えんことを必《かなら》ず去《さ》らまほしく思《おも》う
格助　マ四・用　完・用　過・体　格助　ヤ下二・未　婉・体　格助　副　ラ四・未　希・用　ハ四・用・ウ

を、つまり本歌とすると申し上げるのである。③その本歌について考える時に、例えば「五七五」の「七五」の文字をそのまま置いたり、「七七」の文字を同じように続けてしまったりすると必ず、聞いていて新しい歌に思えないところがございます。④「五七」の句は歌の様子によって捨て去るのがよいでしょうか。⑤例えば、「いその神ふるき都」「郭公なくや五月」「ひさかたの天の香具山」「たまぼこの道行き人」などと申す語句は、何度もこの句を詠まないでは歌が出てくる（歌を作る）ことはできない。⑥（しかし）「年の内に春は来にけり」「袖ひちてむすびし水」「月やあらぬ春や昔の」「桜散る木の下風」などの句は詠むべきではないと（父である藤原俊成《ふじわらのとしなり》は私に）教えました。⑦次に、今の世の中に肩を並べる仲間（歌を詠んでいる仲間）、たとえ（その人が）亡くなっていても、昨日今日というほど（近い内）に出てきた歌は、一句でもその人が

給《たま》へ　ハ下二・用・謙・補
侍《はべ》る　ラ変・体・丁・補
なり。　断・終

詠んだ歌だとわかるようなことを必ず避けたいと思い申し上げるのです。

重要語句　高　古

高 260 ／ 古 242

こひねがふ　願い求める。強く望む。

据う　①置く。一定の場所に置く。②（種などを）まく。③（鳥などを）とまらせる。ここでは、①の意味。

ひつ　浸す。水につける。ぬらす。

高 261 ／ 古 243

ともがら　仲間。同類。

発問　脚注問題　高　古

1　**「詠むべからず」とは、どういうことをしてはいけないのか。**　高 261ページ　古 243ページ

「年の内に春は来にけり」「袖ひちてむすびし水」「月やあらぬ春や昔の」「桜散る木の下風」という語句を自分の和歌に使うこと。

教材末の問題　高 261ページ　古 243ページ

言語活動

1　筆者は、すばらしい歌を作るためにはどうしたらよいと言っているか、説明してみよう。

古い歌に詠まれている言葉を使い、歌にこめる内容や心情は新しさを求め、高い理想の歌の姿を強く望んで、寛平以前の歌に学ぶとよいと言っている。

2　筆者は、「本歌」の扱い方についてどのように考えているか、説明してみよう。

・「五七五」の「七五」や「七七」がそのままの形だと、新しい歌に聞こえない。
・「五七五」の「五七」の句は、歌の主題に深く関わるような語句の場合は、避けるのがよい。
・一緒に歌を作っている仲間が近い間に詠んだ歌については、一句であっても、その人が詠んだものだとわかるので、使うべきではない。

ことばと表現

1　各文を助動詞・助詞に注意して現代語訳してみよう。

(1)　おのづからよろしきこともなどか侍らざらん。（高 二六〇・2）（古 二四二・2）

自然とよいこともどうしてありませんでしょうか（自然とよい歌が生まれます）。

〈ポイント〉係助詞「か」に注意して現代語訳してみよう。

(2)　やうによりて去るべきにや侍らん。（高 二六〇・6）（古 二四二・6）

歌の様子によって捨て去るのがよいでしょうか。

〈ポイント〉「に」「や」に注意して現代語訳してみよう。

(3)　これを詠までは歌出で来べからず。（高 二六〇・8）（古 二四二・8）

これを詠まないでは歌が出てくる（歌を作る）ことはできない。

〈ポイント〉助詞「で」に注意して現代語訳してみよう。

評論　無《む》名《みやう》抄《せう》

高 「高等学校　古典探究」262～263ページ
古 「古典探究　古文編」244～245ページ

作品紹介

無名抄　むみょうしょう　筆者は鴨長明《かものちょうめい》。建暦元（一二一一）年頃に成立した歌論書。和歌に関する故実、歌人の逸話、作歌の心得など、約八十の章段からなる。筆者の体験談も多く、随筆的な色合いが濃い。

鴨長明　かものちょうめい　→この教科書ガイドの83頁

――俊成自讃歌《しゆんぜいじさんか》のこと――

品詞分解・現代語訳

①俊恵《しゆんゑ》　いはく、「五条三位入道《ごでうのさんみにふだう》　の　みもと　に　まうで　たりし　ついで
（いはく：ハ四・未・ク語法／の：格助／に：格助／まうで：ダ下二・用・謙／たりし：完・用　過・体）

に、『御詠《ごえい》　の　中《なか》　に　は、いづれ　を　か　優《すぐ》れ　たり　と　思《おぼ》ほす。人《ひと》　は　よそ
（に：格助／の：格助／に：格助／は：係助／を：格助／か：係助／優れ：ラ下二・用／たり：存・終／と：格助／思ほす：サ四・体・尊／は：係助）

にて　様々《やうやう》に　定《さだ》め　侍《はべ》れ　ど、それ　を　ば　用《もち》ゐ　侍《はべ》る　べから
（にて：格助／様々に：ナリ・用／定め：マ下二・用／侍れ：ラ変・已・丁・補／ど：接助／を：格助／ば：係助／用ゐ：ワ上一・用／侍る：ラ変・体・丁・補／べから：可・未）

ず。　まさしく　承《うけたまは》ら　ん。』と　聞《き》こえ　しかば、
（ず：打・終／まさしく：シク・用／承ら：ラ四・未・謙／ん：意・終／と：格助／聞こえ：ヤ下二・用・謙／しか：過・已／ば：接助）

---

①（歌道の師である）俊恵が言うことには、「五条三位入道（藤原俊《とし》成《なり》）のお側に参上したその折に、『（あなた様が）お詠みの歌の中では、どれを優れているとお思いになりますか。人々は他でさまざまに決めておりますが、（私は）それをとり上げることはできません。（今ここで）確かに（このことを）お聞きしたい。』と申し上げたところ、

②『夕《ゆふ》されば　野辺《のべ》の　秋風《あきかぜ》身《み》に　しみ　て　うづら　鳴《な》く　なり　深草《ふかくさ》の里《さと》
ラ四・已　接助　格助　格助　マ四・用　接助　カ四・終　推定・終

③これ　を　なん、身《み》に　とり　て　おもて歌《うた》と　思《おも》ひ　給《たま》ふる。』と　言《い》は
格助　係助　格助　ラ四・用　接助　格助　ハ四・用　ハ下二・体・謙・補　格助　ハ四・未

れ　し　を、俊恵《しゆんゑ》　また　いはく、『世《よ》に　あまねく　人《ひと》の　申《まう》し
尊・用　過・体　接助　副　ハ四・未・ク語法　格助　ク・用　格助　サ四・用・謙

侍《はべ》る　に　は、
ラ変・体・丁・補　格助　係助

④面影《おもかげ》に　花《はな》の　姿《すがた》を　先立《さきだ》て　て　幾重《いくへ》越《こ》え来《き》ぬ　峰《みね》の　白雲《しらくも》
格助　格助　格助　タ下二・用　接助　カ変・用　完・終　格助

⑤これ　を　優《すぐ》れ　たる　やうに　申《まう》し　侍《はべ》る　は　いかに。』と　聞《き》こゆ。
格助　ラ下二・用　存・体　比・用　サ四・用・謙　ラ変・体・丁・補　係助　副　格助　ヤ下二・終・謙

⑥『いさ、よそ　に　は　さ　も　や　定《さだ》め　侍《はべ》る　らん、知《し》り　給《たま》へ
感動　格助　係助　副　係助　係助　マ下二・用　ラ変・体・丁・補　現推・体　ラ四・用　ハ下二・未・謙・補

ず。なほ　自《みづか》ら　は、先《さき》の　歌《うた》に　は　言《い》ひ比《くら》ぶ　べから　ず。』と　ぞ　侍《はべ》り
打・終　副　係助　格助　格助　係助　バ下二・終　可・未　打・終　格助　係助　ラ変・用・丁

し。」と　語《かた》り　て、これ　を　うちうちに　申《まう》し　し　は、⑦「かの　歌《うた》は、『身《み》
過・体　格助　ラ四・用　接助　格助　副　サ四・用・丁　過・体　係助　格助　係助

に　しみ　て』と　いふ　腰《こし》の句《く》の、いみじう　無念《むねん》に　おぼゆる　なり。これ
格助　マ四・用　接助　格助　ハ四・体　格助　シク・用・ウ　ナリ・用　ヤ下二・体　断・終

ほど　に　なり　ぬる　歌《うた》は、景気《けいき》を　言《い》ひ流《なが》し　て、ただ　空《そら》に　身《み》に　しみ
格助　ラ四・用　完・体　係助　格助　サ四・用　接助　副　ナリ・用　格助　マ四・用

---

②『夕方になると、野辺を吹き抜ける秋風が身にしみて、鶉《うずら》が寂しく鳴いているようだ。この草深い深草の里では。

③これを、自分にとっての代表歌と思っております。』とおっしゃったところ、俊恵がまた言うことには、『世間で広く人々が申しておりますのは、

④幻に、桜の花の（咲く）姿を眼前に思い描いて、幾重もの山々を越えて来たことだ。（桜の花に見まがうばかりの）あの峰の白雲よ。

⑤これを優れているように申し上げますのはどう（お考えでしょう）か。』と申し上げる。⑥（それを聞いた俊成は）『さあ、よそではそのようにも決めているのでしょうか、（私は）知っておりません。やはり自分では、（「面影に……」の歌は）先の（「夕されば……」の）歌には言い比べることができない（ほど劣っていると思います）。』とございました。」と

けん かし と 思《おも》は せ たる こそ、心《こころ》にくく も 優《いう》に も 侍《はべ》れ。
過推・終 終助 格助 ハ四・未 使・用 存・体 係助 ク・用 係助 ナリ・用 係助 ラ変・已・丁・補

いみじく 言《い》ひもてゆき て、歌《うた》の 詮《せん》と す べき ふし を さはさはと
シク・用 カ四・用 接助 格助 格助 サ変・終 当・体 格助 副

言《い》ひ表《あらは》し たれ ば、むげに こと 浅《あさ》く なり ぬる なり。」と ぞ。⑧その ついで
サ四・用 完・已 接助 ナリ・用 ク・用 ラ四・用 完・体 断・終 格助 係助 格助

に、「わ が 歌《うた》の 中《なか》に、
格助 格助 格助 格助

み吉野《よしの》の 山《やま》かき曇《くも》り 雪《ゆき》降《ふ》れ ば ふもと の 里《さと》は うちしぐれ つつ
格助 ラ四・用 ラ四・已 接助 格助 係助 ラ下二・用 接助

⑨これ を なん、かの たぐひ に せ ん と 思《おも》ひ 給《たま》ふる。
格助 係助 格助 格助 サ変・未 意・終 格助 ハ四・用 ハ下二・体・謙・補

もし 世《よ》の 末《すゑ》に おぼつかなく 言《い》ふ 人《ひと》も あら ば、『かく こそ 言《い》ひ
副 格助 格助 ク・用 ハ四・体 係助 ラ変・未 接助 副 係助 ハ四・用

しか。』と 語《かた》り 給《たま》へ。」 と ぞ。
過・已 格助 ラ四・用 ハ四・命・尊・補 格助 係助

語って、これを（俊恵が）ひそかに（私に）申したことには、⑦「あの歌は、『身にしみて』という第三句が、たいそう残念に思えるのだ。これほど（高い完成度）になった歌は、景色を（さらりと）詠み流して、ただぼんやりと（秋風が）身にしみたのだろうなあと（読み手に）思わせているのが、奥ゆかしくも上品でもあります。すばらしく表現していって、歌の要点とすべき点をはっきりと言い表したので、ひどく（趣が）浅くなったのだ。」と。⑧そのついでに（俊恵が言うことには）、「私の歌の中に、

　吉野山が一面に曇って雪が降ると、ふもとの吉野の里には時雨が降り続くことだ。

（とあるが、）⑨これを、あの類（代表作）にしようと思っております。もし後世に（俊恵の代表作が）よくわからないと言う人がいたら、『このように（俊恵が）言った。』と語ってください。」と（いうことだ）。

重要語句

高 古

夕さる　夕方になる。

高262 古244 **あまねし**　すべてに行きわたっている。

腰の句　和歌の第三句。

高263 古245 **詮**　①なすべき方法。②かい。ききめ。③一番大事なところ。要点。④結局。ここでは、③の意味。

発問　脚注問題　高 古

1 「おもて歌」とはどういう意味か。　高262ページ 古244ページ

その人の代表的な歌。

2 誰が誰に「申し」たのか。　高263ページ 古245ページ

俊恵が、筆者（私・鴨長明）に。

教材末の問題　高263ページ 古245ページ

学習

1 俊恵は俊成の「夕されば……」の歌について、どういう点を批判しているのか、まとめてみよう。

第三句の「身にしみて」という部分が、歌の要点をはっきりと言い表しすぎている点。

〈ポイント〉「歌の詮とすべきふしをさはさはと言ひ表したれば」（高二六三・4）（古二四五・4）が、批判している点。景色をさらりと詠み、読み手にその心情をなんとなく感じさせるのが奥ゆかしいのに、「身にしみて」とはっきり表現したために、浅くなったと言うのである。

ことばと表現

1 次の「給ふ」の意味の違いを説明してみよう。

(1) 「知り給へず。」（高二六二・9）（古二四四・9）

謙譲の補助動詞で、ここは「…ております」の意。

(2) 「『かくこそ言ひしか。』と語り給へ。」（高二六三・9）（古二四五・9）

尊敬の補助動詞で、「…なさる・お…になる」の意。

評論　正徹物語《しやうてつものがたり》

高「高等学校　古典探究」264〜265ページ
古「古典探究　古文編」246〜247ページ

作品紹介

正徹物語　しょうてつものがたり　筆者は正徹《しょうてつ》。宝徳二（一四五〇）年頃に成立した歌論書。弟子の手による聞き書きと考えられる。

正徹　しょうてつ　→この教科書ガイドの167頁

――独り雨聞く秋の夜すがら――

品詞分解・現代語訳

①為秀《ためひで》の、
格助

あはれ　知《し》る　友《とも》　こそ　かたき　世《よ》　なり　けれ　独《ひと》り　雨《あめ》　聞《き》く　秋《あき》　の　夜《よ》すがら
ラ四・体　係助　ク・体　断・用　詠・已　カ四・体　格助

の　歌《うた》　を　聞《き》き　て、了俊《れうしゆん》　は　為秀《ためひで》　の　弟子《でし》　に　なら　れ　たる　なり。
格助　格助　カ四・用　接助　係助　格助　格助　ラ四・未　尊・用　完・体　断・終

②「独《ひと》り　雨《あめ》　聞《き》く　秋《あき》　の　夜《よ》すがら」　は　上《かみ》の句《く》　に　て　ある　なり。③秋《あき》　の
カ四・体　格助　係助　断・用　接助　ラ変・体　断・終　格助

夜《よ》　独《ひと》り　雨《あめ》　を　聞《き》き　て「あはれ　知《し》る　友《とも》　こそ　かたき　世《よ》　なり　けれ」と　思《おも》ひ
格助　カ四・用　接助　ラ四・体　係助　ク・体　断・用　詠・已　格助　ハ四・用

①（冷泉《れいぜい》）為秀の、

しみじみとした情趣を解する友はめったにいない世であることよ。独りきりで雨（の音）を聞く、秋の夜に一晩中。

の歌を聞いて、了俊は為秀の弟子になられたのである。②「独りきりで雨（の音）を聞く、秋の夜に一晩中」は（意味のうえでは）上の句であるのだ。③秋の夜に独り雨（の音）を聞いて「しみじみとした情趣を解す

たる なり。④あはれ 知《し》る 友《とも》の ある ならば、誘《さそ》は れ て いづち へ も
完・体 断・終 ラ四・体 格助 ラ変・体 断・未 接助 ハ四・未 受・用 接助 格助 係助

行《い》き て 語《かた》り も 明《あ》かさ ば、かく 雨《あめ》を ば 聞《き》く べから ず。⑤いかん
カ四・用 接助 ラ四・用 係助 サ四・未 接助 副 格助 係助 カ四・終 可・未 打・終 副

と も せ ぬ ところ が 殊勝《しゆしよう》に おぼえ 侍《はべ》る なり。⑥「独《ひと》り 雨《あめ》
格助 係助 サ変・未 打・体 格助 ナリ・用 ヤ下二・用 ラ変・体・丁・補 断・終

聞《き》く 秋《あき》の 夜半《よは》かな」と も あら ば、果《は》つ べき が、「秋《あき》の 夜《よ》すがら」
カ四・体 格助 終助 格助 係助 ラ変・未 接助 タ下二・終 推・体 接助 格助

と 言《い》ひ捨《す》て て 果《は》て ざる ところ が 肝要《かんえう》なり。⑦「独《ひと》り 雨《あめ》 聞《き》く 秋《あき》の
格助 タ下二・用 接助 タ下二・未 打・体 格助 ナリ・終 カ四・体 格助

夜《よ》すがら 思《おも》ひ たる は」と いふ 心《こころ》を 残《のこ》し て「夜《よ》すがら」と は 言《い》へ
ハ四・用 存・体 係助 格助 ハ四・体 格助 サ四・用 接助 格助 係助 ハ四・已

る なり。⑧されば「独《ひと》り 雨《あめ》 聞《き》く 秋《あき》の 夜《よ》すがら」が 上《かみ》の句《く》に て
完・体 断・終 接続 カ四・体 格助 格助 断・用 接助

ある なり。⑨「独《ひと》り 雨《あめ》 聞《き》く」が 下《しも》の句《く》 ならば、させる ふし も なき 歌《うた》
ラ変・体 断・終 カ四・体 格助 断・未 接助 連体 係助 ク・体

に て ある べき なり。
断・用 接助 ラ変・体 推・体 断・終

る友はめったにいない世であることよ」と思ったのである。④もし情趣を解する友がいるなら、（そしてその友に）誘われてどこへでも行って語り明かすならば、このように（独りで）雨（の音）を聞くことはできない。⑤（この、独りでは）どうともしないところがけなげに思われるのです。⑥「独りきりで雨（の音）を聞く秋の夜中だなあ」ともあるなら、（句や意味がそこで）切れるだろうが、「秋の夜に一晩中」と言い捨てて意味が切れていないところが非常に大切である。⑦「独りきりで雨（の音）を聞く秋の夜に一晩中思ったことは」という思いを残して「一晩中」と言ったのだ。⑧だから「独りきりで雨（の音）を聞く、秋の夜に一晩中」が（意味のうえでは）上の句であるのだ。⑨「独りきりで雨（の音）を聞く」が（意味のうえでも）下の句（の位置になる）ならば、これという（優れた）点もない歌であるだろう。

重要語句

高 264 265 古 246 247

かたし 難しい。

いづち どこ。どの方向。

させる （下に打消の語を伴って）たいした。これといった。

ふし ①（竹などの）節。②点。事柄。③根拠。④機会。⑤歌の節回し。ここでは、②の意味。

発問 脚注問題 高 古

1 「殊勝におぼえ」るとはどういうことか。 高264ページ 古246ページ

独りではどうともしないところが、けなげに思われるということ。

〈ポイント〉「殊勝なり」は、ここでは「けなげである・感心である」の意。

教材末の問題 高265ページ 古247ページ

学習

1 筆者は「あはれ知る……」の歌はどのような点が優れていると言っているか。説明してみよう。

意味のうえでは上の句にあるはずの「独り雨聞く秋の夜すがら」を下の句に置き、さらに最後を「秋の夜半かな」などと完結させずに、「秋の夜すがら」と言い捨てたことで、優れた余情が生まれている、と述べている。

ことばと表現

1 傍線部を文法的に説明してみよう。

(1) **弟子になられたるなり。**（高二六四・3）（古二四六・3）

変化の結果を表す格助詞。

(2) **上の句にてあるなり。**（高二六四・4）（古二四六・4）

断定の助動詞「なり」の連用形。

(3) **語りも明かさば、**（高二六四・6）（古二四六・6）

順接の仮定条件を表す接続助詞。

〈ポイント〉接続助詞「ば」は、活用語の未然形に付く場合は仮定条件、已然形に付く場合は確定条件となる。

(4) **かく雨をば聞くべからず。**（高二六四・6）（古二四六・6）

区別を表す係助詞「は」が濁音化した形。

〈ポイント〉直前の「を」は格助詞。「を」が示した対象を、「ば」によって区別し、強調している。

評論

石上私淑言《いそのかみささめごと》

高「高等学校 古典探究」268〜269ページ
古「古典探究 古文編」250〜251ページ

作品紹介

石上私淑言　いそのかみささめごと　筆者は本居宣長《もとおりのりなが》。宝暦一三（一七六三）年に成立した歌論書。「もののあはれ」を基軸として、和歌の本質や形式などが多岐にわたって論じられている。

本居宣長　もとおりのりなが　↓この教科書ガイドの110頁

—もののあはれを知る—

品詞分解・現代語訳

①問《と》ひ｜て｜いはく、「もののあはれ｜を｜知《し》る」｜と｜は｜いかなる｜こと｜ぞ。
ハ四・用　接助　ハ四・未・ク語法　格助　ラ四・終　格助　係助　ナリ・体　係助

②答《こた》へ｜て｜いはく、『古今《こきん》』｜の｜序《じょ》｜に｜「やまと歌《うた》｜は｜一《ひと》つ心《こころ》｜を｜種《たね》｜と
ハ下二・用　接助　ハ四・未・ク語法　格助　格助　係助　格助　格助

し｜て、よろづ｜の｜言《こと》の葉《は》｜と｜ぞ｜なれ｜り｜ける」｜と｜ある、③この｜「心《こころ》」
サ変・用　接助　格助　格助　係助　ラ四・已　完・用　過・体　格助　ラ変・体　格助

と｜いふ｜が｜すなはち｜もののあはれ｜を｜知《し》る｜心《こころ》なり。④次《つぎ》｜に｜「世《よ》の中《なか》｜に
格助　ハ四・体　格助　接続　格助　ラ四・体　断・終　格助　格助

①（ある人が）質問して言うことには、「もののあはれを知る」とはどういうことか。②（私が）答えて言うことには、『古今和歌集』の仮名序に「和歌は一つの心を種として、さまざまな言葉となったものだ」とあるが、③この「心」というのがつまり〝もののあはれ〟を知る心である。④次に「この世に生きる

ある 人《ひと》、事業《ことわざ》、しげき もの なれ ば、心《こころ》に 思《おも》ふ ことを、見《み》る もの、聞《き》く
ラ変・体 ク・体 断・已 接助 格助 ハ四・体 格助 マ上一・体 カ四・体
もの に つけ て、言《い》ひ出《い》だせ る なり」と ある、⑤この 「心《こころ》に 思《おも》ふ
格助 カ下二・用 接助 サ四・已 存・体 断・終 格助 ラ変・体 格助 格助 ハ四・体
こと」と いふ も、また すなはち もののあはれ を 知《し》る 心《こころ》 なり。⑥上《うへ》の
格助 ハ四・体 係助 接続 接続 格助 ラ四・体 断・終 格助
「一《ひと》つ心《こころ》を」と いへ る は、大綱《たいかう》を いひ、ここは その いはれ を
格助 格助 ハ四・已 存・体 係助 格助 ハ四・用 係助 格助 格助
述《の》べ たる なり。⑦同《どう》 真名序《まなじよ》に 「思慮《しりよ》易《やすク》レ遷《うつリ》、哀楽《あいらく》相《あひ》変《かハル》」と いへ る も
バ下二・用 存・体 断・終 格助 格助 ハ四・已 存・体 係助
また、もののあはれ を 知《し》る なり。
接続 格助 ラ四・体 断・終
⑧これら を 「もののあはれ 知《し》る なり」と いふ いはれ は、すべて 世《よ》の中《なか》
格助 ラ四・体 断・終 格助 ハ四・体 係助 副
に 生《い》き と し 生《い》け る もの は 皆《みな》 情《こころ》 あり。⑨情《こころ》 あれ ば、もの に
格助 カ四・用 格助 副助 カ四・已 存・体 係助 ラ変・終 ラ変・已 接助 格助
触《ふ》れ て 必《かなら》ず 思《おも》ふ こと あり。⑩この ゆゑ に 生《い》き と し 生《い》け る
ラ下二・用 接助 副 ハ四・体 ラ変・終 格助 格助 カ四・用 格助 副助 カ四・已 存・体
もの 皆《みな》 歌《うた》 ある なり。⑪その なか に も 人《ひと》 は 殊《こと》に よろづ の もの より
ラ変・体 断・終 格助 格助 係助 係助 副 格助 格助
優《すぐ》れ て、心《こころ》 も 明《あき》らかなれ ば、思《おも》ふ こと も しげく 深《ふか》し。⑫その うへ
ラ下二・用 接助 係助 ナリ・已 接助 ハ四・体 係助 ク・用 ク・終 格助

人は、（生きる中での）体験が、たくさんあるものなので、（その）心に思うことを、見るもの、聞くものに託して、（和歌として）表しているのだ」とあるが、⑤この「心に思うこと」と言うのも、またすなわち〝もののあはれ〟を知る心である。⑥先の「一つの心を」を言っているのは、大綱をいい、ここはその（具体的な）由来を述べているのである。⑦同じ（『古今和歌集』の）真名序で「思慮は変化しやすく、哀楽は互いに変化する」と言っているのもまた、〝もののあはれ〟を知るということである。

⑧これらを「もののあはれを知るということである」という理由は、総じて世の中に生きているすべてのものにはみな感情がある。⑨感情があれば、物事に触れて必ず思うことがある。⑩このために生きているすべてのものにはみな歌があるのだ。⑪その中でも人は特にあらゆる生き物より優れて、心も賢明なので、思うことも多く（しかも）深い。⑫その

人《ひと》は　禽獣《きんじう》より　も　事業《ことわざ》の　しげき　もの　に　て、ことに　触《ふ》るる　こと
係助　格助　係助　格助　ク・体　断・用　接助　格助　ラ下二・体

多《おほ》けれ　ば、いよいよ　思《おも》ふ　こと　多《おほ》き　なり。⑬されば　人《ひと》は　歌《うた》なくて　かなは
ク・已　接助　副　ハ四・体　ク・体　断・終　接続　係助　ク・用　接助　ハ四・未

ぬ　理《ことわり》なり。
打・体　断・終

重要語句

高 269　古 251
明らかなり　①明るい。②はっきりしている。③物事の道理に明るい。賢明だ。④晴れ晴れとしている。ここは③。

発問　脚注問題　高　古

高 269ページ　古 251ページ

1　「これら」は何を指しているか。

・『古今和歌集』仮名序の「和歌は一つの心を種として、さまざまな言葉となったものだ」にある、「心」。
・同じく仮名序の「世の中に生きる人は、体験が、たくさんあるものなので、その心に思うことを、見るもの、聞くものに託して、表しているのだ」とある、「心に思うこと」。
・『古今和歌集』真名序の「思慮は変化しやすく、哀楽は互いに変化する」ということ。

うえ人は禽獣よりも（生きる中での）体験が多いものであって、物事に関わり合うことが多いので、ますます思うことも多いのである。⑬だから人は歌がなくてはいられない道理である。

〈ポイント〉前段落に挙げた、『古今和歌集』仮名序・真名序における「もののあはれを知る」という内容を指している。

教材末の問題

高 269ページ　古 251ページ

学習

1　「人は歌なくてかなはぬ」（高 二六九・6）（古 二五一・6）のはなぜか。説明してみよう。

和歌は、物に触れて生まれる感情を言葉にしたものである。生きているすべてのものには必ず感情があり、歌が生まれるが、中でも人は他の生き物より賢明で、深く思慮でき、体験も多く、物事に関わり合うことが多い。だから人は、あらゆる体験のさまざまな感情を歌に詠まずにはいられない生き物だといえる。

ことばと表現

1　傍線部を文法的に説明してみよう。

生きとし生けるものは皆情あり。（高 二六九・1）（古 二五一・1）

・「生きとし」…強意の副助詞。
・「生ける」…存続の助動詞「り」の連体形。

評論

去来抄《きよらいせう》

高「高等学校 古典探究」270〜272ページ
古「古典探究 古文編」252〜254ページ

作品紹介

去来抄 きょらいしょう 筆者は向井《むかい》去来。元禄《げんろく》一五（一七〇二）〜宝永《ほうえい》元（一七〇四）年の間に成立した俳論書。「先師評」「同門評」「修行」「故実」の四部からなる。蕉門の俳諧理念である「さび」「しをり」「ほそみ」「不易流行」などを説く。

向井去来 むかいきょらい ↓この教科書ガイドの181頁

――行く春を――

品詞分解・現代語訳

①行《ゆ》く 春《はる》を 近江《あふみ》の 人《ひと》と 惜《を》しみ けり 芭蕉《ばせう》
カ四・体 格助 格助 格助 マ四・用 詠・終

②先師《せんし》 いはく、「尚白《しやうはく》が 難《なん》に、『近江《あふみ》は 丹波《たんば》に も、行《ゆ》く 春《はる》は
ハ四・未・ク語法 格助 格助 係助 格助 係助 カ四・体 係助

行《ゆ》く 年《とし》に も ふる べし。』と 言《い》へ り。汝《なんぢ》 いかが 聞《き》き 侍《はべ》る
カ四・体 格助 係助 ラ四・終 可・終 格助 ハ四・已 完・終 副 カ四・用 ラ変・体・丁・補

や。」 ③去来《きよらい》 いはく、「尚白《しやうはく》が 難《なん》 当《あ》たら ず。湖水《こすい》 朦朧《もうろう》と して 春《はる》を
係助 ハ四・未・ク語法 格助 ラ四・未 打・終 タリ・用 接助 格助

惜《を》しむ に たより ある べし。殊《こと》に 今日《こんにち》の 上《うへ》に 侍《はべ》る。」と 申《まう》す。
マ四・体 格助 ラ変・体 推・終 副 格助 断・用 ラ変・体・丁・補 格助 サ四・終・謙

① （ぼんやりと霞《かす》む琵琶《びわ》湖のほとりで、）過ぎゆく春を近江の人と一緒に惜しんだことだ。 芭蕉

② 先師（芭蕉）が言うことには、「尚白の非難に、『近江は丹波にも、行く春は行く年にも置き換えできる。』と言った（ものがあった）。あなたは（尚白のこの非難を）どう聞きますか。」

③ （私）去来が言うことには、「尚白の非難は当たっていない。（近江は）

④先師《せんし》 いはく、「しかり。古人《こじん》 も この 国《くに》 に 春《はる》 を 愛《あい》する こと、
ハ四・未・ク語法　ラ変・終　係助　格助　格助　格助　サ変・体

をさをさ 都《みやこ》 に 劣《おと》ら ざる ものを。」⑤去来《きよらい》 いはく、「この 一言《いちごん》、心《こころ》 に
副　格助　ラ四・未　打・体　接助　ハ四・未・ク語法　格助　格助

徹《てつ》す。行《ゆ》く 年《とし》 近江《あふみ》 に ゐ 給《たま》は ば、いかでか この 感《かん》 ましまさ
サ変・終　カ四・体　格助　ワ上一・用　ハ四・未・尊・補　接助　副　係助　格助　サ四・未・尊

ん。行《ゆ》く 春《はる》 丹波《たんば》 に いまさ ば、もとより この 情《じやう》 浮《う》かぶ まじ。風光《ふうくわう》 の、
推・体　カ四・体　格助　サ四・未・尊　接助　副　格助　バ四・終　打推・終　格助

人《ひと》 を 感動《かんどう》せ しむる こと、まこと なる かな。」と 申《まう》す。⑥先師《せんし》
格助　サ変・未　使・体　断・体　終助　格助　サ四・終・謙

いはく、「去来《きよらい》、汝《なんぢ》 は 共《とも》に 風雅《ふうが》 を 語《かた》る べき 者《もの》 なり。」と、殊更《ことさら》に 喜《よろこ》び
ハ四・未・ク語法　係助　副　格助　ラ四・終　可・体　断・終　格助　ナリ・用　バ四・用

給《たま》ひ けり。
ハ四・用・尊・補　過・終

琵琶湖の水面がぼんやりと霞んで（去りゆく）春を惜しむのに好機があるだろう。特に（春の近江という）その場に臨んでの実感です。」と申し上げる。④先師が言うことには、「その通りだ。昔の人もこの（近江の）国で春（の風情）をめでることは、少しも都（で春をめでるの）に劣らないのだが。」⑤（私）去来が言うことには、「この（師の）一言は、心に深くしみ入る。もし年の暮れに近江にいらっしゃるなら、どうしてこの（過ぎゆく年を惜しむという）感懐がおありになるでしょうか（いや、おありにならないでしょう）。もし過ぎゆく春に丹波にいらっしゃるなら、最初からこの（過ぎゆく春を惜しむという）情趣は浮かばないだろう。美しい自然が、人を感動させるということは、本当なのだなあ。」と申し上げる。⑥先師が言うことには、「去来よ、あなたは一緒に俳諧を語ることができる者である。」と、格別にお喜びになったのだ。

——岩鼻や——

品詞分解・現代語訳

①岩鼻《いわはな》や　ここ　に　も　ひとり　月《つき》の　客《きやく》　　去来《きよらい》
間助　格助　係助　格助

②先師《せんし》　上洛《じやうらく》の　とき、去来《きよらい》　いはく、「洒堂《しやだう》は　この　句《く》を『月《つき》の　猿《さる》』と
格助　ハ四・未・ク語法　係助　格助　格助　格助　格助

申《まう》し　侍《はべ》れ　ど、予《よ》は『客《きやく》』勝《まさ》り　な　ん　と　申《まう》す。いかが
サ四・用・丁　ラ変・已・丁・補　接助　係助　ラ四・用　強・未　推・終　格助　サ四・終・丁　副

侍《はべ》る　や。」③先師《せんし》　いはく、「『猿《さる》』と　は　何事《なにごと》　ぞ。汝《なんぢ》、この　句《く》を
ラ変・体・丁　係助　ハ四・未・ク語法　格助　係助　係助　格助　格助

いかに　思《おも》ひ　て　作《さく》せ　る　や。」④去来《きよらい》　いはく、「明月《めいげつ》に　乗《じよう》じ　山野《さんや》
副　ハ四・用　接助　サ変・未　完・体　係助　ハ四・未・ク語法　格助　サ変・用

吟歩《ぎんぽ》し　侍《はべ》る　に、岩頭《がんとう》　また　一人《ひとり》の　騒客《さうかく》を　見《み》つけ　たる。」と　申《まう》す。
サ変・用　ラ変・体・丁・補　接助　副　格助　格助　カ下二・用　完・体　格助　サ四・終・謙

⑤先師《せんし》　いはく、「『ここ　に　も　ひとり　月《つき》の　客《きやく》』と、己《おのれ》と　名乗《なの》り出《い》づ　らん
ハ四・未・ク語法　格助　係助　格助　格助　副　ダ下二・終　婉・体

こそ、いくばく　の　風流《ふうりう》　なら　ん。ただ　自称《じしよう》の　句《く》と　なす　べし。この　句《く》
係助　副　格助　断・未　推・体　副　格助　格助　サ四・終　適・終　格助

は　我《われ》も　珍重《ちんちよう》し　て『笈《おひ》の　小文《こぶみ》』に　書《か》き入《い》れ　ける。」と　なん。⑥予《よ》が　趣向《しゆかう》
係助　係助　サ変・用　接助　格助　ラ下二・用　過・体　格助　係助　格助

① （月に照らされた）岩鼻よ。ここにも（自分以外にもう）一人、月を眺める（風流な）客がいることだ。　去来

②先師（芭蕉）が上京のときに、（私）去来が言うことには、「洒堂はこの句を『月の猿』（のほうがよい）と申しますが、私は『客』（のほう）が優れているだろうと申します。いかがでございましょうか。」③先師が言うことには、「『猿』とはどうしたことだ。あなたは、この句をどのように考えて作ったのか。」④（私）去来が言うことには、「明月に乗じて山野を句を考えながら歩いていましたところ、岩の突端にもう一人の風流人を見つけた（のです）。」と申し上げる。⑤先師が言うことには、「『ここにもひとり月の客（がおりま

は、なほ二《に》、三等《さんとう》も下《くだ》り侍《はべ》りなん。先師《せんし》の意《い》をもつて
係助 副 係助 ラ四・用 ラ変・用・丁・補 強・未 推・終 格助 格助 タ四・用・促 接助

見《み》れば、少《すこ》し狂者《きやうしや》の感《かん》もあるにや。
マ上一・已 接助 副 格助 係助 ラ変・体 断・用 係助

す）』と、自分から名乗り出るような句こそは、どれほど風流だろうか。ともかく（自分から名乗り出る）自称の句とするのがよい。この句は私も大切（な句）にして『笈の小文』に書き入れた。」と（おっしゃる）。⑥私の趣向は、（先師に比べると）やはり二、三等も劣っているでしょう。先師の考えによって見ると、いささか風雅に心を奪われた者の感もあるのではないか。

重要語句 高 古

270 252 **朦朧たり** ぼんやりと霞んでいる様子。

271 253 **いくばく** ①どれほど。②（下に打消を伴って）それほど。
ここでは、①の意味。

発問 脚注問題 高 古

1 高270ページ 古252ページ
「行く春」「行く年」の季節はいつか。
・「行く春」…晩春。
・「行く年」…冬。年末。

2 「この感」とはどのようなことを指しているか。
過ぎゆく年を惜しむという感懐。

3 高271ページ 古253ページ
「自称の句」とはどういう句か。
自分から名乗り出る句。

教材末の問題 高272ページ 古254ページ

学習

1 「行く春を……」の句について、尚白・芭蕉・去来はそれぞれどのように考えているか整理してみよう。

・尚白

「行く春」「近江」はそれぞれ「行く年」「丹波」にも置き換えることができ、「行く春」「近江」とする必然性がない。

・去来

ぼんやり霞む春の琵琶湖という眼前の風景が、過ぎゆく春を惜しむという感慨を抱かせるのであるから、「行く春」「近江」を他の言葉に置き換えることはできない。

・芭蕉

去来の言葉の通りである。また、「近江」で春の風情をめでることは、昔の人が都で春の風情をめでるのと同様、伝統的な詩情を背景としたものである。

2　「岩鼻や……」の句を、芭蕉・去来それぞれの解釈に従って現代語訳してみよう。

・芭蕉

岩鼻に（一人で立ち、月に向かって呼びかける）。ここにも一人、月を眺める（風流な）客（である私）がいますよ。

・去来

（月に照らされた）岩鼻よ。ここにも（自分以外にもう）一人、月を眺める（風流な）客がいることだ。

〈ポイント〉芭蕉の解釈は、その言葉にある「『ここにも……自称の句となすべし』」（高二七一・7）（古二五三・7）を踏まえる。

ことばと表現

1　傍線部の「べし」を文法的に説明してみよう。

(1)　行く年にもふるべし。（高二七〇・2）（古二五二・2）

可能の助動詞の終止形。

(2)　春を惜しむにたよりあるべし。（高二七〇・4）（古二五二・4）

推量の助動詞の終止形。

(3)　風雅を語るべき者なり。（高二七〇・9）（古二五二・9）

可能の助動詞の連体形。

(4)　自称の句となすべし。（高二七一・8）（古二五三・8）

適当（当然）の助動詞の終止形。

〈ポイント〉助動詞「べし」には、推量、意志、当然・義務、適当・勧誘、可能、命令の意味がある。文脈に応じて解釈しよう。

2　「『書き入れける。』となん」（高二七一・9）（古二五三・9）の後に省略されている語句を補ってみよう。

「のたまふ」など。

〈ポイント〉「言ふ」に相当する語句が省略されている。ここでは主語が「先師」である点に注意。去来自らが「先師」である芭蕉に「言ふ」動作には、謙譲語の「申す」が用いられている。このことから、「言ふ」の尊敬語「のたまふ」、または過去の助動詞を加えて「のたまひし」とするのが適当である。いずれも、係助詞「なん（なむ）」の結びなので連体形となる。

評論

風姿花伝《ふうしくわでん》

高「高等学校 古典探究」273～275ページ
古「古典探究 古文編」255～257ページ

作品紹介

風姿花伝 ふうしかでん 筆者は世阿弥《ぜあみ》。応永《おうえい》七（一四〇〇）年以降、十五世紀初期にかけて段階的に成立した能楽論書。七編。能楽修行の心得、男・女・神・鬼の演じ方、能楽の本質などを論じた日本最古の演劇論書。通称は『花伝書』。

世阿弥 ぜあみ 一三六三?～一四四三?。能役者・能作者。父の観阿弥《かんあみ》とともに能楽を大成。足利義満《あしかがよしみつ》の庇護《ひご》を受け、「幽玄」の美を備えた格調高い能楽を完成させ、観世流として現代に継承されている。『花鏡《かきょう》』『申楽談儀《さるがくだんぎ》』などの能楽論書、多数の能作品を残した。

―秘すれば花―

品詞分解・現代語訳

①秘《ひ》する｜花《はな》｜を｜知《し》る｜こと。②秘《ひ》すれ｜ば｜花《はな》｜なり、秘《ひ》せ｜ず｜は｜花《はな》｜なる
サ変・体　格助　ラ四・体　サ変・已　接助　断・用　サ変・未　打・用　係助　断・体

べから｜ず｜と｜なり。③こ｜の｜分け目《わけめ》｜を｜知《し》る｜こと、肝要《かんえう》｜の｜花《はな》｜なり。
可・未　打・終　格助　断・終　格助　格助　ラ四・体　ナリ・語幹　格助　断・終

④そもそも、一切《いつさい》｜の｜事《じ》、諸道芸《しよだうげい》｜に｜おい｜て、そ｜の｜家々《いへいへ》｜に｜秘事《ひじ》｜と
接続　格助　格助　カ四・用・イ　接助　格助　格助　格助

申《まう》す｜は、秘《ひ》する｜に｜より｜て｜大用《たいよう》｜ある｜が｜故《ゆゑ》｜なり。⑤しかれば、秘事《ひじ》｜と
サ四・体・丁　係助　サ変・体　格助　ラ四・用　接助　ラ変・体　格助　断・終　接続　格助

①秘める（ことで生まれる）花を知ること。②秘めれば（それは）花であり、秘めなければ花でありえないということだ。③この区別を知ることが、最も大切な花（についての事柄）である。④そもそも、あらゆること、さまざまな学問や芸能において、その家々で秘事と申しますのは、（それを）秘めることによって大きな

いふ ことを あらはせば、させる ことにても なきものなり。⑥これを、
ハ四・体 格助 サ四・已 接助 連体 断・用 接助 係助 ク・体 断・終 格助
させる ことにても なしと 言《い》ふ 人《ひと》は、いまだ 秘事《ひじ》と いふ ことの
連体 断・用 接助 係助 ク・終 格助 ハ四・体 係助 副 格助 ハ四・体 格助
大用《たいよう》を 知《し》らぬが 故《ゆゑ》なり。⑦まづ、この 花《はな》の 口伝《くでん》に おきても、
格助 ラ四・未 打・体 格助 断・終 副 格助 格助 カ四・用 接助 係助
ただ めづらしきが 花《はな》ぞと みな人《ひと》知《し》るならば、さては めづらしき こと
副 シク・体 格助 係助 格助 ラ四・体 断・未 接助 接続 シク・体
ある べしと 思《おも》ひまうけたらん 見物衆《けんぶつしゆ》の 前《まへ》にては、たとひ めづらしき
ラ変・体 推・終 格助 カ下二・用 存・未 婉・体 格助 格助 係助 副 シク・体
ことを する とも、見手《みて》の 心《こころ》に めづらしき 感《かん》は ある べからず。⑧見《み》る
格助 サ変・体 接助 格助 格助 シク・体 係助 ラ変・体 当・未 打・終 マ上一・体
人《ひと》の ため 花《はな》ぞとも 知《し》らでこそ、為手《して》の 花《はな》には なる べけれ。
格助 係助 格助 係助 ラ四・未 接助 係助 格助 格助 係助 ラ四・終 推・已
⑨されば、見《み》る 人《ひと》は、ただ 思《おも》ひのほかに おもしろき 上手《じやうず》と ばかり 見《み》
接続 マ上一・体 係助 副 ナリ・用 ク・体 ナリ・語幹 格助 副助 マ上一・用
て、これは 花《はな》ぞとも 知《し》らぬが、為手《して》の 花《はな》なり。⑩さるほどに、
接助 係助 係助 格助 係助 ラ四・未 打・体 格助 格助 断・終 接続
人《ひと》の 心《こころ》に 思《おも》ひも 寄《よ》らぬ 感《かん》を 催《もよほ》す 手立《てだ》て、これ 花《はな》なり。
格助 格助 ハ四・用 係助 ラ四・未 打・体 格助 サ四・体 断・終
⑪例《たと》へば、弓矢《ゆみや》の 道《みち》の 手立《てだ》てにも、名将《めいしやう》の 案《あん》・計《はか》らひにて、
副 格助 格助 格助 係助 格助 格助

効果があるからである。⑤だから、秘事ということを隠さず明らかにすれば、たいしたことでもないものなのである。⑥（実は）これを、たいしたことでもないと言う人は、まだ秘事ということの大きな効果を知らないからである。⑦ともかくも、この花の口伝においても、ただ目新しいことが花だとみんな知っているならば、それなら目新しいことがあるだろうと心構えをしているような見物人の前では、たとえ（演者が）目新しいことをしても、観客の心に目新しい（ものを見たという）感じはあるはずがない。⑧見る人にとって花（というものがある）とも知らないでこそ、演者の花にはなるだろう。⑨だから、見る人は、ただ思いがけなく風流な名人とだけ見て、これが花だとも知らない（でいる）ことが、演者の花である。⑩そういうことで、人の心に思いもよらない感動を引き起こす方法、これが花なのだ。⑪例えば、弓矢の道の方法にも、

思《おも》ひのほかなる手立《てだ》てにて、強敵《がうてき》にも勝《か》つことあり。⑫これ、負《ま》くる方《かた》のためには、めづらしき理《ことわり》に化《ば》かされて破《やぶ》らるるにてはあらずや。⑬これ、一切《いつさい》の事《じ》、諸道芸《しよだうげい》において、勝負《しやうぶ》に勝《か》つ理《ことわり》なり。⑭かやうの手立《てだ》ても、こと落居《らつきよ》して、かかるはかりごとよと知《し》りぬれば、その後《のち》はたやすけれども、いまだ知《し》らざりつる故《ゆゑ》に負《ま》くるなり。⑮さるほどに、秘事《ひじ》とて、一《ひと》つをばわが家《いへ》に残《のこ》すなり。

⑯ここをもて知《し》るべし。⑰たとへあらはさずとも、かかる秘事《ひじ》を知《し》れる人《ひと》よとも、人《ひと》には知《し》られまじきなり。⑱人《ひと》に心《こころ》を知《し》られぬれば、敵人《てきじん》油断《ゆだん》せずして用心《ようじん》を持《も》てば、かへつて敵《かたき》に心《こころ》をつくる相《さう》なり。⑲敵方《てきはう》用心《ようじん》をせぬときは、こなたの勝《か》つこと、なほたやすかるべし。⑳人《ひと》に油断《ゆだん》をさせて

名将の案・計画で、思いがけない方法によって、強敵にも勝つことがある。⑫これは、負けるほうにとっては、目新しい道理にだまされて敗れるのではないか。⑬これは、あらゆること、さまざまな学問や芸能において、勝負に勝つ道理である。⑭このような方法も、事が落着して、このような計略だよと知ってしまうと、その後は（その計略への対策も）簡単だけれども、まだ（その計略を）知らなかったために負けるのだ。⑮そういうわけで、秘事といっては、（ある）一つのことをわが家に伝え残すのである。

⑯このことをもって（次のことが）理解できよう。⑰たとえ（秘事を）明らかにしなくても、このような秘事を知っている人だよとも、人には知られてはならないのだ。⑱人に心を知られてしまうと、敵方は油断せずに（逆に）用心するので、かえって敵に注意させる様相（になるの）である。⑲敵方が用心をしないときは、こちらが勝つことが、やはり容易であるだろう。

勝《か》つ ことを 得《う》る は、めづらしき 理《ことわり》の 大用《たいよう》 なるにては あら

タ四・体 格助 ア下二・体 係助 シク・体 格助 断・体 断・用 接助 係助 ラ変・未

ず や。㉑さるほどに、わが 家《いへ》の 秘事《ひじ》とて、人《ひと》に 知《し》らせ ぬ を

打・終 係助 接続 格助 格助 格助 接助 格助 ラ四・未 使・未 打・体 格助

もて、生涯《しやうがい》の 主《ぬし》に なる 花《はな》と す。㉒秘《ひ》すれ ば 花《はな》、秘《ひ》せ ね ば

連語 格助 格助 ラ四・体 格助 サ変・終 サ変・已 接助 サ変・未 打・已 接助

花《はな》なる べから ず。

断・体 可・未 打・終

⑳人に油断をさせて勝つことを得るのは、目新しい道理のもつ大きな効果ではないか。㉑そういうわけで、わが家の秘事として、人に知らせないことをもって、生涯花の主となる（秘訣《ひけつ》）とする。㉒秘めれば花、秘めなければ花でありえない。

重要語句

高 古

273 255 あらはす　隠さず明らかにする。打ち明ける。

274 256 手立て　方法。手段。

発問　脚注問題　高 古

1 高274ページ 古256ページ

「たやすけれども」とは、何が「たやす」いのか。

思いがけない計略がどのような計略かを知った後の、その計略への対策。

教材末の問題　高275ページ 古257ページ

学習

1 「秘事といふことの大用」（高二七三・5）（古二五五・5）をどのように考えているのか説明してみよう。

たいしたことでなくても、秘事とすることによって、観客に目新しいものを見たという驚きや感動を引き起こせる。

2 「弓矢の道」（高二七四・4）（古二五六・4）の話は、何をどのようにたとえているのか説明してみよう。

芸能などにおいて、人を感動させるためにはその方法を知られないよう隠しておかなければならない。このことを、名将が目新しい方法を用いて強敵に打ち勝つという「弓矢の道」の例にたとえている。

ことばと表現

1 文中によく出てくる助動詞に注目して、この文章の特色を考えてみよう。

文末に断定の助動詞「なり」が多用されていることで、筆者が強い意志と確信を持って論を展開していることがわかる。

近世随筆

玉勝間《たまかつま》

高「高等学校 古典探究」276〜278ページ
古「古典探究 古文編」258〜260ページ

作品紹介

玉勝間　たまかつま　↓この教科書ガイドの110頁
本居宣長　もとおりのりなが　↓この教科書ガイドの110頁

—師の説になづまざること—

品詞分解・現代語訳

①おのれ 古典《いにしへぶみ》 を 説く《と》 に、師《し》 の 説《せつ》 と 違へ《たが》 る こと 多く《おほ》、師《し》 の 説《せつ》 の
格助　カ四・体　格助　格助　格助　ハ四・已　存・体　ク・用　格助　格助

わろき こと ある を ば、わきまへ 言ふ《い》 こと も 多かる《おほ》 を、いと ある まじき
ク・体　ラ変・体　格助　係助　ハ下二・用　ハ四・体　係助　ク・体　格助　副　ラ変・体　禁・体

こと と 思ふ《おも》 人《ひと》 多か《おほ》 めれ ど、②これ すなはち わ が 師《し》 の 心《こころ》 に て、常に《つね》
格助　ハ四・体　ク・体・撥　婉・已　接助　接続　格助　格助　断・用　接助　副

教へ《をし》 られ し は、「後《のち》 に よき 考へ《かんが》 の 出で来《いき》 たら ん に は、必ず《かなら》 し
ハ下二・未　尊・用　過・体　係助　格助　ク・体　格助　カ変・用　完・未　仮・体　格助　係助　副　副助

も 師《し》 の 説《せつ》 に 違ふ《たが》 と て、な はばかり そ。」と なん、教へ《をし》 られ し。③こ
係助　格助　格助　ハ四・終　格助　接助　副　ラ四・用　終助　格助　係助　ハ下二・未　尊・用　過・体

は いと 尊き《たふと》 教へ《をし》 に て、わ が 師《し》 の、よ に 優れ《すぐ》 給へ《たま》 る 一つ《ひと》 なり。
係助　副　ク・体　断・用　接助　格助　格助　副　ラ下二・用　ハ四・已・尊・補　存・体　断・終

①自分が古典を説明するときに、師の学説と（見解が）違っていることが多く、師の学説がよくないことがあると、（私が）見分けて言うことも多いのを、たいそうあってはならないことと思う人が多いようだが、②これはとりもなおさず私の師の考えであって、いつもお教えになったのは、「あとでよい考えが出てきたならそのときには、必ずしも師の学説と違うと言って、遠慮するな。」と、お教えになった。③これはたいそう

④おほかた いにしへ を 考《かんが》ふる こと、さらに 一人《ひとり》 二人《ふたり》 の 力《ちから》 もて、
副 格助 ハ下二・体 副 格助 連語

ことごとく 明《あき》らめ尽《つ》くす べく も あら ず。⑤また、よき 人《ひと》 の 説《せつ》 なら
副 サ四・終 可・用 係助 ラ変・未 打・終 接続 ク・体 格助 断・未

ん からに、多《おほ》く の 中《なか》 に は、誤《あやま》り も など か なから ん。⑥必《かなら》ず
仮・体 接助 ク・用 格助 格助 係助 係助 副 係助 ク・未 推・体 副

わろき こと も 交《ま》じら で は え あら ず。⑦その おの が 心《こころ》 に は、
ク・体 係助 ラ四・未 接助 係助 副 ラ変・未 打・終 格助 格助 格助 係助

「今《いま》 は いにしへ の 意《こころ》 ことごとく 明《あき》らかなり。これ を おき て は、ある
係助 格助 副 ナリ・終 格助 カ四・用 接助 係助 ラ変・体

べく も あら ず。」と 思《おも》ひ定《さだ》め たる こと も、思《おも》ひのほかに、また 人《ひと》 の
当・用 係助 ラ変・未 打・終 格助 マ下二・用 存・体 係助 ナリ・用 副 格助

異《こと》なる よき 考《かんが》へ も 出《い》で来《く》る わざ なり。⑧あまた の 手《て》 を 経《ふ》る まにまに、
ナリ・体 ク・体 係助 カ変・体 断・終 副 格助 格助 ハ下二・体 副

さきざき の 考《かんが》へ の 上《うへ》 を、なほ よく 考《かんが》へ きはむる からに、次々《つぎつぎ》に
格助 格助 格助 副 副 ハ下二・用 マ下二・体 接助 副

詳《くは》しく なりもてゆく わざ なれ ば、師《し》 の 説《せつ》 なり と て、必《かなら》ず なづみ 守《まも》る
シク・用 カ四・体 断・已 接助 格助 断・終 格助 接助 副 マ四・用 ラ四・終

べき に も あら ず。⑨よき あしき を 言《い》は ず、ひたぶるに 古《ふる》き を
義・体 断・用 係助 ラ変・未 打・終 ク・体 シク・体 格助 ハ四・未 打・用 ナリ・用 ク・体 格助

守《まも》る は、学問《がくもん》 の 道《みち》 に は 言《い》ふかひなき わざ なり。
ラ四・体 格助 格助 格助 係助 ク・体 断・終

尊い教えであって、私の師が、たいそう優れていらっしゃる（点の）一つである。

④およそ古代を考察することは、決して一人二人の力によって、すべて明らかにし尽くすことができるものでもない。⑤また、すばらしい人の学説であるとしても、多くの中には、誤りもどうしてないだろうか（いや、きっとある）。⑥必ず好ましくないことも混じらないではありえない。⑦その人自身の心では、「もはや古代の精神はすべて明白である。これを除いては、（正しい説など）あるはずもない。」と確信していることでも、予期せず、他の人の違ったよい考えも出てくることである。⑧（古典は）多くの（学者の）手を経るにつれて、以前の考察の上を、ますますよく考え究めるので、次々に詳しくなっていくものだから、師の学説であるといって、必ずしもこだわり守らなければならないものでもない。⑨（学説の）よい悪いを論じず、ひたすら

⑩また、おのが師《し》などのわろきことを言《い》ひ表《あらは》すは、いともかしこく
接続　格助　副助　格助　ク・体　格助　サ四・体　係助　副　係助ク・用
はあれど、それも言《い》はざれば、世《よ》の学者《がくしや》その説《せつ》に惑《まど》ひて、
係助　ラ変・已　接助　係助　ハ四・未　打・已　接助　格助　格助　格助　ハ四・用　接助
長《なが》くよきを知《し》る期《ご》なし。⑪師《し》の説《せつ》なりとして、わろきを知《し》り
ク・用　ク・体　格助　ラ四・体　ク・終　格助　断・終　格助　サ変・用　接助　ク・体　格助　ラ四・用
ながら、言《い》はず包《つつ》み隠《かく》して、よさまに繕《つくろ》ひをらんは、ただ師《し》を
接助　ハ四・未　打・用　サ四・用　接助　ナリ・用　ハ四・用　ラ変・未　仮・体　係助　副　格助
のみ尊《たふと》みて、道《みち》をば思《おも》はざるなり。⑫宣長《のりなが》は、道《みち》を尊《たふと》み、いにしへ
副助　マ四・用　接助　格助　係助　ハ四・未　打・体　断・終　係助　格助　マ四・用
を思《おも》ひて、ひたぶるに道《みち》の明《あき》らかならんことを思《おも》ひ、いにしへの
格助　ハ四・用　接助　ナリ・用　格助　ナリ・未　婉・体　格助　ハ四・用　格助
意《こころ》の明《あき》らかならんことを旨《むね》と思《おも》ふが故《ゆゑ》に、わたくしに師《し》を
格助　ナリ・未　婉・体　格助　格助　ハ四・体　格助　格助　格助　格助
尊《たふと》む理《ことわり》の欠《か》けんことをば、えしも顧《かへり》みざることあるを、
マ四・体　格助　カ下二・未　婉・体　格助　係助　副　副助　係助　マ上一・未　打・体　ラ変・体　格助
なほわろしと、そしらん人《ひと》はそしりてよ。⑬そはせんかたなし。⑭我《われ》は
副　ク・終　格助　ラ四・未　婉・体　係助　ラ四・用　強・命　係助　ク・終　係助
人《ひと》にそしられじ、よき人《ひと》にならんとて、道《みち》を曲《ま》げ、
格助　ラ四・未　受・未　打意・終　ク・体　格助　ラ四・未　意・終　格助　接助　格助　ガ下二・用
いにしへの意《こころ》を曲《ま》げて、さてあるわざはえせずなん。
格助　格助　ガ下二・用　接助　副　ラ変・体　係助　副　サ変・未　打・用　係助

に古い学説を守るのは、学問の道ではつまらない行為である。

⑩また、自分の師などの（学説の）好ましくないことを言い表すのは、とても恐れ多くはあるが、それも言わないと、世間の学者はその説に迷って、長い間優れた学説を知る機会がない（ことになる）。⑪師の説であるとして、好ましくないことを知りながら、言わず包み隠して、よいようにごまかしているとしたら、ただ師だけを尊んで、学問の道を考えない（態度な）のだ。⑫（私）宣長は、学問の道を尊び、古代を思って、ひたすら学問の道が明らかになることを思い、古代の精神が明らかになることを（研究の）主旨と思うがために、個人的に師を尊ぶ道理が欠けるようなことを、どうしても顧慮できないことがあるのを、やはりよくないと、非難するような人は非難せよ。⑬それはどうしようもない。⑭私は人に非難されまい、よい人になろうと思って、学問の道を歪《ゆが》め、古代の精神を歪めて、そのままでいること

⑮これ｜すなはち｜わ｜が｜師《し》｜の｜心《こころ》｜なれ｜ば、｜かへりて｜は｜師《し》｜を｜尊《たふと》む｜に｜も｜ある｜べく｜や。⑯そ｜は｜いかに｜も｜あれ。

（すなはち＝接続／が＝格助／の＝格助／なれ＝断・已／ば＝接助／かへりて＝副／は＝係助／を＝格助／尊む＝マ四・体／に＝断・用／も＝係助／ある＝ラ変・体／べく＝当・用／や＝係助／は＝係助／いかに＝副／も＝係助／あれ＝ラ変・命）

重要語句

高 277　古 259

なづむ　①行き悩む。②こだわる。ここでは、②の意味。

ひたぶるなり　ひたすらだ。一途《いちず》だ。

わたくし　個人的なこと。

せんかたなし　どうしようもない。

発問　脚注問題　高　古

高 277ページ　古 259ページ

1　「これ」とは何を指すか。

自身の学説。

高 278ページ　古 260ページ

2　「これ」とは何を指すか。

誤っている学説は、それが師の説でも非難を恐れず正すこと。

教材末の問題　高 278ページ　古 260ページ

はできない。⑮これはそのまま私の師の考えであるので、逆に師を尊ぶことでもあるはずではないか。⑯（まあ）それはどうでもよい。

学習

1　筆者は「わが師の心」（高 二七六・3）（古 二五八・3）をどのように受け取っているか、まとめてみよう。

学問の道、古代の精神を尊び、明らかにするためには、たとえ師の説であっても、誤りを指摘し、正していくべきだ。

2　筆者は「学問の道」（高 二七七・6）（古 二五九・6）をどのように理解し、どのように対するのがよいと考えているか、まとめてみよう。

学問は一人二人の力ですべて明らかにできるものではない。先行する学問の成果を、後の人がさらに探究してこそ次々に詳しくなるのだ。したがって、師の学説や古い学説にこだわらず、誤りを修正していくのがよい。また、学問の道、古代の精神を思い、それを明らかにすることをひたすら考えるのがよい。

ことばと表現

1　傍線部に注意して現代語訳してみよう。

(1)　よき人の説ならんからに、（高 二七六・8）（古 二五八・8）

すばらしい人の学説であるとしても、

(2)　考へきはむるからに、（高 二七七・4）（古 二五九・4）

考え究めるので、

近世随筆　花月草紙《くわげつさうし》

高「高等学校　古典探究」280～281ページ
古「古典探究　古文編」262～263ページ

作品紹介

花月草紙　かげつそうし　筆者は松平定信《まつだいらさだのぶ》。文政元《ぶんせい》（一八一八）年に成立した随筆。六巻。内容は教訓的な傾向が強く、花鳥風月から人事・風物・芸術などにいたる感想を、『枕草子』『徒然草』を意識した擬古文でつづっている。近世随筆の代表作である。

松平定信　まつだいらさだのぶ　一七五八～一八二九。江戸時代の政治家・歌人・随筆家。白河藩主で、八代将軍徳川吉宗《とくがわよしむね》の孫にあたる。江戸幕府の老中として寛政の改革を断行する。効果が上がらず辞職した後は、藩政にうちこむかたわら文筆活動を行った。

―花―

品詞分解・現代語訳

①無《な》き　と　聞《き》け　ば　有《あ》り　と　言《い》は　まほしく、悪《あ》しき　と　言《い》ふ　を　ば
ク・体　格助　カ四・已　接助　ラ変・終　格助　ハ四・未　希・用　シク・体　格助　ハ四・体　格助　係助

善《よ》き　と　事《こと》かへ　て　言《い》は　む　こそ、いと　ねぢけ　たる　こと　なれ。②桜《さくら》
ク・体　格助　ハ下二・用　接助　ハ四・未　仮・体　係助　副　カ下二・用　存・体　断・已

てふ　花《はな》は、わが　国《くに》の　もの　なる　を、唐国《からくに》に　も　有《あ》り　と　て、さまざま
連語　係助　格助　格助　断・体　接助　格助　係助　ラ変・終　格助　接助　副

例《ためし》など　引《ひ》きつくれ　ど、桜《さくら》かい　たる　唐土《もろこし》の　画《ゑ》も　無《な》く、かなへ　り　と
副助　カ下二・已　接助　カ四・用・イ　完・体　格助　係助　ク・用　ハ四・已　存・終　格助

①無いと聞くと有ると言いたく（なり）、悪いと言うところを良いと意味をかえて言うならばそれは、たいそうひねくれていることである。②桜という花は、わが国のものであるが、中国にも有るといって、さまざまに例などを引っぱってくるが、桜を描いた中国の画もなく、ぴったり合っていると思う漢詩も無いので、

思《おも》ふ 唐詩《からうた》も 無《な》けれ ば、無《な》し と こそ 言《い》ふ べけれ。
ハ四・体 係助 ク・已 接助 ク・終 格助 係助 ハ四・終 適・已

③いでや、桜《さくら》と 言《い》は で し も、花《はな》と だに 言《い》へ ば、異木《ことき》に は
感動 格助 ハ四・未 接助 副助 係助 格助 副助 ハ四・已 接助 格助 係助

まぎれ ぬ ものを。④ほのぼのと 明《あ》けゆく 山際《やまぎは》、雲《くも》か 雪《ゆき》か と ばかり
ラ下二・未 打・体 接助 副 カ四・体 係助 係助 格助 副助

咲《さ》きみち たる も、霞《かすみ》 こめ たる 夕《ゆふ》まぐれ、花《はな》の けはひ も おぼろに
タ四・用 存・体 係助 マ下二・用 存・体 格助 係助 ナリ・用

見《み》え て、ここ に のみ 暮《く》れ残《のこ》す 景色《けしき》 など 言《い》ふ は 浅《あさ》かり けり。
ヤ下二・用 接助 格助 副助 サ四・体 副助 ハ四・体 係助 ク・用 詠・終

⑤まいて、うてな の のびやかなれ ば、近劣《ちかおと》り する など 言《い》ふ は、かの 事《こと》
副 格助 ナリ・已 接助 サ変・体 副助 ハ四・体 係助 格助

かへ て 才《ざえ》 おふ 心《こころ》に 言《い》ふ 言《こと》 なり かし。
ハ下二・用 接助 ハ四・体 格助 ハ四・体 断・終 終助

⑥風《かぜ》に 散《ち》りかふ も、雨《あめ》に 濡《ぬ》るる も、遠山《とほやま》に 見《み》る も、軒端《のきば》に
格助 ハ四・体 係助 格助 ラ下二・体 係助 格助 マ上一・体 係助 格助

向《む》かふ も、曙《あけぼの》も、夕暮《ゆふぐ》れ も、露《つゆ》の 干《ひ》る 間《ま》も 目《め》かるる 時《とき》し なき を、
ハ四・体 係助 係助 係助 格助 ハ上一・体 係助 ラ下二・体 副助 ク・体 接助

ことに、わ が 国《くに》ぶり の 姿《すがた》に て、枝《えだ》も すなほに、花《はな》の かたち も
副 格助 格助 断・用 接助 係助 ナリ・用 格助 係助

ゆたけく、匂《にほ》ひ さへ も こちたから ぬ も、あやしき まで に こそ 覚《おぼ》ゆる
ク・用 副助 係助 ク・未 打・体 係助 シク・体 副助 格助 係助 ヤ下二・体

（中国に桜は）無いと言うのがよい。③いやはや、桜と言わなくても、花とさえ言えば、他の木とは紛れないのになあ。④ほんのり明けていく山際に、（桜が）雲か雪かというほど咲き満ちているのも、霞が立ちこめている夕暮れに、花の様子もぼんやりと見えて、ここにだけ（日が）暮れ残す（ような）景色などと（桜の美しさについて言葉を尽くして）言うのは（逆に）情趣が浅いことだなあ。⑤まして、花のがくが伸びているので、近寄ると見劣りがするなどと言うのは、（先ほど述べた）あの意味をかえて（人とは違うひねくれた言い方で）自分の才能や教養をひけらかす心で言う言葉であるよ。

⑥（桜というものは）風に散って飛び交うのも、雨に濡れるのも、遠くの山に見るのも、軒の近くで向かい合って見るのも、明け方でも、夕暮れでも、露の乾く間も目が離れるときがないが、特に、わが国に合う姿であって、枝も素朴で、花の形も

もの なれ。⑦さるを、いづこ に も 有《あ》り と 言《い》ふ は さらなり、曙《あけぼの》、
断・已 接続 格助 係助 ラ変・終 格助 ハ四・体 係助 ナリ・用

夕暮《ゆふぐ》れ など と おもしろから む やうに 言葉《ことば》 添《そ》ゆる は、いまだ 深《ふか》く そめ
副助 格助 ク・未 婉・体 比・用 ヤ下二・体 係助 副 ク・用 マ下二・用

し 心《こころ》 に は 有《あ》ら ざり けり。⑧すべて 言葉《ことば》 もて 言《い》ひ尽《つ》くさ む
過・体 断・用 係助 ラ変・未 打・用 詠・終 副 連語 サ四・未 意・終

と 思《おも》ふ は、いと 浅《あさ》き 心《こころ》 かな。
格助 ハ四・体 係助 副 ク・体 終助

ゆったりとおおらかで、色までも（控え目で）仰々しくないのも、不思議なほどに（すばらしいと）思われるものだ。⑦そうであるのに、（中国など）どこにでも有ると言うのはもちろん、明け方、夕暮れなどと趣があるように言葉を加え（て表現す）るのは、まだ（桜のすばらしさに）深く感じ入った心ではないのだなあ。⑧すべて言葉によって言い尽くそうと思うのは、たいそう情趣が浅い心だよ。

重要語句 高 古

280 / 262

かなふ ①ぴったりと合う。②成就する。ここでは、①の意味。

まぎる ①見間違える。紛れる。②他のものに心がひかれる。③目立たないようにする。ここでは、①の意味。

281 / 263

こちたし ①しつこい。煩わしい。②仰々しい。おおげさだ。ここでは、②の意味。

言ふはさらなり 言うのはもちろんのこと。

発問 脚注問題 高 古

高 280ページ 古 262ページ

1 「かの」とは、何を指しているか。

「無きと聞けば有りと言はまほしく、悪しきと言ふをば善きと事かへて言はむ」（高二八〇・1）（古二六二・1）

〈ポイント〉文章の冒頭部分である。

教材末の問題　高 281ページ　古 263ページ

学習

1　筆者が肯定しているものの見方と、否定しているものの見方をまとめてみよう。

○肯定しているものの見方
・本当に美しいものは、時間や形、状態などに限定されることなく、いつ見ても、どんな様子でもすばらしいと感じられる。
・美しさをすべて言葉で言い尽くそうとせずに、ありのままの美しさを深く感じる心を持つ。

○否定しているものの見方
・自分の才能や教養をひけらかすために、無いことを有ると言ったり、悪いと言うところを良いと言ったりなど、人とは違うひねくれた視点でものを見る。
・すばらしいものをそのまま素直に観賞せずに、わざわざ趣がある言葉を付け加えようとする。

言語活動

1　本文と『徒然草』「花は盛りに」（→高一一四頁）（→古九六頁）を読み比べた上で、「桜の美しさ」について自分の考えをまとめてみよう。

〈例〉
・本文…桜のどんな時も美しい姿は日本にこそ合うものである。
・「花は盛りに」…桜の花は満開なときだけを楽しむものではないと兼好法師は言っているが、人々は満開の桜を眺めたいからこそ、そうならないときを嘆いて歌を詠むのである。

ことばと表現

1　傍線部に注意して現代語訳してみよう。

(1)　花とだに言へば、異木にはまぎれぬものを。（高二八〇・5）（古二六二・5）
花とさえ言えば、他の木とは紛れないのになあ。

〈ポイント〉「ものを」は接続助詞だが、ここでは、文末にきて詠嘆（…のになあ）を表す、終助詞的用法である。

(2)　才おふ心に言ふ言なりかし。（高二八〇・9）（古二六二・9）
自分の才能や教養をひけらかす心で言う言葉であるよ。
〈ポイント〉この「かし」は文末にあるので、念押し（…よ）を表す終助詞。

(3)　匂ひさへもこちたからぬも、（高二八一・3）（古二六三・3）
色までも（控え目で）仰々しくないのも、
〈ポイント〉「さへ」は副助詞。ここでは添加（…までも）を表す。「さへ」は主に中世以降に、他に、程度の軽いものをあげてより重いものを類推させる用法（…でさえ）、仮定条件の文に用いられ、最小限の限定を表す用法（…だけでも）で用いられるようになった。

近世小説 日本永代蔵《にっぽんえいたいぐら》

高「高等学校 古典探究」282～285ページ
古「古典探究 古文編」264～267ページ

作品紹介

日本永代蔵 にっぽんえいたいぐら 作者は井原西鶴《いはらさいかく》。貞享《じょうきょう》五（一六八八）年刊行の浮世草子。副題は「大福新長者教《だいふくしんちょうじゃきょう》」。倹約・勤勉・才覚によって財産を作った成功談・失敗談を三十編集めた、「町人物」の作品。たくましく生きる町人の姿が鋭い観察力によって描かれている。

井原西鶴 いはらさいかく 一六四二～一六九三。俳人・浮世草子作者。本名は平山藤五《ひらやまとうご》。大阪の裕福な町人の家に生まれる。俳諧を志し西山宗因《にしやまそういん》の門に入ると、俳諧師として、決まった時間内にどれだけ多くの句を詠むか競う「矢数俳諧」などで活躍する。その後、小説の世界に入り、『好色一代男』（「好色物」）を出版。この作品が「浮世草子」という新しいジャンルを切り開くこととなる。以降、「雑話物」の『西鶴諸国話』、「町人物」の『世間胸算用《せけんむねさんよう》』、「武家物」の『武家義理物語』など、代表作を次々と発表。後世の文学史に大きな影響を与えた。

―世界の借屋《かしや》大将―

品詞分解・現代語訳

①「借屋請状《しゃくやうけじゃう》 之《の》 事《こと》、室町《むろまち》 菱屋長左衛門殿《ひしやちゃうざゑもんどの》 借屋《かしや》 に 居《ゐ》 申《まう》さ れ 候《さうら》ふ 藤市《ふぢいち》 と 申《まう》す 人《ひと》、確《たし》かに 千貫目《せんくわんめ》 御座候《ござさうら》ふ。」

之：格助　に：格助　居：ワ上一・用　申さ：サ四・未・丁・補　れ：尊・用　候ふ：ハ四・体・丁・補　と：格助　申す：サ四・体・丁　確かに：ナリ・用　御座候ふ：ハ四・終・丁

②「広《ひろ》き 世界《せかい》 に 並《なら》びなき 分限《ぶんげん》、我《われ》 なり。」と 自慢《じまん》 申《まう》せ し 子細《しさい》 は、

広き：ク・体　に：格助　並びなき：ク・体　なり：断・終　と：格助　申せ：サ四・已・丁　し：過・体　は：係助

①「借屋請状のこと、室町菱屋長左衛門殿の借家に住んでおられます藤市と申します人は、確かに銀千貫目の財産がございます。」

②（藤市が）「広い世界に並ぶ者のない金持ちは、私である。」と自慢を申

二間口《にけんぐち》の 店借《たなが》りにて 千貫目《せんくわんめ》持《も》ち、都《みやこ》の 沙汰《さた》に なり し に、
格助 断・用 接助 タ四・用 格助 格助 ラ四・用 過・体 接助

烏丸通《からすまどほ》りに 三十八貫目《さんじふはちくわんめ》の 家質《かじち》を 取《と》り し が、利銀《りぎん》積《つ》もりて
格助 格助 格助 ラ四・用 過・体 格助 ラ四・用 接助

おのづから 流《なが》れ、初《はじ》めて 家持《いへも》ち と なり、これを 悔《く》やみ ぬ。③今《いま》までは
副 ラ下二・用 副 格助 ラ四・用 格助 マ四・用 完・終 副助 係助

借屋《かしや》に 居《ゐ》て の 分限《ぶんげん》と 言《い》は れ し に、向後《きやうこう》、家《いへ》ある からは、
格助 ワ上一・用 接助 格助 格助 ハ四・未 受・用 過・体 接助 ラ変・体 接助 係助

京《きやう》の 歴々《れきれき》の 内蔵《うちぐら》の 塵埃《ちりほこり》ぞ かし。
格助 格助 格助 係助 終助

④この 藤市《ふぢいち》、利発《りはつ》に して、一代《いちだい》の うちに、かく 手前《てまへ》富貴《ふうき》に なり ぬ。
格助 ナリ・用 接助 格助 格助 副 ナリ・用 ラ四・用 完・終

⑤第一《だいいち》、人間《にんげん》堅固《けんご》なるが、身《み》を 過《す》ぐる もと なり。⑥この 男《をとこ》、家業《かげふ》の
ナリ・体 格助 格助 ガ上二・体 断・終 格助 格助

ほかに 反故《ほんご》の 帳《ちやう》を くくりおき て、店《みせ》を 離《はな》れ ず 一日《いちじつ》筆《ふで》を
格助 格助 格助 カ四・用 接助 格助 ラ下二・未 打・用 格助

握《にぎ》り、両替《りやうがへ》の 手代《てだい》通《とほ》れ ば、銭《ぜに》小判《こばん》の 相場《さうば》を 付《つ》けおき、米問屋《こめどひや》の
ラ四・用 格助 ラ四・已 接助 格助 格助 カ四・用 格助

売《う》り買《か》ひを 聞《き》き合《あ》はせ、⑦生薬屋《きぐすりや》・呉服屋《ごふくや》の 若《わか》い 者《もの》に 長崎《ながさき》の 様子《やうす》を
格助 サ下二・用 格助 ク・体・イ 格助 格助 格助

尋《たづ》ね、繰《く》り綿《わた》・塩《しほ》・酒《さけ》は 江戸店《えどだな》の 状日《じやうび》を 見合《みあ》はせ、毎日《まいにち》万事《ばんじ》を
ナ下二・用 係助 格助 格助 サ下二・用 格助

した(その)わけは、(狭い)二間口の店を借りる者で銀千貫目の財産を持ち、(このことが)都のうわさになった(からだ)が、(藤市は)烏丸通りに三十八貫目の借金の担保となる家屋敷を得ていたものが、利息が積もっていつのまにか(家屋敷が)質流れになり、初めて家持ち(の身分)となり、これを悔やんだ。③今までは借家に住んでの金持ちと言われたのに、今後、家がある以上、(銀千貫目は)京の代々の資産家の内蔵の塵や埃(にしかあたらないから)であるよ。

④この藤市は、頭の回転がはやく、一代のうちに、このように暮らし向きが裕福になった。⑤第一に、人間は(考えが)しっかりしていることが、生活していくうえでの根本である。⑥この男は、家業のほかに不用な紙をつづって作った帳簿を束ねておいて、店を離れず一日中筆を握り、両替の手代が通ると、銭や小判を銀貨に交換する相場を(聞いて)書き付けておき、米の価格相場を聞き合わせ、

記《しる》しおけば、紛《まぎ》れしことはここに尋《たづ》ね、洛中《らくちゆう》の重宝《ちようほう》になりける。⑧不断《ふだん》の身持《みも》ち、肌《はだ》に単襦袢《ひとへじゆばん》、大布子《おほぬのこ》、綿《わた》三百目《さんびやくめ》入《い》れて、一《ひと》つよりほかに着《き》ることなし。⑨袖覆輪《そでふくりん》といふこと、この人《ひと》取《と》り始《はじ》めて、当世《たうせい》の風俗《ふうぞく》、見《み》よげに、始末《しまつ》になりぬ。⑩革足袋《かはたび》に雪駄《せつた》を履《は》きて、つひに大道《だいだう》を走《はし》りありきしことなし。⑪一生《いつしやう》のうちに、絹物《きぬもの》とては、紬《つむぎ》の花色《はないろ》、一《ひと》つは海松茶染《みるちやぞめ》にせしこと、若《わか》い時《とき》の無分別《むふんべつ》と、二十年《にじふねん》もこれを悔《くや》しく思《おも》ひぬ。⑫紋所《もんどころ》を定《さだ》めず、丸《まる》の内《うち》に三《み》つ引《び》き、または一寸八分《いつすんはちぶ》の巴《ともゑ》をつけて、土用干《どようぼ》しにも畳《たたみ》の上《うへ》に直《ぢき》には置《お》かず。⑬麻袴《あさばかま》に鬼《おに》もぢの肩衣《かたぎぬ》、幾年《いくとせ》か折《を》り目《め》正《ただ》しく取《と》りおかれける。⑭町並《まちな》みに出《で》る葬礼《さうれい》には、ぜひなく鳥部山《とりべやま》に送《おく》りて、人《ひと》よりあとに帰《かへ》りさまに、六波羅《ろくはら》の野道《のみち》にて、丁稚《でつち》

---

⑦生薬屋・呉服屋の若い者に長崎の様子を尋ね、繰り綿・塩・酒は江戸の店から（相場などを知らせる商用の）書状が届く日に見比べ、毎日あらゆることを記しておくので、（人々は、記憶が）紛れたことはこの藤市に尋ね、（藤市は）京の中の重宝（がられる人物）になった。⑧通常の生活は、肌に（質素な）裏地のない肌着（を着て）、（その上に）大きく仕立てた木綿の綿入れを、綿三百匁《もんめ》も入れて、（これ）一つより他に着ることがない。⑨（袖口がすり切れないように、別の布でくるんだ）袖覆輪ということも、この人が始めて、今の世の風俗として、見た目がよく、倹約になった。⑩（丈夫で汚れが目立たない）革足袋に雪駄を履いて、一度も大道を走り回ったことはない。⑪一生のうちに、絹物として（身に付けたの）は、紬の（染め直しがきく）薄い藍《あい》色のもの、もう一つは（染め直しがきかない）海松茶染めにしたことを、若いときの無分別（だった）と、二十年もこれを悔しく

もろとも 苦参《たうやく》を 引い て、「これ を 陰干《かげぼ》し に し て、腹薬《はらぐすり》 なる ぞ。」
副 格助 カ四・用・イ 接助 格助 格助 サ変・用 接助 断・体 係助

と、ただ は 通《とほ》ら ず、蹴《け》つまづく 所《ところ》で、火打《ひう》ち石《いし》を 拾《ひろ》ひ て 袂《たもと》に
格助 副 係助 ラ四・未 打・用 カ四・体 格助 格助 ハ四・用 接助 格助

入《い》れ ける。⑮朝夕《てうせき》の 煙《けぶり》を 立《た》つる 世帯持《せたいも》ち は、よろづ かやうに 気《き》を
ラ下二・用 過・体 格助 格助 タ下二・体 係助 副 ナリ・用 格助

つけ ず して は ある べから ず。
カ下二・未 打・用 接助 係助 ラ変・体 当・未 打・終

⑯この 男《をとこ》、生《う》まれつき て 吝《しわ》き に あら ず。⑰万事《ばんじ》の 取《と》りまはし、人《ひと》
格助 カ四・用 接助 ク・体 断・用 ラ変・未 打・終 格助

の 鑑《かがみ》に も なり ぬ べき 願《ねが》ひ、かほど の 身代《しんだい》まで 年《とし》とる 宿《やど》に 餅《もち》
格助 格助 係助 ラ四・用 強・終 意・体 副 格助 副助 ラ四・体 格助

つか ず。⑱忙《いそが》はしき 時《とき》の 人使《ひとづか》ひ、諸道具《しよだうぐ》の 取《と》りおき も やかましき と
カ四・未 打・終 シク・体 格助 格助 係助 シク・体 格助

て、これ も 利勘《りかん》にて、大仏《だいぶつ》の 前《まへ》へ あつらへ、一貫目《いつくわんめ》に つき 何《なに》ほど と
接助 係助 格助 格助 格助 ハ下二・用 格助 カ四・用 格助

極《き》め ける。⑲十二月二十八日《じふにぐわつにじふはちにち》の あけぼの、急《いそ》ぎ て 荷《に》なひ連《つ》れ、藤屋店《ふぢやみせ》に
マ下二・用 過・体 格助 ガ四・用 接助 ラ下二・用 格助

並《なら》べ、「受《う》け取《と》り 給《たま》へ。」 と 言《い》ふ。⑳餅《もち》は つきたて の 好《この》もしく、春《はる》めき
バ下二・用 ラ四・用 ハ四・命・尊・補 格助 ハ四・終 係助 格助 シク・用 カ四・用

て 見《み》え ける。㉑旦那《だんな》は 聞《き》か ぬ 顔《かほ》し て、算盤《そろばん》 置《お》き し に、
接助 ヤ下二・用 過・体 係助 カ四・未 打・体 サ変・用 接助 カ四・用 過・体 接助

思い続けた。⑫紋所を定めず、丸の内に三つ引き、または一寸八分の巴(という既製品のありふれた紋)を付けて、土用干しにも(汚れないように)畳の上に直接置かない。⑬麻の袴と(値段が安い)鬼もじの肩衣は、何年も折り目正しく取り置きなさった。⑭町内の付き合いで出る葬礼には、やむを得ず(参列して)鳥部山に送って、人より後に帰るときに、六波羅の野道で、丁稚と一緒にセンブリを引き抜いて、「これを陰干しにして、腹の薬だぞ。」と、(道すらも)ただでは通らず、蹴つまずく所では、火打ち石を拾って袂に入れた。⑮朝夕に(煮炊きの)煙を立てる世帯持ちは、何事もこのように(倹約について)気をつけなくてはいけない。

⑯この男は、生まれつきのけちではない。⑰あらゆることのやりくりを、人の手本にもきっとなろうという願いから、これほどの財産を持つ身分になるまで新年を迎える自宅で餅もつかない(という徹底ぶりだった)。

餅屋《もちや》は時分《じぶん》がらに暇《ひま》を惜《を》しみ、いくたびかことわりて、才覚《さいかく》らしき
係助 格助 格助 マ四・用 係助 ラ四・用 接助 推定・体
若《わか》い者《もの》、杠秤《ちぎ》の目《め》りんと受《う》け取《と》つて帰《かへ》しぬ。㉒一時《ひととき》ばかり過《す》ぎ
ク・体・イ 格助 副 ラ四・用・促 接助 サ四・用 完・終 副助 ガ上二・用
て、「今《いま》の餅《もち》受《う》け取《と》つたか。」と言《い》へば、はや渡《わた》して帰《かへ》りぬ。
接助 格助 ラ四・用・促 完・体 係助 格助 ハ四・已 接助 副 サ四・用 接助 ラ四・用 完・終
㉓「この家《いへ》に奉公《ほうこう》するほどにもなき者《もの》ぞ。温《ぬく》もりの冷《さ》めぬ
格助 格助 サ変・体 断・用 係助 ク・体 係助 格助 マ下二・未 打・体
を受《う》け取《と》りしことよ。」と、また目《め》を掛《か》けしに、思《おも》ひのほかに減《かん》
格助 ラ四・用 過・体 間助 格助 副 格助 カ下二・用 過・体 接助 ナリ・用
のたつこと、手代《てだい》、我《が》を折《を》つて、食《く》ひもせぬ餅《もち》に口《くち》を
格助 タ四・体 格助 ラ四・用・促 接助 ハ四・用 係助 サ変・未 打・体 格助 格助
あきける。
カ四・用 過・体

㉔その年《とし》明《あ》けて、夏《なつ》になり、東寺《とうじ》あたりの里人《さとびと》、茄子《なすび》の初生《はつなり》を、
格助 カ下二・用 接助 格助 ラ四・用 格助 格助 格助
目籠《めかご》に入《い》れて売《う》り来《き》るを、七十五日《しちじふごにち》の齢《よはひ》、これ楽《たの》しみの一《ひと》つは
格助 ラ下二・用 接助 ラ四・体 接助 格助 格助 係助
二文《にもん》、二《ふた》つは三文《さんもん》に値段《ねだん》を定《さだ》め、いづれか二《ふた》つ取《と》らぬ人《ひと》は
係助 格助 格助 マ下二・用 係助 ラ四・未 打・体 係助
なし。㉕藤市《ふぢいち》は一《ひと》つを二文《にもん》に買《か》ひて、言《い》へるは、「いま
ク・終 係助 格助 格助 ハ四・用 接助 ハ四・已 完・体 係助 副

---

⑱(年の瀬の)忙しいときに人を使うことや、(餅つきの)様々な道具を置いておくことも煩わしいといって、これも損得勘定で、大仏の前(という餅屋)へ注文し、一貫目につきいくらと決めた。⑲十二月二十八日の早朝、(餅屋の使いが)急いで(餅を)連れ立ってかつぎ込み、藤屋の店に並べ、「お受け取りください。」と言う。⑳餅はつきたてのもので好ましく、正月らしく見えた。㉑(ところが、藤屋の)主人(である藤市)は聞こえない顔をして、算盤を置いたが、餅屋は(年末という)時節がら暇を惜しんで、何度か(餅を受け取るよう)説明して、気の利きそうな若い者が、竿秤《さおばかり》の目盛りをきちんと(確認して、餅を)受け取って(餅屋の使いを)帰した。㉒二時間ほど過ぎて、(藤市が)「今の餅を受け取ったか。」と言うと、すでに渡して帰った(後だった)。㉓(すると藤市は)「(お前は)この家に奉公する資格もない者だ。ぬくもりが冷めない餅を受け取ったことだよ。」と(言い)、

一文《いちもん》で、盛《さか》りなる 時《とき》は、大《おほ》きなる が あり。」と、心《こころ》を つくる ほど の こと
格助　ナリ・体　係助　ナリ・体　格助　ラ変・終　格助　格助　ラ四・体　格助

悪《あ》しから ず。
シク・未　打・終

㉖屋敷《やしき》の 空《あ》き地《ち》に 柳《やなぎ》、柊《ひひらぎ》、ゆづり葉《は》、桃《もも》の 木《き》、花菖蒲《はなしやうぶ》、数珠玉《じゆずだま》など
格助　格助　格助　副助

取《と》り混《ま》ぜて 植《う》ゑおきし は、一人《ひとり》ある 娘《むすめ》が ため ぞ かし。㉗葦垣《よしがき》に
ザ下二・用　接助　カ四・用　過・体　係助　ラ変・体　格助　係助　終助　格助

自然《しぜん》と 朝顔《あさがほ》の 生《は》えかかりし を、同《おな》じ 眺《なが》めに は、はかなきもの と て、
副　格助　ラ四・用　過・体　接助　シク・体　格助　係助　ク・体　格助　接助

刀豆《なたまめ》に 植《う》ゑ替《か》へ ける。
格助　ハ下二・用　過・体

（巻二）

再び重さを量ったところ、（冷めて乾燥したことで）意外にも目方が減っていること（に気付き）、手代（の若者）は、おそれ入って、食べてもいない餅に口を開けた。

㉔その年が明けて、夏になり、東寺あたりの村人が、茄子の初物を、目籠に入れて売りに来るのだが、（初物は）七十五日の寿命（を延ばすと）、これも楽しみの一つとして一つは二文、二つは三文と値段を決め、誰も二つ買わない人はいない。㉕藤市は一つを二文で買って、言ったのは、「もう一文で、（茄子の）旬のときは、（もっと）大きなものがある。」と、気を配るあたりのことは見苦しくない。

㉖屋敷の空き地に柳、柊、ゆずり葉、桃の木、花菖蒲、数珠玉など（の実用的な木）を取り混ぜて植えておいたのは、一人いる娘のためなのだよ。㉗葦垣には自然と朝顔が生えかかっていたが、同じ眺めるものとしては、（朝顔は）無益なものだと言って、（食用の）刀豆に植え替えた。

重要語句

高 古

282 264 分限　①能力。②身分。身の程。③金持ち。ここは③。

発問　脚注問題

高 古

1　「京の…塵埃ぞかし」とは、どういうことをたとえているか。

高 282ページ 古 264ページ

藤市の銀千貫目という財産は、（借家住まいとしてはたいしたものだが、）京の代々の資産家が持つ多額の財産に比べれば、たいしたことがないということ。

2　藤市はなぜ「聞かぬ顔」をしていたのか。

高 284ページ 古 266ページ

つきたての温かい餅は、水分を多く含んで重いが、冷めると少し軽くなることから、餅屋の声が聞こえないふりをして時間をかせぎ、冷めてから重さを量って料金を払おうと考えたから。

教材末の問題

高 285ページ 古 267ページ

学習

1　藤市の倹約ぶりを示す言動をまとめてみよう。

①・両替の手代に、貨幣交換の相場や米の価値相場を尋ねた。

・生薬屋・呉服屋の若い者に長崎の様子を尋ねた。

・繰り綿・塩・酒の相場は江戸の店からの書状を待ち合わせた。

→家業のかたわら、店で一日中、不用な紙をつづった帳簿に、これらのあらゆる情報を記し商売に役立てた。

②・質素な裏地のない肌着と、綿をたくさん入れた木綿の綿入れの他に着ることがない。

・袖口がすり切れないための「袖覆輪」ということを始めた。

・丈夫で汚れが目立たない革足袋に雪駄を履き、道を走り回らない。

・一生のうちで絹物は二着しか持たず、そのうち一着を染め直しできない色に染めたことを、二十年も後悔し続けた。

・紋を定めず、既製の紋で済ませ、土用干しにも汚れないよう畳の上に置かなかった。

・ただでさえ安い麻のかみしもを、何年も大切に扱った。

→華美な服装を好まず、質素で実用的なものを長く愛用した。

③・付き合いの葬式の帰りは腹の薬になるセンブリを引き抜く。

・蹴つまずく所では、火打ち石を拾う。

・新年でも自宅で餅はつかず、損得勘定から餅屋へ注文する。

・餅は、冷めて少し軽くなってから買う。

・初物の茄子は、二つの方がお買い得であっても、旬の時期にもっと大きなものが出ることを見越して、一つだけ買う。

・庭には娘のために、道具や儀式で用いることのできる植物のみを植える。

→倹約をして、実用性や先を見越した利益を優先する。

言語活動

1　藤市の人生観についてどのように考えるか、話し合ってみよう。→略

近世小説

雨月物語《うげつものがたり》

高「高等学校　古典探究」286〜290ページ
古「古典探究　古文編」268〜272ページ

作品紹介

雨月物語　うげつものがたり　作者は上田秋成《うえだあきなり》。安永《あんえい》五（一七七六）年刊行の読本《よみほん》。「白峰《しらみね》」「菊花《きっか》の約《ちぎり》」「夢応《むおう》の鯉魚《りぎょ》」など五巻九話からなる。中国の白話小説（口語体小説）や日本の古典から題材をとり、怪奇的・幻想的な雰囲気を表現している。

上田秋成　うえだあきなり　一七三四〜一八〇九。読本作者・国学者。国学や漢学を学び、浮世草子や俳諧においても作品を残すが、読本作者としての評価が高い。代表作『雨月物語』の他、『春雨物語』や随筆『胆大小心録《たんだいしょうしんろく》』などの著書がある。

——浅茅《あさぢ》が宿——

品詞分解・現代語訳

①妻《つま》	涙《なみだ》	を	とどめ	て、	「ひとたび	別《わか》れ	参《まゐ》らせ	て	後《のち》、	たのむ	の
		格助	マ下二・用	接助		ラ下二・用	サ下二・用・謙・補	接助		マ四・体	格助

秋《あき》	より	先《さき》	に	恐《おそ》ろしき	世《よ》の中《なか》	と	なり	て、	里人《さとびと》	は	皆《みな》	家《いへ》	を	捨《す》て	て
	格助		格助	シク・体		格助	ラ四・用	接助		係助			格助	タ下二・用	接助

海《うみ》	に	漂《ただよ》ひ、	山《やま》	に	隠《こも》れ	ば、	たまたまに	残《のこ》り	たる	人《ひと》	は、	多《おほ》く	虎狼《こらう》	の
	格助	ハ四・用		格助	ラ四・已	接助	副	ラ四・用	存・体		係助	ク・用		格助

心《こころ》	あり	て、	かく	寡《やもめ》	と	なり	し	を	たより	よし	と	や、	②言葉《ことば》	を	巧《たく》み
	ラ変・用	接助	副		格助	ラ四・用	過・体	格助		ク・終	格助	係助		格助	マ四・用

①妻は涙をおさえて、「一度お別れ申し上げてのち、（再会を）頼みにしていた秋の田の実《む》の節より前に恐ろしい世の中となって、村人はみな家を捨てて海にさまよい、山に引きこもると、たまに（村へ）残っていた人は、多くは虎や狼《おおかみ》の（ような恐ろしい）心があって、（私が）このように寡婦となったのを都合がいいと

て いざなへ ども、玉《たま》と 砕《くだ》け て も 瓦《かはら》の 全《また》き に は ならはじ
接助 ハ四・已 接助 格助 カ下二・用 接助 係助 格助 ク・体 格助 係助 ハ四・未 打意・体

ものを と、いくたび か 辛《から》き 目《め》を 忍《しの》び ぬる。③銀河《ぎんが》 秋《あき》を 告《つ》ぐれ ども
接助 格助 係助 ク・体 格助 バ上二・用 完・体 格助 ガ下二・已 接助

君《きみ》は 帰《かへ》り 給《たま》は ず。④冬《ふゆ》を 待《ま》ち、春《はる》を 迎《むか》へ て も 消息《おとづれ》
係助 ラ四・用 ハ四・未・尊・補 打・終 格助 タ四・用 格助 ハ下二・用 接助 係助

なし。⑤今《いま》は 京《みやこ》に 上《のぼ》り て 尋《たづ》ね 参《まゐ》らせ ん と 思《おも》ひ しかど、
ク・終 係助 格助 ラ四・用 接助 ナ下二・用 サ下二・未・謙・補 意・終 格助 ハ四・用 過・已 接助

丈夫《ますらを》さへ 許《ゆる》さ ざる 関《せき》の 鎖《と》ざし を、いかで 女《をんな》の 越《こ》ゆ べき 道《みち》も あら
副助 サ四・未 打・体 格助 格助 副 格助 ヤ下二・終 可・体 係助 ラ変・未

じ と、軒端《のきば》の 松《まつ》に かひなき 宿《やど》に、狐《きつね》、ふくろふ を 友《とも》と し て
打推・体 格助 格助 格助 ク・体 格助 格助 格助 サ変・用 接助

今日《けふ》まで は 過《す》ごし ぬ。⑥今《いま》は 長《なが》き 恨《うら》みも はればれと なり ぬる こと
副助 係助 サ四・用 完・終 係助 ク・体 係助 副 ラ四・用 完・体

の うれしく 侍《はべ》り。⑦逢《あ》ふ を 待《ま》つ 間《ま》に 恋《こ》ひ死《し》な ん は、人《ひと》
格助 シク・用 ラ変・終・丁・補 ハ四・体 格助 タ四・体 格助 ナ変・未 仮・体 係助

知《し》ら ぬ 恨《うら》み なる べし。」と、また よよと 泣《な》く を、「夜《よ》こそ 短《みぢか》き に。」と
ラ四・未 打・体 断・体 推・終 格助 副 副 カ四・体 格助 係助 ク・体 接助 格助

言《い》ひ慰《なぐさ》め て ともに 臥《ふ》し ぬ。
マ下二・用 接助 副 サ四・用 完・終

⑧窓《まど》の 紙《かみ》、松風《まつかぜ》を 啜《すす》り て 夜《よ》もすがら 涼《すず》しき に、途《みち》の 長手《ながて》に
格助 格助 ラ四・用 接助 副 シク・体 格助 格助 格助

思ったのか、②言葉を工夫して誘うが、(私は) 貞操を守って死んだとしても、不義をして長く生きるようなことはするまいよと、何度苦しい目を耐え忍んだことか。③天の河が秋(の訪れ)を告げるがあなたはお帰りにならない。④冬を待ち、春を迎えても (あなたからの) 便りはない。⑤もはや京に上って (あなたを) お探し申し上げようと思ったけれど、男性でさえ (通行を) 許可しない関所の門を、どうして女 (の私) が越えることができる道も (あろうか、いや) あるまいと、軒端の松を眺めて待っても無駄な (この) 家で、狐、ふくろうを友として (孤独に) 今日までは過ごした。⑥今となっては長年の恨みも晴れやかになったことがうれしくございます。⑦(古歌にあるように) 逢うのを待つ間に思い焦がれ死ぬとしたら、(それは) 相手が知らない恨みであるだろう。」と、またおいおいと泣くのを、(勝四郎は)「夜は短いので (また明日聞こう)。」と言い慰

疲《つか》れ、熟《うま》く寝《い》ねたり。⑨五更《ごかう》の天《そら》明《あ》けゆくころ、現《うつつ》なき心《こころ》にも
ラ下二・用　ク・用　ナ下二・用　完・終　格助　カ四・体　ク・体　格助　係助

すずろに寒《さむ》かりければ、衾《ふすま》かづかんと探《さぐ》る手《て》に、何《なに》ものにや
ナリ・用　ク・用　過・已　接助　カ四・未　意・終　格助　ラ四・体　格助　断・用　係助

さやさやと音《おと》するに目《め》さめぬ。⑩顔《かほ》にひやひやと物《もの》の
副　サ変・体　接助　マ下二・用　完・終　格助　副　格助

こぼるるを、雨《あめ》や漏《も》りぬるかと見《み》れば、屋根《やね》は風《かぜ》にまくられ
ラ下二・体　格助　係助　ラ四・用　完・体　係助　格助　マ上一・已　接助　係助　格助　ラ四・未　受・用

てあれば、有明月《ありあけづき》のしらみて残《のこ》りたるも見《み》ゆ。⑪家《いへ》は戸《と》も
接助　ラ変・已　接助　格助　マ四・用　接助　ラ四・用　存・体　係助　ヤ下二・終　係助　係助

あるやなし。⑫簀垣《すがき》朽《く》ちくづれたる間《ひま》より、荻《をぎ》、薄《すすき》高《たか》く生《お》ひ出《い》でて、
ラ変・体　係助　ク・終　タ上二・用　ラ下二・用　存・体　格助　ク・用　ダ下二・用　接助

朝露《あさつゆ》うちこぼるるに、袖《そで》ひぢてしぼるばかりなり。⑬壁《かべ》には蔦《つた》、葛《くず》
ラ下二・体　接助　ダ上二・用　接助　ラ四・体　副助　断・終　格助　係助

這《は》ひかかり、庭《には》は葎《むぐら》にうづもれて、秋《あき》ならねども野《の》らなる宿《やど》なり
ラ四・用　係助　格助　ラ下二・用　接助　断・未　打・已　接助　断・体　断・用

けり。
詠・終

⑭さてしも臥《ふ》したる妻《つま》はいづち行《い》きけん、見《み》えず。⑮狐《きつね》など
接続　副助　係助　サ四・用　存・体　係助　副　カ四・用　過推・体　ヤ下二・未　打・終　副助

のしわざにやと思《おも》へば、かく荒《あ》れ果《は》てぬれど、もと住《す》み
格助　断・用　係助　格助　ハ四・已　接助　副　タ下二・用　完・已　接助　マ四・用

めて一緒に床についた。⑧窓の障子の破れ目から、松を渡る風がすすり泣くように吹き込んで一晩中涼しいうえに、道中の長い道のりに疲れ、(勝四郎は)ぐっすりと眠った。⑨午前四時から六時ごろの空が明けゆくころ、夢うつつの心でも何となく寒かったので、掛け布団をかぶろうと探る手に、何であろうかさやさやと音がするので目が覚めた。⑩顔にひんやりと物がこぼれるのを、雨が漏れたのかと見ると、屋根は風にめくり上げられているので、有明の月がしらじらと(空に)残っているのも見える。⑪家は戸もあるかないかわからない(状態である)。⑫簀垣の床の朽ちて崩れている間から、荻、薄が高く生え出して、朝露がこぼれ落ちるので、(勝四郎の)袖はぬれて絞るほどである。⑬壁には蔦、葛が伸び広がり、庭は雑草に埋もれて、(古歌にある通り)秋ではないけれども(秋の)野原である(ような)家であったよ。

し　家《いへ》に　たがはで、広《ひろ》く　造《つく》りなせし　奥《おく》わたりより、端《はし》の　方《かた》、稲倉《いなぐら》まで
過・体　格助　ハ四・未　接助　ク・用　サ四・已　過・体　格助　格助　副助

好《この》み　たる　ままの　さま　なり。⑯あきれ　て　足《あし》の　踏所《ふみど》さへ　忘《わす》れ　たる
マ四・用　存・体　格助　断・終　ラ下二・用　接助　格助　副助　ラ下二・用　完・体

やうなり　し　が、つらつら　思《おも》ふ　に、妻《つま》は　すでに　まかり　て、今《いま》は　狐狸《こり》の
比・用　過・体　接助　副　ハ四・体　接助　係助　副　ラ四・用　接助　係助　格助

住《す》みかはり　て、かく　野《の》らなる　宿《やど》と　なり　たれ　ば、怪《あや》しき　物《もの》の　化《け》し　て
ラ四・用　接助　副　断・体　格助　ラ四・用　存・已　接助　シク・体　格助　サ変・用　接助

ありし　かたち　を　見《み》せ　つる　に　て　ぞ　ある　べき。⑰もし　また　我《われ》
連体　格助　サ下二・用　完・体　断・用　接助　係助　ラ変・体　推・体　副　副

を　慕《した》ふ　魂《たま》の　かへり来《き》り　て　語《かた》り　ぬる　ものか。⑱思《おも》ひ　し　ことの
格助　ハ四・体　格助　ラ四・用　接助　ラ四・用　完・体　係助　ハ四・用　過・体　格助

つゆ　たがは　ざり　し　よ　と　さらに　涙《なみだ》さへ　出《い》で　ず。⑲わが　身《み》一《ひと》つ　は
副　ハ四・未　打・用　過・体　間助　格助　副　副助　ダ下二・未　打・終　格助　係助

もと　の　身《み》に　して　と　あゆみめぐる　に、昔《むかし》閨房《ふしど》に　て　あり　し　所《ところ》
格助　断・用　接助　格助　ラ四・体　接助　断・用　接助　ラ変・用　過・体

の　簀子《すのこ》を　はらひ、土《つち》を　積《つ》み　て　塚《つか》と　し、雨露《あめつゆ》を　防《ふせ》ぐ　まうけ　も
格助　格助　ハ四・用　格助　マ四・用　接助　格助　サ変・用　格助　ガ四・体　係助

あり。⑳夜《よべ》の　霊《れい》は　ここもと　より　や　と　恐《おそ》ろしく　も　かつ　なつかし。
ラ変・終　格助　係助　格助　係助　格助　シク・用　係助　副　シク・終

㉑水向《みづむ》け　の　具《ぐ》ものせ　し　中《なか》に、木《き》の　端《はし》を　削《けづ》り　たる　に、那須野紙《なすのがみ》の
格助　サ変・未　過・体　格助　格助　格助　ラ四・用　完・体　格助　格助

---

⑭それにしても（共に）床についていた妻はどこへ行ったのだろう、（姿が）見えない。⑮狐などのしわざだろうかと思って（見回すけれど）、このように荒れ果ててしまったが、以前住んだ家に違いなく、広くつくりあげた奥のあたりから、端の方、稲倉まで好んでいたままの様子である。⑯途方に暮れて足もともおぼつかない様子であったが、つくづく考えると、妻はすでに亡くなって、今では狐や狸《たぬき》が住み替わって、このように野原である（ような荒れ果てた）家となってしまっているので、怪しい物が化かして（妻の）生前の姿を見せたのであろう。⑰あるいはまた私を慕う（妻の）魂が帰ってきて（私に）語ったのだろうか。⑱考えていたことが少しも違わなかったよといっこうに涙さえ出ない。⑲（古歌にある）わが身一つはもとの身であってと（いう思いで）歩き回ると、昔寝床であった所の床板を取り払い、土を積んで墓とし（てあって）、雨露

いたう古《ふる》びて、文字《もじ》もむら消《ぎ》えして所々《ところどころ》見定《みさだ》めがたき、まさしく
副・ウ　バ上二・用　接助　係助　サ変・用　接助　ク・体　シク・用

妻《つま》の筆《ふで》の跡《あと》なり。㉒法名《ほふみやう》といふものも年月《としつき》もしるさで、三十一字《みそひとじ》
格助　格助　断・終　格助　ハ四・体　係助　係助　サ四・未　接助

に末期《いまは》の心《こころ》をあはれにも述《の》べたり。
格助　格助　格助　ナリ・用　係助　バ下二・用　存・終

㉓さりともと思《おも》ふ心《こころ》にはかられて世《よ》にもけふまでいけ
接続　格助　ハ四・体　格助　ラ四・未　受・用　接助　格助　係助　副助　カ四・已

る命《いのち》か
存・体　終助

㉔ここにはじめて妻《つま》の死《し》したるを悟《さと》りて、おほいに叫《さけ》びて
格助　副　格助　サ変・用　完・体　格助　ラ四・用　接助　ナリ・用　バ四・用　接助

倒《たふ》れ伏《ふ》す。㉕さりとて何《なに》の年《とし》何《なに》の月日《つきひ》に終《を》はりしさへ知《し》らぬ
サ四・終　接続　格助　格助　格助　ラ四・用　過・体　副助　ラ四・未　打・体

あさましさよ。㉖人《ひと》は知《し》りもやせんと涙《なみだ》をとどめて
間助　係助　ラ四・用　係助　係助　サ変・未　推・体　格助　格助　マ下二・用　接助

立《た》ち出《い》づれば、日《ひ》高《たか》くさし昇《のぼ》りぬ。
ダ下二・已　接助　ク・用　ラ四・用　完・終

を防ぐ用意もある。⑳夜の霊はこのあたりから（出てきたの）かと恐ろしくも（あり）一方では慕わしい（気持ちもする）。㉑墓前に供える水を入れる道具があった中に、木の切れ端を削ったものに、那須野紙でたいそう古びて、文字もところどころ消えて見定めにくいもの（があるが）、（これは）まさしく妻の筆跡である。㉒戒名というものも（亡くなった）年月も記さないで、三十一字（の和歌）に最期の気持ちをしみじみと述べていた。

㉓そうはいっても（あなたは帰ってくるだろう）と思う心に欺かれて、よくもまあこの世に今日まで生きてきた命であるよ。

㉔（勝四郎は）ここで初めて妻が死んだことを悟って、大声で叫んで倒れ伏す。㉕そうであっても（妻が）何年の何月何日に死んだかさえもわからない情けなさよ。㉖誰かが知っていたりはしないだろうかと涙をおさえて（この家から）出ると、（すでに）日が高くさし昇っていた。

重要語句

高289　古271　つらつら　よくよく。つくづく。

発問　脚注問題　高　古

1　「思ひしことのつゆたがはざりしよ」とは、何が違わなかったのか。　高289ページ　古271ページ

（留守にしていた間に）妻（宮木）がすでに死んでいるのではないかと想像していたこと。

教材末の問題　高290ページ　古272ページ

学習

1　「逢ふを待つ間に……恨みなるべし」（高二八八・2）（古二七〇・2）や「さりともと……」（高二八九・11）（古二七一・11）の歌に込められた宮木の心情を考えてみよう。

帰ると約束した恋しい夫を待ちわびながらも、ついに会えないまま死んでゆくことに対して、「逢ふを待つ間に……恨みなるべし」には相手への恨みが、「さりともと……」には自分の無念さが込められている。

2　勝四郎の心情の変化をまとめてみよう。

・再会した妻の話を聞き、慰める。
・翌朝、家が荒れ果てていることや妻がいないことに気付き、途方に暮れる。
・予想通り妻はすでに亡くなっているかもしれないという思いから、呆然《ぼうぜん》として涙さえ出ない。
・墓を見つけ、昨夜の亡霊はここから出たのかと恐ろしく思い、また一方では霊となって現れた妻を慕わしくも思う。
・妻が最期に残した和歌から本当に死んだことを悟って泣き悲しみ、死んだ年月さえもわからない自分を情けなく思う。

ことばと表現

1　傍線部の「に」を文法的に説明してみよう。

(1)　夜もすがら涼しきに、（高二八八・5）（古二七〇・5）

添加を表す格助詞。

(2)　現なき心にもすずろに寒かりければ、（高二八八・6）（古二七〇・6）

ナリ活用形容動詞「すずろなり」の連用形の活用語尾。

(3)　何ものにやさやさやと音するに目さめぬ。（高二八八・7）（古二七〇・7）

・何ものに…断定の助動詞「なり」の連用形。
・音するに…順接の確定条件（原因・理由）を表す接続助詞。

第１刷　2023年３月１日　発行
第２刷　2024年３月１日　発行

教科書ガイド
数研出版 版
【古探/711，709】
高等学校 古典探究
【古文分野】
古典探究 古文編

表紙デザイン
株式会社リーブルテック

ISBN978-4-87740-978-4

発行所　数研図書株式会社
〒604-0861　京都市中京区烏丸通竹屋町上る
大倉町 205 番地
［電話］　075(254)3001

乱丁本・落丁本はお取り替えいたします。　240102